아동과 교사를 위한

정신건강

이혜란 · 김진이 · 김소연 공저

학지사

머리말

한국은 지난 10년간 연속 자살률에서 OECD 회원국 중 1위이며, 어린이와 청소년 행복지수는 최하위권에 속해 있다. 이는 우리 사회의 전반적인 상황이 우리의 정신건강을 위협하고 있음을 의미한다. 온라인에서의 정보 공유는 증가하고 있으나, 오프라인에서의 접촉은 단절되는 비인간화 현상, 노동시장의 불안, 극심한 경쟁, 빈부 계층 양극화의 심화 등으로 인하여 많은 사람이 무력감, 고립감, 불안감, 좌절, 우울, 신경증, 정신병으로 고통을 겪고 있다.

자아를 형성해 가는 발달 초기 단계에 있는 아동의 경우, 자신의 연령에 기대되는 발달과업을 적절히 수행하지 못할 때 심각한 심리적·행동적 어려움을 경험하게 된다. 따라서 아동의 주위 환경은 자신들에게 부과된 발달과제를 잘 수행할 수 있도록 조성되어야 한다. 불행하게도 우리 사회의 아동들은 맞벌이, 이혼과 재혼, 다문화, 조손 가족의 증가로 인한 자녀양육의 어려움, 또래 괴롭힘, 경쟁을 부추기는 교육기관, 학교폭력, 성인들의 아동학대, 게임 및 인터넷 중독, 성 문제 등이 만연한 환경에 노출되어 있다. 이러한 환경은 아동이 발달과제를 수행하는 데 적절한 지원을 하지 못하고 오히려 장애가 되어 아동의 정신건강을 해치고 있으며, 심리적·행동적 문제를 지니고 있는 아동들이 늘어나는 요인이 되고 있다.

또한 우리 사회의 정신건강에 대한 인식도 한번 짚고 넘어가야 할 문제이다. 그동안 우리 사회는 정신적 또는 심리적인 장애 유무에 따라 정신건강을 평가하는 병리적인 관점을 유지해 왔다. 그러나 올바른 의미의 정신건강은 단순히 정신질환이 없다는 것이 아니라, 개인이 자신의 능력을 실현하고 긍정적인 대인관계, 행복한 삶, 삶의 질 향상 등을 추구해 나가는 상태를 의미한다. 이런 관점에서 볼 때 우리 사회의 정신건강에 대한 인식 개선과 정신건강 증진을 위한 노력이 시급한 실정이다. 저자들은 우리 사회의 이 같은 노력에 일조를 하고자 하는 마음으로 이 책을 기획하였다.

이 책의 특성은 개인의 성장과 발달 관점에서 정신건강의 개념을 소개하고 관련 지식을 제공하면서 정신건강 증진을 위한 실제적인 방안을 수록한 것이다. 그리고 많은 교재에서 다루고 있지 않은 교사의 정신건강에 대한 내용도 포함시켰다. 최근 TV나 신문 등의 매체를 통해 교사들의 아동학대에 관한 기사를 종종 접하곤 한다. 이에 대한 대처방안으로 우리 사회는 교사의 부적절한 행동을 비난하며, 교실에 CCTV를 설치하여 교사의 언행을 감시하는 등 소극적인 방식을 주로 사용해 왔다. 그러나 보다 근본적인 해결책은 아동 교육 및 보호 현장에서 가장 중요한 위치에 있는 교사의 정신건강에 대해 관심을 갖고 지원을 해 주는 것이다. 아동에 대한 교사의 영향력을 고려할 때 교사의 정신건강은 무엇보다 중요하다고 할 수 있다. 교사가 정신적으로 건강을 유지하는 것은 아동과 교사 모두를 위해서 매우 중요하기 때문에, 교사 자신은 물론 학부모, 기관장 그리고 사회가 관심을 가져 주길 바라는 마음에서 이를 비중 있게 다루었다.

내용을 구체적으로 소개하면 다음과 같다. 제1장에서는 정신건강에 대한 이해를 돕기 위해 정신건강의 역사, 정의, 기준, 정신건강에 영향을 미치는 요인들과 여러 학자가 말하는 정신적으로 건강한 사람들의 특징 등을 다루었으며, 제2장에서는 영유아기, 아동기, 청소년기의 발달단계별 특징 및 발달 과업을 다루었다. 제3장은 스트레스와 정신건강으로 스트레스의 개념, 원인 및 반응 그리고 대처관리를 다루었으며, 제4장에서는 교사의 정신건강과 관련된 요인으로 교사의 직무 스트레스와 직무 만족도를 설명하고, 교사의 정신건강 증진을 돕기 위한 방안으로 교사 효능감, 교사의 정서지능, 교사의 회복탄력성 등을 다루었다. 제5장에서는 정신건강 문제에 대한 평가 내용을 포함했으며, 제6장부터 제9장까지는 미국 정신의학회의『정신질환의 진단 및 통계 편람 제5판(Diagnostic and Statistical Manual of Mental Disorder 5th ed.: DSM-5)』기준에서 분류한 정신질환 중 일부를 신경발달장애, 우울장애와 불안장애, 급식 및 섭식장애와 배설장애, 기타의 장애로 나누어서, 이들 장애의 개념, 원인, 특징, 치료 그리고 관련 사례를 다루었다. 제10장에서는 심리사회적 제 문제로 학교폭력, 인터넷 중독(스마트폰 중독), 자살을 다루었다. 그리고 제11장에서는 아동과 교사의 정신건강에 대한 이해를 돕기 위한 주요 상담이론을, 제12장에서는 정신건강을 위한 주요 심리치료를 다루었다. 이는 심리적인 어려움을 지닌 아동을 돕기 위한 상담적 접근 방안을 교사에게 알려 주고, 교사와 성인 스스로도 자신의 정신건강 및 안녕에 대한 관심을 갖고 이를 증진시키는 데 실제적인 도움을 얻도록 하기 위함이다. 제1, 3, 5장은 김진이 교수가, 제2, 6, 7, 8, 9장은 김소연 교수가, 제4, 10, 11, 12장은 이혜란 교수가 집필하였다.

이 책이 아동을 대상으로 하는 예비 교사와 현직 교사뿐만 아니라 다른 분야를 전공하는 일반 대학생이나 취업을 앞두고 있는 대학생 그리고 아동이 있는 부모에게도 실제적인 도움이 될 것이라고 기대한다.

끝으로 이 책의 출간을 지원해 주신 학지사의 김진환 사장님, 한승희 영업부장님 그리고 편집부 박지영 선생님의 노고에 깊은 감사를 드린다.

2017년 8월

집필자 일동

차례

제1장 | 아동과 교사를 위한 정신건강

정신건강 이해

사람은 누구나 건강하게 살기를 원한다. 오래전부터 사람들은 건강을 증진시키고 질병을 극복하는 방법들을 나름대로 발전시켜 왔다. 질병은 인류가 발전하면서 많은 변화를 겪어 왔으며 시대와 지역에 따라 그 모습도 변해 왔기 때문에 무엇인지를 정의하는 것은 쉽지 않다. 특히 심리적 · 정신적 증세는 신체질환과 달리 의학적 관점으로만 다룰 수 없는 까다로운 분야이며, 사회적 현상이나 사상과도 밀접하게 관련되어 있어 병인과 병리를 설명하는 것이 매우 어렵다. 날이 갈수록 현대인이 겪는 정신병과 신경증은 다양하게 증가하고 있다.

이 장에서는 과거로부터 현대에 이르기까지 우리의 정신건강을 위해 어떠한 노력과 연구성과가 있었는지를 알아보고 정신적으로 건강한 인간상은 어떠한지 살펴보고자 한다.

1. 정신건강의 역사

역사적으로 정신건강에 대한 인식은 다음과 같이 변천되어 왔다(대한신경정신의학회, 2007; 이정균, 김용식, 2000; 이종찬, 1995).

1) 고대 이집트, 그리스-로마 시대

고대 이집트인들은 정신질환을 몸의 병으로 보았다. 뇌, 심장, 혈관의 이상이나 고름, 대변, 혹은 독극물 중독으로 정신질환이 발생한다고 믿었고, 평화롭고 성스러운 장소, 즉 사원에서 휴식을 취하고 잠을 자면서 약초를 복용해야 치료가 된다고 생각했다. 사제들은 환자의 꿈을 듣고 그것을 해석해 주었으며, 기도와 주문을 통해 환자를 안정시켜 주었다.

그리스에서 태동된 자연과학적, 물질주의적 세계관의 영향으로 정신질환에 대한 관찰과 실험적 탐구가 진행되었다. 기원전 5세기 초반에 알크마이온(Alcmaeon)은 뇌가 사고와 지각의 중심이라고 주장하였다. 히포크라테스(Hippocrates, B.C. 450~355)는 조증, 우울증, 편집증, 치매, 간질, 히스테리, 산후정신병, 급성뇌증후군에 대해 상세히 기록하였다. 또한 모든 질병이 혈액, 타액, 황담즙, 흑담즙의 불균형 상태로 인해 초래된다는 4체액설을 주장하였다.

성 어거스틴(St. Augustine, 354~430)은 내적성찰을 통한 자기분석, 고백으로 인간의 정신에 있어 어릴 때 기억, 감정적 갈등, 부조리한 감정의 역할 등을 밝혔다. 환경조절, 수면유도, 꿈 예언, 기도 및 주문, 기분을 돋우는 말, 시 낭송 등이 중요한 치료수단으로 사용되었다.

2) 중세와 르네상스 시대

중세 서양은 철학과 이성보다는 종교와 믿음의 지배를 받던 소위 암흑시대였다. 중세 기독교에서는 정신이상이란 인간의 영혼을 사이에 놓고 하느님과 악마가 다투고 있는 상태, 혹은 마귀 들린 상태라고 믿었으며, 정신병은 몸의 병이 아닌 영혼의 병, 죄지은 자에 대한 신의 징벌로 간주되었다. 따라서 정신병의 치료는 의사가 아닌 사제의 손에 맡겨졌다. 그 결과 수많은 정신질환자들이 적절한 치료를 받지 못한 채 고문을 당하고 심지어는 화형에 처해졌다.

15세기 이탈리아에서 시작된 르네상스, 즉 문예부흥사조는 그 후 100년간 전 유럽으로 확산되었다. 예술가들은 교회의 금지에도 불구하고 다시 인체해부학에 관심을 갖기 시작하였으며, 교리에 대한 맹종에서 벗어나 자연을 직접 관찰하고 과학적 추론에 의지하기 시작하였다. 15세기 초에는 정신질환자를 대규모 보호시설에 수용하는 새로운 움직임이 나타나기 시작하였다. 수용시설이 생기기 전 르네상스시대 유럽에서는 정신질환자들을 도시 밖으로 추방해 버리는 관습이 있었다.

3) 고전주의 시대

프랑스 혁명으로 상징되는 구체제의 몰락과 함께 개혁과 계몽, 합리, 과학, 산업의 시대로 불리는 고전시대의 막이 열렸다. 정신의학계에서는 피넬(Pinel, 1745~1826)이 정신질환자들을 쇠사슬로부터 해방시키는 소위 정신의학의 제2차 혁명이 일어났다. 피넬은 당시에 널리 행해지던 잔인한 치료법을 폐지하고 심리적 치료를 제공하였다. 그 이후 여러 학자들의 다양한 이론들이 출현되었다.

쿨렌(Cullen)은 1800년에 신경증(neurosis)이란 용어를 사용하기 시작했다. 프로이트(Freud, 1856~1939)는 정신분석의 발전에 크게 공헌하였으며, 이것을 치료와 연구 방법으로 사용했다. 융(Jung, 1875~1961)은 스위스 정신과의사로서 정신분석적 가설을 수정하여 분석심리학을 발전시켰다. 아들러(Adler, 1870~1937)는 1912년 개인심리학을 주장하고 권력에의 의지, 열등감 등에 대해 말했다. 랭크(Rank, 1884~1939)는 출생외상의 개념을 세우고 이것이 후에 일어나는 불안의 근원이라고 하였다. 아브라함(Abraham, 1877~1927)은 성격구성과 성 발달에 대해 공헌하였다. 그 외 존스(Jones), 허그 헬무스(Hug-Hellmuth), 클라인(Klein), 설리번(Sullivan), 마이어(Meyer), 에릭슨(Erikson) 등이 정신건강에 대한 이론을 발전시켰다. 19세기에 와서는 정신과 환자를 주로 보는 의사의 수가 증가하여, 정신과가 하나의 독립적인 전문의학 분야가 되었다.

4) 현대

20세기에 들어오면서 정신의학은 비약적으로 발전하기 시작했다. 정신약물학의 발전과 이를 통한 신약 개발은 웨이어(Weyer)의 마녀사냥 비판, 피넬의 정신병자 족쇄 해방에 이어 정신의학의 제3차 혁명으로 부르는 획기적 사건이다.

환자에 대한 인도주의적 처우의 전통은 20세기에 이르러, 비어스(Beers)의 정신위생운동으로 이어졌으며, 1950년대에 영국의 존스는 대규모의 폐쇄된 정신병원에서의 획일적 치료보다는 지역사회에서 소수의 치료진과 보다 밀접한 인간관계 속에서 사회복귀를 돕는 소위 치료 공동체 운동을 일으켰다. 이 운동은 후에 지역사회 중심 정신보건으로 이어졌다. 이는 환자에 대한 인도주의적 처우에서 한 걸음 더 나아가, 기능회복과 사회복귀를 목표로 하는 재활정신의학으로 발전하여 또 하나의 혁명으로 불리고 있다.

2. 정신건강의 정의

인간의 수명이 늘어나면서 사람들은 건강하게 삶을 지속하기를 원하고 이는 건강에 대한 관심으로 이어졌다. '건강한 신체에 건전한 정신이 깃든다.'라는 말을 통해 알 수 있듯이, 신체적 건강과 정신건강 모두 우리 삶에서 매우 중요하다. 과거에는 정신질환자가 아니면 모두 건강하다고 보았으나 정신건강에 대한 사회적 관심과 더불어 다양한 분야에서 관련된 연구가 진행되고 있다.

지금까지 연구자들이 보고한 정신건강에 대한 개념들은 무엇이고 어떠한 내용들을 제시하고 있는지 살펴보면 다음과 같다. 정신건강에 대한 사전적 정의(Campbell, 1989)를 보면, 정신건강은 정신위생을 의미한다. 정신위생으로서의 정신건강은 인간의 잠재력을 최대한 발휘하게 해서 개인적 · 사회적으로 최적의 상태를 만들어 나가게 하는 것이고, 정신질환을 예방하는 것이며, 정신건강을 유지하고 정신적 효율을 증진시키기 위해서 과학적 사고와 실제적 기술을 강조한다. 정신건강은 심리적 안녕을 의미하며 그 인간이 속한 사회나 문화에서 용인되는 적절한 적응을 성취한 상태를 의미한다.

유엔 세계보건기구(WHO)에서는 건강을 단지 병이 없고 허약하지 않은 상태만이 아니고 신체적 · 정신적 · 사회적으로 온전히 잘 지내고 있는 상태라고 정의하였다. 단순히 건강을 질병의 유무에 따라 판단하는 것이 아니고 좀 더 포괄적인 관점에서 생존에 직결된 부분부터 삶의 질적인 부분까지 포함됨을 알 수 있다. 즉, 생존에 필요한 기본적 욕구의 충족은 물론이거니와 사회생활을 영위하는 데 필요한 조건을 갖춘 성숙한 상태를 말한다고 할 수 있다.

미국교육협회(NEA)의 보고에 의하면, 정신건강이란 스스로의 만족과 성공, 그리고 효능감을 가지고 행복한 생활을 할 수 있는가를 의미한다고 했다. 미국의 제3회 '아동건강 및 보호'를 위한 백악관 회의 보고(1929)에서는 건강한 정신을 정신장애가 없는 상태 그 이상의 것으로 보아 최대한 능률적으로 일하고 만족감을 갖고 현실을 수용하며, 사회적으로 행동이 신중하고 자기 자신이나 환경에 잘 적응하는 것으로 정의했다(이경화, 김연진, 고진영, 박숙희, 2010, 재인용).

이상의 내용을 정리해 보면 정신건강은 단순히 정신질환을 예방하는 수준을 넘어 개인이 스스로의 경험과 학습을 통합하는 과정에서 정신적 기능을 강화하여 개인적·사회적 욕구를 스스로 충족할 수 있는 능력을 나타내는 것을 말한다.

3. 정신건강의 기준

우리는 흔히 일어나는 행동을 정상으로 보고, 흔하지 않고 이상하게 보이는 행동을 비정상으로 간주한다. 또한, 정상적인 사람들은 종종 건강한 정신을 가진 사람을 정상적으로 보고 심리적으로 안정되고 행복한 상태에 있다고 말한다. 그런데 심리적 안정감과 행복은 개인에 따라 다를 수 있으므로 그 개념을 일반화하여 적용하기 어려운 기준이다. 기존규범에서 이탈된 다른 행동을 하거나 낯선 행동을 하는 사람을 비정상으로 본다면 링컨이나 간디, 마틴 루서 킹과 같은 기존 제도권에서 개혁을 일으킨 사람들이나 사상가들은 모두 비정상으로 보이게 될 것이다. 이렇듯 정상과 비정상 사이에는 명확한 구분이 없다. 모든 인간 행동은 정상에서 비정상 상태에 이르는 연속상의 어느 지점에 놓이게 된다.

정신건강에 있어 정상과 비정상에 대하여 많은 문헌에서 제시하고 있는 판단 기준은 다음과 같다.

1) 통계적 기준

통계적으로 평균에서 벗어난 정도에 따라 정상과 비정상을 판단할 수 있다. 평균과 대비하여 극단적으로 낮은 수준에 있거나 높은 수준에 있는 점수를 얻은 사람들은 비정상으로 분류하게 된다. 예를 들면, 유아들의 발달행동에 대해 조사하여 평균을 내고 그 평균과 특정 유아의 발달 정도를 비교할 수 있다. 그러나 어떤 요인은 단순히 그 지수만으로 정상과 비정상을 가리기 어려운 경우가 있다.

2) 사회적 · 문화적 기준

사람은 사회를 형성하고 그 안에서 타인들과 교류하면서 삶을 영위해 나간다. 사회는 구성원들의 특성에 의해 독특한 문화를 형성하고, 나름대로의 질서와 규범의식이 나타나며 개인은 그 범위 안에서 행동하게 된다. 그러나 대부분의 사회 구성원은 그 사회가 요구하는 행동을 하게 되지만, 수용할 수 없는 행동, 즉 반사회적 행동을 하는 사람들도 나타난다. 이 경우 사회적 가치에 부합하고 용인될 수 있는 행동을 하면 정상으로 간주하고, 그렇지 못할 때는 비정상으로 간주하게 되는 것이다.

3) 의학적 · 임상적 기준

의학적 · 임상적 기준은 의학적 소견에 비추어 정상과 비정상을 판단한다. 정신장애 역시 신체질환과 같이 어떤 원인이 내재해 있다고 보고 그에 따른 증상이 나타난다고 보는 것이다. 정신의학상 정신적 기능장애를 비정상으로 판단하게 되는데, 대뇌의 기능장애가 심리적 장애를 초래한다고 본다. 그러나 많은 경우 정신장애는 그 원인이 불분명하고 원인이 유사하더라도 그 증상이 다양하게 나타날 수 있으므로 통계적 기준과 마찬가지로 의학적 · 임상적 기준으로 정상과 비정상을 단언하기보다는 다양한 관점에서 신중하게 종합하여 판단하는 것이 바람직하다.

4) 발달적 기준

인간은 타고난 유전적 성향과 환경적 영향에 의해 발달의 성숙도가 달라진다. 일반적으로 각 발달단계마다 혹은 연령에 따라 획득해야 하는 발달과업이 있는데, 그 성취도에 따라 한 개인의 특성을 나타내게 된다. 이 기준은 그 시기에 보편적으로 나타나는 발달적 특성과 한 개인의 발달적 특성을 비교하여 보편적 특성에 가까울수록 정상이라고 판단하고 멀어질수록 비정상으로 보는 것이다. 그러나 어린 아동일수록 개인차가 심하므로 성급히 결정하기보다는 다각적인 면을 살펴 신중하게 판단하는 것이 필요하다.

4. 정신건강에 영향을 미치는 요인

정신건강에 영향을 미치는 요인들을 간단히 살펴보면 다음과 같다(권육상, 1998; 장연집, 박경, 최순영, 1997).

1) 생물학적 요인

(1) 유전

유전은 부모의 유전인자가 자손에게 전달되는 것으로 부모의 형질, 즉 피부색깔, 모발의 형태, 색맹 등 신체적인 조건과 함께 정신장애의 유전인자도 발현된다. 유전에 의해 생긴다고 보는 대표적인 신경정신장애는 기분장애, 정신지체, 파킨슨병이 있으며, 다중적인 유전인자의 결합으로 지능, 성격, 기질 등이 결정된다.

(2) 연령

정신병의 발병빈도는 청소년기에 늘어나는 경향을 보인다. 특히 정신분열증은

25~35세 사이에 가장 많이 발병한다. 이 시기는 자신의 역할과 자기 지각에 있어 많은 변화에 직면하는 시기인데, 이때 사회적 고립이 정신분열증의 주요 원인이 된다. 이를 두고 사회학자들은 정신분열증이 사회적 문제라고 주장하기도 한다.

(3) 성차

정신질환에도 성차가 있음을 보여 준다. 남자에게는 진행성 마비, 알코올성 정신병, 외상성 정신병, 간질 또는 동맥경화증에 관련된 뇌증후군 등이 많은 반면, 여자에게는 조울증, 퇴행기 우울증, 편집증 및 기분장애와 관련된 정신질환이 많은 편이다.

2) 기질적 요인

뇌조직의 손상에서 기인하는 정신적 장애를 말한다. 즉, 생물학적인 것이 원인이 되어 뇌에 손상이 생김으로써 이전보다 인지나 기억 기능이 현저하게 저하된 것을 의미하는데, 뇌에 손상을 초래하는 요인은 매우 다양하다. 뇌질환으로 인한 경우도 있으며, 교통사고 및 각종 사고와 이로 인한 후유증, 노화 등도 원인이 될 수 있다.

3) 심리적 요인

개인의 본능적 충동과 그에 관련된 감정들이 정신장애의 원인이 된다. 본능적 충동들은 대인관계 및 사회관계를 통해 여러 형태의 심리적 감정반응을 만들어 내고, 이 다양한 감정들 중 부정적인 감정들이 정신장애의 원인으로 작용한다. 여기에는 갈등, 미움, 공포, 불안, 우울, 슬픔, 시기와 질투, 고독, 수치감, 죄책감 등이 있다. 미해결된 이러한 부정적인 감정들은 적응에 문제를 일으키고 병적인 행동과 정신장애의 원인이 된다. 부정적인 감정을 유발시키는 대표적인 것으로 갈등과 우울증이 있다.

4) 사회적 · 문화적 요인

(1) 가족요인

가족의 문제가 정신질환의 원인이 되기도 한다. 가족의 질병 및 사망, 이혼이나 별거 등 가족 위기, 부모의 정신질환, 부모의 부재 또는 사랑과 자극의 결핍은 자녀의 정신건강과 관계가 있다. 부모의 양육행동 중 폭력 및 학대, 유기, 방임, 과잉보호, 무관심 등도 자녀의 정신건강을 해친다. 결혼생활의 불만족으로 인해 우울증을 앓는 부모는 자녀에게 부정적인 영향을 미칠 수 있다.

(2) 사회 · 환경적 요인

현대인들은 도시화에 따른 환경 문제와 심리 문제로 다양한 정신질환에 시달린다. 공해, 소음 및 사건사고 등에 의한 스트레스와 경쟁, 소외, 좌절 등과 같은 부정적인 감정은 정신병의 유발인자가 된다. 우리나라의 경우, 입시제도에 따른 학생의 스트레스, 직장에서의 적응문제, 은퇴 전후의 부적응상태, 경제적 성장에 따른 풍요 속의 빈곤 등이 정신장애를 일으키기도 한다.

5. 정신적으로 건강한 사람들의 특징

인간은 하나의 유기체로 태어나 성장, 발달해 나가는 동안 신체적으로나 정신적으로 적응상의 어려움을 겪게 된다. 따라서 인간은 환경과 상호작용함으로써 건강한 상태를 유지하고자 노력한다. 정신건강에 대한 치료적 관점에서는 개인이 정신질환에 걸리지 않음으로 개인의 능력을 최대한 실현시킬 수 있는 상태를 건강이라고 보며, 적응적 관점에서는 환경에 단순히 순응하는 것이 아니라 그 환경을 주도적으로 개선할 수 있는 능력을 가진 사람을 건강한 사람이라 보았다. 따라서 정신적으로 건강한 사람은 자기능력을 최대한 발휘하고 환경에 적응하며 자기생활을 독립적, 건설적, 자주적으로 처리해 나갈 수 있는 건전한 성격을 가진 사람을 의미한다. 여러 학자가 제시한 정신적으로 건강한 사람들의 특징은 다음과 같다.

1) 야호다(Jahoda, 1958)의 정신적으로 건강한 인간

(1) 자신에 대한 긍정적인 태도

자기 자신을 한 인간으로 받아들이고, 자신의 욕구와 행동을 이해하며, 자신을 나이에 맞게 인식할 수 있다. 나이에 따라 현실적 수준에 맞게 자아개념을 수정하기도 하며, 자아정체감 및 주체성을 가지고 있으며 인생의 의미를 느낀다.

(2) 성장, 발달, 자기실현

자기의 잠재력을 개발하여 실현하고 새로운 성장과 발달, 도전을 할 수 있다. 자유롭게 자기 자신의 자아와 접촉하고 자신의 느낌, 감정을 살펴서 지적·인지적 기능과 통합시킨다. 자신의 내적 갈등과 스트레스에 의해 억제를 받지 않고 자신의 환경과 개방적으로 상호작용할 수 있고 다른 사람들과 잘 어울리며, 그 사람들과의 삶의 경험에서 성장할 수 있어야 한다.

(3) 통합

개인의 내적·외적 갈등, 기분과 정서의 조절 간에 균형을 이루는지, 겉으로 표현되는 것과 내적으로 억압되는 것 사이에 균형을 이루는지를 말하며, 정서적 조절과 통합된 인생철학 개념들을 포함하고 있다.

(4) 자율성

자기결정권을 가지고 의존과 독립 사이에서 조화를 이루며 자기행동 결과를 수용한다. 자기의 결정, 행동, 사고, 감정들을 포함하여 개인이 스스로 책임지는 것을 말한다. 그 결과로써 개인은 타인의 자율성과 선택의 자유도 존중할 수 있다.

(5) 현실 지각력

개인이 외부세계에 대한 그의 추측을 경험 행위로써 검증해 보는 능력을 말하고, 공감능력, 사회적 민감성, 남의 감정과 태도를 존중하는 것 등이 현실지각에 포함된다. 건강한 사람은 자기의 지각을 새로운 정보에 비추어 변경할 수 있다. 사물을 왜곡하지 않을 뿐만 아니라 타인에게 보다 적절히 대응할 수 있고 자신의 감정을 적절히 주고받을 수 있다.

(6) 주변 환경에의 숙달

건강한 사람은 사회에서 인정하는 역할에 성공적으로 기능을 하고, 세상에 효율적으로 대처하며 인생문제를 잘 해결하고 남들로부터 사랑을 받으며 호혜적 관계를 가진다. 새로운 사람과 우정관계를 이루고 만족한 집단생활을 하는 것 등으로 자기 주변의 환경에 숙달된다. 또한 환경에의 적응능력 및 조정능력도 갖추고 있어서 사랑할 수 있는 능력과 효율적인 문제해결 능력을 갖고 있다.

2) 알포트(Allport, 1965)의 정신적으로 건강한 인간

알포트는 정신적으로 건강한 사람은 과거에 얽매이지 않고 현재와 미래에 집중하는 반면, 정신적으로 고통을 받고 있는 사람들은 과거의 갈등이나 경험에 사로잡혀 있다고 하였다. 즉, 건강한 사람의 경우에 무의식적인 힘에 의해 통제나 지배를 받지 않으며, 무의식적 갈등에 의해 조정되지도 않는다. 알포트는 정신과 의사들이 언급한 건강한 사람들의 특징을 다음과 같이 제시하였다.

- 유쾌함과 즐거움을 누릴 수 있다.
- 낙관적이고 평온함이 있다.
- 일을 즐기는 능력이 있다.
- 놀이를 즐기는 능력이 있다.

- 사랑할 수 있는 능력이 있다.
- 설정한 목표를 달성할 수 있다.
- 감정을 극단적으로 표현하지 않는다.
- 자기통찰력이 있다.
- 상황에 따라 적절하게 반응한다.
- 사회적 책임이 강하다.

3) 조대경 등(1994)의 정신적으로 건강한 인간

(1) 자신과 타인을 존중할 줄 아는 인간

정신적으로 건강한 사람은 자신이 사회집단에 수용된 구성원이라고 느낀다. 따라서 타인들을 좋아하며 그들도 자신을 좋아한다고 생각한다. 따라서 대인관계에서 관용적이고 타인을 칭찬할 줄 알며 긍정적으로 접촉하고 개인의 존엄성을 인정한다.

(2) 자신과 타인의 장점과 한계에 대해 이해하고 수용하는 인간

정신적으로 건강한 사람은 현실을 분명하게 판단할 수 있고 그것을 수용한다. 모든 측면에서 완벽한 사람은 존재할 수 없다. 따라서 자신과 타인의 장점과 한계를 있는 그대로 받아들여 수용할 수 있어야 한다.

(3) 모든 행동에는 원인과 결과가 있음을 이해할 줄 아는 인간

정신적으로 건강한 사람은 자신의 행동이 자기 자신의 선택에 의한 것이고 그 선택에 따른 책임 또한 자신에게 있다는 것을 잘 알기 때문에 자신의 행동에 대한 원인과 결과를 남의 탓으로 돌리지 않는다.

(4) 자기실현에 대한 동기를 이해하고 끊임없이 노력하는 인간

모든 인간은 자신을 유지하고 자신의 한계 내에서 가능한 많은 것을 얻어 내어 성장하려는 자기실현의 욕구를 가지고 있다. 정신적으로 건강한 사람은 이러한 자신의 욕구와 동기를 실현하기 위해서 끊임없이 노력한다.

이를 종합하여 보면, 정신적으로 건강한 사람은 개인의 신체 및 심리적 · 사회적 발달 측면뿐만 아니라 사회적 책임감까지도 고려하여 주변 환경에 잘 적응하고, 개인의 전인적인 능력을 최대로 발휘할 수 있는 인간을 말한다.

활동

1. 정상과 비정상에 대한 기준에 대해 토론해 봅시다.
2. 학자들이 제시한 건강한 사람들의 특징에 비추어 '나의 건강성'에 대해 생각해 보고, 개발해야 할 부분은 구체적으로 어떤 것이고 어떤 방법으로 개발할 수 있는지에 대해 토론해 봅시다.

제2장 | 아동과 교사를 위한 정신건강

발달단계와 정신건강

아동이 건강하게 발달한다는 것은 신체적·인지적·사회적·정서적 영역의 발달이 연령에 맞는 특징을 보이고, 여러 발달영역이 균형 있게 발달하며, 발달과정에서 요구되는 발달과업을 무리 없이 수행하는 것을 의미한다. 이를 위해서는 아동의 주요 인적 환경인 부모와 교사가 아동이 잘 발달할 수 있도록 적절한 도움과 지원을 줄 수 있어야 한다.

이 장에서는 영유아기(출생~만 5세), 아동기(만 6~12세), 청소년기(만 13~18세)의 발달특징과 발달과업을 살펴보고자 한다.

1. 영유아기 정신건강

1) 영유아기 발달특징

출생부터 만 5세까지의 영유아기는 생애에서 가장 빠른 속도로 신체 발달이 이루어지며, 다른 영역의 발달도 앞으로의 발달에 기초가 되기 때문에 매우 중요하다.

(1) 신체·운동발달

출생 시 신생아는 남아가 평균 3.4kg이고, 여아는 평균 3.2kg이지만, 영아의 체중은 생후 3개월경에 출생 시의 약 2배로 증가하며, 1년이 되면 약 3배 정도 증가한다. 신장의 경우 출생 시 약 50cm이던 것이 2세경에는 88cm 정도로 성인 키의 1/2 정도에 해당된다. 신장에 대한 머리 비율이 작아지고 하체가 길어지고 전체적으로 홀쭉한 모습으로 변한다.

인간의 두뇌 발달은 2세경에는 성인 두뇌 크기의 75%, 5세경에는 성인의 90%까지 급속하게 성장하게 되는데, 대체로 3세 이전까지 빠르게 발달한다. 이 시기는 뇌의 시냅스가 일생 중 가장 많이 가지치기를 할 때이다. 따라서 특정 부분의 뇌만 발달하지 않도록 오감각을 통한 놀이나 다양한 활동을 할 수 있도록 해 주는 것이 필요하다. 잠자는 동안 뇌가 기억을 재정비하고, 성장호르몬이 나오므로, 충분한 수면을 할 수 있는 생활방식과 수면환경을 제공해야 한다. 그런데 초기에 부적절한 양육환경이나 사회적 박탈을 경험하게 되면 두뇌의 감정적인 영역을 담당하는 변연계에 많은 결함을 남겨 성인이 되어서도 정서조절, 충동성, 수면, 식습관 등에 문제를 초래한다.

태어날 때는 목조차 제대로 가누지 못하던 신생아는 영아기 동안 운동능력에 있어서도 큰 변화를 보이는데, 목을 가누고, 앉고, 기고, 서고, 걷고, 달리는 것이 점차적으로 가능하게 된다. 만 1세 전후로 걸을 수 있게 되며, 그 후 걸음 속도나 동작 유형 등을 달리하여 자신의 신체를 조절하는 능력이 향상된다.

소근육 운동발달을 보면, 출생 시 신생아에게는 잡기반사 능력이 가능하지만, 2세경에는 소근육의 협응능력이 발달하여 혼자 옷 입기, 신발신기 등이 가능하다. 3~5세경의 유아는 다양한 도구의 사용이 점점 정교화되어, 5세는 가위를 잘 사용하며, 균형잡힌 문자 쓰기가 가능해진다. 유아가 스스로 옷을 입고, 신발을 신을 수 있도록 성인은 단순한 기능이 있는 옷과 신발을 선택해 주고 마음의 여유를 갖고 영아 혼자서 하는 기회를 충분히 제공해 주어야 한다.

(2) 사회 · 정서발달

영아는 초기에는 기쁨과 슬픔의 정서만 가지고 있으나 점차 감정의 분화가 이루어진다. 3개월이 되면 싫어함, 혐오, 슬픔으로 분화 되고, 6개월 이후에는 불편함의 정서가 분노로 분화되고, 18개월 이후가 되면 긍정적인 정서인 만족이 애정과 사랑의 정서로 분화되면서 발달한다. 영아는 1차 정서에 해당하는 행복, 분노, 놀람, 공포, 혐오, 슬픔, 기쁨 등이 먼저 발달하고, 자신을 인식하기 시작하면서 2차 정서인 수치심, 자부심, 죄책감이 발달하게 된다. 영아는 아직 언어로 표현하지 못하는 감성, 욕구, 불편함 등을 정서로 표현한다. 이런 정서표현은 자신의 내적 · 외적 상태를 성인이 인식하여 영아를 돌보게 하는 기능과 영아의 행동에 반응하게 하는 기능을 가지고 있다. 예를 들면, 주 양육자와 눈 맞춤을 하면 '까르르' 소리를 내면서 웃음을 보이거나, 배가 고프면 팔과 발을 버둥거리면서 배고픔에 대한 불쾌감을 표현하여 성인이 영아를 돌보게 한다. 영아의 정서발달을 위해서는 영아가 보이는 다양한 정서에 맞게 성인이 반응해 주는 것이 필요하다.

3~4세 유아는 기쁨, 슬픔, 분노, 놀람 등의 정서와 이런 정서를 느끼게 하는 원인에 대한 이해가 증가한다. 또한 타인이 다른 감정을 가지고 있다는 것을 알아 가면서, 정서표현을 통제하는 능력이 생긴다. 그러나 아직 자기중심적 사고를 하고 있어, 자신의 감정에 따라 행동하는 경향이 더 많다. 5세가 되면 유아는 모든 정서를 표현 할 수 있고, 복합적인 감정을 이해하며 표현할 수 있다. 이 시기 중요한 것 중 하나는 자신의 부정적인 정서를 긍정적인 정서로 바꿀 수 있는 능력이 생기기 시작하여 화가 났을 때 자신이 좋아하는 놀이를 하면서 화를 조절할 수 있게 되고, 자신의 감정을 언어로 통제하려고 노력한다(문혁준, 김정희, 성미영, 손서희, 안선희, 장영은, 2015).

영아의 초기 사회성 발달의 표현은 울음과 미소, 눈 맞춤의 형태로 나타나며 생후 2~3개월경에는 주 양육자에게 시선을 고정하거나 미소를 짓는 등의 사회적 반응을 보인다. 이러한 반응은 영아에게 최초의 인간관계가 형성되는 것이며, 사회성 발달의 시작이다. 영아는 주 양육자 특히 어머니에게 신뢰감을 갖게 되고, 깊은 애정의 관계를 형성하게 되면서, 어머니 이외의 타인에게 관심과 흥미를 보인다. 생후 만 2세가 되면, 혼자놀이보다는 타인과의 놀이에 관심과 흥미를 갖고 참여하며 타인과의 관계가 놀이를 통하여 형성된다.

유아기는 영아기에 비해 스스로 움직이는 것이 원활하여, 대인관계의 폭이 넓어지면서 다양한 것을 경험하게 된다. 3세가 되면 선호하는 친구가 생기고, 만 5세가 되면 유아는 우정을 이해하고, 1~2명으로 구성된 또래 집단을 형성하기도 한다. 3~5세 유아는 놀이 대상과 우정을 나누는 친구가 서로 다르다. 유아는 우정을 나눈 친구보다 다른 또래 친구와 더 많이 싸우고, 거부하거나 적대감을 가진다. 유아는 자신이 좋아하는 친구에게는 인사, 칭찬, 불평을 하는 등 자신의 감정을 표현하고, 긍정적인 상호작용을 하며 지낸다.

(3) 언어발달

신생아는 언어가 발달하지 않았으므로, 울음으로 의사소통을 한다. 생후 약 1개월까지는 성인이 영아의 우는 이유를 구분할 수 없게 울지만, 2개월경에는 울음의 고저, 강도, 패턴 등을 사용하여, 우는 이유를 구별할 수 있는 분화된 울음으로 바뀌게 된다. 그 후 영아는 옹알이를 한다. 6~8개월경에는 '마마' '바바'와 같은 동일한 소리를 반복적으로 발음하고, 성인이 하는 언어의 의미는 알지 못하지만 메아리처럼 그대로 단어를 모방함으로써 단어 발성이 증가한다. 12개월경에는 평균 3개 정도의 단어를 말할 수 있으며, 18개월경부터는 언어의 폭발기로, 평균 3~50개 정도의 단어를 습득, 사용할 수 있고 이해력이 빠르게 발달한다. 24개월경에 영아는 2개 이상의 단어로 자신의 의사를 표현할 수 있다. 예를 들어, 한 단어 시기에는 영아가 '까까'라고 말하지만, 두 단어 시기에는 '까까 줘' '까까 없어'라고 표현한다.

3세가 되면서 부사나 형용사 등의 수식어도 점차 사용할 수 있게 되고, 다른 사람의 간단한 질문에 적절한 답변을 할 수 있는 대화 형태가 나타난다. 특히 원인과 결과에 대한 언급과 간혹 이것들을 연결시키는 '그래서' '그리고' 등의 접속사를 사용하여 복잡한 복문 문장을 구사할 수 있다. 5세경에는 2,500개 정도의 단어를 사용하며, 성인 문법에 가까운 문장을 사용하게 된다.

유아는 어린이집이나 유치원 등에 가게 되고, 동생이 태어나는 등 사회적 관계가 확장되어 상대에 맞게 어른에게는 존댓말 사용하고, 동생에게는 쉽고 간단하게 말을 한다. 유아는 자신의 느낌이나 생각, 경험 등을 글자로 쓰는 데 관심을 보이며, 수수께끼 놀이나 이야기 꾸미기 등이 가능하다.

(4) 인지발달

피아제(Piaget)는 그의 인지발달이론에서 인지발달단계를 감각운동기, 전조작기, 구체적 조작기, 형식적 조작기로 구분하였다. 그중 영아기는 감각운동기로서 영아는 감각기관과 운동기능을 통해 세상을 이해한다. 이 시기에 획득하게 되는 중요한 능력 중의 하나는 대상영속성의 개념이다. 대상영속성은 물체가 눈에 보이지 않거나 소리가 들리지 않더라도 그 물체가 계속 존재한다는 것을 아는 것이다. 영아의 대상영속성 개념이 완전히 발달하면, 사물에 대한 내적 표상으로 지연모방, 상상놀이, 언어개념학습이 가능하다. 유아는 이제 눈앞에 존재하지 않는 대상이나 사건에 대해 정신적 표상에 의한 사고를 할 수 있으며, 상징을 사용할 수 있는 능력을 갖게 된다. 상징은 눈에 보이지 않는 사물이나 행동을 표상하기 위해 다른 무엇을 사용하는 것을 말한다. 상징적 기능은 유아의 그림, 상징놀이에서 나타난다. 예를 들어, 유아는 나무 블록을 핸드폰으로 사용하기도 하고, 블록 놀이에서는 다리를 만들기도 한다.

피아제의 인지발달이론에 의하면, 유아기는 논리적인 조작이 불가능하기 때문에 전조작기라 부른다. 전조작기 유아의 인지발달 특징은 다음과 같다.

첫째, 사물의 외형이 변해도 그것의 어떤 물리적 속성은 변하지 않는다는 것을 이해하는 보존개념이 없다.

둘째, 여러 가지 기준을 사용하여 분류하는 것이 어렵고, 전체와 부분의 관계에 대한 이해가 불완전하다. 예를 들어, 장미꽃 4송이와 개나리 2송이를 책상 위에 놓았을 때, 유아에게 "여기 장미꽃이 더 많니, 꽃이 더 많니?" 하고 질문하면, 유아는 "장미꽃이 더 많다."라고 대답한다.

셋째, 다른 사람도 자신과 같은 방식으로 생각한다고 믿는 자아중심성을 가진다. 이러한 자아 중심적 사고는 유아가 이기적이거나 일부러 다른 사람들의 입장을 배려하지 않는 것이 아니라 단지 다른 사람의 관점을 이해하지 못하는 것을 의미한다.

넷째, 생물과 무생물을 구분하지 못하고 모든 것을 살아 있다고 믿는 물활론적 사고를 한다.

2) 영유아기 발달과업

(1) 애착

영아기에 가장 중요한 발달과업은 애착을 형성하는 것이다. 애착은 어떤 한 사람(영아)이 다른 사람(주 양육자, 어머니)과 정서적 유대관계를 갖는 것을 의미한다. 영아는 미소, 옹알이, 울기, 웃기, 매달리기, 잡기 등과 같은 애착행동을 통하여 부모나 성인이 영아에게 접근하게 하고 돌보는 행동을 이끌어 낸다. 즉, 애착행동은 양육자로 하여금 영아에게 가까이 있게 함으로써 영아를 보호하고 보살피며 상호작용하도록 독려할 뿐만 아니라, 영아를 먹이고 위험으로부터 지켜 주며 건강한 성장을 위한 자극과 애정을 받을 수 있게 한다. 애착은 중요한 생존 기능을 갖고 있으며, 모든 대인관계와 사회성 발달의 기초가 될 뿐 아니라 신체, 심리, 성격 발달 모두에 영향을 끼친다. 부모와의 애착을 통한 충분한 자극과 따뜻한 보살핌이 있는 경우, 영아는 기본적 신뢰감과 안정감을 얻게 된다. 반면 영아가 기본적 신뢰감, 안정감과 사회적 유대를 경험하지 못한다면 다른 사람과 인간관계를 맺기 어렵다.

애착관계에 영향을 미치는 요인은 양육자의 민감성, 일관성, 반응성에 있다. 어머니가 영아의 요구에 즉각적으로, 일관되고, 적절하게 반응하면, 안정적 애착형성이 이루어진다. 또한 양육자의 온정적이고, 수용적인 행동들도 안정적 애착을 형성하는 데 도움이 된다.

일반적으로 안정된 애착관계를 형성한 영아는 유아기 때 자신감, 호기심, 타인과의 관계 등에서 긍정적인 성향을 보이고, 유아기는 물론 아동기와 청소년기에도 도전적이고 적극적이어서 문제해결을 잘하고, 좌절을 잘 참아 내며, 문제행동을 덜 보인다.

(2) 배변훈련

배변훈련은 성격발달에 중요한 영향을 미친다. 영아는 부모로부터 배변훈련을 받게 되어 처음으로 통제를 경험하게 된다. 일반적으로 1세 반부터 3세까지의 영아는 괄약근의 발달로 대소변을 가릴 수 있는 준비를 하게 된다. 그러나 영아의 건강 및 발육상태, 심리적 안정성 등의 개인차를 고려하여 배련훈련 시기를 결정하여야 한다. 배변훈련은 서두르지 말아야 되며 강요해서도 안 된다. 영아에게 긴장감을 주지 않고, 여유 있게 기다리면서 배변훈련을 시키는 것이 정신건강유지에 도움이 된다.

대변 가리기는 소변 가리기보다 일찍 시작되며, 대소변을 잘 가리다가 실수를 할 수도 있다는 것을 기억하고 야단치거나 혼내는 것은 삼가야 한다. 때로는 동생이 출생한 후 사랑의 결핍과 소외감 때문에 퇴행하는 경우도 있으므로 원인을 잘 파악해서 지도하는 것이 좋다.

자녀가 대소변가리기를 성공했을 때 부모가 칭찬하거나 격려하면 자율성이 발달될 수 있으나, 엄격한 기준으로 자녀가 실수하는 것에 관대하지 못하면 자녀는 수치감 및 회의감을 갖게 된다.

(3) 주도성

에릭슨의 발달이론에서 만 3~5세까지의 유아기는 주도성 또는 죄책감이 발달하는 시기이다. 유아는 목표를 설정하고 달성하기 위해 호기심을 가지고, 새로운 세상을 탐색하고 숙달하기 위해 노력하면서 주도성을 획득하게 되나, 부모가 이를 통제하려고 하면 죄책감을 갖게 된다. 그러므로 부모나 성인은 유아의 자기주도적인 활동을 이해해 주고 격려하여 주도성이 발달할 수 있도록 해야 한다. 이 시기의 유아에게 새로운 목적의식과 방향을 지지해 주면 주도성이 발달하게 되나, 지나치게 자제하도록 요구하거나 유아가 실패의 경험을 많이 하게 될 경우, 자신을 억압하거나 자기 행동에 대해 죄책감을 갖게 된다.

(4) 성역할

슬라비와 프레이(Slaby & Frey, 1975)에 의하면, 3세가 되면서 유아는 자신의 성을 인식하게 되는데, 이를 성 정체감이라고 한다. 성 정체감은 복장이나 헤어스타일, 놀이 종류에 상관없이 개인의 생물학적인 특성이 변하지 않는다는 개념으로, 일종의 보존 개념이다. 〈표 2-1〉에서 보여 주는 것 같이, 성 항상성은 네 단계를 거쳐 발달한다. 보통 2세 반경에 1단계를 시작하여 만 6~7세 사이에 4단계까지 발달한다.

〈표 2-1〉 **성 항상성의 발달단계**

1단계	성 정체감 인식단계
	유아는 자신이 남자 또는 여자라고 인식한다. "너는 남자(여자)이니?"라는 질문으로 측정한다.
2단계	성 안정성 단계
	유아는 시간이 지나도 자신의 성이 변하지 않는다는 것을 안다. "너는 커서 아빠 될래? 엄마 될래?"라는 질문으로 측정한다.
3단계	성 항상성의 동기적 요소단계
	유아는 성이란 개인이 원한다 하더라도 바뀌지 않는다는 것을 안다. "만약 네가 정말로 원한다면 남자(여자)가 될 수 있니?"라는 질문으로 측정한다.
4단계	성 일관성 단계
	유아는 놀이, 복장, 외모의 변화에도 불구하고 성이 변하지 않는다는 것을 안다.

성역할 고정관념은 성에 따른 외모, 행동양식, 말씨, 감정을 표현하는 방식, 및 다른 여러 가지 특성들에 대한 구체적인 개념으로 정의된다. 유아는 일찍부터 직업, 성격특성, 행동특성, 놀이 등에서 성역할 고정관념을 보인다. 그러나 현대사회에서 성역할 고정관념은 인간의 잠재력을 발휘하는 데 장애가 될 수 있다는 생각에서 양성성의 개념이 대두되고 있다.

유아들이 접하는 매체의 내용과 그림 자료 속에 여자 의사, 여자 경찰관, 아기를 돌보는 남자의 삽화 등을 넣어 유아가 성 고정관념을 갖지 않도록 하는 것도 양성성 발달에 도움이 될 것이다. 유아가 건강한 성역할 발달을 습득하도록 부모가 적절한 역할 모델을 제시하는 것도 바람직하다. 그 외 인간의 외모, 말씨, 피부색, 인종 등에 있어서도 편견을 가지지 않도록 지도해야 한다.

2. 아동기 정신건강

1) 아동기 발달특징

만 6~12세의 아동기는 성장 잠재기로서 영유아기에 비해 발달속도는 느리나 성숙하고 운동기술이 발달된다. 정서적으로 여러 가지 감정을 인식하고, 표현 방식이 다양해지며, 또래 집단이 형성되면서 사회적 관계가 확대된다.

(1) 신체 · 운동발달

아동기는 신체발달이 비교적 원만하게 이루어지나, 아동기 말에는 신장이 급격히 증가한다. 아동기에는 머리 둘레가 성인 머리 둘레의 95%까지 커지고, 팔 · 다리가 길어지고, 얼굴이 길어지는 등 신체비율이 성인에 가까워진다. 아동기에는 영유아기에 획득된 운동기능이 보다 정교하고 세련되어져서 달리기, 줄넘기, 수영, 스케이트, 자전거 타기, 테니스, 야구 등 거의 모든 운동기능을 수행할 수 있게 된다. 소근육 운동기능의 발달로 혼자서 옷 입고, 벗기와 신발끈 매기 등이 가능해지고, 연필로 글씨 쓰는 속도가 빨라지며, 10세 이후에는 성인 수준의 손놀림이 가능해져서 다양한 악기연주나 정교한 수공예품을 만드는 등 여러 가지 취미생활을 할 수 있다. 아동기 말에는 성숙의 가속화 현상으로 사춘기가 시작되어, 2차 성징이 발달하고 신장과 체중이 급격하게 증가한다.

운동능력의 발달에 있어 개인차와 성차가 나타나는데, 남아는 운동능력의 발달에 필요한 신체활동을 더 많이 하면서, 대근육을 사용하는 스포츠에 우세하며 힘도 강해진다. 반면, 여아의 경우는 유연성이 좋아지면서 체조나 수공예 같은 소근육 사용 활동에서 우세하다. 운동능력의 발달은 아동의 신체적 · 정서적 · 사회적 발달과도 밀접한 관계가 있는데, 특히 남아의 운동역량은 자아존중감 발달에 영향을 준다.

(2) 사회 · 정서발달

아동기에는 정서 표현능력과 조절능력에 있어서 현저한 변화를 보인다. 특히 자신의 정서를 조절하는 능력과 타인의 정서를 이해하는 능력이 탁월해진다. 아동이 만 7~8세 정도가 되면, 정서조절능력이 급속도로 발달하여 부정적 정서를 조절하는 것을 배우게 된다. 질투, 자랑, 죄의식, 걱정과 같은 정서에 대해 이해하게 되고, 만 10세가 지나면서 우울, 안도, 실망, 수치심 같은 좀 더 복잡한 정서를 이해할 수 있게 된다. 아동기에는 정서를 표출하는 규칙에 대한 이해가 크게 증가하고, 자신의 감정을 숨기는 일에 능숙해지며, 다른 사람의 얼굴 표정이 그 사람의 진짜 정서를 표현하는 것이 아닐 수도 있다는 사실을 이해하게 된다. 다른 사람의 느낌에 반응할 줄 알고 비판에 민감하다.

(3) 언어발달

아동기에는 어휘력이 급속히 증가하고, 문법적으로 보다 복잡하고 긴 구문을 사용할 수 있게 되어, 언어구사 및 쓰기활동을 통해 의사표현이 자유로우며, 글을 통해 정보를 획득하는 능력이 발달한다. 초등학교를 졸업할 즈음의 아동은 약 4천 개의 단어를 습득하게 되는데, 단어의 형태학적 지식이 생겨나면서 낯선 단어의 의미도 추론할 수 있다. 또한 상대방이나 자신의 메시지가 분명하지 않을 때 모호한 부분에 대한 인식이 가능하므로, 듣는 사람에 맞춰 내용을 조절하면서 의사를 전달할 수 있다. 즉, 듣는 사람에게 익숙하지 않은 사물에 대해 말을 할 때는 익숙한 사물에 대한 말을 전달할 때보다 더 길게 설명하거나, 듣는 사람에 따라 다른 정보를 제공하기도 한다. 아동은 대화하는 상대방의 연령, 성별, 이해정도, 사고방식 등을 고려하여 언어를 선택하고 조절하여 사용할 수 있게 된다. 이는 인지발달로 인해 자기중심성이 완화되고 사회언어학적 이해능력이 발달하기 때문이다.

(4) 인지발달

초등학교에 입학하면서 아동은 인지적 능력과 사회적 기술의 습득 및 학업성취에 관심이 높아진다. 아동은 유아기의 자기중심적 사고방식에서 벗어나 다른 사람들이 자신과 다르게 외부 상황을 인식하다는 것을 알게 된다. 아동기에는 좀 더 세련된 방식으로 상징을 사용하고 논리적으로 생각할 수 있다. 사물의 한 측면에만 집착하지 않고 여러 측면을 고려하여 결론을 이끌어 낼 수 있고 타인의 관점을 이해하게 된다. 그러나 아직까지도 아동기의 사고는 자신이 구체적으로 경험한 세계에 한정되며, 추상적이고 가설적인 개념을 이해하는 데는 한계가 있다.

피아제의 인지발달이론에 의하면 아동기는 구체적 조작기로 다음과 같은 특징을 보인다.

첫째, 자기중심성을 탈피한 탈중심화를 보인다. 가족, 친구, 교사 등으로 관계가 확대되고, 이들과 상호작용하면서 다른 사람들이 자신과 다른 생각 · 감정을 갖는다는 것을 알게 된다.

둘째, 물체가 공간적 배열을 달리하거나 모양이 바뀌어도 그 속성은 변하지 않는다는 보존개념에 대한 이해가 발달된다. 어떤 조작이 정신적 혹은 실제적으로 역전될 수 있음을 알고, 아무것도 더해지거나 빼지 않았다면 그 양은 똑같음을 알게 된다.

셋째, 분류개념이 생겨서 사물의 공통성과 차이점 및 관계성을 이해하게 된다.

2) 아동기 발달과업

(1) 근면성

아동기는 신체적 · 사회적 · 인지적 기능 발달이 활발한 때이며, 다른 사람의 인정을 받으려 애쓰는 시기이기도 하다. 에릭슨에 의하면, 이 시기에 중요한 발달과업은 근면성을 발달시키는 것이다. 근면성이란 학업을 시작하면서 사회에서 필요한 인지적 · 사회적 기술을 숙달하는 데 전념하는 것으로, '꾸준한 주의집중과 지속적인 성실함을 유지하는' 자아력(ego strength)을 발달시키는 것이다(Crain, 2003). 이러한 과정에서 쾌락이나 보람을 느끼고 성취감을 얻게 된다. 만일 이 시기에 순조롭게 근면성이 발달하지 못하고 실수나 실패를 거듭하게 되면, 아동은 부적절감과 열등감을 갖게 된다. 이러한 열등감은 성공적으로 갈등을 극복하지 못했거나, 학교나 사회가 아동에 대한 편견적 태도를 취할 때에도 발달하기 쉽다.

(2) 자아존중감

자아존중감은 자기에 대한 평가적 속성을 지닌 것으로, 자신이 스스로 느끼는 자신의 가치에 대한 개인적 판단을 말한다. 유아기는 초보적이며 단순한 평가를 통해 자아존중감을 갖게 되지만, 아동기는 다른 사람과 비교하거나 이상적 자기와 현실적 자기를 비교함으로써 보다 자기반성적이고 정확하며 객관적인 자아존중감을 형성하게 된다.

아동의 자아존중감에 영향을 미치는 다양한 요인이 있지만, 가장 큰 영향을 미치는 것은 부모, 형제, 친구, 교사 등 아동이 일상적으로 만나면서 상호작용하는 의미 있는 사람들이다. 주변의 사람들이 아동을 어떻게 수용하고 거부하느냐에 따라 아동은 자신은 누구이며 어떤 가치를 지니는지에 대한 답을 얻는다(Harter, 2006). 아동에게 중요한 인물이 아동을 믿어 주며 애정과 지지를 보여 줄 때, 아동은 긍정적인 자아존중감을 갖게 된다. 자아존중감이 높을수록 일의 수행이나 대인관계에 더욱 자신감을 가지며, 만족도가 높게 나타난다. 반면에 자아존중감이 낮아서 자신에 대한 가치를 낮게 평가하거나 부정적인 감정을 가지고 있을 경우에는 실제 수행에 소극적이며 만족도도 떨어진다.

(3) 또래관계

인간은 성장하면서 발달단계가 비슷하거나 연령이 비슷한 또래라는 사회적 관계 안에 들어가게 된다. 걸음마기 유아라 해도 함께 놀지는 못하지만 또래의 존재를 인식하고 또래에 관심을 보이며 그저 옆에 있는 것을 즐기며, 유아기에는 협동적으로 놀이를 하고, 같은 목적을 위한 활동에 참여하기를 좋아한다. 아동기로 접어들면서 아동의 삶에서 친구의 의미는 점점 커져 가고 또래관계는 자신의 평가와 자아상에 지대한 영향을 미치게 된다. 또래관계는 성공적인 사회적 상호작용에 필요한 사회적 기술을 훈련시키고 아동에게 안전감, 소속감과 사회적 지원을 제공한다. 또래와의 원만한 관계는 아동의 사회성 발달은 물론 신체적 · 정서적 · 인지적 발달 등 전인발달을 위한 맥락을 제공한다는 점에서 매우 중요하다.

실제로 사회적 기술이 부족하여 또래관계에서 어려움을 갖는 아동은 부정적 자아개념, 높은 불안 및 우울, 낮은 자기효능감 등 갖게 되며, 또래관계에 어려움을 갖지 않은 아동에 비해 학습적인 문제를 갖기 쉽기 때문에 학교 부적응 그리고 정신건강상의 문제까지 이어지게 된다. 아동기의 또래관계는 이후 청년기, 성인기에서의 또래관계까지 영향을 미치기 때문에 어릴 때부터 건강한 또래관계를 형성하는 것이 매우 중요하다.

3. 청소년기 정신건강

1) 청소년기 발달특징

청소년기는 아동기에서 성인기로 이행하는 과도기로서 청소년기에는 사회적 · 신체적 · 정서적 중요한 변화가 발생하며, 더불어 성숙이 이루어지는 시기이다.

(1) 신체 · 운동발달

청소년기에는 급격한 신체적 · 성적 변화로 인해 청소년은 자신의 외모, 신체에 민감하게 반응하게 되며, 자신의 신체상이 자아상으로 연결되기도 한다. 이러한 발달양상은 개인에 따라 차이가 있기 때문에 지나치게 성장 속도가 빠르거나 느린 경우 심리적 · 사회적으로 부적응을 경험하기도 한다.

청소년의 신체는 성인의 모습으로 변화되고 남녀의 신체적 · 성적 차이가 확연히 구별된다. 남자의 신체적 변화는 여자보다 2, 3년 늦게 시작되어, 여자는 10~11세, 남자는 보통 13세에 급등이 시작되고, 20세 전후에 키의 성장은 멈춘다. 청소년기의 신장과 체중의 증가는 내분비선에서 분비되는 호르몬의 증가와 밀접한 연관이 있다. 청소년기는 안드로겐(남성호르몬)과 에스트로겐(여성호르몬)이 왕성하게 분비되어 성적 발육도 급격한 변화가 일어난다.

여자는 유방의 발육이 먼저 시작되고, 초경을 시작하면서 임신이 가능해진다. 남자는 고환의 발육이 먼저 시작되고, 몽정을 경험하고 음성이 변화하는 제2차 성적 특징이 나타나서 남녀의 성적 차이를 명확하게 할 뿐 아니라 강렬한 성적 욕구를 일으킨다. 청소년의 신체적 · 성적 발육이 진행될 때 자신의 신체적 변화에 매우 민감한 반응을 보이는데, 자신에 대한 신체상은 심리 상태에 많은 영향을 준다. 일반적으로 여자는 신체적 변화에 대해 불만을 느끼고, 덜 행복해하며, 남자에 비해 부정적인 신체상을 갖는 경향이 있다.

(2) 사회 · 정서발달

청소년기는 정서를 자극할 만한 내 · 외적 사건이 많은 시기로, 다른 발달단계보다 정신건강에 위협적인 시기가 될 수 있다. 청소년기에는 감정적 기복이 심하고 불안정하고 민감하다. 청소년의 감정이 불안정한 이유는 아동도 어른도 아닌 모호한 위치에서 사회적 역할이 확대되어, 그에 따른 적응이 어렵고, 급속한 신체발달, 호르몬의 변화, 새로운 인간관계, 그리고 이성친구 등이 생기기 때문이다.

청소년기에 경험되는 대표적인 긍정적 정서는 행복, 기쁨, 사랑, 애정의 감정이고, 대표적인 부정적 정서는 불안, 분노 질투, 열등감, 수치심, 우울, 죄책감이다. 청소년은 자신의 능력 부족, 신체적 변화, 자신의 욕구의 미충족, 장래의 불확실성 등을 인식할 때 부정적 정서를 느낀다. 분노는 자신의 욕구좌절, 간섭, 압박, 불공평한 취급, 무시, 개인적 자유가 속박당할 때 느낀다. 남자는 여자보다 더 많은 분노를 폭발하며, 발로 물건을 차거나 물건을 던지거나 문을 쾅 닫고 밖으로 나가는 등 신체적으로 분노를 표현하고, 여자는 울거나 자기 방에 틀어박혀 나오지 않는 것으로 표현한다(이숙, 문혁준, 강희경, 공인숙, 김정희, 2013).

이 시기의 청소년은 친구관계에 있어서 자기 자신을 상대방에게 노출시키고 남의 소문을 이야기하고 비밀을 서로 나눈다. 이때의 우정은 뜨거워졌다, 차가워졌다 하는 갑작스러운 변화를 겪으며 친구와 헤어지는 것, 배신당하는 것에 상당히 민감해한다. 특히 친구가 뒤에서 자기 욕을 할까 봐 걱정하고 자기 비밀을 남에게 이야기할까 봐 두려워한다. 그리고 우정에 금이 갔을 때 큰 상처를 입는다. 친구와 많은 영향을 주고받는 시기이므로, 친구의 가치관, 규범, 옷차림 등을 따라 하려고 노력하며, 친구가 청소년의 행동이나 가치판단 결정에 최우선이 된다. 이 시기의 친구는 하루 중 가장 많은 시간을 함께 보내며, 자신과 비슷한 경험을 겪고 있다는 데에서 서로 위안을 얻고 친근감을 가진다.

(3) 인지발달

청소년기는 피아제의 인지발달이론에 의하면, 형식적 조작기에 해당되며, 이 시기에는 추상적인 사고가 가능하다. 추상적인 사고란 융통성 있는 사고, 효율적인 사고, 복잡한 추리, 가설을 세우고 체계적으로 검증하는 일, 직면한 문제에 대해서 해결 가능한 모든 대안들을 체계적으로 검토해 보는 사고를 의미한다. 청소년은 도덕적 · 정치적 · 철학적인 생각과 가치문제를 고민하기도 한다. 이와 같이 구체적 사고에서 추상적 사고로의 변화는 청소년기의 지적 발달에 있어서 질적인 변화이다. 그 결과 합리성, 논리성, 추상성 등이 깊어지고 이것이 청소년의 인격형성에도 영향을 주게 된다.

2) 청소년기 발달과업

청소년은 부모로부터 정서적 · 심리적 · 행동적인 독립을 추구하며, 자신의 정체감을 형성하고 친밀한 대인관계를 형성할 수 있는 능력을 발달시켜 나간다.

(1) 자아정체감

자아정체감의 형성은 생산적이고 행복한 성인이 되기 위한 청소년기의 중요한 발달과제이다. 자아정체감은 자신의 과거와 현재를 연결하여 느끼는 안정감, 그리고 스스로 자신에 대한 개념과 타인과의 관계 속에서 자신에 대한 일관성 있는 느낌을 말한다(최송식, 최말옥, 김경미, 이미경, 박은주, 최윤경, 2014).

인간관계의 폭이 넓어지고, 부모, 친구, 이성친구 등을 만날 때 전과는 달리 관계의 유형에 따라 조금씩 다른 모습을 보이게 된다. 예를 들어, 어느 때 또는 어느 장면에서 건 '내가 누구인가?'에 대해 관심을 가지고 '무엇이 정말 나인지'에 대한 갈등과 혼란을 겪으며 정체감을 확립해 가는 시기이다. 시간이 지나감에 따라 자아의 개념이 뚜렷해지고 점차 자신이 갖고 있는 능력과 그 한계를 명확히 알아 나가게 되면서 균형감각과 통합능력을 갖는다. 청소년기에 자아정체감이 획득된다면, 편안하게 성인기로 옮겨 가서 그에 맞는 적합한 역할수행을 할 수 있다.

정체감 발달이 청소년기에 중요한 주제로 대두되는 이유는 다음과 같다.

첫째, 청소년기의 급격한 신체적 변화와 성적 성숙이 자아정체감 발달을 촉진한다.

둘째, 청소년기는 아동기에서 성인기로 옮겨 가는 과도기로서 신체적으로는 성인처럼 성장해 있지만, 정서적 및 경제적인 측면에서는 아직도 미숙하고 무능력하기 때문에 부모에게 의존해야 한다. 따라서 청소년 자신의 위치와 역할을 어떻게 규정할 것인지에 대해 고민하는, 다시 말하면 자아정체감의 문제에 직면하게 되는 것이다.

셋째, 청소년기는 스스로 여러 가지 문제를 선택해야 하는 시기이다. 즉, 청소년은 진학과 전공 선택 문제, 교우관계 및 이성관계 문제 등과 같이 선택하고 결정해야 하는 다양한 문제들에 직면하게 되는데, 이러한 문제들 역시 청소년기 동안에 자아정체감 문제에 직면하게 만드는 주요 요인이라고 할 수 있다.

넷째, 청소년기 동안에 이루어지는 높은 수준의 인지능력의 발달도 자아정체감 발달의 주요 요인이 된다. 인지능력의 발달은 청소년에게 자신의 위치, 역할, 능력, 과거와 미래의 모습 등의 문제를 검토하고 탐구하도록 만들기 때문이다.

그러나 자아정체감은 쉽게 이룰 수 있는 것이 결코 아니며, 많은 정신적 고통과 혼란을 수반하게 되고 어떤 경우에는 나이가 들어서도 정체감을 형성하지 못하고 방황하는 경우도 있다.

(2) 이성친구

청소년의 이성교제는 상호 존중감과 자신의 행동에 대한 통제력을 키우며, 자신감과 안정감을 주어 발달과정에서 오는 심리적 소외감과 성적 성숙에서 나타나는 자연스러운 욕구를 해결한다. 이것은 지극히 자연스럽고 정상적인 발달과정이며, 청소년의 건전한 이성교제는 성인 남녀의 역할에 대해 배울 수 있고, 이성에 대한 적응도 쉬워지며, 배우자를 선택할 기회와 안목을 기를 수 있게 한다. 이러한 긍정적인 효과가 있음에도 불구하고 일부 청소년의 무분별한 이성교제로 인하여 성문제가 발생할 수 있으므로, 성교육과 이성교제에 대해 부모나 교사와의 개방적 대화가 필요하다.

활동

1. 발달단계별 발달과업을 현재 자신의 발달상태와 연결시켜 이야기 나누어 봅시다.

제3장 | 아동과 교사를 위한 정신건강

스트레스와 정신건강

불안하고 우울한 사건들이 만연한 이 사회에서 정신적으로 병리증상 없이 살아가기란 쉬어보이지 않는다. 원만한 인간관계를 맺고 자신이 처해 있는 상황에 잘 대처하며 행복하게 살 수는 없는 것일까? 현대의 경쟁적이고 물질만능주의 풍조에 따른 비인간화현상으로 개인이 경험하는 극심한 스트레스는 개인으로 하여금 무력, 억울, 불안, 분노 등을 느끼게 하며, 가정, 학교, 직장 등에서 적응적 생활을 하는 것을 어렵게 하고 있다. 과거에 비해 많은 사람들이 정신적 고통을 호소하며 이는 심각한 정신질환으로 발전하는 추세여서 스트레스에 대한 이해와 적절하게 관리할 수 있는 능력을 키우는 일이 무엇보다도 필요하다.

이 장에서는 스트레스의 개념, 원인, 반응 그리고 대처관리에 대해 살펴보고자 한다.

1. 스트레스 개념

근대 스트레스 개념의 기원은 동서양을 막론하고 2,500년 이전으로 거슬러 올라간다. 동양에서 가장 오래된 의학서인 중국의『황제내경』소문편에는 병과 스트레스를 연관시켜 생각했다. 서구에서는 히포크라테스(BC 400)가 몸을 이루는 원소와 생활이 조화를 이루면 건강하고, 그렇지 못하면 질병을 일으키는데, 즉 질병은 유해한 힘이 가해졌을 때 전신의 평형이 붕괴되어 생기는 것이라고 보았다.

그 후 스트레스에 대한 연구들이 시작되었는데, 대표적인 인물들을 살펴보면 다음과 같다(대한신심스트레스학회, 1997; 이동훈 외, 2014; Bernard, 1968).

■ 버나드

버나드(Bernard, 1813~1878)는 프랑스의 생리학자로서 생명과 환경의 관계에 대해 관심을 갖고 연구하였다. 그 당시의 의학은 질병이 있는 신체 상태만을 취급하는 경험학에 불과했으나, 그는 건강한 생명체의 정상 활동에 대해 관심을 갖고 생명이 유지되고 발전하기 위해서는 외부환경이 있듯이, 내부환경도 존재하는데 생명유지를 위해서로 유동적으로 변하면서 안정된 상태를 유지해야 한다고 보았다. 버나드(1968)는 스트레스를 긍정적인 스트레스와 부정적인 스트레스로 구분하였는데, 긍정적인 스트레스는 우리에게 흥미가 있고 즐거우며 활기를 주는 유쾌한 변화를 경험하도록 하지만, 부정적인 스트레스는 괴로움, 고통, 불안을 유발하고 신체의 에너지를 고갈시키며 질병에 취약하게 한다고 하였다.

■ 캐넌

캐넌(Cannon, 1871~1945)은 감정의 변화는 일정한 법칙에 따라 생체에 변화를 일으킨다는 사실을 최초로 증명했다. 구체적으로 공포, 불안 등과 같이 감정이 격한 상태에서는 교감신경계의 긴장이 발생하는 등 생리적인 변화가 일어난다고 보면서, 감정과 생리적 변화와의 관계를 설명할 수 있는 이론적 근거를 마련하였다.

■ 셀리에

셀리에(Selye, 1907~1982)는 물리학적 개념인 스트레스를 생리학에 접목시킨 학자이다. 우리의 신체는 외부 공격에 대해 항상 일정한 전신적 방어반응을 나타낸다. 바로 이런 것들이 일반 전신증상의 원인이 되며 이를 가리켜 '일반 적응 증후군'이라고 불렀다.

셀리에는 '일반 적응 증후군'을 3기로 나누어 살펴보았다. 생체에 대한 유해자극이 신체의 균형을 깨뜨린다는 의미에서 자극을 스트레서(stressor, 스트레스원), 반응을 스트레스라고 칭했다. 생체는 스트레스에 의해 저항력이 높아지거나 반대로 떨어질 수 있다. 생체의 저항력은 스트레서가 가해지는 순간 저하하나, 자극이 계속되면 생체 방어반응이 생겨서 저항력이 증가한다. 이러한 변화의 단계를 경고 반응기, 저항기, 탈진기라고 불렀다. 〈표 3-1〉에 스트레스 변화 단계의 특성에 대해 살펴보았다. 셀리에는 스트레스를 도전이나 요구에 대한 신체의 생리적 반응으로 보았다.

〈표 3-1〉 **스트레스 변화 단계의 특성**

단계	특성
제1단계 경고반응기	생체가 스트레스에 대해 적극적으로 저항을 하는 시기이다. 처음에는 체온 및 혈압의 저하, 저혈당, 혈액농축 등의 쇼크가 나타난다. 이러한 손상이 치명적인 것이 아닌 이상 지속적으로 호르몬이 분비되고, 생체는 스트레스에 대해서 혈압 및 체온의 상승, 고혈당과 같은 적극적으로 저항을 나타낸 결과, 두통, 발열, 피로감, 무기력의 증후가 나타나며, 신체의 저항력은 저하된다. 모든 질병의 초기에 이와 같은 증상을 보이는 것은 스트레스의 경고반응이 동일하기 때문이다.
제2단계 저항기	생체가 가진 자원과 에너지를 총동원하여 스트레스에 대해 적응하려는 시기이다. 이는 생체가 스트레스에 장기간 노출될 때 계속해서 신경계와 뇌분비계의 변화가 일어나면서 스트레스에 적응하는 것이다. 스트레스의 증가로 뇌하수체에서 ACTH라는 호르몬의 분비가 증가하고 부신의 무게가 증가하며 저항력이 높아지면서 두통, 발열 등의 증후들은 없어지게 된다. 일반적으로 잘 적응하는 것처럼 보이나 실제로는 스트레스에 대응하기 위해 엄청난 에너지를 소모하고 있는 것이다.
제3단계 탈진기	증가하는 스트레스에 의해 감염, 알레르기, 자가면역질환, 암 등에 대한 생체의 저항을 담당하던 면역기능이 위축되면서 여러 증상이 나타나며 신체의 기능들이 약화되는 시기이다. 그로 인해 감기, 몸살, 소화불량, 인후염, 부스럼과 같은 신체 증상이 나타나게 되며, 스트레스에 대한 적응 실패로 질병에 걸리기 쉽고 생명까지 위험할 수 있다.

■ 이동훈 등

이동훈 등(2014)은 스트레스를 다음과 같은 세 가지 방식으로 정의하였다.

첫째, 스트레스는 인간에게 영향을 미치는 사건 혹은 자극이다. 이는 객관적인 물리적 위험이나 심리적 위험이 존재하는 자극을 스트레스로 보는 입장이다. 즉, 중요한 시험, 사랑하는 사람의 죽음, 전쟁, 천재지변 등이다.

둘째, 스트레스는 반응이다. 스트레스하에 있는 상태, 스트레스에 반응하는 유기체, 스트레스 경험으로 인한 생리적 반응으로 스트레스를 정의한다. 이 입장은 어떤 사건으로 인한 변화가 신체의 항상성을 무너뜨리게 되면, 신체는 스스로를 보호하기 위하여 보유하고 있는 자원을 동원함으로써 내적인 반응태세를 취하게 된다고 보고 개인의 반응에 중점을 둔다.

셋째, 스트레스는 인간과 환경 간의 역동적인 상호관계와 심리적 과정이다. 즉, 스트레스를 결정하는 것은 자극 혹은 반응 자체가 아니고, 개인이 스트레스 자극을 어떻게 평가하고 해석하고 대처하는지가 중요하다. 즉, 어떤 자극이 개인에게 위협으로 다가오거나 자신이 가진 대처 능력을 초과했을 때 스트레스를 받게 된다.

이상의 내용을 종합해 보면, 스트레스는 우리가 살면서 경험하게 되는 피할 수 없는 현상으로, 우리가 위험하거나 도전적인 상황에 직면할 때 우리의 뇌는 즉각 반응하여 우리의 몸과 마음이 저항할 수 있도록 특정한 모드로 변환한다. 스스로 인식하지 못하지만 모든 기능이 활성화되어 스트레스 상황을 극복하기 위해 에너지가 총동원된다. 이때 중요한 것은 특정한 사건 자체보다는 개인의 주관적인 판단에 따라 스트레스의 영향력은 달라질 수 있으므로, 스트레스에 대한 이해와 적절하게 관리할 수 있는 능력을 키우는 일이 무엇보다도 필요하다.

2. 스트레스 원인

스트레스는 삶을 위협하는 주요한 요인 중 하나로, 개인이 생활에서 겪게 되는 모든 경험에 의해 스트레스가 일어나고 계속되면 정신질환까지 이를 수 있다. 그렇다고 해서 모든 사람이 같은 조건하에서 같은 정신적 문제를 보이지는 않는다.

스트레스의 원인을 크게 생물학적 요인, 성격적 요인, 심리사회적 요인으로 나누어 보면 다음과 같다.

첫째, 생물학적 요인으로는 외부 자극(예: 소음 등)으로 인해 발생하는 생리학적 반응, 신경계와 호르몬 체계에 의한 생물학적 리듬, 카페인과 같이 특정 음식물을 섭취함으로써 스트레스를 직접적으로 자극하거나 피로 혹은 신경적 흥분을 증가시키는 것 등이 포함된다.

둘째, 성격적 요인으로는 부정적 자아개념, 강박증이나 공격적인 행동, 지나친 성취적 행동, 한꺼번에 여러 일을 욕심 내고 동시에 하는 행동, 삶에 대한 신념의 부족, 스트레스 유발 요인을 통제할 수 없다는 신념, 삶의 목표에 적극적이지 않은 성향 등이 있다.

셋째, 심리사회적 요인으로는 개인의 삶에서 긍정적 또는 부정적인 변화를 요구하는 각종 생활사건(예: 가족이나 지인의 사망, 개인적 질병, 임신, 경제적 고충, 가족과의 의견 불일치, 생활환경의 변화, 직장상사와의 갈등, 법률 위반 경험 등)에 대한 적응, 욕구를 만족시켜 줄 대상의 부재로 인해 경험하는 좌절, 개인의 능력을 벗어난 요구로 인해 경험하는 부담감, 반대로 지나치게 적은 자극으로 인해 경험하는 무료함이나 무가치감 등이 포함된다.

한편 스트레스 원인은 발달단계에 따라 다를 수 있는데, 이를 구체적으로 살펴보면 다음과 같다.

1) 영유아기

영유아기의 스트레스 원인은 발달특징, 기질, 질병, 어린이집이나 유치원 입학, 이사, 형제 간의 갈등, 불안정한 가정환경 등이다.

출생부터 만 1세까지의 아기는 생리적인 욕구가 좌절될 때 울음으로 신호를 보내고, 부모가 이 신호에 적절히 반응해 주지 못하면 아기는 스트레스를 받는다. 특히 이 시기에 낯선 사람의 존재와 양육자의 부재로 스트레스가 유발되면 격리 불안이 나타나고 낯가림이 생긴다. 만 1~3세가 되면 유아는 호기심이 많고 아장아장 걸을 수 있게 된다. 주변의 모든 것에 관심을 가지고 자유롭게 만지려 한다. 유아의 독창적이고 호기심 많은 행동이 늘어남에 따라 부모의 통제도 증가하게 되는데, 부모가 일관성 없이 일방적이고 강압적인 훈육을 한다면 유아는 억울하고 불안하고 분노하면서 과도한 통제로 인해 스트레스를 받게 된다.

만 3~5세 시기는 각 발달영역이 서로 영향을 주면서 그 어느 때보다도 역동적이다. 다양한 욕구들이 증가하고 이 욕구가 충족되지 않으면, 떼나 짜증을 부리게 되고 고집도 강해진다. 일상생활 훈련, 형제간의 갈등, 친구관계, 교육 등과 관련된 문제들로 부모는 훈육을 하게 되는데 원만하게 해결되지 않을 경우, 부모-자녀 문제를 야기하고 유아는 스트레스를 받게 된다.

2) 아동기

아동기는 아동의 환경이 가정에서 학교로 확대되므로, 그에 따른 스트레스가 생긴다.

첫째, 개인적 측면으로, 먼저 아동의 건강과 관련되어 있다. 아동의 질병과 허약한 체질 등은 아동에게 소극적 태도를 갖게 하고, 또래와의 다른 용모와 아동의 장애는 스스로에 대한 부정적인 인식을 갖게 하여 스트레스에 영향을 미친다. 뿐만 아니라 자신감 부족, 부모가 자신에 대해 과도한 기대를 한다는 지각, 경쟁에 대한 부담 등 아동의 심리적 측면 또한 스트레스에 영향을 미친다.

둘째, 가정환경 측면으로, 아동은 부모의 성격이상, 부모의 갈등이나 이혼 등 부모의 문제에 대해 불안감을 느낀다. 특히 부모의 이혼은 아동에게 한쪽 부모를 선택해야 하는 죄책감, 다른 부모로부터 거부당하는 배척감, 혼자 버려질 수 있다는 두려움 등으로 인해 심리적 혼란을 느끼고 이러한 혼란감은 스트레스를 가중시킨다. 또한 아동은 형제와의 관계 속에서도 스트레스를 경험한다. 동생의 출생으로 인해 어머니를 빼앗겼다는 두려움과 위축감, 형제간의 갈등에 대한 부모의 부적절한 개입은 자녀에게 좌절감을 안겨 주게 된다. 즉, 부모로부터의 억울함, 편애감, 형제에 대한 질투감 등으로 인해 스트레스가 증가한다.

셋째, 학교환경 측면으로, 학교가 교육과정에서 결과중심의 학업 성취를 지향하고 경쟁심을 조장하며 획일화된 평가를 실시한다는 점에서 아동은 학교에 소속된다는 것 자체가 스트레스가 될 수 있다. 특히 학업부진은 자신감의 상실을 유발하여 스트레스로 나타난다. 뿐만 아니라 교사의 체벌이나 강압적 지도, 친구와의 갈등 및 싸움, 친구로부터의 따돌림이나 괴롭힘 등으로 스트레스를 느낀다.

3) 청소년기

청소년기는 일상생활에서 오는 스트레스는 물론 아동기에서 성인기로 넘어가는 과도기로서 이때 나타나는 급속한 변화 자체만으로도 스트레스를 경험할 수 있다. 청소년기의 스트레스 원인을 학업문제, 친구관계, 부모와의 관계, 여가활용의 미흡 등으로 나누어 설명하면 다음과 같다.

첫째, 우리나라 청소년의 가장 심각한 스트레스는 학업관련 스트레스이다. 입시 위주의 교육환경에서 청소년은 학교에서 하루 10시간에서 15시간까지 학습하며, 매일을 경쟁 속에서 생활하고 있다. 학업성취도는 대학 진학과 맞물려 장래의 진로가 되기 때문에 청소년의 성적부진, 시험실패, 효과적인 공부법에 대한 정보 부족, 그리고 학생의 성적에 대한 교사의 태도 등은 스트레스 요인으로 작용한다. 청소년의 입시 스트레스는 청소년의 우울, 불안, 공격성, 집단 따돌림, 비행 등의 문제 행동과 자살에 영향을 미치고 있다.

둘째, 학교에서 많은 시간을 보내는 청소년은 학교친구와 관련하여 다양한 스트레스를 경험한다. 또래집단은 청소년에게 소속감과 안정감을 주고 정체성 확립을 돕기도 하나 친한 친구의 여부, 이성친구 문제, 친구와의 의견 충돌, 무관심 등이 스트레스를 주며, 나아가 또래집단에 소속되지 못하고 '왕따'나 '집단따돌림'과 같은 폭력에 노출될 경우 청소년은 감당하기 어려운 큰 스트레스를 경험하게 된다.

셋째, 청소년은 부모로부터 자율성과 부모의 통제 사이에서 갈등을 경험하며, 이는 부모와 청소년 자녀 모두에게 스트레스 요인으로 작용한다. 청소년 초기의 갈등은 주로 가족 내 규칙, 방 청소, 수면시간, 옷차림, 개인위생과 같은 일상생활과 컴퓨터 게임 시간 등을 둘러싸고 발생한다. 청소년 후기로 갈수록 스트레스는 줄어들지만, 갈등에 따른 부정적 감정의 강도는 청소년 중기에 가장 높다.

넷째, 청소년의 여가활동은 청소년기에 직면하는 다양한 스트레스를 해소하고 정체감 발달에 기여하나, 입시 위주의 교육환경과 경쟁적인 사회 문화는 청소년기의 여가활동 시간을 단축하고 오히려 긍정적인 청소년 문화 형성을 저해하고 있어 근본적인 스트레스 해소에는 도움이 되지 못하고 있다.

청소년의 건강행태

2015년 질병관리본부에서 전국의 청소년을 대상으로 '청소년 건강행태 온라인 조사' 결과, 우리나라 청소년의 스트레스 인지율(평상시 스트레스를 '대단히 많이' 느끼는 사람의 분율)이 여자는 41.7%, 남자는 29.6%로 나왔으며, 우울감 경험률(최근 12개월 동안 2주 내내 일상생활을 중단할 정도로 슬프거나 절망감을 느낀 적이 있는 사람의 분율)이 여자는 27.8%, 남자는 19.7%로 나타났다.

출처: www.cdc.go.kr

3. 스트레스 반응

스트레스는 신체 및 정신질환에 직접적으로 영향을 미친다. 스트레스를 받으면 바로 증상이 나타나는 것이 아니고 어느 정도는 견디다가 그 한계치에 다다르면 우리의 감정, 사고, 행동 등 다양한 측면에서 반응이 나타난다.

스트레스의 증상을 신체적 증상과 심리적 증상으로 나누어 살펴보면 다음과 같다(김광웅, 2005).

첫째, 스트레스가 발생하면 생리적 변화가 일어난다. 사람이 분노와 공포 같은 정서를 경험하거나 위급한 상황에 놓이게 되면 혈당수준, 맥박, 호흡, 혈압 등이 증가하고 근육으로 보내는 혈액량이 증가한다. 뇌는 방어를 준비하기 위해서 신경계와 내분비계를 활성화시킨다. 〈표 3-2〉에 자율신경계의 활동으로 인해 나타나는 신체적 증상을 제시하였다.

〈표 3-2〉 **교감신경계와 부교감신경계의 작용**

교감신경계(응급효과)	부교감신경계(회복효과)
• 심장박동률을 증가시킴 • 소화기능 억제 • 폐를 확장시킴 • 동공을 팽창시킴 • 타액 분비를 억제함(입안이 마름) • 에너지를 방출시킴 • 카테콜라민(에피네프린과 노르에피네프린)을 방출하도록 부신을 자극함	• 심장박동률을 감소시킴 • 소화기능 자극 • 폐를 수축시킴 • 동공을 수축시킴 • 타액 분비를 증가시킴 • 신체 내의 에너지를 회복시킴

출처: 홍숙기(1998), p. 72.

스트레스가 과도하면 신체적인 질병을 초래하는데, 예를 들어 고혈압, 심장병, 편두통, 긴장성 두통, 대장염 궤양, 설사, 변비, 부정맥, 협심증, 당뇨병, 건초열, 두통, 관절염, 암, 감기, 유행성 감기, 불면증, 갑상선 기능 항진증, 피부염, 기종, 레이나우드 병, 알코올 중독, 기관지염, 전염병, 알레르기, 야뇨증 등과 관련된다(Seaward, 1994).

둘째, 스트레스 요인에 따라 다양한 심리적 증상이 나타난다. 불안은 가장 흔한 증상으로 위험을 경고해 주는 신호이다. 불안으로 인해 안절부절 못함, 피로감, 집중의 어려움, 쉽게 화를 냄, 과민함, 근육긴장, 수면장애 등을 경험한다. 분노는 좌절감에 의해 경험하는 감정으로 신체적, 언어적 공격적 행위를 유발한다. 분노표현이 계속적으로 차단된 경우 우울감이나 혹은 제3의 대상에 대한 공격행동 전위 등의 또 다른 심리적인 증상이 나타날 수 있다. 좌절로 인한 무력감은 희망이 없다고 느껴질 때 경험한다. 어떤 상황이 희망이 없다고 느껴질 때 무기력해지고 우울감을 느낀다. 심각한 경우 무기력한 상황에 빠져 있다가 나중에는 회피하고자 하는 노력조차 포기하는 '학습된 무기력'을 경험하기도 한다.

적당한 스트레스는 사람들에게 일상생활에 대해서 적절하게 대처할 수 있게 도우며, 위기상황이나 어려움으로부터 이겨 나갈 수 있게 도움을 준다. 그러나 스트레스 수준이 지나치게 높을 경우 오히려 개인의 삶에 역기능적인 영향을 끼치기 때문에 스트레스 수준에 대한 평가가 요구된다. 스트레스 수준이 적당한지 또는 위험한지 판단할 수 있는 스트레스에 대한 반응 및 신호를 〈표 3-3〉에 제시하였다(Zastrow, 2002).

〈표 3-3〉 **스트레스에 대한 반응 및 신호**

	적당한 수준	높은 수준
행동	• 창조적이고 좋은 결정을 내린다. • 우호적이다. • 일반적으로 성공적이다. • 다른 사람의 말을 들을 수 있는 여유가 있다. • 생산적이다. • 다른 사람에게 고마워하고, 다른 사람의 기여를 인정하는 미소, 웃음, 농담 등이 있다.	• 높은 톤의 신경질적인 웃음을 보인다. • 창조성이 부족하다. • 업무 수행의 질이 낮다. • 과다한 음주 및 과식을 한다. • 과다한 흡연을 한다. • 말을 더듬는다. • 집중력이 떨어진다. • 작은 소리에도 쉽게 놀란다. • 참을성이 부족하다. • 쉽게 초조감을 느낀다. • 쓸데없는 일이나 활동에 몰입한다. • 다른 사람을 멸시한다.
감정	• 자신감이 있다. • 고요하고 편안하다. • 기쁨과 즐거움이 있다. • 흥분과 유쾌함이 있다.	• 분노, 화남, 고통, 불만족이 많다 • 겁에 질리거나, 긴장하거나, 불안해하거나 두려움이 있다 • 편집증이 있다. • 우울, 가라앉은 느낌, 피로감이 있다. • 혼돈, 압도되는 느낌이 있다. • 무력감이 있다.
신체	• 편안함이 있다. • 고통이나 아픔이 없다. • 신체반응이 조화롭다. • 부드럽게 기능한다. • 건강, 스트레스에 관련된 질병이 없다.	• 식욕이 없고, 구토, 설사를 한다. • 사고가 나기 쉽다. • 빈뇨가 있다. • 떨림이나 틱증상이 있다. • 어지럼증이 있다. • 빈번한 감기 증세가 있다. • 고혈압이 있다.

		• 근육이 긴장한다. • 불규칙적인 호흡, 천식이 있다. • 수면문제가 있다. • 피부염증, 가려움, 발진이 있다. • 다양한 통증, 근육통, 두통 등이 있다.

버츠 등(Burts et al., 1998)은 교실에서 나타나는 유아의 여러 가지 스트레스 행동을 연구하여 〈표 3-4〉와 같은 스트레스 행동관찰도구를 제작했다.

〈표 3-4〉 **스트레스 행동관찰도구**

유 형	행동양상	구체적 내용
소극적 스트레스 행동	신체적 행동	웅크리고 있기, 지나친 피로감을 호소하기, 목적 없이 배회하기, 드러눕기, 하품하기
	얼굴 표정	몽상이나 얼굴 찡그리기, 초점 없이 쳐다보기, 불안정하게 바라보기, 뾰로통하게 있기
	무반응적, 부정적 행동	활동하기를 거부하거나 포기하기, 다른 사람의 제의를 거부하기
	방관하기	다른 유아의 행동을 구경하면서 활동으로부터 물러나서 혼자 있기
적극적 스트레스 행동	자신에 대한 스트레스 행동	저절로 나타나는 행동: 손톱 물어뜯기, 손가락 장난하기, 코 후비기, 자신의 몸 일부를 갖고 놀기
		반복적, 제한된 움직임: 몸 흔들기, 반복적으로 다리나 팔 흔들기, 손 떨기, 흔들기
		몸부림, 꿈틀대는 행동: 단순하거나 일시적인 움직임이 아닌 계속적으로 행동하기
		자기파괴적 행동: 자신의 신체를 때리거나 물기, 자신을 자기비하적으로 표현하기
		학급에서 이탈하는 행동: 도망가기, 숨기, 학급활동에 따르지 않기, 기어가기

		생리적 반응: 갑작스럽게 소리 지르기, 토하기, 아프다고 하소연하기
		깊은 한숨 쉬기 행동: 울거나 이상한 잡음을 내기, 한숨 쉬기
	타인에 대한 스트레스 행동	적대적/공격적 행동: 언어적/신체적으로 위협하기, 조롱하기, 건방지게 말대꾸하기, 논쟁하기
		의존적 행동: 교사의 주의를 끌거나 매달리기
		역기능적 언어행동: 부적절한 시기에 말을 하거나 강요적인 말하기, 말더듬기, 큰소리로 상대방에게 이야기하기, 기대하는 말 거부하기
		부적절한 시기에 부적절한 방법으로 남을 건드리기
	물체에 대한 스트레스	파괴적 행동: 장난감이나 동화책 등을 내던지기, 게임 방해하기
		무파괴적 행동: 부적절할 때 장난감을 가지고 놀기, 물건 빨기, 연필로 책상을 두드리기, 종이에 낙서하기

4. 스트레스 대처관리

1) 스트레스 대처행동

모든 사람은 스트레스를 받으면 그 상황에서 벗어나기 위해 어떤 행동이건 취하게 된다. 즉, 스트레스 대처행동이란 스트레스 상황에서 개인이 행하는 모든 행동을 말한다.

일반적으로 사람들은 스트레스를 극복하기 위해 직접적으로 대처하거나 혹은 방어적으로 대처한다. 직접적 대처는 문제에 초점을 두는 것으로서 개인이 스트레스 상황을 평가하여 이를 변화시키거나 피하려는 행동을 하는 적극적인 대처방식으로, 문제 중심적 대처방식이 대표적이라 할 수 있다. 한편, 방어적 대처는 문제에 대해 정서적으로 반응하는 것으로 스트레스를 일으키는 상황에 직접적으로 대처하지 않은 채 내적 긴장이나 고통을 감소시키는 것에 중점을 두는 대처방식이라 할 수 있다. 매우 높은 수준의 스트레스를 겪게 되면, 현실적이고 합리적인 방법으로 문제를 해결하기보다는 그 상황을 어쩔 수 없이 받아들이게 되고 결국 방어적인 대처를 하기 쉽다.

빌링과 무스(Billing & Moos, 1984)는 스트레스 대처행동을 스트레스의 요인으로부터의 피해를 최소화하기 위해 개인이 행하는 노력이라고 정의하면서 대처행동 유형을 세 가지로 나누었다. 즉, 상황의 의미를 규정하거나 재구성하는 평가 지향적 행동, 실제 상황을 다룸으로써 스트레스 요인을 조정하거나 소거하는 문제 지향적 행동, 그리고 스트레스 요인에 관련된 정서를 통제하거나 효과적인 평정상태를 유지하려는 정서 지향적 행동으로 분류하였다.

라자루스와 포크맨(Lazarus & Folkman, 1984)은 스트레스 대처행동을 상황에 대한 인지적 평가에 따라 문제 집중적 대처와 정서 집중적 대처로 나누었다. 문제 집중적 대처는 문제를 정의하고, 대안을 모색하고, 결과를 예측해 보며, 해결책을 선택하여 실행하고, 평가하는 과정을 거친다. 반면, 정서 집중적 대처는 스트레스를 유발하는 상황 자체를 변화시키기보다는 그 상황에서 경험하게 되는 정서적 고통을 완화시키기 위해 스트레스의 원인을 회피하거나 스트레스 상황을 인지적으로 재구성하는 대처방식이다. 사람들은 스트레스 상황에 따라 문제 집중적 대처와 정서 집중적 대처를 적절히 통합하여 사용하는 경향이 있다.

사람들이 스트레스를 인식하고 대처하는 방식을 자스트라우(Zastrow, 2002)는 세 가지로 나누어 제시하였다.

첫째, 스트레스를 주는 상황에 직접 직면하여 변화시킨다. 만일 건강상의 문제에 걱정이 있다면 의사를 찾아가 치료를 받는 것이 바람직하다. 많은 스트레스 유발 상황은 직접 건설적인 조치를 취함으로써 개선될 수 있다.

둘째, 스트레스 상황에 관한 생각을 변화시킨다. 변화될 수 없는 일에 대해 불평하고 화를 내는 것은 비생산적이다. 스트레스 상황에 관한 생각을 변화시키기 위해서 합리적인 자기분석을 실시할 수 있다. 이를 통해 자신이 지닌 부정적이고 비합리적인 생각에 도전하고 그것을 바꾼다. 같은 사건을 경험하였음에도 어떤 사람들은 고통을 받는 반면, 어떤 사람들은 고통을 받지 않는다. 사실은 사건 자체보다는 그것을 어떻게 지각하고 해석하는지에 따라서 기분이 좌우되기 때문이다.

셋째, 스트레스 상황을 잊고 그 외의 다른 어떤 것을 생각한다. 긴장완화 방법은 스트레스를 줄이고 긴장완화 반응을 끌어내는 데 효과적이다. 운동이나 즐거운 경험하기 등이 그 예가 될 수 있다.

브레너(Brenner, 1984)는 유아의 스트레스를 해소하기 위한 구체적이고 효과적인 대처방안들을 다음과 같이 제시하였다.

첫째, 놀이활동이다. 유아는 놀이에 집중하면서 자유와 즐거움을 만끽한다. 놀이에서 유아는 자신들의 관심과 흥미를 나타내고 심리적인 갈등상황들을 재현하게 된다. 이를 통해 자신의 방식으로 문제를 해결해 보면서 자신감을 회복하기도 하고 심신이 이완되어 스트레스를 완화한다.

둘째, 감정표현이다. 현실적으로 용납되기 어려운 부정적 감정을 놀이나 활동을 통해 유아 스스로 표현해 봄으로써 스트레스를 해소할 수 있다. 어떤 유아에게는 스트레스 해소 목적으로 담요, 솜, 헝겊 등으로 만든 동물이나 노래, 시, 도서 등이 사용될 수 있다. 이런 것들은 유아가 홀로 있거나 낯선 장소에 있을 때 사용할 수 있으며, 스트레스를 받는 중 위로가 될 수 있다.

셋째, 자기표현 및 인식이다. 어떠한 상황에서도 긍정적 자아개념과 낙관적 성향이 있는 유아들은 자기표현이나 인식을 할 수 있기 때문이 스트레스에 견딜 수 있다.

넷째, 친구이다. 가족 외에 기쁨과 격려의 원인인 누군가가 있다는 것은 스트레스 해소에 도움이 된다. 따라서 친구를 사귀고 유지하는 능력을 길러 주어야 한다.

청소년의 스트레스 대처 현황

질병관리본부(2011)는 서울시에 거주하는 중 · 고등학생들의 스트레스 해소방법을 조사하였다. 남학생은 게임(인터넷 또는 모바일)이 47.7%로 1위였으며, 영화 · 예능프로그램 등 보기(38.7%), 음악 듣기(29.5%) 등의 순이고, 여학생은 영화 · 예능프로그램 등 보기가 42.5%로 가장 높고, 음악 듣기(39.4%), 수다 떨기(37.2%) 등의 순으로 응답하여 스트레스를 해소하는 방법에 남 · 녀 학생 간 차이를 보였다.

출처: www.cdc.go.kr

2) 아동의 스트레스에 대한 성인의 역할

어떤 사람들은 예측할 수 없는 세상에서 아동이 생활해야 한다는 데 매우 불안해 한다. 아무리 보호하려고 노력해도 완전하게 아동의 안전이나 생존을 보장할 방법은 없다.

가바리노(Garbarino, 1995)에 의하면, 아동의 스트레스에 대해서 성인이 할 수 있는 최선의 일은 단지 신체적 위험 및 심리적 고통을 일으키는 요인에 아동이 노출되는 것을 최소화하는 것이고 차선의 방법은 부모 또는 교사가 아동에게 잠재적으로 위험하고 위협적이며 스트레스를 유발하는 생활 경험에 대처하는 법을 가르치는 것이다.

부모와 교사는 아동이 성장하면서 겪게 되는 스트레스가 무엇인지를 살피고, 아동의 스트레스를 가급적 줄이도록 도움을 주는 동시에 아동이 불가피하게 경험하는 스트레스에 대해서는 어떻게 대처할 것인지 그 방법을 안내하고 가르치는 것이 중요하다.

(1) 부모

부모가 기본적으로 해야 하는 일은 평소에 아동과 좋은 관계를 맺는 것이다. 그러기 위해서는 아동에 대해 주의, 관심, 온정, 수용 및 존중을 보여 주고, 확립된 구조 내에서 아동에게 자유를 허용하며, 일관성 있게 훈육하고, 아동에게 명확하고 적절한 기대를 하며, 부모가 스트레스 대처 기술을 지도함과 동시에 모델링이 되어야 한다.

영유아 스트레스에 대한 부모의 상황별 대처 방법을 간추려 살펴보면 다음과 같다(이경화 외, 2010).

첫째, 영아가 좌절감을 느낄 때 부모는 함께 느끼면서 위로해 준다. 그러나 영아의 욕구가 좌절될 때마다 무조건 영아의 편을 들어 주는 것은 좋지 않다. 일이 잘 안 되면 항상 남의 탓을 하게 되거나 새로운 것에 대한 시도 자체를 두려워하게 될 수도 있기 때문이다.

둘째, 먹는 습관을 갑자기 바꾸는 것은 영아에게 곤혹스러운 일이다. 준비기간을 가진 후 서서히 진행하는 것이 좋다. 그래야 영아도 자연스럽게 변화를 받아들이게 된다.

셋째, 영아와 잠시 떨어져야 할 때 이별의식을 충분히 갖는다. 엄마와 떨어져야 할 때 영아가 느끼는 불안감은 무엇보다 강한 스트레스가 된다. 우선 영아가 말을 잘 알아듣지 못하더라도 엄마가 왜 출근해야 하는지를 차근차근 설명해 주거나 헤어지기 전에 영아가 안정감을 느낄 수 있도록 충분히 안아 준다.

넷째, 야단쳐야 할 때 일관성 있게 행동한다. 되도록 사소한 일에 대해서는 야단을 치지 말고 영아의 요구를 받아 준다. 그러나 꼭 야단쳐야 할 때는 일관된 기준을 가지고 행동하는 것이 좋다.

다섯째, 영아가 히스테리를 부릴 때 과민하게 반응하지 않아야 한다. 스트레스가 지나치면 특별한 이유 없이도 영아는 떼를 쓰거나 발작을 일으킨다. 이때 부모는 과민반응을 보이지 않는 것이 좋다. 부모가 영아의 행동을 지나치게 간섭하고 보호하게 되면 오히려 영아의 자발적인 의사표현을 가로막을 수도 있기 때문이다.

아동이 스트레스에 효과적으로 대처하기 위해 부모가 개입할 수 있는 방법은 다음과 같다(Kuczen, 1997).

첫째, 심호흡하기이다. 근본적으로 호흡을 통한 스트레스 대처방안은 모든 사람이 무의식적으로 사용하고 있는 것이다.

둘째, 행복한 얼굴 표정 짓기이다. 얼굴의 근육을 움직이는 것은 심장박동, 체온, 호흡과 같은 자율신경계를 변화시킨다. 다른 사람의 행복하거나 슬프거나 화난 얼굴표정을 모방하는 것이 실제로 감정을 변화시킬 수 있다.

셋째, 당당한 자세 취하기이다. 손을 펴고 어깨를 내려 근육의 긴장을 풀고 의식적으로 호흡을 깊이 하고 천천히 말하는 것도 시도하며, 팔을 점잖게 흔들고 큰 걸음으로 활보하는 자세도 취해 본다.

넷째, 타임아웃하기이다. 모든 일상적인 것으로부터 떠나 생각을 정리하는 시간이다. 스트레스 상황에 있는 아동에게 "나는 네가 당황하고 있음을 안다. 네가 더 좋은 상태가 될 때까지 시간을 좀 더 가져 보기 바란다."라고 하는 것이 이에 해당된다.

다섯째, 긴장된 근육 풀어 주기이다. 마사지는 전체 신경계를 자극하고 혈액순환을 좋게 하며 긴장된 근육을 풀어 줄 수 있는 가장 좋은 방법이다. 손가락으로 부드럽게 아동을 어루만져 주는 마사지를 실행해 본다. 그런 다음 얼굴, 목, 어깨, 등, 팔, 다리로 확장시킨다. 마지막으로 발가락을 문지른다.

여섯째, 공상이나 상상하기이다. 공상이나 상상과 같은 활동은 아동의 기분전환을 위해 매우 좋은 시도이다. 의식적인 기분전환 행동인 공상이나 상상하는 동안의 조용한 분위기는 스트레스 상황하에서 일어나는 반응과 달리 신체의 산소 소비를 감소시키고 혈압이나 심장박동률을 감소시킨다. 낮잠시간이나 취침시간은 상상의 나래를 펼 수 있는 가장 좋은 시간이다. 그 외 평화로운 영상 보기, 명상하기, 근육이완하기 등이 있다.

(2) 교사

호닉(Honig, 1996)은 유아기 스트레스에 관련해서 유아가 스트레스에 대처하도록 교사가 도울 수 있는 전략을 다음과 같이 제시하였다.

- 교사 자신이 유아의 스트레스를 잘 다룰 수 있도록 기술을 연마해야 한다.
- 교사는 유아에게 스트레스 대처기술과 자아조절 기술을 제시한다.
- 온정, 배려 및 격려를 통해 유아의 자존감을 높인다.
- 유아의 자긍심과 자존감을 증진시킬 수 있는 특별한 기술을 발달시키도록 격려한다.
- 불필요한 스트레스를 주지 않기 위해 미리 개입한다.
- 타인의 행동에 대한 결과를 이해할 수 있도록 돕는다.
- 유아의 감정을 인정하고 적절한 언어적 개입을 한다.
- 유아가 환상과 실제를 구별하도록 돕는다.
- 유아가 부정적 생각이나 감정을 재구성하도록 돕기 위해 부드러운 유머를 사용한다.
- 유아가 또래 공격성에는 직접적인 대처를 하도록 돕는다.

- 긍정적인 사고를 하도록 유도한다.
- 경쟁보다 협동적 활동으로 구성한다.
- 스트레스의 원인이 될 수 있는 교실상황과 규칙을 수정한다.
- 문제의 유아와 개인적인 대화시간을 갖는다.
- 다른 유아와 함께 스트레스를 해결하도록 돕는다.
- 스트레스를 인식하고 해소할 수 있는 책을 유아에게 읽어 준다.
- 차분하고 안전한 교실분위기에서 다른 스트레스 상황에 대해서 이야기 나눈다.
- 미술 및 음률 활동 등 다양한 예술 활동을 통해 스트레스를 표현할 수 있게 한다.
- 유아가 놀이를 통해서 스스로 대처기술을 찾고 사용해 보도록 격려한다.
- 부모와 함께 스트레스에 대처해 보도록 돕는다.

활동

1. 라자루스와 포크맨이 언급한 스트레스에 대한 대처양식을 자신의 생활과 연결하여 성공적이었던 경험에 대해 이야기해 봅시다.
2. 나의 아동기와 청소년기를 살펴보고 나 자신은 어떤 상황에서 누구로부터 스트레스를 가장 많이 받았으며, 어떠한 대처방식을 사용했는지 그리고 그 대처방식이 효과적이었는지 또한 현재의 나에게도 그 모습이 여전히 있는지 이야기해 봅시다.

제4장 | 아동과 교사를 위한 정신건강

교사 정신건강

교사의 정신건강은 아동과 교사 모두를 위해서 매우 중요하다. 교사는 아동과의 상호작용을 통해 아동을 가르치고 안내하는 역할을 하기 때문에, 교사의 정신건강은 아무리 강조해도 지나침이 없다. 교사가 정신적으로 건강하지 않으면 우선 교사 자신이 행복하지 못하고 자기실현을 해 나가는 데 어려움을 지니게 되고, 교사는 아동의 전반적인 발달을 효과적으로 도울 수 없을 뿐 아니라, 특히 아동의 정서적 욕구를 충족시키기 어려울 것이며 교육전반에 부정적 영향을 끼친다. 그럼에도 불구하고 교사의 정신건강 유지 및 증진에 관하여 교사 자신은 물론 학부모, 기관장 등을 포함한 사회의 관심과 적극적인 개입은 미흡한 실정이다.

교사의 정신건강과 직접 관련된 것이 직무 스트레스와 직무 만족도이다. 교사의 직무 스트레스는 교사로서의 역할에 대한 동기를 낮게 하고 심리적 소진을 가져온다. 반면 직무 만족도는 교사의 직무에 대한 보람 및 성취감과 연결되어 교사는 행복감을 느끼며 아동에게 질 높은 교육을 제공한다. 교사가 받는 직무 스트레스의 영향력을 줄이고 직무 만족도를 높이기 위한 요인으로 교사 효능감, 정서지능 그리고 회복탄력성 등이 최근 주목을 받고 있다.

이 장에서는 교사의 정신건강의 중요성과 이에 영향을 주는 교사의 직무 스트레스와 직무 만족도를 간략히 소개하고, 교사 효능감, 정서지능 그리고 회복탄력성의 증진 방안을 함께 살펴보고자 한다.

1. 교사 정신건강의 중요성

교사는 아동이 자신의 잠재력을 충분히 발휘하고 성숙한 인격을 가진 한 인간으로 성장 · 발달하여 개인의 삶을 풍요롭게 살며, 사회 구성원으로서 사회발전에 기여할 수 있도록 도와주는 중요한 역할을 수행한다. 이와 같이 아동에게 중요한 영향을 미치고 있는 교사는 자신을 위해서나 교육을 받는 아동을 위해서 신체적으로는 물론 심리적 · 정신적으로 건강을 유지해야 할 필요성이 매우 높다.

1) 아동의 입장

교사의 정신상태는 아동에게 직접 영향을 주는 요인으로서, 아동의 정신건강은 교사의 정신건강 수준에 따른다(Stewart & Timm, 1990). 아동을 건강하게 성장 · 발달시킬 책임이 있는 교사가 스트레스로 인하여 정신이 건강하지 않다면, 아동의 정서적 욕구를 충족시키기 어려울 것이다. 교사가 불행하다고 느끼거나, 우울 경향성을 가지고 있거나, 교사 직무에 불만족을 느끼고 있다면 그러한 경향성이 아동에게 부정적인 영향을 미칠 것은 자명하며, 여기서 발생할 수 있는 부정적 결과들이 결국 아동에게 직 · 간접적으로 영향을 미칠 것이다.

특히, 어린 아동을 대상으로 교육을 하는 영유아 교사의 경우에는 교사가 영유아의 발달과 사회화 과정에서 모델이 되고 동일시의 대상이 되기 때문에, 교사의 정신적 · 심리적 건강은 교사의 지식이나 교수기법 등 지적인 면보다 훨씬 더 중요하다고 할 수 있다.

2) 교사의 입장

교사 자신을 위해서도 정신건강은 매우 중요하다. 교사는 자신에게 주어진 삶을 건강하게 살면서 행복을 추구할 권리가 있다. 그럼에도 불구하고 교사가 자신의 정신건강의 중요성에 대해 간과하고 있는 것이 일반적인 현상이다. 정신건강을 병리적인 관점으로 생각하여 정신 및 심리적 장애가 없고 정상으로 분류되면, 정신적으로 건강하다고 간주해 버리는 것이다. 그러나 교사에게 심리적, 생물학적 장애가 없다고 하여 교사가 개인의 삶이나 타인과의 관계 속에서 잘 적응하면서 행복감을 느낀다고 보기는 어렵다. 교사의 정신이 건강하지 않으면 교사는 개인적으로나 다른 사람과의 관계

속에서 심리적으로 문제를 가지게 되며, 행복하지 못하고 자기실현을 해 나가는 데 어려움을 지니게 된다(Glasser, 2003). 교사도 자기 자신을 위하여 보다 나은 성취와 자기 개발, 자아실현 등을 추구하면서 행복감을 느낄 수 있어야 한다.

2. 교사 직무 스트레스와 직무 만족도

교사의 정신건강에 영향을 주는 요인에는 여러 가지가 있으나, 이 중 교사의 역할과 직접 관련된 것이 직무 스트레스와 직무 만족도이다.

1) 직무 스트레스

오늘날 대부분의 사람들은 어떠한 형태든 조직의 일원으로 살아가고 있으며, 그 안에서 많은 시간을 보내고 있다. 또한, 모든 사람들은 직무와 관련된 활동을 하면서 어느 정도의 스트레스를 경험하고 살아간다. 직무와 관련된 활동을 수행하면서 경험하는 스트레스를 직무 스트레스라고 한다. 미국 국립산업안전보건연구소(NIOSH, 1999)에 의하면 직무 스트레스란 업무에서 제시되는 요구사항이 개인의 능력이나 자원, 요구와 일치하지 않을 때 발생하는 부정적인 신체적 · 정서적 반응이라고 정의하였다. 그중 교직의 특성에서 초래되는 긴장, 좌절, 불안, 분노, 그리고 우울과 같은 불유쾌한 정서를 경험하는 것을 교사의 직무 스트레스라고 한다(Kyriacou & Sutcliffe, 1978).

스트레스라고 해서 모든 것이 다 부정적인 것은 아니다. 적정수준의 스트레스는 긍정적 효과를 발휘하여 조직 구성원에게 성장과 발전의 기회로 작용하지만, 너무 낮거나 너무 높은 수준의 스트레스는 부정적인 영향을 미쳐, 조직차원에서는 결근, 전직, 직무 만족도 및 조직 몰입의 저하, 업무 회피 및 지연을 초래하며, 개인적으로는 불안, 긴장, 좌절, 위축, 의기소침, 자존감 저하 같은 심리적 증후와 두통, 위장병, 고혈압 등의 생리적 문제를 유발한다.

일반적으로 교사는 아동에 대한 학습 안내자, 모델, 삶의 안내자 등 다양한 역할을 수행하도록 요구받고 있는데, 특히 영유아 교사는 교육과정을 계획, 실천하고 교육환경을 제공하는 역할에 더하여, 보호, 양육과 같은 역할과 학부모를 교육하고 상담하는 등의 과중한 역할의 수행이 기대되고 있다(Cho & Saracho, 1997). 영유아 교사에 대한 기대가 높은 것에 반해 영유아 교사는 많은 업무량, 낮은 보수와 처우의 미흡, 행정적 지원의 부족, 학부모와 원장 및 동료와의 관계 어려움, 그리고 낮은 사회적 인식 등 열악한 직무환경과 만족스럽지 못한 근무여건으로 인한 스트레스로 인해 심리적 소진의 가능성이 매우 높은 실정이다. 실제로 영유아 교사의 이직률이나 퇴직률이 다른 직종에 비해 높은 편이다. 교사의 스트레스는 교사로서의 역할에 대한 동기와 열의, 의욕, 사기를 떨어뜨리고 영유아와의 상호작용의 질이 저하되는 등 교육전반에 부정적 영향을 끼친다.

2) 직무 만족도

직무 만족도는 한 개인이 자신이 종사하고 있는 직업의 직무와 관련하여 만족하는 정도이다. 직무는 경제적, 물질적 성장을 위한 주요 수단으로서만이 아니라, 그를 통해서 성취감을 느끼고 자신의 생활에 대한 만족도를 증진시키어 인간의 삶의 질을 높인다는 측면에서 매우 중요하다. 사람은 직장생활에 만족할수록 스트레스도 적고 직장 및 삶 자체에 대해 긍정적인 태도를 보이는 등 한 개인의 직무 만족도는 그의 정신건강과 밀접히 연관되어 있다.

교사의 직무 만족도는 교사가 교육기관이라는 조직 속에서 교육의 목적과 교수방법을 실천하기 위해 다양한 역할을 수행하면서, 교사 개인이 느끼는 보람과 만족에 대한 인식 정도를 의미한다. 구체적으로는 교사가 수행하는 업무의 특성, 전문성을 갖춘 직업인으로서의 사회적 인식, 조직운영 특성과 교사 자신이 직·간접적으로 관여해서 행해지는 모든 행위 등에서 개개인이 지각하는 성취감, 행복감 및 자아존중감 등을 말한다.

교사의 직무 만족도는 교사–아동 간의 긍정적인 관계형성과 원활한 상호작용을 할 수 있도록 작용하여, 이는 아동의 지적 · 정서적 · 사회적 발달에 직접적 영향을 준다. 교사의 직무 만족도가 제고되면 아동에게 질 높은 교육을 제공할 수 있다는 점에서 직무 만족이 중요시된다. 반면 직무가 너무 과중하거나 지루하고 위험한 것 등 바람직하지 않다고 생각되는 경우 교사 개인의 행복감에 부정적인 영향을 주어 스트레스를 유발하는 요인이 된다. 이처럼 교사의 직무 만족도는 교사의 행복감과도 밀접한 관계가 있다.

3. 교사 효능감

교사의 정신건강이 개인적인 삶의 측면이나 영유아에 대한 교사의 영향력 측면에서 중요하기 때문에 교사의 정신건강 증진을 위한 구체적이고 적극적인 개입이 필요하다. 교사에게 요구되는 복잡하고 다양한 직무역할을 수행함에 있어서 교사가 어느 정도의 스트레스를 받는 것은 불가피한 상황이나, 교사는 아동과 자신을 위해서 자신의 정신건강을 유지하고 증진하기 위해 지속적인 노력을 기울여야 한다. 교육현장에서 발생하는 스트레스 요인을 줄이는 노력과 함께 우선적으로 이루어져 할 것은 교사가 받는 스트레스의 영향력을 감소시켜 교사의 직무 만족도를 높이고, 결과적으로 교사의 정신건강을 증진시키는 방안을 모색하는 것이다.

교사가 받는 스트레스의 영향력을 줄이고 직무 만족도를 높이는 방안의 일환으로 교사 효능감에 대해 살펴보면 다음과 같다.

1) 개념

교사 효능감(teacher efficacy)은 교사가 학생의 성취결과에 어느 정도 영향을 미칠 수 있을 것인지에 대한 교사의 신념을 의미한다(Berman, McLaughlin, Bass, Pauly, & Zellman, 1977). 교사 효능감은 반두라(Bandura, 1977b)의 자기효능감에서 나온 개념으로, 반두라에 의하면 인간의 행동은 환경적 요인과 인지적 요인에 의해 결정되는데, 환경적 요인은 인간의 행동에 직접적으로 영향을 미치기보다는 인지적 매개과정에 의해 처리되고 변형되어 행동에 영향을 미치게 된다. 반두라는 이 인지적 과정을 자기효능감이라는 개념으로 설명하고 있다. 자기효능감은 주어진 과제나 행동을 성공적으로 수행할 수 있다는 자신에 대한 신념이나 기대감으로, 자신이 어떤 일이나 상황에 처했을 때, 그 일을 잘해 낼 수 있을 것이라는 자신의 능력에 대한 신뢰와 믿음의 정도를 나타낸다(Bandura, 1997).

자기효능감은 효능기대(efficacy expectation)와 결과기대(outcome expectations)로 구성된다(Bandura, 1986).

효능기대	효능기대란 주어진 상황과 맥락에서 자신이 특정한 수준의 수행들을 해낼 수 있을 것이라는 자신의 능력에 대한 개인적 신념이다. 효능기대가 높은 사람은 힘들고 어려운 상황이 발생하였을 때, 인내심, 실패대응, 자기조절, 성취를 위한 노력 등을 통해서 위기를 극복하는 능력이 뛰어나며, 자신의 활동에 더 많은 노력을 기울인다.
결과기대	결과기대란 특정한 상황과 맥락에서 특정 행동이 도출할 결과에 대한 개인의 예상 또는 판단으로, 어떤 행동이 어떤 결과를 이끌어 낼 것이라는 개인의 신념이다. 결과기대가 높은 사람은 긍정적인 결과를 기대하여 적극적인 행동을 취하지만, 결과기대가 낮은 사람은 부정적인 결과를 예상하여 행동을 취하지 않거나 소극적으로 행동하게 된다.

자기효능감이 높은 사람은 자신의 능력에 대한 확신이 있어, 자신이 당면하는 사건이나 상황을 효과적으로 처리할 수 있다고 믿으며, 어려운 일도 성공적으로 극복할 것을 기대하기 때문에, 어려움을 헤쳐 나가며 주어진 과업을 높은 수준으로 수행하게 된다. 반면 자기효능감이 낮은 사람들은 무력감을 느끼고 자신이 행하는 노력이 실패할

것으로 믿어, 점점 의기소침해지고 무관심해지며 회피하게 된다.

자기효능감은 능력발달에도 영향을 주게 되는데, 인간은 자신의 수행능력에 대한 강한 믿음과 결과에 대한 긍정적인 기대를 가질수록, 더 큰 목표를 세우고 적극적으로 행동하게 된다. 이러한 과정에서 개인의 능력이 향상되고 성공할 가능성이 높아져 원하는 결과를 얻게 되고, 성공 경험은 다음의 행동 수행에도 영향을 주어 또 다시 개인의 능력 향상을 불러온다. 이러한 긍정적 사고와 행동은 결국 보다 나은 성과로 이어진다. 이를 도식화하면 [그림 4-1]과 같다.

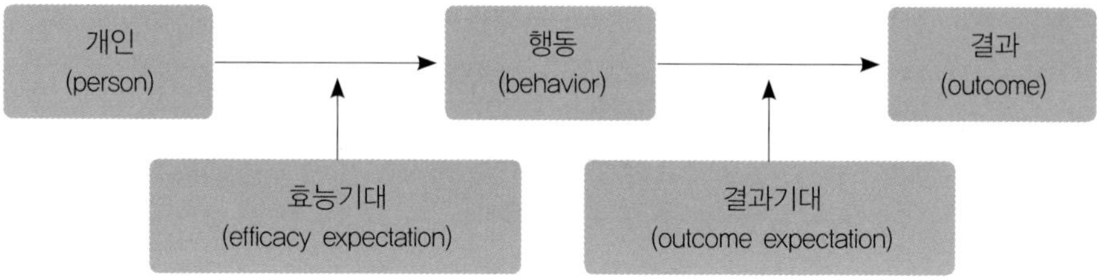

[그림 4-1] 효능기대와 결과기대

출처: Bandura(1977b), p. 193.

2) 교사 효능감이 아동 및 교사의 정신건강에 미치는 영향

교사가 자신의 교수활동에 대하여 가지는 교사 효능감은 교사가 교수행동을 결정하고 수행하는 데 중요한 요소로서, 교사 효능감이 교수행동 및 태도 그리고 교육에 미치는 영향을 구체적으로 살펴보면 다음과 같다(배성희, 2009; 신은수, 2000; 임성택, 2011; 황해익, 탁정화, 홍성희, 2013; Ashton, 1984; Ashton & Webb, 1986; Berman, McLaughlin, Bass, Pauly & Zellman, 1977; Czerniak & Schriver, 1994 ; Gibson & Dembo, 1984 ; Thomson & Handley, 1990).

교사 효능감이 높은 교사	• 학업성취도가 낮은 아동을 쉽게 포기하지 않으며, 책임감을 갖고 최선을 다한다. • 끊임없이 새로운 교수법을 배우고 교육적 효과가 높은 다양한 교수방법 및 교수 전략을 사용하여 아동의 학업성취도에 긍정적 영향을 미친다. • 자신의 능력에 대해 확신과 자신감을 갖고 있어서 교수-학습과정에서 여유로운 태도를 보이며, 보다 긍정적으로 교사-아동 상호작용을 수행한다. • 직무와 관련된 스트레스 수준이 낮고 직무 만족도가 높으며, 더 많은 행복감을 느낀다. • 적극적인 스트레스 대처방식을 많이 사용하는 반면, 부정적이거나 소극적 스트레스 대처방식은 덜 사용한다.
교사 효능감이 낮은 교사	• 교수 행동에 대한 자부심과 책임감이 낮아, 아동의 부적절한 행동에 부적합한 통제와 명령을 보이는 등 권위주의적인 상호작용을 통한 교수행동을 보인다. • 자신이 계획한 활동의 효과에 대해 불안감을 보이며, 다양한 활동과 교수방법을 활용하는 데 어려움을 느낀다. • 아동이 실패할 것으로 예상하는 경향이 크며, 학습실패에 대한 책임을 아동에게 전가하는 경향이 있다.

4. 교사 정서지능

교사의 정서지능은 교사의 직무 스트레스와 심리적 소진을 완화하고 직무 만족도를 높이는 데 필요한 보호요인으로 교사의 정신건강에 영향을 미친다.

1) 개념

오랫동안 인간의 인지적인 측면이 강조되어 옴에 따라 정서적인 측면은 상대적으로 소홀하게 다루어져 왔다. 그러나 최근 인간의 정서가 이성과 정신건강 등 일상생활에 영향을 미친다는 연구결과가 많아지면서 정서지능에 대한 관심이 증가하고 있다.

정서지능이라는 용어는 메이어와 샐로비(Mayer & Salovey, 1990)에 의해 처음 사용되었다. 그들은 정서지능을 "개인이 자신의 감정을 이해하고, 또 다른 사람의 감정에 공감할 줄 아는 자질, 그리고 삶을 보다 풍요롭게 영위하기 위해 감정을 조절할 수 있는 능력"이라고 정의하였다. 그 후 정서와 관련된 인지적인 측면을 강조하기 위해 정서지능이란 "정서를 지각하고 평가하며 표현하는 능력, 사고촉진을 위하여 정서를 유발할 수 있는 능력, 정서와 정서 의미를 이해하는 능력, 정서를 조절할 수 있는 능력"으로 재정의하였다(Mayer & Salovey, 1997).

메이어와 샐로비의 정서이론을 대중화한 골먼(Goleman, 1997)은 그의 저서 『정서지능(Emotional Intelligence)』에서 정서지능은 "자기 자신에게 동기 부여하고, 절망 속에서도 좌절하지 않고 밀고 나가며, 충동을 억제하고 순간적인 만족을 지연시킬 수 있으며, 자기 기분을 조절하고, 고뇌 때문에 사고 능력이 낮아지지 않고, 감정이입하고 희망을 갖는 능력"이라고 정의하였다. 그는 한 사람의 성공을 예측하는 데 있어서 지적인 능력보다는 정서지능의 비중이 더 높음을 강조하였다.

골먼이 말하는 정서지능의 다섯 가지 하위요인을 살펴보면 다음과 같다(Goleman, 1997).

첫째, 자기정서를 인식하는 능력이다. 이는 자기 자신과 자신의 삶, 특히 자신의 정서를 정확히 인식하는 능력으로 다른 정서능력의 기초가 된다. 자기감정을 초인지하는 능력에 따라 정서지능이 형성된다. 예를 들어, 내가 슬프다고 인식하고 있음을 이해하는 것, "내가 지금 화가 나 있구나." 하는 것을 인식하는 능력 등이다.

둘째, 정서를 조절하는 능력이다. 분노, 우울, 스트레스 등의 감정을 적절히 표현하는 능력을 말한다. 스트레스와 불안한 상황에서도 차분함을 유지하며 과민해지지 않고 자신을 조절하며, 부정적인 감정을 적절히 표현하는 능력을 말한다. 또한 정서 표현과 이성적인 사고 간의 균형을 유지하는 능력이다. 부정적인 감정이 생기면 이를 전환하려고 노력하거나 다른 시도를 하는 등 적극적인 자세로 자신의 감정을 조절하는 것이다.

셋째, 자신을 동기화하는 능력이다. 목표를 달성하기 위해 일시적인 만족이나 충동을 억제할 수 있는 능력을 말한다. 이는 만족 지연 능력이라고 불리는 것으로 장기 목표를 위해 단기 욕구를 참아 내는 것을 말한다. 골먼(1997)의 연구에 의하면 3, 4세 때

만족 지연의 능력이 있는 유아가 청소년이 되었을 때 좌절상황에서 더욱 효과적으로 대처하고, 자기주장적이며, 적응을 잘 하고 학업성적도 좋았다. 반면 만족 지연이 힘든 유아는 청소년이 되었을 때 사교성이 떨어지고 고집이 세며, 우유부단하고 자신감이 적으며, 쉽게 좌절하거나 포기하고, 질투심이나 분노의 표현이 많았다.

넷째, 다른 사람의 정서를 인식하는 능력이다. 다른 사람의 감정상태를 읽고 적절하게 반응하는 감정이입 능력이다. 스스로 타인의 입장이 되어서 타인의 관점으로 세계를 이해하고 느끼기 위해 노력하는 것을 의미한다. 타인의 감정을 파악하고 이해하는 능력, 타인의 정서를 인식하고 상대방의 감정에 공감하는 능력이다. 공감적일수록 이타적인 행동이나 협조적인 행동을 더 많이 하게 된다.

다섯째, 대인 관계를 다루는 능력이다. 타인과의 상호작용을 부드럽고 매끄럽게 처리할 수 있는 능력, 친구와 싸우지 않고 협동하는 능력을 말한다. 이를 위해서는 먼저 자신의 감정을 관리하고 자신의 기분을 적절하게 표현할 수 있어야 한다. 자신의 감정을 잘 통제하고, 적절하게 표현하며 타인의 감정을 효과적으로 관리할 때, 원만한 인간관계를 형성할 수 있다. 타인의 감정적인 움직임을 예민하게 느끼고 파악할 수 있어야 타인과의 관계를 잘 할 수 있다.

2) 교사의 정서지능이 아동 및 교사의 정신건강에 미치는 영향

일반적으로 정서지능이 낮은 사람은 대인관계가 좋지 않고 정신건강이 좋지 않으며 직업적으로도 성공하기 어려운 반면, 정서지능 수준이 높은 사람은 대인관계가 안정적이고, 타인을 배려할 줄 알며, 삶의 만족도가 높고, 심리적으로 건강하고 긍정적인 관점을 가진다. 이런 맥락에서 볼 때, 정서지능이 높은 교사일수록 직업에서 느끼는 스트레스가 높은 어려운 상황에서도 자신과 타인의 정서를 인식하고, 정서를 효과적으로 조절하고 적극적으로 대처하며 긍정적 정서로 전환하여, 직무 스트레스와 심리적 소진을 극복할 가능성이 높다.

아동을 대상으로 하는 교사는 자신이 느끼는 감정을 통제하고 조직이 요구하는 감정을 표현함에 있어 고도의 정신노동이 요구되고 있어, 교사의 스트레스와 그로 인한 심리적 소진 및 직무 만족도의 하락이 클 수밖에 없는 실정이다. 이러한 인식에 바탕을 두어, 정서지능은 교육현장에서 교사가 겪는 심리적 소진과 직무 만족도 하락을 완화하기 위하여 교사가 갖추어야 할 필수적인 능력으로 대두되고 있다.

특히 어린 연령을 대상으로 하는 영유아 교사는 영유아와의 정서적인 관계 속에서 돌봄의 역할을 수행하기 때문에 일반 교사들보다 더욱 건강한 정서가 요구되는데, 정서지능이 높은 교사일수록 아동에게 적절한 의사소통을 하고 따듯함을 보이며 정서적으로 안정된 분위기를 제공한다는 보고가 있다(권혜진, 2008; 노은숙, 2011). 이와 같이 교사의 정서지능은 교사의 정신건강 유지와 아동과의 긍정적 상호관계, 교육의 질 향상에 긍정적인 영향을 미친다.

5. 교사 회복탄력성

교사의 회복탄력성은 스트레스를 극복할 뿐만 아니라 교사가 자신의 직무를 적극적이고 긍정적으로 수행할 수 있도록 돕는다.

1) 개념

최근 교사의 정신건강을 돕기 위한 회복탄력성(resilience)에 대한 관심이 증가하고 있다. ‘resilience’는 라틴어의 ‘resiliere’에서 파생된 것으로, 과학 분야에서 처음 사용된 용어이다. 이는 특정한 물질이 외부적인 힘을 받아 변형된 후, 다시 회복되는 성질을 의미한다(화학용어사전편찬회, 2006). APA(2016)에 의하면 회복탄력성은 역경, 정신적 외상, 비극, 위협, 또는 인간관계, 질병, 직장, 그리고 재정적인 스트레스에 직면해서 잘 적응하거나 그와 같은 어려운 상황으로부터 회복하는 능력이다. 이런 맥락에서 회복탄력성은 변화하는 환경에 적응하고 그 환경을 스스로에게 유리한 방향으로 이용하는 인간의 총체적 능력이라고 정의할 수 있다.

미국 회복탄력성 센터의 창립자이며 회장인 게일 와그닐드(Gail Wagnild) 박사는 회복탄력성이란 단지 역경을 극복하는 힘이 아니라 활력 있고, 생동감 있고, 즐겁고, 진정성 있는 삶을 살 수 있는 능력이라고 정의하였다. 회복탄력성이 높다는 것은 스트레스나 역경을 겪지 않는다는 것을 의미하는 것이 아니고, 스트레스가 증가하는 상황에서 스트레스의 영향을 거의 받지 않거나 덜 받으며, 무너지지 않고 문제를 잘 처리할 수 있는 잠재력을 많이 보유하고 있다는 것을 의미한다(최성애, 2016, 재인용).

여러 학자들이 회복탄력성의 구성요인에 대해 설명하고 있는데, 이들을 요약해서 정리하면 다음과 같다(김주환, 2016; 최성애, 2016; Reivich & Shatte, 2014).

첫째, 정서 조절력(emotion regulation)은 압박과 스트레스 상황에서도 자신의 정서를 조절할 수 있는 능력을 말한다. 정서 조절력은 자신의 부정적인 감정을 통제하고 긍정적인 감정을 유지하며 건강한 도전의식을 불러일으킬 수 있도록 하여, 우울과 불안을 극복하고 안녕감을 갖도록 한다. 정서 조절력은 부정적인 감정을 억누르는 것만이 아니라 필요할 때면 언제든지 긍정적인 감정을 불러일으킬 수 있는 능력이다. 긍정적 정서는 창의성의 증가와 업무수행 능력의 향상에 영향을 미치는 것만이 아니라 보다 폭넓은 사유와 마음을 갖게 해 준다.

둘째, 충동 통제력(impulse control)은 목표달성을 위해 일시적인 충동이나 즉각적인 만족을 주는 행동을 제지하고 인내할 수 있는 능력을 말한다. 충동 통제력은 자신의 동기를 스스로 부여하고 조절할 수 있는 능력으로, 단순한 인내력이나 참을성과는 다르다. 자율성에 기반을 두고 자신의 보다 나은 모습을 위해서 즐거운 마음으로 꾸준히 노력할 수 있는 성장 지향적 자기조절능력을 의미한다.

셋째, 낙관성(optimism)은 미래에 좋은 일이 일어날 것이라는 긍정적인 기대, 자신이 겪는 실패를 일시적인 것으로 여기고 역경을 극복할 수 있다는 믿음을 말한다.

넷째, 원인 분석력(causal analysis)은 갈등이나 문제를 제대로 해결할 수 있도록 원인을 정확히 진단하는 능력이다. 원인 분석력이 어떤 사건이나 문제의 발생 원인을 분석하여 대처할 수 있게 하므로, 회복탄력성은 문제해결을 위한 능력이라 볼 수 있다. 부정적인 사건을 지나치게 비관적으로 받아들이다가 늘 스스로 좌절하고 마는 사람이나, 반대로 지나치게 낙천적으로만 바라보다가 제대로 대처하지 못하는 사람들은 모두 원인 분석력이 부족한 것이다. 원인 분석력은 자신에게 닥친 사건들에 대해 긍정적이면서도 객관적으로 정확히 스토리텔링을 할 수 있는 능력이다.

다섯째, 공감능력(empathy)은 다른 사람이 어떤 상황에 처했을 때, 그 상황과 관련되어 타인이 경험하는 감정이나 심리상태 그리고 내적 경험을 이해하고 느낄 수 있는 능력을 말한다. 이러한 능력은 원만한 대인관계를 유지하기 위한 기본적 자질이 된다.

여섯째, 자기효능감(self-efficacy)은 자신을 유능하고 능력이 있다고 생각하는 것을 의미한다. 자기효능감은 자신이 무엇이든 할 수 있다는 믿음이며, 이것은 다른 사람들과의 긍정적인 관계로부터 형성된다.

일곱째, 적극적 도전성(reaching out)은 익숙한 일상에 안주하지 않고 자신의 한계를 넘어서 새로운 것에 도전하는 것을 두려워하지 않는 능력을 의미한다. 적극적 도전성이 새로운 것에 도전하고 성취하는 것을 즐기게 하므로, 회복탄력성은 새로운 시도, 새로운 경험에 대해 개방적인 특성을 갖는다.

2) 교사의 회복탄력성이 아동 및 교사의 정신건강에 미치는 영향

행복하고 건강하게 살아가기 위해서는 누구에게나 회복탄력성이 필요하다. 특히 직무 스트레스가 많은 교사가 교육현장에서 능력을 제대로 발휘하며, 장기적으로 건강하고 즐겁게 일하기 위해서는 회복탄력성을 갖추는 것이 필요하다. 교사가 직무스트레스를 극복하고 교사-아동 관계를 긍정적으로 유지하고 교육의 목표를 성취하기 위해서는 교사 스스로 회복탄력성을 높이도록 노력해야 한다.

교사의 회복탄력성은 아동의 회복탄력성 형성에도 중요한 역할을 한다. 회복탄력적인 교사는 아동에게 정서적인 안녕과 보호적 환경을 제공하고 배려하며 지지함으로써 아동은 성취감, 소속감과 인정받는 경험을 한다. 이러한 경험은 아동의 회복탄력성을 높일 수 있는 기회를 제공한다(권수현, 이승연, 2011; Howard & Johnson, 2000).

회복탄력성이 높은 교사

- 융통성이 있어 스트레스 상황에서 그들의 지각, 인지, 행동전략을 적응적으로 변화시킨다.
- 불분명한 상황이나 대인관계에서 회복탄력성이 낮은 사람보다 자신감 있고 유능함을 느낀다.
- 불안감을 덜 느끼며, 새로운 경험에 대해 개방적이고 긍정적 정서를 경험한다.
- 높은 자신감과 자기존중감을 지니고 있고 정서적으로 안정되어 있으며, 인지적 기술과 사회적 기술을 갖추고 스트레스 상황에 잘 적응한다.
- 스트레스 상황에서 사회적 지지를 추구하는 등 적극적인 대처행동을 많이 하며, 스트레스에 대한 저항력이 높다.
- 교직생활에서 경험하는 역경과 갈등상황에서 회복탄력성을 발휘하여 직무 만족도를 높이고 스트레스를 극복하여 심리적 소진을 예방한다.

6. 교사 정신건강 증진 방안

교사 효능감, 정서지능, 회복탄력성은 공통적인 부분이 많으며 상호관련성도 높다. 이들은 교사와 아동과의 긍정적 상호작용을 돕고 교육의 질 향상뿐만 아니라 교사 개인의 정신적, 신체적 건강을 위해 반드시 요구되는 능력으로, 스트레스가 많은 교육현장에 건강하게 적응하기 위해 교사가 함양해야 할 개인의 중요한 성격자원이다.

교사 효능감, 정서지능, 회복탄력성 증진을 위한 방안들을 소개하면 다음과 같다(김주환, 2016; 우문식, 2014; 최성애, 2016; Diener, 2011; Greenberg, 2009; Karen & Andrew, 2014; Reivich & Shatte, 2014).

1) ABC 확인하기

사건(Accident)−믿음(Belief)−결과(Consequence)의 연결고리를 확인하고, 이것이 어떤 행동(Doing)을 가져오는지 보여 준다. 예를 들면 다음과 같다.

A(역경, 사건)	B(믿음)	C(결과: 감정)	D(결과: 행동)
동생이 내 옷을 입고 학교 갔다.	언제나 그렇다. 내 말을 무시한다.	분노, 열등감	동생을 비난한다.
	내 옷이 예쁜가 보다. 내 옷을 입겠다는 말을 하기가 어려웠나 보다.	안쓰러움	내 옷을 입을 때는 미리 말하라고 한다. 옷을 조심히 입으라고 말한다.

A(역경, 사건)	B(믿음)	C(결과: 감정)	D(결과: 행동)
성적이 나쁘게 나왔다.	역시 나는 안 되나 보다.	실망, 무력감	공부하는 것을 포기하게 된다.
	공부를 충분히 안 했다. 출석, 과제 점수가 나쁘다. 공부하는 방법을 모른다.	의욕 호기심 희망	좋은 성적을 얻을 수 있는 방안을 모색한다(결석, 지각 안 하기, 과제를 성실히 하기, 시험 공부기간 늘리기 등).

2) 긍정적인 정서 갖기

긍정적 감정을 불러일으키는 습관을 들인다. 정서 조절력은 분노나 짜증처럼 부정적인 감정을 억누르는 것만을 의미하는 것은 아니다. 필요할 때는 언제나 긍정적인 감정을 불러일으킬 수 있는 능력도 의미한다. 일상생활에서의 감사하기, 용서하기, 음미하기 등을 통해 긍정적인 정서인 만족, 자부심, 용서, 기쁨, 평온함, 열정, 희망 등을 키우는 것이다.

3) 공감하고 경청하기

공감의 원리를 이해하고 경청을 훈련한다. 공감을 위해서 꼭 필요한 능력은 상대방의 입장을 헤아릴 수 있는 역지사지의 능력이다. 입장을 바꿔서 상대방의 관점에서 바라볼 수 있는 능력은 원만한 인간관계를 위한 가장 기본적인 능력이다. 성공적인 소통의 핵심은 말을 잘하는 데 있는 것이 아니라 잘 듣는 데 있다.

4) 성공경험 탐색하기

기억에 남는 성공(또는 성취)경험에 대해 생각하고 그때의 나의 행동과 감정에 대해 이야기를 나눈다. 언제 성공이 일어났으며 어떻게 성공할 수 있었는지 그때의 나의 생각, 감정, 행동을 이야기 나누면서 자신의 능력에 대한 자신감과 자부심을 갖는 방법이다.

5) 강점 찾기

자신의 강점을 탐색하고 확인하는 방법으로, 과거에 한 행동이나 활동 중에서 가장 자랑스럽게 여기는 것, 현재 자신을 신나게 하는 것 그리고 가까운 미래에 일어날 일 중에서 기대하고 있는 것들을 생각하고 이야기 나누어 봄으로써 자신의 강점을 찾을 수 있다.

6) 내가 모르는 나를 발견하기

활력과 자신감을 심어 줄 수 있는 경험을 찾아보는 방법이다. 처음에는 가능하지 않다고 생각한 방법으로 성공을 거둔 경험, 지난 수년간 자신의 능력 중 발전된 부분에 대한 것, 실수에서 배운 중요한 교훈 그리고 자신의 성격에 대한 '고정관념'에 예외가 있었던 경험을 기억해 보고 서로 이야기를 나눈다.

7) 극복 경험 찾기

힘든 일을 극복했던 경험을 찾아보는 것이다. 힘든 일을 어떻게 극복했는지 그때의 나의 행동, 생각, 감정에 대해 글을 쓰거나 서로 이야기를 나눈다.

8) 만족 지연 경험 찾기

『마시멜로 이야기(Don't Eat the Marshmallow Yet!)』를 떠올리며, 만족지연 경험에 대해 이야기를 나눈다.

> 『마시멜로 이야기』는 심리학자 월터 미셸(Walter Mischel)이 실시한 '마시멜로 실험(Marshmallow Experiment)'에 근거해 '만족의 지연(delayed gratification)'을 성공 비결로 내세운 책이다. '마시멜로 실험'은 유치원에 다니는 백인 중산층 가정의 4세 아동 600여 명을 대상으로 한 실험으로, 아동은 혼자 있는 방에서 마시멜로를 하나씩 받는다. 그리고 15분간 먹지 않으면, 상으로 1개를 더 주겠다는 제안을 받는다. "이 마시멜로를 지금 먹을래, 나중에 먹을래?"라고 묻는다.

9) 근육이완법을 통해 스트레스 줄이기

스트레스 상황에서 점진적 근육이완법이나 심장호흡법을 통해 스트레스를 줄이는 것이다.

그 외에도 교사의 정신건강을 증진시킬 수 있는 방안에는 '행복의 기본 수준 높이기' '자신의 강점을 활용하기' '감사하기' 등이 있다.

활동

1. 기억 남는 성공(성취)경험 찾기
   1) 언제 일어났습니까? 그리고 어떤 일이었습니까?
   2) 어떻게 성공할 수 있었습니까?
   3) 그때의 나의 행동, 생각, 감정에 대해 이야기 나누어 봅시다.

2. 내가 모르는 나를 발견하기
   내가 알고 있는 나의 성격이나 행동과는 다른 성격을 보이거나 다른 행동을 했을 때가 있었는지 생각해 보고 이야기 나누어 봅시다(예: 의존적이라고 생각했는데 리더십을 발휘했던 경험 등).

제5장 | 아동과 교사를 위한 정신건강

정신건강 문제에 대한 평가

아동이 심리 · 정서적 문제로 어려움을 겪고 있을 경우, 주위 사람들은 일상생활에서 보이는 아동의 행동과 태도, 정서반응을 통해 아동에게 어떤 문제가 있음을 추측할 수 있다. 평소에 부모나 교사가 아동에게 관심을 가지고 있다면, 비교적 쉽게 아동의 문제를 인식할 수 있고, 적절한 도움을 줄 수 있다. 그러나 아동이 지닌 문제유형이나 문제의 정도가 심각할 경우에는 관련 병원이나 상담실 등 전문기관의 도움을 받도록 안내하는 것이 중요하다.

본 장에서는 아동의 정신건강을 평가할 수 있는 일반적인 내용과 전문적인 치료와 상담을 받기 위해 관련 기관에 방문했을 때 정신건강에 대한 평가가 어떻게 이루어지는지를 살펴보고자 한다.

1. 일반적인 평가

부모나 교사는 일상생활에서 보이는 아동의 감정, 행동과 태도, 말씨 그리고 옷차림이나 얼굴표정 등 외모나 위생상태의 변화에 관심을 가져야 한다.

1) 외모, 행동 및 태도

- 행동과 태도: 아동이 무엇인가를 의심 · 경계하는지, 어떤 것에 몰두 · 무관심 · 회의적인지, 혼자서 말을 하는지, 회피하는지, 신경질적인지, 공격적인지, 또는 무력할 정도로 순종형인지, 자기멸시적인지, 비판적이고 빈정거리며 욕을 마구 하는지 등
- 신체자세: 자세가 자연스러운지, 부자연스러운지, 편안한지, 아니면 위축되어 있는지 등

- 얼굴표정: 무표정한지, 멍청한지, 침착한지, 굳어있는지, 찌푸렸는지, 시무룩한지, 무뚝뚝한지, 침울한지, 못마땅한지, 화나 있는지, 아니면 근심걱정이 있는지, 혐오, 미움, 당황, 혼란 또는 고통을 나타내는지, 걱정과 불안과 두려움이 있는지 등
- 시선: 말할 때 상대방을 쳐다보는지, 회피하는지, 시선이 고정되어 있는지, 곁눈질 하는지 등
- 옷차림이나 위생상태: 상황이나 계절에 맞지 않게 옷차림을 하는지, 목욕을 너무 자주 오랜 시간 하는지 아니면 너무 안 하는지 등

2) 정서 상태

정서의 강도와 적절성, 조절 및 반응 등을 살펴본다.

- 정서 상태 및 강도: 기분항진, 의기양양, 흥분, 기고만장, 황홀감, 우울감, 침울함, 과민성, 무감동 또는 부조화로운 감정의 동요 등
- 부정적인 정서: 공포, 공황, 건강염려증, 근심, 걱정, 절망, 만성적인 불만, 과민성, 의심, 분노, 증오 등

2. 전문적인 평가

일반적인 평가를 통해 아동의 정신건강에 대한 의심이 생겼을 때, 상담실이나 정신과 병원을 방문하게 되면 전문적인 평가(접수 면담과 심리 검사)가 이루어진다.

1) 접수 면담

접수 면담(Interview)은 첫 상담으로 내담자의 심리적 문제 및 정신장애의 원천과 이

들의 발전된 과정을 파악하기 위함이다. 접수 면담은 자유롭게 진행되지만, 상담에 중요한 참고자료로 활용하기 위해 내담자에게 어떤 서식의 표제에 따른 접수 면담지를 주고 기록하게 한다. 내담자가 기록을 마치면, 상담자는 서식의 표제에 따라 보충적인 질문을 하면서 좀 더 명확하고 상세한 정보를 얻게 된다. 구체적으로 접수 면담의 내용과 질문들을 간추려 보면 다음과 같다.

(1) 의뢰된 경로

내담자가 어떤 경로로 상담실을 찾아왔는지 기록한다.

- 스스로 상담실을 찾아오셨나요? 아니면 누군가의 권유로 오셨나요?
- 누군가의 권유가 있었다면, 그 이유는 무엇입니까?

(2) 주 호소 문제

내담자가 고민하는 문제에 대해 자세히 기록한다.

- 어떤 문제로 상담실에 오셨습니까?

(3) 현재 증상

내담자의 현재 증상이 발달된 과정에 대해 자세히 기록한다. 증상의 발전에 따른 대인관계의 변화와 내담자의 감정반응을 관련지어 문제점을 파악하게 된다.

- 어떤 증상들이 있습니까?
- 그러한 증상을 처음 알게 된 시기는 언제이고, 그 증상은 지속적이었습니까? 그 증상은 어느 정도였습니까?
- 누구와의 관계가 의미 있었습니까? 그 사람들과 살면서 무슨 일이 있었으며 정서적으로나 심리적으로 어떠한 영향을 받았습니까?

- 그러한 증상이 내담자의 생활에 어떠한 영향을 주었습니까?(예: 가정 및 학교 생활 등)
- 그 증상의 원인이 무엇이라고 생각하십니까?
- 이전에도 같은 종류의 증상을 가지고 있었습니까? 어떤 상담을 받아 왔습니까? 그리고 그 상담의 효과가 무엇이었습니까?

(4) 가족사

가족사를 통하여 내담자가 일생 동안 겪은 가족 경험, 경제 수준 및 사회생활에 대한 정보를 얻는다. 내담자와 함께 사는 가족들의 교육수준, 성격, 질병, 직업, 생활 목표 등이 파악된다. 내담자에게 가족에 대한 인상이나 그들의 양육방식 및 가풍 등을 물어보면 가정의 습관과 갈등, 감정조절 및 의사소통 패턴 등에 대하여 많이 알 수 있다. 가족에게 특정한 목표를 설정해 주었던 강하고 지배적인 조부모의 영향이나 유모나 가정부의 영향도 기록한다.

또한 부모가 죽었거나 이혼하였거나 아니면 부모와 헤어지게 되었을 때 내담자가 어떤 반응을 보였는지 알아본다. 그 당시 내담자의 나이는 몇 살이었는지, 그때의 감정은 어떠했는지 알아본다.

(5) 개인사

내담자의 성장과정에 따라 개인사를 유아기, 아동기, 청소년기 등으로 나누어 살펴본다. 성장과정에 대한 기록만으로는 불충분하므로 가능한 한 대인관계반응과 그것이 성장기의 내담자에게 어떠한 영향을 주었는지도 함께 알아본다.

① 유아기

유아기는 내담자의 기억 밖에 있으므로 다른 가족원이나 타인으로부터 들은 이야기나 소문 등에 의존한다. 내담자가 원하던 아기였는지, 어떤 성의 아이가 태어나기를 부모가 원했는지, 장차 아이가 어떻게 자라기를 원했는지 등을 알아본다. 앉고, 걷고, 말하고, 대소변을 가리기 시작한 연령을 파악함으로써 신경계의 성숙도를 알 수 있다.

여기서 알아야 할 중요한 정보는 내담자가 먹고 잠자고 놀 때의 유형이 어떠했으며, 그러한 활동에 참여하는 부모의 양육태도는 어떠했는지를 아는 것이다.

② 아동기

이 시기는 내담자가 다른 사람과 적극적인 관계를 형성하는 초기 단계이다. 내담자가 상냥했는지, 믿음성이 있었는지, 관대했는지, 적극적이었는지, 아니면 수줍어하고 신경질을 잘 냈는지, 소원했는지, 쉽게 놀랐는지, 의심이 많았는지, 이기적이었는지, 공격적이었는지 또한 다른 사람과 함께 놀고 나누어 갖는 능력이 있었는지를 검토하게 된다. 때로 아동기에 나타나는 어떠한 발달장애, 즉 언어장애나 말더듬, 야뇨증, 몽유병, 악몽 혹은 특수한 공포증 같은 증상은 없었는지 알아본다.

내담자의 특성에 따른 부모의 태도는 어떠하였는지 알아본다. 특히 부모의 훈육에 대한 아동의 반응과 그와 관련되는 공포감, 수치감, 죄책감 같은 감정반응을 살펴본다. 아동의 학교생활을 통해 가정 밖에서의 초기 사회화과정에 대한 활동상황과 집단 속에서의 내담자의 경험을 알 수 있다.

③ 청소년기

청소년기에는 이전 단계의 스트레스를 반복하여 경험하는 한편, 이 시기의 특징적인 스트레스도 경험한다. 다시 말하면, 호소하는 문제에 대한 내담자의 반응, 선배나 동료와의 관계 및 학교성적이나 학업에 대한 태도를 검토한다. 청소년기에서 가장 중요한 것은 사춘기 발달에 대한 반응이다. 몽정이나 월경에 대한 가족들의 사전 교육이나 준비 및 몽정이나 월경 경험에 대한 내담자의 반응을 알아본다. 성에 대해 관심을 보이는 시기와 성적 관심에 대한 내담자의 반응도 주목된다. 명백한 성적 정체감이 발달되지 못한 징조 역시 대개는 이 시기에 나타난다.

친구와의 우정관계가 어떠했으며 친구집단에서 환영받았는지 아니면 배척당했는지, 가장 이상적인 동일시의 대상은 누구였는지, 권위에 대하여 복종적인 태도를 보였는지 파악한다.

그 밖에도 스트레스나 실패, 좌절을 어떤 식으로 해결하는지, 현실도피경향은 어떠하며 현실도피에는 어떤 방법을 사용하는지, 새로운 상황에서 어떤 반응과 행동양상을 보이는지, 긴장을 풀기 위하여 어떤 방법을 사용하는지 등을 알아본다.

내담자 중 자녀의 문제로 접수 면담을 원하는 경우, 부모에게 배부되는 '부모면접지'를 [그림 5-1]에 제시하였다.

부모면접지

<table>
<tr><td>사례 번호</td><td></td><td>면접자</td><td colspan="3"></td></tr>
<tr><td>이름</td><td></td><td>생년월일</td><td colspan="3">년 월 일</td></tr>
<tr><td>재학 기관</td><td colspan="5">학교(학년)/ 유치원/ 어린이집</td></tr>
<tr><td>형제관계</td><td>남 녀 중에 째</td><td>성별</td><td colspan="3">남/여</td></tr>
<tr><td>우세한 손</td><td>오른손/왼손</td><td>몸무게</td><td>kg</td><td>키</td><td>cm</td></tr>
<tr><td>면접지 작성자의 성함</td><td></td><td>아동과의 관계</td><td></td><td>작성일</td><td>년 월 일</td></tr>
<tr><td>내원 경위</td><td colspan="5"></td></tr>
<tr><td>이전 치료 경험</td><td>유/무</td><td colspan="4">기관:
내용:</td></tr>
</table>

* 질문에 대한 답은 치료를 위한 자료로 활용됩니다. 정확하고 솔직하게 기록해 주십시오.

I. 주 호소 문제

1. 자녀의 상태를 자세히 적어 주십시오.
2. 문제가 생겼다는 것을 언제, 어떻게, 누구에 의해서 알게 되셨습니까?
3. 자녀가 문제를 보였을 때, 어떻게 대처하셨나요?(예: 훈육, 체벌)
   1) 아버지:
   2) 어머니:

II. 양육사

1. 자녀를 주로 양육한 사람(주 양육자)은 누구이며 어떤 사람이었습니까?
2. 부모님의 양육 태도는 어떠합니까?
3. 자녀에 관한 특이 사항을 적어 주십시오(예: 변비, 양육자의 변화, 거짓말 사용 등).
4. 자녀 양육 과정에서 발생한 부모님의 신변(이직, 별거, 건강) 변화나 그에 따른 스트레스 등에 대해 적어 주십시오.

III. 발달력

1. 결혼할 당시 연령을 적어 주십시오. 아버지: 만 세/어머니: 만 세
2. 현재 결혼 상태는 어떠합니까? 해당되는 문항에 적어 주십시오.
   1) 결혼 년째
   2) 배우자와 헤어졌다면, 헤어질 당시 자녀의 연령은 몇 살이었습니까?
   3) 혼인 중이시라면, 현재 부부 관계는 어떻습니까?

① 임신 중

1. 임신 시 연령을 적어 주십시오. 아버지: 만 세/어머니: 만 세
2. 임신 형태는 무엇입니까?(자연임신/인공임신)
3. 의뢰하신 자녀를 임신한 사실을 알았을 때 반응은 어땠습니까?
   임신을 원하지 않았던 가족원이 있었다면 누구였고, 그 이유는 무엇이었습니까?
4. 임신 중 약물, 담배, 술 등을 하신 적이 있습니까?(예/아니오)
   있으시다면 어떤 것이고, 복용 이유는 무엇입니까?(예: 임신중독증)
5. 임신 중 어머니의 정서 상태는 어땠습니까?

② 출산 시

1. 분만 상태는 어땠습니까?(순산/난산)
2. 분만 형태는 무엇입니까?(자연분만/제왕절개/기타)
3. 출산 후 자녀가 건강상의 문제로 의학 처치(예: 인큐베이터)를 받았습니까?(예/아니오)
   처치를 받았다면 이유는 무엇입니까?(예: 태변을 먹음)
4. 출생 시 몸무게는 몇 kg 입니까?
5. 수유 방법은 무엇이었습니까?
6. 언제까지 젖병을 사용했습니까?

③ 3세 이전

1. 발달사항

질문	늦음	보통	빠름
1) 기기			
2) 걷기			
3) 언어발달			
4) 이유식 시작			
5) 대변 가리기			
6) 소변 가리기			

2. 자녀의 3세 이전 특성에 대해 답해 주십시오.

질문	전혀 아니다	대체로 아니다	보통 이다	대체로 그렇다	매우 그렇다
1) 우리 아이는 잘 먹었다.					
2) 우리 아이는 잘 잤다.					
3) 우리 아이는 사람을 좋아했다.					
4) 우리 아이는 낯가림이 심했다.					
5) 우리 아이는 엄마와 떨어지기 어려웠다.					
6) 우리아이는 지나치게 부산했다.					
7) 우리 아이는 자주 아팠다(예: 경기).					
8) 우리 아이는 짜증이 많았다.					
9) 우리 아이는 떼가 심했다.					
10) 우리 아이는 고집이 셌다.					

④ 4세 이후~현재

1. 자녀의 4세 이후부터 현재까지 특성에 대해 답해 주십시오.

질문	전혀 아니다	대체로 아니다	보통 이다	대체로 그렇다	매우 그렇다
1) 우리 아이는 명랑하다.					
2) 우리 아이는 규칙적인 생활을 한다(예: 취침, 기상 등).					
3) 우리 아이는 순종적이다.					
4) 원하는 것을 가지지 못할 때, 하고 싶은 것을 못하게 할 때 떼쓰지 않고 잘 견딘다.					
5) 우리 아이는 어떤 일이 생겼을 때 쉽게 당황하거나 불안해한다.					

6) 우리 아이는 산만하다.					
7) 우리 아이는 어려운 일을 쉽게 포기한다.					
8) 우리 아이는 공격적이다.					

2. 자녀가 즐겨 하는 놀이나 활동은 어떤 것입니까?

3. 또래관계

질문	전혀 아니다	대체로 아니다	보통 이다	대체로 그렇다	매우 그렇다
1) 새로운 친구를 잘 사귀는 편입니까?					
2) 친구들과 사이좋게 잘 지냅니까?					
3) 단짝 친구가 있습니까?					
4) 우리 아이는 (또래나 동급생/어린 아이들/나이 많은 아이들)과 주로 논다.					

4. 학습 태도 및 능력
   1) 새로운 것을 배울 때(예: 숫자, 한글, 곤충) 자녀의 반응은 어떻습니까?
   2) 자녀는 학습 내용을 잘 이해하고 따라 할 수 있습니까?
   3) 자녀가 특별히 흥미를 갖는 것(예: 숫자, 자동차, 공룡)이 있다면 무엇입니까?
   4) 자녀가 무서워하는 것이 있다면 무엇입니까?
5. 유치원/어린이집 생활
   1) 최초로 기관(유치원/어린이 집)에 입학했을 당시 연령은 몇 살이었습니까?
   2) 기관에 대한 아동의 태도는 어땠습니까?(예: 즐거워하지 않았음)
   3) 자녀와 교사와의 관계는 어땠습니까?(예: 선생님이 아동에게 신경을 많이 쓰지 않았음)
   4) 특별히 기억에 남는 교사의 평가가 있다면 적어 주십시오.
6. 초등학교 생활
   1) 입학 시 학교에 대한 아동의 태도는 어땠습니까?
   2) 전학을 한 적이 있습니까?(예/아니오)
      있다면 이유는 무엇입니까?
   3) 자녀와 교사와의 관계는 어떻습니까?
   4) 특별히 기억에 남는 교사의 평가가 있다면 적어 주십시오.

Ⅳ. 가족 사항

1. 가족 구성원들(조부모, 외조부모, 부모님, 아동의 형제 등)에 대해 아래에 적어 주십시오.

아동과의 관계	아동과 동거여부	연령 (만)	학력/ 전공	직업/ 직위	성격의 장점과 단점	자녀와의 관계 (○, △, ×)

2. 가족병력이 있다면 적어 주십시오.

아동과의 관계 (예: 부, 모, 사촌 동생)					
병력 (예: 알코올중독, 틱, 우울증)					

3. 현재 우리 집에 문제가 될 만한 스트레스가 있습니까?(예/아니요)
   있다면 구체적으로 적어 주십시오.
4. 가족 이외에 아동에게 중요한 영향을 끼친 사람은 누구이며, 어떠한 영향을 주었다고 생각합니까?

[그림 5-1] 부모면접지

2) 심리검사

심리검사는 개인의 성격, 지능, 적성 등의 심리적 특성들을 파악하기 위해 다양한 도구를 활용하여 이러한 특성들을 양적 · 질적으로 측정하고 평가하는 일련의 검사이다. 어떤 검사도 모든 영역을 다룰 수 있을 만큼 평가 영역이 넓지 못하므로, 어떤 하나의 검사만으로 심리적 기능을 모두 평가할 수는 없다. 그러므로 임상심리사는 피검사자에게 필요하고도 적합한 몇 개의 심리검사를 선택 · 실시하여 비교 · 종합하는 과정을 통해 임상적 소견을 명확히 하고, 내담자와의 접수 면담에서 밝혀낼 수 없었던 심리적 기능을 밝혀낼 수 있다.

심리검사는 도구의 구조화에 따라 객관적 검사와 투사적 검사로 구분하는데, 현재 가장 널리 사용하고 있는 심리검사를 요약하면 다음과 같다(곽금주, 박혜원, 김청택, 2004; 이근후, 우행원, 박영숙, 연규월, 권정화, 1988; 최정윤, 2008).

(1) 객관적 검사

객관적 검사는 채점과정이 표준화되어 있으며 해석의 규준이 제시되어 있는 검사이다. 개인의 독특성을 밝혀내기보다는 인간이 공통적으로 지니고 있는 특성을 기준으로 상대적인 위치를 비교 · 평가하려는 것이다. 대표적인 지능검사에는 WAIS, WISC, WPPSI, 성격검사에는 MMPI, MBTI, 흥미검사에는 직업흥미검사, 학습흥미검사, 적성검사 등이 있다. 그중 WAIS와 WISC, MMPI를 간략히 살펴보고자 한다.

① 웩슬러 성인 지능검사(Wechsler Adult Intelligence Scale: WAIS)

지능검사는 개인의 능력 자체를 측정한다기보다는 개인이 현재까지 학습해 온 것을 측정한다고 볼 수 있다. 즉, 능력검사라기보다는 성취검사라고 보는 것이 타당하다. 개인의 지능은 어느 특정분야에서는 잘 기능한다 하더라도 다른 분야에서는 잘 기능하지 못할 수 있다. 정신측정검사에서 높은 점수를 보이는 경우라 할지라도 심각한 정신장애를 가지고 있을 수 있다.

웩슬러 성인 지능검사는 일반지능을 검사하기 위하여 가장 많이 사용하고 있다. 웩슬러(Wechsler)가 고안한 이 지능검사는 피검사자의 연령을 고려하여 지적요소뿐만 아니라 성격적 요소, 정서, 사회성, 운동능력, 감각 등을 포함시켜 폭넓게 개념화하였다. 총 11개의 소검사로 구성되어 있는데, 이 중 언어성 소검사가 6개, 동작성 소검사가 5개로 되어 있다. WAIS의 소검사에 대한 내용을 〈표 5-1〉에 간략히 제시하였다.

〈표 5-1〉 **WAIS의 소검사**

소검사		인지적 · 행동적 측면	임상적 측면
언어성검사	기본지식	• 실제 지식 • 기억인출 • 언어적 이해력 • 지적 호기심 • 폭넓은 독서 등	• 응답의 실패이유를 지식이나 경험부족 탓으로 돌림 • 지나치게 세부적이면 강박을 시사 • 만성적 불안이 있는 경우 앞쪽 문항에서부터 실패함 등
	숫자 외우기	• 주의집중력, 주의력 범위 • 기억의 인출, 즉각적 회상 • 역전 능력(거꾸로 외우기) • 융통성 • 학습장애 등	• 낮은 기억력, 불안, 주의 산만, 낮은 동기, 낮은 지능 • 검사상황에 민감함 • 검사에 대한 불안이 보임 등
	어휘	• 언어적 개념화, 표현력 • 학습능력 • 축적된 상식 • 장기기억 • 풍부한 초기 환경 등	• 지적 추구를 반영함 • 반응의 내용으로부터 공포, 집착, 정서, 흥미, 사고과정의 장애 등에 대해 분석할 수 있음 등
	산수	• 주의집중력 • 청각적 기억 • 계산 기술 • 언어적 지시의 이해 • 연속적 정보 전달 등	• 집중력 부족 • 불안, 반항심, 패배주의적 태도 • 문항의 내용을 이해하지 못함 • 계산능력 부족 등
	이해	• 사회적 이해력 • 보편적 행동기준에 대한 이해 • 판단력, 양심, 사회적 성숙 • 실제적 정보의 표현 • 함축적 의미의 파악 등	• 사회적 관습을 무시하는 태도 • 판단력 상실 • 대인관계에 대한 관심 상실 • 대처능력을 보여 줌 • 강박적 경향성 등
	공통성	• 언어적 개념화 • 논리적, 추상적 사고 • 연합적 사고 • 융통성 • 표상적 수준의 조직화 등	• 반응수준이 추상적인지 구체적인지 보여 줌 • 집착 • 성격적 경향성 등

동작성검사	빠진 곳 찾기	• 시각적 기민성 • 지각적 조직화 • 집중력 • 불확실할 때 반응하는 능력 • 시각적 기억 등	• 현실 왜곡을 반영함 • 충동성 • 적대심, 공포감 • 현실 검증력 등
	차례 맞추기	• 전체 상황을 이해하고 파악하는 능력 • 결과에 대한 예견능력, 추리력 • 계획능력 • 시간에 대한 개념 • 사회적 이해력 등	• 정확한 판단 • 현실적 판단 • 기괴한 판단 • 사고과정에 대한 정보를 줌(통찰적 접근, 시행착오적 접근, 빈약한 사고, 충동성 등)
	토막짜기	• 지각적 조직화, 형태지각 • 공간적 능력 • 시각-운동 협응능력 • 문제해결방식 • 시간의 압력하에서 작업하는 능력 등	• 문제해결방식(시행착오적 행동, 통찰적 접근, 행동의 지속성, 집중력, 불안, 좌절 인내력, 경직성, 사고과정의 속도, 자기에 대한 태도, 교훈을 얻는 능력) • 강박적 경향성 등
	모양 맞추기	• 공간적 능력 • 시각-운동 협응능력 • 부분을 전체로 통합하는 능력 • 형태관계의 평가 • 불확실함에 대한 반응 등	• 강박적 경향성 • 방어적이거나 반감을 보일 수 있음 • 불안 • 충동성 • 낮은 도덕성 발달 • 일하는 습관 등
	바꿔쓰기	• 익숙치 않은 과제를 학습하는 능력 • 지시에 따르는 능력 • 정확성/세부에 대한 강박 • 불안, 주의산만, 학습장애 • 시각적 단기 기억 등	• 완벽주의 성향 • 시각적 손상 의심 • 문맹자에게 불리함 • 우울증과 관계있음 • 전략을 사용함 등

출처: 최정윤(2008), pp. 25-39에서 발췌하여 재구성.

② **웩슬러 아동 지능검사**(Wechsler Intelligence Scale for Children: WISC)

웩슬러 아동 지능검사는 1949년에 제작되어 WISC-R, WISC-Ⅲ로 개정되어 사용되고 있다. WISC-Ⅲ는 시대에 뒤떨어진 문항이 개정되거나 제거되었고, 새로운 규준을 반영한 새로운 문항과 다양한 난이도의 문항이 첨가되었다. 또한 아동들이 검사 경험을 좀 더 흥미 있게 느낄 수 있도록 검사 재료와 실시 절차상에 많은 변화를 주었다. 예를 들면, 많은 그림 자극 재료들은 새롭게 원색으로 인쇄하였으며, 소검사 실시 순서도 검사 상황에 맞게 점진적으로 접근할 수 있도록 하였다. 〈표 5-2〉는 WISC-Ⅲ의 소검사들을 실시 순서대로 나열하였으며, 각 소검사에 대해 간략히 설명하였다.

〈표 5-2〉 **WISC-Ⅲ의 소검사**

소검사	설명
빠진 곳 찾기	여러 색상으로 이루어진 물건이나 장면 그림에는 중요한 부분이 빠져 있다.
상식	일상적인 사건, 물건, 장소, 사람들에 대한 아동들의 지식을 알아보기 위한 것으로, 정해진 일련의 질문들을 구두로 제시한다.
기호 쓰기	일련의 간단한 형태(기호 쓰기 A형)나 숫자(기호 쓰기 B형)가 단순한 기호와 짝지어져 있다. 아동은 형태(기호 쓰기 A형)나 숫자(기호 쓰기 B형)에 대응하는 기호를 그려 넣는다.
공통성	구두로 제시되는 쌍으로 짝지어진 일련의 낱말에 대해 공통성을 설명한다.
차례 맞추기	여러 색상의 그림이 순서가 뒤섞인 채 제시되고, 아동은 논리적인 이야기 순서로 재배열한다.
산수	일련의 산수 문제를 암산으로 풀고 구두로 대답한다.
토막 짜기	인쇄된 기하학적 형태나 검사자가 직접 제시하는 기하학적인 형태를 관찰하고, 두 가지 색상의 토막을 사용하여 제시된 것과 똑같은 형태를 만들어 낸다.
어휘	검사자는 구두로 어휘를 제시하고, 아동은 그 어휘에 대해 구두로 정의를 내린다.
모양 맞추기	일상적인 물건이 그려진 퍼즐로 구성되어 있으며, 각 퍼즐은 표준화된 방식으로 제시한다. 아동은 그 퍼즐을 모아서 의미 있는 하나의 전체 모양을 만든다.
이해	구두로 제시하는 질문으로, 아동의 일상생활에서의 문제해결 능력과 사회적 규칙 및 개념에 대한 이해 능력을 측정한다.

동형 찾기	쌍으로 이루어진 도형으로, 각 쌍은 표적 부분과 반응 부분으로 구성되어 있다. 아동은 두 부분을 훑어보고, 표적 부분이 반응 부분에 있는지 여부를 지적하는 것이다.
숫자	검사자가 차례대로 숫자를 말하면 아동은 숫자를 순서대로 또는 역순으로 따라 한다.
미로	미로는 점점 난이도가 높아지도록 구성되어 있다. 아동은 연필을 사용하여 문제를 푼다.

출처: 곽금주, 박혜원, 김청택(2004), p. 21.

③ 미네소타 다면적 인성 검사(Minnesota Multiphasic Personality Inventory: MMPI)

원래 이 검사는 정신과적 진단분류가 1차적 목적으로 일반적 성격특성을 측정하기 위한 것은 아니었다. 그러나 오늘날 정신 병리에 대한 평가뿐만 아니라 임상 집단과 정상인 모두에 대해서 성격 경향성을 평가하는 데 널리 사용되고 있다. 총 14개의 척도로 구성되어 있으며 4개의 타당도 척도와 10개의 임상척도로 구성되어 있다. 10개의 임상척도에는 건강염려증(심기증), 우울증, 히스테리, 반사회성, 남성특성/여성특성, 편집증, 강박증, 정신분열증, 경조증, 사회적 내향성 등이 포함되어 있다. 각 척도의 양상과 항목을 분석하여 피검사자에 대한 예기치 못한 통찰을 얻을 수도 있다.

(2) 투사적 검사

투사적 검사(Projective Test)는 개인의 성격 구조와 행동 결정에 중요한 무의식적 욕구와 동기를 밝혀낼 수 있는 방법이다. 피검사자들은 자신의 무의식적 경향에 따라 모호한 자극을 해석하게 된다. 피검사자는 자신의 심리적인 특성을 외부 세계로 투사한다. 피검사자가 반응하는 양상은 그 자신의 투사로서 자신의 성격구조와 그 기저의 역동을 드러낸다. 이 검사로써 피검사자의 잠재능력과 취약점을 알 수 있다. 대표적인 투사적 검사에는 WAT, 로샤 검사, 주제통각 검사(TAT), 벤더-게슈탈트 검사(BGT), 문장완성 검사(SCT), 인물화(DAP) 검사, HTP 검사가 있는데, 이들을 간략히 소개하고자 한다.

① **로샤 검사**(Rorschach Test)

1921년 스위스의 정신과 의사인 로샤(Rorschach)가 개발한 이 검사는 피검사자의 지능에 관한 정보뿐 아니라 기본적인 성격 특성을 파악하는 수단이다. 이 검사는 피검사자가 효율적으로 방어할 수 없는 상태에서 뚜렷이 나타내는 피검사자의 내적인 경향을 알 수 있다. 실시과정에서 비교적 형태가 없는 그림에서 무엇을 보는가, 무엇처럼 보이는가, 무엇이 생각나는가, 무엇으로 느껴지는가를 질문하여 피검사자에게 이야기하도록 한다. 뚜렷한 의미가 없는 자료에서 의미 있는 형태를 만들게 되므로 피검사자는 자신도 모르는 사이에 자기 성격의 특성과 주된 경향성을 드러낸다.

잉크얼룩이 자신에게 어떻게 보이는지를 이야기하면서 자신의 태도, 정서, 갈등 및 성격의 중요한 측면을 나타낸다. 이러한 투사적 기법으로 심리적인 특성과 기능을 파악할 수 있고 내재되어 있는 정신병리에 대한 신호를 알 수 있다. [그림 5-2]는 로샤 검사 카드의 예이다.

[그림 5-2] **로샤 검사 카드의 예**

② **주제통각 검사**(Thematic Apperception Test: TAT)

1935년 머레이(Murray)와 모건(Morgan)이 고안한 것으로, 임상심리사는 알아보고자 하는 주제에 따라 피검사자에게 한 장씩 그림카드를 보여 주며 피검사자의 상상에 따라 그 그림에 대해 이야기하게 한다. 그려져 있는 그림이 어떻게 보이는지, 사람들의 관계는 어떠한지, 그들에게 무슨 일이 일어났는지, 어떻게 느끼는지, 어떤 결과가 일어날 것인지를 물어보게 된다. 피검사자는 보통 어떤 인물과 자신을 동일시하여 자신이나 주변의 중요한 인물의 이미지를 투사한다. 피검사자는 자신의 경향성, 충동, 감정, 사고, 좌절, 갈등 및 환경에 대한 투사를 나타내는 상황과 동기를 상상한다. 이들 카드의 내용에는 '한 팔로 얼굴을 가리고 있는 남자' '화가 나 보이는 남자의 어깨에 손을 얹고 있는 여자' '백지 카드' 등이 있다. [그림 5-3]은 주제통각 검사 카드의 예이다.

[그림 5-3] 주제통각 검사 카드의 예

③ **벤더-게슈탈트 검사**(Bender-Gestalt Test: BGT)

BGT는 지각 및 시각-운동 기능에 대한 검사로, 1923년 웰트하임머(Wertheimer)가 최초로 고안한 수많은 형태에서 벤더(Bender)가 9개의 도형을 선택하여 만든 것이다. 기본적으로 피검사자에게 한 개씩 도형을 제시하여 보고 베끼도록 한다. 모사단계가 끝나면 그리고 싶은 대로 그리게 하고, 그 그림에서 연상되는 것이 무엇인지 물어보며, 몇 장의 그림을 순간 노출한 뒤 기억나는 대로 그려 보게도 하고, 처음에 묘사한 것을 회상하여 그리게도 한다. 임상심리사는 그림의 체계, 페이지의 위치, 각 그림 형태에서의 왜곡과 정교성, 각 형태의 크기에 대한 상대적 차이 및 여러 요인에 따라서 심리적 기능을 추론할 수 있다. 이것을 얼마나 잘 할 수 있느냐는 시각 · 운동기능이 좌우하므로 이 검사는 어떤 기질적 장애를 찾아내는 데 도움이 된다.

④ 문장완성 검사(Sentence Completion Test: SCT)

1930년 텐들러(Tendler)는 정서 반응영역을 측정하기 위한 검사로 SCT를 제안하였다. 피검사자에게 덜 완성된 어떤 문장을 주고 그것을 완성시키도록 하는 것이다. 피검사자에게 마음속에 떠오르는 첫 번째 반응을 적도록 한다. '내가 좋아하는 것은……' '내가 원하는 것은……'과 같은 형태의 문장을 제시한다. 이 검사는 다른 투사기법에 비하여 보다 의식 수준의 정보를 이끌어 내는데, 이를 통해 피검사자의 불안, 억압, 성취에 대한 동기, 공격, 배척, 실패, 책임감, 성 및 사랑에 대한 내담사의 반응을 파악할 수 있다. 성인용 문장완성 검사는 〈표 5-3〉에, 아동용 문장완성 검사는 〈표 5-4〉에 제시하였다.

〈표 5-3〉 **성인용 문장완성 검사**

문장완성 검사

실시일: 　　년 　월 　일

이름:	연령: 만 　세	성별: 남/여

일러두기

다음의 문장들은 뒷부분이 생략되어 있습니다. 각 문장을 읽으면서 가장 먼저 떠오르는 생각으로 문장을 완성시키면 됩니다. 시간의 제한은 없지만, 되도록 빨리 하십시오.

1. 나에게 이상한 일이 생겼을 때 ______
2. 내 생각에 가끔 아버지는 ______
3. 우리 윗사람들은 ______
4. 나의 장래는 ______
5. 어리석게도 내가 두려워하는 것은 ______
6. 내 생각에 참다운 친구는 ______
7. 내가 어렸을 때는 ______
8. 남자에 대하여 무엇보다도 좋지 않게 생각하는 것은 ______
9. 내가 바라는 여인상은 ______
10. 남녀가 같이 있는 것을 볼 때 ______

11. 내가 늘 원하기는
12. 다른 가정과 비교해서 우리 집안은
13. 나의 어머니는
14. 무슨 일을 해서라도 잊고 싶은 것은
15. 내가 믿고 있는 내 능력은
16. 내가 정말 행복할 수 있으려면
17. 어렸을 때 잘못했다고 느끼는 것은
18. 내가 보는 나의 앞날은
19. 대개 아버지들이란
20. 내 생각에 남자들이란
21. 다른 친구들이 모르는 나만의 두려움은
22. 내가 싫어하는 사람은
23. 결혼 생활에 대한 나의 생각은
24. 우리 가족이 나에 대해서
25. 내 생각에 여자들이란
26. 어머니와 나는
27. 내가 저지른 가장 큰 잘못은
28. 언젠가 나는
29. 내가 바라기에 아버지는
30. 나의 야망은
31. 윗사람이 오는 것을 보면 나는
32. 내가 제일 좋아하는 사람은
33. 내가 제일 걱정하는 것은
34. 나의 가장 큰 결점은
35. 내가 아는 대부분의 집안은
36. 완전한 남성상은
37. 내가 성교를 했다면
38. 행운이 나를 외면했을 때
39. 대개 어머니들이란
40. 내가 잊고 싶은 두려움은
41. 나의 평생 하고 싶은 일은
42. 내가 늙으면
43. 때때로 두려운 생각에 휩싸일 때
44. 내가 없을 때 친구들은

45. 생생한 어린 시절의 기억은 ____________________
46. 무엇보다도 좋지 않게 여기는 것은 ____________________
47. 나의 성생활은 ____________________
48. 내가 어렸을 때 우리 가족은 ____________________
49. 나는 어머니를 좋아했지만 ____________________
50. 아버지와 나는 ____________________

〈표 5-4〉 **아동용 문장완성 검사**

문장완성 검사

실시일: 년 월 일

이름:	생일: 년 월 일(만 세 개월)
성별: 남/여	학교: 학교 학년

일러두기

다음의 낱말로 시작하는 문장을 완성해 보세요. 반드시 자신의 솔직한 마음을 그대로 말해야 하며, 한 문장도 빠짐없이 모두 써 주세요.

1. 내가 가장 행복한 때는 ____________________
2. 내가 좀 더 어렸다면 ____________________
3. 나는 친구가 ____________________
4. 다른 사람들은 나를 ____________________
5. 우리 엄마는 ____________________
6. 나는 ____________________ 에 대한 공상을 잘한다.
7. 나에게 가장 좋았던 일은 ____________________
8. 내가 제일 걱정하는 것은 ____________________
9. 대부분의 아이들은 ____________________
10. 내가 좀 더 나이가 많다면 ____________________
11. 내가 가장 좋아하는 사람은 ____________________
12. 내가 가장 싫어하는 사람은 ____________________
13. 우리 아빠는 ____________________
14. 내가 가장 무서워하는 것은 ____________________

15. 내가 가장 좋아하는 놀이는
16. 내가 가지고 있는 것 중에서 제일 아끼는 것은
17. 내가 가장 가지고 싶은 것은
18. 여자 애들은
19. 나의 좋은 점은
20. 나는 때때로
21. 내가 꾼 꿈 중에 제일 좋은 꿈은
22. 나의 나쁜 점은
23. 나를 가장 슬프게 하는 것은
24. 남자 애들은
25. 선생님들은
26. 나를 가장 화나게 하는 것은
27. 나는 공부가
28. 내가 꾼 꿈 중에 제일 무서운 꿈은
29. 우리 엄마와 아빠는
30. 나는 커서 이(가) 되고 싶다.
    왜냐하면
31. 내 소원이 마음대로 이루어진다면,
    첫째 소원은
    둘째 소원은
    셋째 소원은
32. 내가 만일 먼 외딴 곳에 살게 된다면, 와 제일 같이 살고 싶다.
    왜냐하면
33. 내가 만일 동물로 변할 수 있다면 이(가) 되고 싶다.
    왜냐하면

⑤ 인물화(Draw A Person: DAP) 검사

성격 분석을 위해 사용되는 투사적 기법의 하나로 인물화 검사가 있다. 검사실시에서 피검사자에게 먼저 단순히 사람을 그리라고만 알려 준다. 그리고 난 후 임상심리사는 그림에 대한 연상을 얻기 위하여 그림에 대한 질문을 한다. 그렇게 함으로써 피검사자에게서 자신에게 독특한 의미가 있는 신체상에 대한 개념을 이끌어 내고 개인의 욕구, 관심, 갈등 등을 파악할 수 있다. 이러한 자아투사는 필연적으로 개인적인 경험으로부터 일어나는 것으로, 그림에서 특정 신체 부위에 대한 관심이나 강조로 나타나거나 특정부분을 그리기 어려워하기도 한다.

⑥ HTP(House, Tree, Person) 검사

DAP 검사가 개발된 이후에 집과 나무가 추가되어 현재의 HTP 검사가 탄생되었다. DAP 검사에 집과 나무가 부가된 이유는 갑자기 '사람을 그려 보라.'고 하면 피검사자는 불안을 느끼는데, 집과 나무를 그리라고 하면 위협감을 덜 느낀다는 것을 발견했기 때문이다. 게다가 집과 나무 그림도 사람 못지않게 자기상을 풍부하게 투사할 수 있는 대상임이 밝혀졌다. 각각의 종이에 집, 나무, 사람을 그리게 한 후, 일정한 형식 없이 그림에서 피검사자가 나타내고 있는 개인적인 의미를 알아보기 위해 질문들을 한다. 질문들의 예로는 '이 집에 누가 살고 있나요?' '이 집안의 분위기는 어떠한가요?' '더 첨가하여 그리고 싶은 것은 무엇인가요?' '이 나무는 어떤 나무인가요?' '어느 계절인가요?' '나무의 건강은 어떠한가요?' '주변에는 무엇이 있나요?' 등이 있다.

임상심리사는 검사하는 동안 내담자의 전반적인 반응양상을 살펴보고 표준화된 진단분류에 따라 모든 검사를 종합하여 심리검사보고서를 작성한다. 내담자의 반응증후군의 특성은 무엇이고, 앞으로의 진행과 예후는 어떠할 것이며, 가장 효과적인 치료 방법은 무엇인지를 알려 주는 유용한 원천이 된다.

활동

1. 〈표 5-3〉 문장완성 검사를 실시하고, 자신의 내적 기능, 가족, 또래, 사회관계에 대해서 어떻게 지각하고 있는지 생각해 봅시다.

신경발달장애

신경발달장애는 전형적으로 초기 발달단계인 학령전기에 발현되기 시작하며, 개인적 · 사회적 · 학업적 또는 직업적 기능에 손상을 야기하는 발달 결함이 특징이다. 발달 결함의 범위는 학습과 행동에 매우 제한적인 손상부터 사회기술이나 지능처럼 전반적인 손상에 이르기까지 다양하다.

미국 정신의학회의 『정신질환의 진단 및 통계 편람 제5판(Diagnostic and Statistical Manual of Mental Disorder 5th ed.: 이하 DSM-5)』*기준에서는 신경발달장애에 지적장애, 의사소통장애, 자폐스펙트럼장애, 주의력결핍 과잉행동장애, 특수 학습장애, 운동장애 등이 포함되어 있다.

이 장에서는 자폐스펙트럼장애와 주의력결핍 과잉행동장애, 운동장애의 하위 유형인 틱장애의 개념, 원인, 특징과 치료에 대해 살펴보고자 한다.

1. 자폐스펙트럼장애

1) 개념

자폐스펙트럼장애(Autism Spectrum Disorder: 이하 ASD)는 초기 아동기부터 상호 교환적인 사회적 의사소통 및 사회적 상호작용에 지속적인 결함과 제한적이고 반복적인 행동, 관심, 활동이라는 두 개의 핵심 영역에 있어서 심각한 수준의 증상을 보이는 신경발달장애의 한 범주이다(American Psychiatric Association: 이하 APA, 2015).

DSM-IV와 ICD-10에서는 전반적발달장애 범주하에 ASD, 아스퍼거장애, 레트장애, 소아기붕괴성장애, 달리 분류되지 않은 과범위성 발달장애 등으로 구분되었다. 그

*DSM-5 정신질환 분류(APA, 2015)는 부록에 수록함.

러나 최근 출시된 DSM-5에서는 이들이 각기 독립된 장애가 아닌 동일한 연속선상에서 자폐상태의 심각도나 지능 및 심리 사회적 발달의 정도에 따라 발현되는 임상 양상에 차이가 있다고 보아 자폐스펙트럼장애로 개정되었다.

ASD로 폭넓게 진단할 경우, 여러 국가에서 유병률이 1% 정도로 보고되며, 남성이 여성보다 4배 이상 많다. 임상장면에서 ASD 여아가 남아보다 지적장애가 동반되는 경우가 많이 발견된다. 다만, 이와 관련해서는 지적장애나 언어문제가 동반되지 않는 ASD 여아의 경우, 남아보다 사회적 상호작용의 문제나 상호교환적 의사소통의 문제가 상대적으로 덜 드러나 치료 장면을 찾아 볼 가능성이 낮다(APA, 2015).

2) 원인

ASD의 병인이 명확히 확인되지는 않았지만, 생물학적 요인, 심리적 요인의 취약성이 확인되었다.

(1) 생물학적 요인

1943년 자폐증을 처음 보고한 캐너(Kanner)는 자폐아들이 타인과의 정서적 교류를 하기 어려운 것은 유전 때문이라고 주장했다. 폴스테인과 러터(Folstein & Rutter, 1977)는 자폐증을 지닌 쌍생아들을 조사한 결과, 9쌍의 일란성 쌍생아 중 3쌍이 모두 자폐증인 반면, 10쌍의 이란성 쌍생아 중에는 자폐증을 보인 쌍은 없었다.

ASD는 높은 유전률을 가진 장애로, 근본적으로 신경생물학적 이상에 기인한다. 마틴과 폴크마(Martin & Volkmar, 2007)에 의하면, 자폐증 경우에 신경생물학적 연구를 통해 지속적인 원시적 반사 반응, 거두증, 뇌 형태 및 세포구조의 변화, 얼굴 지각을 담당한다고 알려진 안면 영역의 반응성 감소 등이 보고되었다.

(2) 심리적 요인

ASD 대부분이 생물학적 원인에 의해 유발된다고 생각하지만 심리적 요인에 의해 유발될 수 있다는 연구들(Kanner, 1943; Bettelheim, 1967; Spensley, 1995)도 보고되고 있다. 이들은 부모의 성격이나 양육태도 등의 문제를 지적하고 있는데, ASD 아동의 부모가 차갑고 무심하거나 거부적이며, 부모 자신이 친밀한 인간관계를 맺지 못한다고 하였다. 그러나 대부분의 연구에서 자폐아를 지닌 부모의 공통된 심리적 특성을 발견하지 못했다(권석만, 2006, 재인용).

오히려 중추신경계의 이상을 가지고 태어난 경우, 중추신경계의 역기능이 생후에 일어나는 여러 발달에 부정적 영향을 미칠 수 있다. 초기에는 어머니와의 애착관계에 부정적 영향을 미치고, 이는 애착과 가장 밀접한 사회적·정서적 발달에 지장을 초래한 후 연이어 어머니-자녀 상호관계의 결손은 인지발달과 언어발달 저해로 이어질 수 있다.

3) 특징

ASD는 발병 연령과 패턴이 중요하다. 이에 해당하는 증상은 일반적으로 생후 12~24개월 무렵에 나타난다. 유아가 24개월 이전에, 눈 맞춤, 사회적 미소, 호명반응, 모방행동 등이 나타나지 않는 경우는 자폐 징후라고 할 수 있다. 하지만 영아기에 나타나는 증상은 만 2세 이후 나타나는 증상보다 더 미묘하고 알아차리기 어려우며, 막연히 걱정이 되더라도 아직 어리기 때문이라고 여기며, 두고 보는 경우가 많다. 초기 아동기 또래와의 상호작용 기회가 늘면서 증상은 더 명백하게 드러난다. 대개는 언어발달의 지연이 가장 먼저 눈에 띄며, 이후 사회적 관심이 부족하다거나 특이하게 논다든지 독특한 의사소통 패턴을 보이는 등 상호작용의 문제가 드러난다.

지적능력 및 언어능력은 예후에 매우 중요하다. 지능을 비롯해 여타 발달상태가 양호한 경우에는 학령기 동안 습득한 지식, 보상전략을 바탕으로 학교장면과 같이 구조화된 상황에서 어느 정도 적응해 나가기 때문에 성인기가 되어서야 비로소 적응상의 문제가 두드러지고 뒤늦게 전문기관을 찾기도 한다. 이에 비해 지적장애나 언어장애가 동반된 경우에는 이로 인해 사회적 기술이나 보상전략 습득에 더 큰 어려움이 초래되어 예후가 좋지 않다(www.koreanpsychology.or.kr).

ASD의 행동특성은 매우 다양한 진단기준을 바탕으로 관찰된다. 아동에게서 단순히 어떤 행동 양상이 나타나는지의 여부가 중요한 것이 아니라 질적으로 얼마나 심각한지를 살펴보는 것이 필요하다. 구체적으로 ASD의 특성을 사회적 의사소통 결핍과 행동, 관심, 활동의 반복적, 상동적 양상으로 크게 두 가지로 나누어 제시하면 〈표 6-1〉과 같다 .

자폐증을 가진 사람 중에서는 특정 기능 및 지능 수준이 다른 영역에 비해 뛰어난

〈표 6-1〉 **ASD의 주요 특징**

사회적 의사소통의 결핍
• 타인과 정서적인 상호 교류와 관심사를 서로 공유하기가 어렵다. • 부모 이외의 사람과 발달 연령에 맞는 적절한 관계를 형성하고 유지하지 못한다. • 얼굴표정으로 감정을 나타내는 등 비언어적 의사소통 행동이 적게 나타난다. • 특정 단어를 지나치게 강조해서 말한다. • 말소리의 크기 조절이 되지 않아 너무 크게 이야기하거나 조용하게 이야기한다. • 주 양육자와 눈 맞추기를 잘 하지 못한다. • 안아 주려고 다가가도 팔을 뻗지 않으며 오히려 몸이 굳어지거나 바둥거린다. • 신체적인 접촉을 싫어하고 혼자 지내려 한다.
행동, 관심, 활동의 반복적, 상동적 양상
• 이상한 행동을 반복적으로 되풀이 하는 행동을 보인다. • 단순하고 의미 없는 반복적인 움직임을 보인다. • 특정한 말을 반복적으로 사용한다. • 상대의 말을 그대로 따라 한다(반향어). • 제한적이고 고정된 관심을 갖는다. • 특정 사물이나 장난감에 병적으로 집착한다. • 숫자나 순서에 집착한다. • 아동이 싫어하는 자극에 지나치게 예민하고 극한 반응을 보인다. • 발가락 끝으로 걷거나 몸을 흔든다. • 일상 규칙을 융통성 없이 반복하고, 때로는 집착한다. • 공격적 행동을 하기도 한다.

경우가 있는데, 이를 '특별한 재능(savant skill)'이라고 한다. 이러한 능력은 기억력, 그리기, 음악, 계산, 읽기, 기술적/지리적인 능력, 미세운동협응, 감각 식별의 영역에서 나타날 수 있다. 자폐증의 약 10%가 이러한 능력을 보인다(김윤미 외, 2011).

자폐스펙트럼장애 진단을 위한 DSM-5 기준은 〈표 6-2〉와 같다(APA, 2015).

〈표 6-2〉 **자폐스펙트럼장애의 DSM-5 진단기준**

A. 다양한 맥락에 걸친 사회적 의사소통과 사회적 상호작용의 지속적인 장애로, 현재 또는 발달력상에서 다음과 같은 특징이 나타난다(예시들은 실제 예를 보여 주기 위함이며, 증상을 총망라한 것은 아니다).
1. 사회·정서적 상호의 결핍: 비정상적인 사회적 접근 및 주고받는 대화를 나누기 어려운 것(관심사, 감정, 정서의 상호 교환과 반응이 적은 것 등에 의함)부터 사회적 상호작용을 전혀 시작하지 못하는 것까지의 범위에 걸쳐 있다.
2. 사회적 상호작용에 사용되는 비언어적 의사소통 행동의 결핍: 잘 협응되지 않는 언어성·비언어성 의사소통(예: 눈 맞춤이나 신체 언어의 이상, 또는 비언어적 의사소통을 이해하고 사용하는 능력의 결핍)부터 얼굴 표정이나 제스처가 전혀 없는 것까지 이에 해당한다.
3. 관계발전, 유지 및 관계에 대한 이해의 결함: 서로 다른 사회적 상황에 맞게 행동을 조절하기 어려운 것(예: 상징놀이를 공유하기 어렵거나 친구를 만들기 힘든 것으로 나타남)부터 타인에 대한 관심이 없는 것까지 포함된다.

B. 행동, 관심 및 활동이 한정되고, 반복적이고 상동적인 양상으로, 현재 또는 발달력상에서 다음 중 두 가지 이상 나타난다(예시들은 실제 예를 보여 주기 위함이며, 증상을 총망라한 것은 아니다).
1. 상동화되고 반복적인 움직임, 사물의 사용, 또는 말(예: 단순한 운동 상동증, 장난감을 줄 세우기, 사물을 튕기는 행동, 반향어, 또는 특이한 문구 사용)
2. 동일성에 대한 고집, 일상적으로 반복되는 것에 대한 융통성 없는 집착, 또는 틀에 박힌 언어적·비언어적 행동(예: 사소한 변화에 대한 극심한 고통, 변화의 어려움, 융통성 없는 사고 패턴, 인사하는 행동이 틀에 박혀 있음, 똑같은 일상 규칙을 반복해야 하는 것, 같은 길 다니기, 매일 같은 음식을 먹음)
3. 강도나 초점에 있어서 비정상적으로 극도로 제한되고 고정된 흥미(예: 특이한 물체에 매우 강하게 애착 또는 집착, 과도하게 국한되거나 고집스러운 흥미)
4. 감각정보에 대한 지나치게 높거나 낮은 반응성, 또는 환경의 감각적 측면에 대한 특이한 관심(예: 통증/열감/차가운 감각에 대한 무반응이 분명히 있음, 특정한 소리나 질감에 대해

특이한 반응을 보임, 지나치게 사물의 냄새를 맡거나 만져 봄, 불빛이나 빙글빙글 도는 물체에 대해 시각적으로 매료됨)

C. 증상은 반드시 어린 시절부터 나타나야 한다(하지만 사회적인 요구가 제한된 능력을 상회할 때까지는 완전히 드러나지 않을 수 있다).

D. 이러한 증상은 함께 매일의 기능을 제한하고 장애를 유발해야 한다.

E. 이러한 장애는 지적장애 또는 전반적 발달지연으로 더 잘 설명되지 않는다. 지적장애와 자폐스펙트럼장애는 자주 동반된다. 자폐스펙트럼장애와 지적장애를 함께 진단하기 위해서는 사회적 의사소통이 전반적인 발달수준에 기대되는 것보다 저하되어야 한다.

• 주의점: 다음 A, B, C, D 진단기준을 모두 충족해야 한다.

4) 치료

현재 ASD를 효과적으로 치료하는 구체적인 방법은 없다. ASD 치료가 어려운 이유는 ASD 증상이 아동의 현재 기능뿐만 아니라 새로운 행동의 학습을 저해하기 때문이다.

(1) 심리치료

ASD 아동의 부적응 행동을 개선하는 데는 행동치료가 가장 일반적으로 적용되고 있으며, 언어적 기술과 사회적 활동을 증진시키기 위해 놀이치료, 애착증진치료, 사회기술훈련, 언어치료, 인지행동치료 등이 효과적이다. 그 외 청각통합 훈련, 감각통합 훈련, 터치/마사지 등도 많이 사용되고 있다.

또한 ASD 아동이 새로운 기술을 습득하는 것을 돕기 위해 부모교육을 반드시 포함해야 한다. 부모의 참여가 ASD 아동의 조기 중재와 교육에 긍정적인 요인으로 작용하며 훈련받은 부모가 일상생활 속에서 ASD 아동을 교육하는 것이 치료에 도움이 된다.

(2) 약물치료

점점 더 많은 ASD 아동이 약물치료를 받고 있으며, 나이가 증가 할수록 약물치료를 받는 비율이 더 늘어난다. ASD의 약물치료로 비전형 항정신병 약물, 항우울제, 아토목세틴(atomoxetine) 등을 사용하고 있다. 약물치료를 통해 ASD를 치료하지는 못하지만 아동에게는 약물치료가 증상완화에 도움이 될 수 있다(유희정, 곽영숙, 2014).

ASD 사례

5세 여아인 순이는 작은 체격에 이목구비가 뚜렷하고 귀여운 인상이다. 어머니는 온정적이고 책임감이 강하며, 아버지는 온순하고 성실하지만 인내심이 부족한 편이다. 순이는 생후 6개월부터 중이염을 자주 앓았고 점점 심해져서 대학병원으로 옮겨 진료를 받다가 두 돌이 되었을 때 중이염 수술을 받았다. 순이는 눈 마주침이 어렵고, 불안한 상황에서는 눈을 자주 흘기었으며 까치발로 걸어 다닌다. 언어발달이 더디고 고집이 셌으며, 멍하니 있을 때가 자주 있다. 순이가 어렸을 때, 부모는 순이의 그런 모습과 행동들을 부끄럽게 여겨 주변 사람들에게 숨겼다. 순이는 커 가면서 타인에 대한 관심도도 여전히 낮고, 공감능력도 낮아 보인다. 친구들과 의사소통도 못하고 함께 놀이를 못한다. 어머니는 순이와 함께 놀면서 언어와 노는 방법을 가르쳐 주려고 하였으나, 순이는 어머니의 말과 행동을 기계적으로 따라 하기만 하였다. 질문을 하면 대답하지 않고 그 질문을 따라 하였다. 순이는 화가 나면 몸을 뒤로 젖히고 우는 등 발작증세를 보여 부모는 어쩔 줄 몰라 매우 당황해한다고 하였다.

• 검사 결과와 제언

웩슬러 아동용 지능검사 결과, 순이는 정상 범위의 지능수준의 발달을 보이고 있으나 언어적 표현능력이나 의사소통 및 상호작용 능력이 원활하지 못하다. 동시에 ASD 검사에서 주의력 범위가 낮고, 주의집중력의 곤란이 시사되었다. 검사 중에 순이는 노래를 흥얼거리고 묻는 말에 엉뚱한 대답을 하는 모습이 관찰되었다.

언어적 표현능력과 의사소통능력이 부족하고, 타인이나 주변 상황에 대한 사회적 관심이 적으며, 사회적 기술이 부족하기 때문에 언어치료, 놀이치료, 사회성 훈련 등 다양한 치료를 병행하는 것이 필요해 보인다.

2. 주의력결핍 과잉행동장애

1) 개념

주의력결핍 과잉행동장애(Attention Deficit/Hyperactivity Disorder: 이하 ADHD)는 주의산만, 과잉행동, 집중력 겹핍과 충동성을 주 증상으로 보이는 정신질환이다. ADHD는 DSM-IV-TR에서는 전반적 발달장애에 포함되었으며, 부주의, 과잉행동, 충동성으로 증상을 세 부분으로 나누어서 진단기준을 제공했다. 반면 DSM-5에서는 신경발달장애에 포함되며 ADHD의 증상을 부주의와 과잉행동 · 충동성인 두 부분으로 나누었다.

ADHD의 출현율은 연구자마다 다소 차이가 있으나 폴랜스즈크 등(Polanczyk et al., 2007)은 전 세계 유병률 연구를 종합해서 ADHD 유병률을 5.29%로 보고하였다. 우리나라의 경우 ADHD 아동의 출현율은 대체로 약 3~5%로 보고 있다.

천안 초등학생 ADHD 유병률 8.5%

단국대학교의료원 환경보건센터는 지난 2009년부터 2010년까지 7~12세의 천안지역 초등학생 3만 8,365명을 대상으로 'ADHD 유병률'을 연구하였다. 연구결과에 따르면 ADHD 유병률은 8.5%로 나타났다. 이 중 남아는 11.7%, 여아는 5.2%이다. ADHD 학생 중 주의력결핍형태와 과잉행동형태를 공통으로 나타내는 '혼합형 ADHD'는 4.7%이었으며, 자폐스펙트럼장애 증상이 동반된 어린이도 10.1%를 차지했다.
환경보건센터는 ADHD 경우 소아기에 발병해 청소년기를 거쳐 성인기까지 지속하면서, 정신적 · 경제적 손실을 유발하는 질환으로 조기 진단과 치료가 중요하다고 강조했다. 환경보건센터 관계자는 "국내 ADHD 유병률 평균은 5~8% 수준으로 천안지역의 ADHD 유병률은 국내 평균 수준"이라며 "이번 연구는 국내에서 지역사회 학생들을 대상으로 ADHD의 사회인구학적 요인과 분포에 관한 ADHD의 유병률을 파악하기 위해 수행됐다."고 설명했다.

출처: adhd.looks.com

2) 원인

(1) 생물학적 요인

ADHD가 유전인자에 의한 것인가에 관한 연구는 지속적으로 이루어져 왔는데, 쌍생아 연구에서는 일란성 쌍생아의 경우 일치율이 90%, 이란성 쌍생아의 경우는 30~40% 일치율이 나타나 일란성 쌍생아가 이란성 쌍생아의 일치율보다 훨씬 높게 나타남으로써 유전적 요인이 있는 것으로 보인다.

ADHD의 원인은 뇌의 기능적 이상과 신경전달물질의 불균형으로 요약될 수 있다. ADHD가 보이는 증상들의 핵심결함이 집행기능에 있으며, 집행기능은 두뇌의 전두엽 부분이 관장한다. 이 부분에 대한 뇌기능의 손상이 집행기능의 결함을 가져온다고 본다. 그리고 ADHD는 신경화학적인 측면에서 신경전달물질의 불균형과 관련이 있을 것이라고 보고되고 있다(강옥려, 2014; 이효신, 2007).

(2) 환경적 요인

임신 초기 산모의 흡연이나 알코올 등이 영향을 미친다는 보고가 있긴 하나 그것이 유일한 원인으로 간주될 수는 없고, 출생 후 여러 가지 요인(예: 음식물 첨가제, 방부제, 살리신염, 음식물 염료제, 납중독 등)이 ADHD를 유발시킨다고 하나 아직 확실히 밝혀지지 않은 상태이다(이효신, 2007).

3) 특징

ADHD로 진단된 아동은 생후 초기부터 까다롭거나 활동이 많은 특징을 보이는 수가 많다. 항상 움직이며 주의가 산만하므로 쉽게 대상에 흥미를 잃고 좌절하며 화를 참지 못한다. 일반적으로 이러한 증상들은 7세 이전에 나타나는데, 행동이 과격하나 소심하며 두려움이 많고 친구들과 잘 어울리지 못할 뿐만 아니라 남의 행동에 지나친 간섭이나 방해를 하고 수업시간에 떠들면서 조용히 앉아 있지 못한다.

그러나 4~5세 이하의 어린 유아에게 이 진단을 내리는 것은 특히 어렵다. 왜냐하면 이 시기의 발달특징이 ADHD의 증상과 유사한 특징을 갖고 있기 때문이다. 그러나 걸음마기 아이라 할지라도 상황에 따라 주의력이 유지될 수 있는데(예: 평균 2~3세의 유아는 보통 그림책을 보면서 어른과 함께 앉아 있을 수 있음), 이와 다르게 ADHD 증상을 나타내는 어린 아이는 지나치게 움직이고 지루한 것을 참기 어려워한다.

ADHD가 가족관계에 큰 영향을 미치게 되는 이유는, 주요 증상인 부주의, 충동성, 과잉활동성 외에 조바심, 계속적인 움직임, 주의산만, 학습곤란, 비순종적인 성향, 짧은 주의집중, 그리고 공격성 등을 보이므로, 부모는 심한 무력감, 죄책감, 분노, 우울감 등을 경험하게 되기 때문이다. ADHD의 주요 특징은 〈표 6-3〉과 같다.

〈표 6-3〉 **ADHD의 주요 특징**

부주의
• 학교 과제와 다른 활동에서 부주의한 실수를 한다(예: 알림장을 끝까지 적어 오지 못함). • 놀이 활동에서 집중이 어렵다(예: 친구들과 블록으로 건물을 만들다가, 소꿉놀이 영역에서 친구의 컵을 한번 만지고, 미술영역에서 오리기를 하는 등 계속 다른 활동으로 관심이 빠르게 바뀜). • 다른 사람의 말을 경청하는 것이 힘들다(예: 상대의 말을 처음부터 끝까지 들어야 의미파악이 될 때, 다 듣지 못하여 지시에 따르기가 어려움). • 활동을 체계적으로 하는 것이 어렵다(예: 정돈이 안 됨, 물건을 살 때 물건을 보여 준 후, 돈을 내고 잔돈을 받는 순서를 어려워함). • 학교나 집안에서 필요한 물건들(예: 필통, 책, 목도리, 모자 등)을 자주 잃어버린다. • 아동이 흥미가 없거나 지루한 과제를 힘들어한다. • 반복적인 과제 수행(예: 혼자 하는 숙제, 자습, 심부름 등)을 힘들어한다. • 일상적인 일(예: 양치질, 머리 빗기, 단추 채우기 등)을 흔히 잊는다.
과잉행동 · 충동성
• 손이나 발을 아무 목적 없이 계속 움직인다. • 안절부절못하고 꼼지락거린다. • 다른 아동보다 더 돌아다니고, 기어 올라가고, 더 시끄럽게 논다. • 걷기보다는 뛰는 등 과다하게 행동한다. • 눈에 보이는 것은 모두 만지려고 한다. • 게임이나 단체 활동을 할 때 자기 순서를 기다리지 못한다.

- 규칙을 지키는 것이 어렵다.
- 다른 사람들을 방해한다.
- 한 가지 일을 마무리하지 않은 상태에서 다른 일을 시작한다.
- 지나치게 말을 많이 한다.
- 질문을 받게 되면 질문 도중에 아무 생각 없이 불쑥불쑥 대답한다.
- 상황에 맞지 않는 쓸데없는 이야기를 너무 많이 한다.
- 다른 사람의 말이나 행동을 가로막고 끼어든다.
- 다른 사람이 하는 말을 조용히 듣지 못한다.

ADHD 진단을 위한 DSM-5 기준은 〈표 6-4〉와 같다(APA, 2015).

〈표 6-4〉 **ADHD의 DSM-5 진단기준**

A. 기능 또는 발달을 저해하는 지속적인 부주의 및 과잉행동 · 충동성이 (1) 그리고/또는 (2)의 특징을 갖는다.

1. 부주의 증상(다음의 증상 가운데 6개 이상이 적어도 6개월 동안 발달수준에 적합하지 않고, 사회적 · 학업적/직업적 활동에 부정적인 영향을 미칠 정도로 지속됨)(17세 이상은 5개 이상)

a. 학업, 일, 기타 활동 중 세심한 주위를 기울이지 못하거나, 학업, 직업, 또는 다른 활동에서 부주의한 실수(예: 세부적인 것을 못 보고 넘어가거나 놓침, 작업이 부정확함)를 자주한다.

b. 과제 수행이나 놀이 중 주의집중을 지속하는 데 어려움을 자주 갖는다(예: 강의, 대화 또는 긴 글을 읽을 때 계속해서 집중하기가 어려움).

c. 다른 사람이 직접 말을 할 때 경청하지 않는 것처럼 보일 때가 자주 있다(예: 명백하게 주의집중을 방해하는 것이 없는데도 마음이 다른 곳에 있는 것처럼 보임).

d. 종종 지시를 완수하지 못하고, 학업, 심부름, 업무를 끝내지 못하는 경우가 자주 있다(예: 과제를 시작하지만 빨리 주의를 잃고 쉽게 곁길로 샘).

e. 과제나 활동을 조직적으로 하는 것에 곤란을 자주 겪는다(예: 순차적인 과제를 처리하는 데 어려움, 물건이나 소지품을 정리하는 데 어려움, 지저분하고 체계적이지 못한 작업, 시간 관리를 잘 하지 못함, 마감 시간을 맞추지 못함).

f. 지속적으로 정신을 쏟아야 하는 일을 피하거나, 싫어하거나, 거부하는 것이 자주 있다(예: 학업 또는 숙제, 후기 청소년이나 성인의 경우에는 보고서 준비하기, 서류작성하

기, 긴 서류 검토하기).
g. 과제나 활동에 필요한 물건(예: 숙제, 연필, 책, 열쇠, 안경 등)을 자주 잃어버린다.
h. 외부 자극(후기 청소년과 성인의 경우에는 관련이 없는 생각들이 포함될 수 있음)에 의해 쉽게 주의가 산만해진다.
i. 일상적인 일을 자주 잊어버린다(예: 잡일하기, 심부름하기, 후기 청소년과 성인의 경우에는 전화 회답하기, 청구서 지불하기, 약속 지키기).

2. 과잉행동·충동성 증상(6개 이상, 17세 이상인 경우 5개 이상)
   a. 손발을 가만두지 않거나, 자리에서 꼬무락거린다.
   b. 가만히 앉아 있어야 하는 상황에서 자주 자리를 뜬다(예: 교실, 사무실, 다른 업무현장, 또는 자리를 지키는 게 요구되는 상황에서 자리를 이탈).
   c. 적절하지 않은 상황에서 지나치게 달리거나 혹은 기어오른다(주의점: 청소년 또는 성인에서는 주관적으로 좌불안석을 경험하는 것에 국한될 수 있음).
   d. 조용하게 놀거나 여가 활동을 하지 못하는 경우가 자주 있다.
   e. '쉴 사이 없이 활동하거나' 혹은 마치 '모터가 달린 것같이' 행동하는 경우가 자주 있다(예: 음식점이나 회의실에 장시간 동안 가만히 있을 수 없거나 불편해함, 다른 사람에게 가만히 있지 못하는 것처럼 보이거나 가만히 있기가 어려워 보일 수 있음).
   f. 지나치게 말을 많이 하는 경우가 자주 있다.
   g. 종종 질문이 끝나기 전에 성급하게 대답한다(예: 다른 사람의 말을 가로챔, 대화 시 자신의 차례를 기다리지 못함).
   h. 차례를 기다리는 것을 자주 어려워한다(예: 줄 서 있는 동안).
   i. 다른 사람이 하는 것을 중단시키거나 무턱대고 끼어드는 경우가 자주 있다(예: 대화나 게임, 활동에 참견함, 다른 사람에게 묻거나 허락을 받지 않고 다른 사람의 물건을 사용하기도 함, 청소년이나 성인의 경우 다른 사람이 하는 일을 침해하거나 꿰찰 수 있음).

B. 이러한 증상이 12세 이전에 있어야 한다.

C. 적어도 두 가지 또는 그 이상의 환경(예: 학교, 가정 등)에서 이러한 증상이 존재해야 한다.

D. 사회활동, 학업, 직업 기능의 방해 혹은 질적 저하의 명백한 증거가 있어야 한다.

E. 조현병의 경과 중이거나 혹은 기분장애, 불안장애, 해리장애, 성격장애, 물질 급성중독 혹은 금단에 의한 것이 아니어야 한다.

4) 치료

ADHD 아동은 행동특징과 관련지어 대인관계, 학습문제, 행동문제 등을 보이기 때문에 먼저 정확한 진단을 통해 ADHD를 조기에 발견하고 인지행동치료나 약물치료 등의 적절한 중재를 하는 것이 매우 중요하다.

(1) 약물치료

ADHD의 치료 중에서 가장 대표적인 것은 약물치료로, 약을 복용하고 나면 아동의 과잉행동이나 충동성이 눈에 띄게 감소한다(대한신경정신의학회, 2005).

ADHD치료에 사용되는 약물은 중추신경자극제인데, 이는 ADHD 아동의 뇌에서 나타나는 신경전달물질인 도파민과 세로토닌 등의 불균형을 잡아 주는 역할을 한다. 약을 복용한 ADHD 아동의 과잉활동, 충동적이고 파괴적인 행동, 및 공격성이 감소되고, 순응적인 행동이 증가함으로써 사회적 상호작용과 인지 및 학업수행에서 긍정적인 효과를 나타낸다.

ADHD의 치료에 사용되는 약물은 식욕부진과 불면증 등의 부작용을 가져오며, 그 밖에도 두통, 복통, 메스꺼움, 짜증, 과민성, 두드러기 증상, 의도하지 않은 근육 움직임 등이 나타날 수 있다. 약물치료를 하기 전에 치료자는 보호자뿐만 아니라 아동에게도 약물치료의 필요성과 효과 등 약물치료 제반에 대한 자세한 설명과 충분한 논의를 하는 것이 필요하다.

(2) 심리치료

치료효과를 높이기 위해서는 약물치료와 심리치료, 부모훈련 및 교육, 그리고 교사교육 등을 병행해야 한다. 특히 행동치료를 통해 ADHD 아동의 문제행동에 대해서 토큰경제, 타임아웃 등의 보상과 처벌이 효과적인 것으로 나타났다. 그리고 부모나 교사가 인지행동치료 기법을 배워서 ADHD 아동에게 적용하는 것이 필요하다.

ADHD 사례

만 5세인 시후는 마른 체구, 갸름한 얼굴, 짧게 자른 머리를 하고 있는 남아이다. 35세인 부와 모 사이에서 1남 1녀 중 첫째이다. 여동생(만 3세)은 애교가 많고, 오빠를 잘 따르나, 자주 싸우며, 시후의 유일한 놀이친구이다. 현재 모는 허리디스크와 빈혈이 있어 몸이 약하다. 부는 빈번한 술자리로 자녀와 놀아 줄 시간이 많지 않다. 시후에게 훈계조로 이야기하며 윽박지르다 다시 차분히 설명하는 식의 양육태도를 보인다. 부모는 맞벌이를 하고 있다.

시후는 3세 이전에는 먹는 것을 싫어했고, 자주 아팠다. 시후는 겁이 많으며, 소근육 발달은 정상석이나 대근육 발달이 늦었으며, 만 5세가 되어 그네타기를 시작하였다. 시후는 친구를 사귀지 못하고, 규칙 지키기와 집단 수업을 어려워하고, 과제 수행 시 부주의하고 부산스럽다. 이러한 모습은 5세경부터 시작된 것 같고, 올해 들어서 시후는 하기 싫은 행동은 핑계를 대며 회피하거나 거짓말을 하는 모습을 보인다. 언어 발달이 늦고, 발음이 부정확하여 1년 정도 언어치료를 받았다. 만 3, 4, 5세에 유치원 선생님들로부터 시후가 규칙을 지키지 못하고, 대집단 수업 시 혼자 뒤에서 물구나무서기를 하거나, 멍하게 있고, 몸을 비비 꼬며 수업에 참여하는 데 어려움이 있다고 해서 부모 상담을 했다.

- 검사 결과와 제언

웩슬러 아동용 지능검사 결과, 전체 지능이 86으로 평균 하 수준에 해당되며, 현재 많은 소검사에서 낮은 수행을 나타나고, 인지발달이 저조하고, 불균형적인 측면이 있다. 언어발달이 늦고 학습이 부진하며, 주의력과 시지각 탐색 능력이 낮다.

로샤 검사 결과 시후는 현재 즉흥적이고 긴장된 성향이 많아 보이며, 불안감과 낮은 자존감이 추측된다. 또래관계에서도 사회적 기술이 부족하며, 타인에 대한 관심은 많지만 실제 다른 사람의 의도나 감정들을 민감하게 알아채고 대화하는 능력이 빈약하다.

문장완성 검사에서는 몇 가지 눈에 띄는 문장이 있었다('우리 엄마 아빠는 화내요' '우리 아빠는 화내요' '나는 공부 힘들어요').

HTP 검사에서 죽은 나무를 연상하고 미래에 나무는 베어 없어진다고 하며, 인물 그림에서 잠자는 상황을 언급하는 등, 시후는 자기인식이 부족하고 무기력한 것으로 유추된다.

시후에게는 세 가지 치료를 계획하였다. 첫째, 놀이치료를 통해 아동의 부정적 정서를 완화하고 정서 발달을 돕는 개입들이 필요하다. 둘째, 부모교육을 통해 부모가 ADHD 아동의 행동특성을 이해하고, 학습 영역에서 즐거운 경험이 될 수 있도록 도와준다. 또한 부모가 일관적이고 수용적인 양육 태도를 갖도록 한다. 셋째, 놀이치료와 부모교육을 통해 증상이 호전되지 않을 경우, 추후에 약물치료를 고려한다.

3. 틱장애

1) 개념

운동장애의 하위 유형으로 틱장애, 정형적 동작장애, 발달성 운동조정장애가 있다. 틱장애(Tic Disorder)는 아동기에 가장 흔하게 접할 수 있는 정신장애 중의 하나이다. '틱'이란 급작스럽고 반복적이며 리듬이 없고 상동적으로 나타나는 근육의 움직임 또는 소리 냄을 말한다. 틱의 증상은 운동 틱과 음성 틱으로 구분되는데, 각각 단순형과 복합형으로 세분화될 수 있다. 단순 운동 틱은 하나의 근육집단이 수축되어 나타나는 것으로, 눈을 깜빡거리거나, 눈알을 움직이기, 얼굴을 찡그리기, 머리 흔들기, 입을 내밀기, 어깨 들썩거리기 등의 형태로 나타난다. 반면 복합 운동 틱은 여러 근육집단의 수축과 관계되는 것으로서, 자신을 때리는 행동, 제자리에서 뛰어 오르기, 의미 없는 물건을 만지는 행동, 손의 냄새를 맡는 행동, 다른 사람을 만지는 행동, 물건을 던지는 행동, 반향행동, 외설행동 등이 포함된다. 단순 음성 틱은 가래 뱉는 소리, 킁킁거리기, 헛기침, 빠는 소리, 침 뱉는 소리 등이 포함되며, 복합 음성 틱은 사회적인 상황과 전혀 관계없는 단어, 구, 절, 또는 문장들이 포함이 된다. "옳아." "다시 말해." "입 닥쳐." "그만해." 등 엉뚱한 단어나 구절 반복하기, 반향어 또는 외설스러운 단어를 반복하기 등이 포함된다(권석만, 2016b; 조수철, 2005).

최근 틱장애를 가진 아동이 꾸준히 증가하고 있다. 틱장애는 남자에게서 더 많이 발병한다. 특히 소아부터 청소년 시기까지에 많이 나타나는데 대부분의 경우 청소년 후기와 성인 초기에 증상이 현저히 감소한다.

틱장애 실태

국민건강보험공단이 5년(2007~2011년) 동안 '틱장애'의 건강보험 진료비 지급 자료를 분석한 결과를 통해 틱장애 실태를 살펴보면 다음과 같다.

- 남성은 2007년 10,380명에서 2011년 12,522명으로 연평균 4.8%로 증가하였고, 여성은 2007년 2,895명에서 2011년 3,550명으로 연평균 5.2% 증가하였다.
- 2011년 기준 성 및 연령별 '틱장애' 진료환자는 10대(7,683명)가 전체의 47.8%로 다른 연령층에 비해 상대적으로 가장 많은 진료를 받았다. 다음으로 9세 이하(5,698명) 35.5%, 20대(1,266명) 7.9%, 30대(604명) 3.8%, 40대(352명) 2.2% 순으로 나타났다.
- 2011년 기준 인구 10만 명당 '틱장애' 진료환자는 9세 이하(124명) 〉 10대(121명) 〉 20대(19명) 순으로 나타났다. 남성은 10대(190명) 〉 9세 이하(179명) 〉 20대(30명) 순이며, 여성은 9세 이하(65명) 〉 10대(44명) 〉 20대(6명) 순이다.
- 만 18세 이하 성 및 연령별 '틱장애' 진료 환자(2011년 기준)를 취학기준으로 살펴보면, 초등학교 연령대인 만 7~12세 환자수가 7,277명(전체의 45%)가 가장 많았다. 그중에서도 남성은 5,757명(79%)으로 여성 1,520명(21%)보다 많았다.
- 인구 10만 명당 만 18세 이하 성 및 연령별 '틱장애' 진료 환자(2011년 기준)는 초등학교 연령대인 만 7~12세 환자가 229명으로 가장 많았다. 특히 남성 진료환자(347명)가 여성 진료환자(100명)보다 많은 것으로 나타났다.

출처: 국민건강보험공단(2012), pp. 1-3.

2) 원인

틱장애는 일반적으로 생물학적 요인과 심리적 요인 등으로 설명된다.

(1) 생물학적 요인

뇌의 구조적 이상이 원인으로, 대뇌 기저핵의 이상이나 중요한 경로의 이상, 기저핵과 연결되는 중요한 뇌 부위의 이상 등 신경화학적 또는 신경해부학적 요인이 틱장애를 유발시킬 수 있다는 주장이 있다(권석만, 2016b; 조수철, 2005).

유전적 요인이 틱장애의 발병에 관여한다는 근거로 프라이스 등(Price et al., 1985)의 연구에서 틱장애가 일란성 쌍생아에서 53%, 이란성 쌍생아에서 8%의 일치율이 나타난 것처럼, 다른 연구들에서도 일란성 쌍생아의 일치율이 이란성 쌍생아보다 높게 나타났다. 틱장애가 있는 어머니의 자녀 중 아들에게 틱장애가 나타나는 비율이 높게 나타난 것으로 보아 가족력도 있는 것으로 보인다(권석만, 2016b).

(2) 심리적 요인

심리적 요인이 틱장애를 일으키는 완전한 요인은 아니지만 틱장애에 많은 영향을 준다. 틱장애는 아동의 형제관계, 부모의 양육태도, 가족의 분위기와도 밀접한 관계가 있다. 형제순위에 있어서 맏이에게 틱장애가 많고 발병시기도 일찍 발현되는 것으로 드러났는데, 이는 맏이에 대한 가족의 기대로 인한 스트레스가 다른 순위의 형제들보다 클 가능성이 많기 때문인 것으로 이해된다. 또한 틱장애 아동은 가족의 분위기를 긴장되고 불안한 것으로 지각하며, 틱장애 아동의 어머니는 일반 아동의 어머니에 비해서 덜 애정적이고 통제적이며 거부적인 양육태도를 보인다는 보고가 있다(김영희, 2004; 김자성, 1994; 이영나, 2005). 그리고 틱증상으로 인해 주위로부터 놀림을 받거나 부모나 교사에 의해 질책이나 꾸지람을 듣게 되면 이로 인해 틱증상이 더욱 악화되기도 한다.

3) 특징

DSM-5에서는 틱장애를 세 가지 하위 유형으로 분류하는데, 뚜렛장애, 지속성 운동 또는 음성 틱장애, 일시적 틱장애이다. 뚜렛장애는 다양한 운동 틱과 한 개 이상의 음성 틱이 1년 이상 지속적으로 나타나는 경우로서 틱장애 중에서 가장 심각한 유형이다. 뚜렛장애는 인구 1만 명당 약 4~5명에게 발생하는 매우 드문 장애이다. 지속성 운동 또는 음성 틱장애는 운동 틱 또는 음성 틱 중 한 가지의 틱이 1년 이상 지속적으로 나타나는 경우를 말한다. 이러한 지속성 틱장애의 경우는 운동 틱과 음성 틱이 함께 나타나지는 않는다. 지속성 운동 또는 음성 틱장애는 흔히 6~8세 때 발병하여 대개 4~6년간 지속되다가 청소년 초기에 사라지는 경향이 있다. 일시적 틱장애는 운동 틱이나 음성 틱 중 한 가지 이상의 틱이 나타나지만 1년 이상 지속적으로 나타나지 않는 경우를 말한다. 이들 세 가지 장애는 모두 18세 이전에 시작된다(권석만, 2016b).

틱장애를 가진 아동은 틱장애로 인해 나타나는 임상적인 특징들 외에 다른 정신장애가 공존하는데, 강박장애, ADHD, 품행장애, 불안장애, 반사회성장애, 적응문제, 학습장애 등이다(조수철, 신성웅, 1995). 이 중에서 틱장애는 ADHD나 강박장애와 가장 흔하게 동반된다(김자성, 1994; 신성웅 외, 2001). 틱증상뿐만 아니라 같이 공존하고 있는 정서적 행동학적 장애들이 임상적으로 더 많은 문제를 초래하고 있다.

틱장애 진단을 위한 DSM-5 기준은 〈표 6-5〉와 같다(APA, 2015).

〈표 6-5〉 **틱장애의 DSM-5 진단기준**

• 주의점: 틱은 갑작스럽고 빠르며 반복적이고 비율동적인 동작이나 음성 증상을 말한다.

뚜렛장애

A. 여러 가지 운동성 틱과 한 가지 또는 그 이상의 음성 틱이 질병 경과 중 일부 기간 동안 나타난다. 두 가지 틱이 반드시 동시에 나타날 필요는 없다.

B. 틱증상은 자주 완화를 반복하지만 처음 틱이 나타난 시점으로부터 1년 이상 지속된다.

C. 18세 이전에 발병한다.

D. 장애는 물질(예: 코가인)의 생리적 효과나 다른 의학적 상태(예: 헌팅턴병, 바이러스성뇌염)로 인한 것이 아니다.

지속성(만성) 운동 또는 음성 틱장애

A. 한 가지 또는 여러 가지의 운동 틱 또는 음성 틱이 장애의 경과 중 일부 기간 동안 존재하지만, 운동 틱과 음성 틱이 모두 나타나지는 않는다.

B. 틱증상은 자주 악화와 완화를 반복하지만 처음 틱이 나타난 시점으로부터 1년 이상 지속된다.

C. 18세 이전에 발병한다.

D. 장애는 물질(예: 코가인)의 생리적 효과나 다른 의학적 상태(예: 헌팅턴병, 바이러스성뇌염)로 인한 것이 아니다.

E. 뚜렛장애의 진단기준에 맞지 않아야 한다.

일시적 틱장애

A. 한 가지 또는 다수의 운동 틱 또는 음성 틱이 존재한다.

B. 틱은 처음 틱이 나타난 시점으로부터 1년 미만으로 나타난다.

C. 18세 이전에 발병한다.

D. 장애는 물질(예: 코가인)의 생리적 효과나 다른 의학적 상태(예: 헌팅턴병, 바이러스성뇌염)로 인한 것이 아니다.

E. 뚜렛장애나 지속성(만성) 운동 또는 음성 틱장애의 진단기준에 맞지 않아야 한다.

4) 치료

틱장애 치료로 약물치료, 심리치료, 부모교육 등이 있다.

(1) 약물치료

약물치료의 경우 할로페리돌(Haloperidol)이나 피모지드(Pimozide)와 같은 항도파민제는 틱증상을 효과적으로 억제한다(권석만, 2016b). 그러나 약물치료 목적이 질환의 치유가 아니고 증상완화를 목적으로 하기 때문에 증상이 미약하고 정신사회적인 기능의 문제를 일으키지 않는다면 약물치료는 불필요하다. 단, 틱증상이 심하여 자존감, 대인관계, 정신사회적 발달, 학업적 · 직업적 기능에 상당한 지장을 초래할 경우에는 약물이 사용될 수 있지만 부작용이 심하므로 신중하게 사용해야 한다.

(2) 심리치료

틱장애 아동은 우울, 강박증상, 의사소통 장애, 공격성 내재화 문제가 높게 보고되고 있고 심리적인 불안, 자신감 결여, 부정적인 자아상 등이 있다(정선주, 정희연, 황정민, 2001). 그리고 주위의 부정적 시선과 또래 아이들로부터 놀림감이 되기도 하는 등 타인의 부정적인 반응으로 불안이 생기며, 자존감에 상처를 입을 수 있기 때문에 심리치료가 필요하다. 경미한 틱장애의 경우에 행동치료의 근육이완, 심호흡 등 불안을 감소시키기 위한 이완훈련을 통해 스트레스나 긴장 등을 줄일 수 있다.

놀이치료, 미술치료, 음악치료, 모래놀이치료 등도 효과적인데, 놀이, 미술, 음악, 모래 등 다른 매체를 통해 틱장애 아동이 자신의 상황과 억압되거나 긴장된 감정을 표현하고 조절하도록 돕기 때문이다.

(3) 부모교육

틱장애 아동의 치료에 있어서 부모역할이 매우 중요한데, 구체적으로 설명하면 다음과 같다(이영나, 2005).

첫째, 틱장애 아동의 부모는 우선 교사를 만나 아동의 병에 대해 이해를 시키는 게 중요하며, 교실 내에서 긍정적이고 지지적인 환경이 제공되어 틱을 가진 아동이 정서적 부담을 덜도록 해 주는 것이 필요하다.

둘째, 틱장애 아동의 부모는 아동의 증상에 민감하게 반응하지 않는 것이 중요하다. 마음속으로는 아동의 틱증상에 대해 신경이 쓰여도 외부적으로는 드러내거나 야단을 쳐서는 안 된다. 틱증상에 대한 부모의 관심이 아동에게 또 다른 스트레스가 될 수 있기 때문이다.

셋째, 아동이 집에서 자신의 감정을 표현할 수 있는 가정 분위기를 만들어 주어야 한다. 틱행동으로 인해 생기는 위축, 열등감, 학습부진, 낮은 자아개념은 자녀의 정상적인 발달의 어려움을 초래하므로 아동이 지닌 사소한 장점이라도 찾아내어 인정해 주고 성취감을 느낄 수 있도록 격려해 주며 칭찬을 아끼지 않도록 한다.

틱장애 사례

만 7세인 성한이는 외동 남아로 6세부터 눈 깜박임이 시작되고, 목 빼고 어깨 들썩이기, 안면 근육을 움직이는 등 여러 가지 틱증상이 있다. 더 어릴 때부터 성한이는 말보다 행동이 먼저 나간다거나 산만한 행동을 자주 보여서 그때마다 어머니는 성한이를 꾸짖고 냉정하게 대해 왔다. 최근에는 자신의 목을 치고 머리를 때리는 행동을 보이고 자신도 매우 힘들어서 우는 일이 자주 있다. 아버지는 자상하고 수용적이나 어머니는 우울하고 걱정이 많다. 어머니 자신은 어릴 때 친정어머니가 정신질환이 있어서 어머니와 관계가 좋지 않았고, 타인과도 정서적 유대를 형성하기 어려웠다고 한다. 어머니는 자신의 어린 시절에 대한 불행하고 불만스러웠던 기억으로 수치심이 내면에 많이 깔려 있는 상태이다. 원만한 성격의 남편을 만나 행복한 결혼생활을 하면서도 막연한 불안감이 있다고 한다. 성한이를 잘 기르기 위해 양육서도 많이 읽고, 어릴 때부터 다양한 조기교육을 시켰으나 성한이가 어머니의 기대에 미치지 못해서 자주 화를 내었다. 더욱이 6세 이후에 보이는 성한이의 틱증상들로 인해 어머니는 더 불안하고 좌절되며 우울하다고 한다.

• 검사 결과와 제언

웩슬러 아동용 지능검사 결과에 의하면, 전체 지능은 보통 상 수준이나 언어성 지능(최우수 수준)과 동작성 지능(보통 수준) 차이가 심해 전반적으로 인지 기능의 불균형이 시사된다. 주의력 문제가 있고 일관되지 못한 수행력을 보인다.

로샤 검사에 의하면, 충동적이며 강한 분노 및 적대감이 있어 보이고 아동의 뿌리 깊은 불안과 상당한 공포감을 시사한다. 문장완성 검사에서는 부정적 사고, 불안이 높은 성향, 어머니와의 관계에서 불안정성을 나타내었다. 가족화에서는 어머니에 대한 반감을 표현하였다. 내담아동은 자신이 감당할 수 없는 불안, 두려움을 지각하고 있으며 정서적으로 불안정한 상태여서 관계에 대한 긴장감이 높고 행동이 부주의하고 충동적이다. 자신의 감정을 적절히 표현하는 것이 미숙하여 자신의 감정을 억누르고 있는 것으로 보인다. 따라서 어머니와의 관계에서 경험한 불안정감과 거부감을 해소하기 위해 놀이치료가 필요하며, 모자 관계의 개선이 시급해 보이므로 부모교육이나 부모상담이 필요하다.

활동

1. ASD, ADHD 또는 틱장애에 대한 DSM-5의 진단기준에 의거해서 주위에 해당되는 아동이 있는지 살펴보고 이야기 나누어 봅시다.
2. 상담사례를 보면서 아동의 문제행동과 부모의 양육 방식에 대해 토론해 봅시다.

제7장 | 아동과 교사를 위한 정신건강

우울장애와 불안장애

우울증은 '심리적 독감'이라고 할 정도로 매우 흔한 장애이다. 그러나 우울증은 개인의 능력과 의욕을 저하시켜 현실적 적응을 어렵게 만드는 요인으로 심하면 자살에 이르게 하는 심각한 장애이다. DSM-5 기준에 의하면, 우울장애에 파괴적 기분조절곤란장애, 주요우울장애, 지속성 우울장애, 월경전기 불쾌장애 등이 포함되어 있다.

또한 불안장애는 미래에 경험하게 될 다양한 상황에 대해서 과도한 불안과 공포를 나타내는 장애로, 일상생활을 하는 데 커다란 어려움을 주며 삶의 질을 떨어뜨린다. 불안장애에는 범불안장애, 특정공포증, 광장공포증, 사회불안장애, 공황장애, 분리불안장애, 선택적 함구증 등이 포함되어 있다.

이 장에서는 주요우울장애, 분리불안장애와 선택적 함구증을 중심으로 개념, 원인, 특징과 치료에 대해 살펴보고자 한다.

1. 우울장애

1) 주요우울장애

(1) 개념

주요우울장애(Major Depressive Disorder)는 가장 심한 증세를 나타내는 우울증의 유형으로, 주요 증상은 일상적인 활동에서 흥미와 즐거움의 상실, 의욕저하와 우울감이다. 이는 다양한 인지 및 정신 신체적 증상을 일으켜 일상 기능의 저하를 가져오는 질환이다. 이 장애는 감정, 생각, 신체 상태, 그리고 행동 등에 변화를 일으키며, 한 개인의 전반적인 삶에 영향을 준다. 주요우울장애는 사회적, 직업적 기능의 손상이 적어도 2주 동안 지속되며, 조증 행동 및 물질사용 또는 일반적 의학상태로 인한 것이 아니어야 한다.

주요우울장애는 미국에서도 손꼽히는 장애 중 하나이다. 2012년 18세 이상의 6.9%(1,600만 명)의 사람들이 적어도 한 번은 주요우울삽화를 경험했다(www.samhsa.gov). 콘스타인(Kornstein, 2006)의 연구에 의하면 일생 동안 약 21%의 여성과 13%의 남성이 임상적으로 우울을 겪게 되며, 우울장애의 발생 정도는 여성이 남성보다 1~2배 더 높은 것으로 나타났다. 여성은 약 10세부터 중년에 이르기까지 남성보다 더 많이 우울을 경험한다.

(2) 원인

① 생물학적 요인

우울증은 유전적 요인, 신경전달물질, 뇌구조의 기능, 내분비계통의 이상 등으로 발생한다. 우울증장애가 있는 부모에게서 우울장애 아동이 나타나는 경우가 일반 부모에게서 우울장애 아동이 나타나는 것의 2~10배이며, 성인보다 아동기 우울장애의 발생에 유전적 요인이 더 강하다. 유전율은 약 40%이고 신경증적인 경향성 성격 특질(부정적 정서성)이 유전적 요인의 상당 부분을 차지한다. 또한 우울장애는 노르에피네프린, 세로토닌, 도파민 호르몬이 부족하여 발생할 수도 있다(APA, 2015).

② 심리적 요인

정신분석이론에서는 개인의 분노가 무의식적으로 자기에게 향해진 현상 또는 어린 시절의 상실경험으로 무기력감과 절망감에 사로잡혀 우울장애로 발전한다고 본다. 행동주의에서 우울증은 어린 시절 긍정적인 강화를 받은 경험이 적어 주위상황으로부터 긍정적 강화를 끌어내는 능력이 없기 때문에 우울증이 나타난다고 보며, 인지이론에서는 부정적인 사고가 우울증의 중심적인 사고라 한다.

③ 환경적 요인

우울증 발생에 영향을 주는 부정적인 환경적 요인은 크게 세 가지 유형, 즉 주요한 생활사건, 사소한 생활사건, 사회적 지지의 결여로 나누어 볼 수 있다. 첫째, 주요한 생활사건이다. 사랑하는 가족의 사망이나 심각한 질병, 자신의 심각한 질병, 가정불화, 경제적 파탄, 학업부진 등 커다란 좌절감을 주는 충격적인 사건들을 의미한다. 둘째, 사소한 생활사건은 친구나 가족과의 사소한 다툼이나 언쟁, 비난 등 일상생활 속에서 자주 경험하는 여러 가지 사소한 부정적인 생활스트레스를 말한다. 셋째, 사회적 지지의 부족이다. 사회적 지지가 부족하거나 결여되면 개인의 정서적 안정감과 자존감을 서서히 잠식하여, 이는 우울장애를 촉발시킬 수 있다. 반면 사회적 지지는 주위의 심리적 또는 물질적 지원으로 우울증을 유발하는 생활사건을 차단시켜 줄 뿐만 아니라 어려움이 닥치더라도 이겨 낼 수 있도록 한다(권석만, 2016b).

또한 유년 시절의 부정적 경험도 우울장애의 위험 인자 중 하나이며, 스트레스 상황은 우울장애의 촉발요인이 된다. 낙담, 근심, 부모로부터 자주 거부를 받아서 충분한 시간을 같이 지내지 않았다든지, 부모로부터 관심과 애정을 받지 않고 자란 아이들에게 우울증이 많다. 또한 지나치게 비판적인 부모는 아동이 어떠한 일을 해도 격려와 칭찬보다 더 잘하지 못하느냐고 비판을 하면서 성적이 우수하지 못한 것에 심한 꾸중과 비난을 자주 하는데 이것도 한 원인이 된다.

(3) 특징

주요우울장애가 있는 아동에게서 흔하게 관찰되는 증상은 슬픈 모습, 신체적 증상 호소, 정신운동성 초조, 분리불안과 공포감이다. 일반적으로 주요우울장애는 우울한 기분을 주된 증상으로 하는 기분장애이지만 다양한 심리적 문제가 동반된다. 우울장애 상태에서는 우울하고 슬픈 감정을 비롯하여 좌절감, 죄책감, 고독감, 무가치감, 허무감, 절망감 등과 같은 고통스러운 정서상태가 지속된다(권석만, 2016a).

아동기의 우울은 청소년기까지 이어지는 경우가 많으며 청소년기의 우울증은 가정생활과 학교생활에서의 부적응, 자살, 문제행동, 성인이 된 후의 정서장애와도 밀접한 관계를 나타내기 때문에 관심을 가져야 한다.

- 우울장애 아동의 행동 특징
  - 이전에 비해서 의욕이 떨어지고 말수가 줄어든다.
  - 밥맛도 없으면서 잠도 잘 못 잔다.
  - 키와 체중이 늘지 않는다.
  - 생각이나 행동이 현저하게 느려진다.
  - 사소한 일에도 짜증을 내거나 행동이 거칠어진다.
  - 활발하게 놀지도 못하면서 성적이 계속 떨어진다.
  - 기억력과 집중력이 많이 떨어진다.

일부 증상들은 연령에 따라 차이가 있는데, 과다수면, 과식증은 낮은 연령에서 흔하고, 멜랑콜리아 증상들, 특히 정신운동장애는 높은 연령에서 더 흔하다.

주요우울장애 진단을 위한 DSM-5 기준은 〈표 7-1〉과 같다(APA, 2015).

〈표 7-1〉 **주요우울장애의 DSM-5 진단기준**

A. 다음 증상 중 다섯 가지 이상의 증상이 최소 2주 연속으로 지속되어야 하며, 이전의 기능 상태와 비교할 때 변화를 보이는 경우, 증상 가운데 적어도 하나는 (1) 우울한 기분 또는 (2) 흥미나 쾌락의 상실이어야 한다.

- 주의점: 명백한 다른 의학적 상태로 인한 증상은 포함되지 않아야 한다.

1. 하루 중 대부분 그리고 거의 매일 지속되는 우울 기분을 주관적으로 보고(예: 슬픔, 공허감 또는 절망감)하거나 객관적으로 관찰된다(예: 눈물 흘림)(주의: 아동・청소년에게서는 과민한 기분으로 나타나기도 함).
2. 거의 매일, 하루 중 대부분, 거의 모든 일상활동에서 흥미나 쾌감이 현저히 저하된다(거의 대부분의 시간 동안 주관적으로 호소하거나 객관적으로 타인에 의해 관찰).
3. 체중조절을 하지 않는 상태에서의 현저한 체중 감소(예: 1개월 이내에 체중 5% 이상의 체중 변화) 또는 증가, 또는 거의 매일 나타나는 식욕의 감소나 증가(주의: 아동・청소년에서는 기대치에 미달되는 경우)가 있다.
4. 거의 매일 불면 또는 과다수면이 나타난다.
5. 거의 매일 정신운동성 초조나 지연(객관적으로 관찰 가능함, 단지 주관적인 좌불안석 또는 처지는 느낌뿐만이 아님)이 나타난다.

6. 거의 매일 피로나 활력의 상실이 나타난다.
7. 거의 매일 무가치감 또는 과도하거나 부적절한 죄책감(망상적일 수 있는)을 느낀다(단순히 병이 있다는 데 대한 자책이나 죄책감이 아님).
8. 거의 매일 사고력이나 집중력의 감소, 또는 우유부단(주관적으로 호소나 객관적인 관찰 가능함) 증상이 나타난다.
9. 반복적인 죽음에 대한 생각(죽음에 대한 두려움만이 아닌), 구체적인 계획은 없으나 반복되는 자살사고, 또는 자살시도나 자살수행에 대한 구체적인 계획을 세운다.

B. 증상이 사회적, 직업적, 또는 다른 중요한 기능 영역에서 임상적으로 심각한 고통이나 손상을 초래한다.

C. 증상이 물질(예: 약물남용, 투약)이나 일반적인 의학적 상태(예: 갑상선기능 저하증)의 직접적인 생리적 효과에 의한 것이 아니다.

D. 주요우울삽화가 조현정동장애, 조현병, 조현양상장애, 망상장애, 또는 달리 명시된, 또는 명시되지 않은 조현병 스펙트럼 및 기타 정신병적 장애로 더 잘 설명되지 않는다.

E. 조증이나 경조증 삽화가 존재한 적이 없다.

(4) 치료

① 심리치료

여러 가지 심리치료 중 인지치료가 많이 사용되고 있다. 우울증이 있는 사람들은 비현실적이고 부정적인 사고를 가지고 있는 경향이 많은데, 인지치료는 내담자의 인지적 왜곡이나 비합리적인 신념을 교정함으로써 보다 합리적인 사고와 행동을 하도록 도와 우울증을 낮추는 것이다.

경미한 우울증이 있는 아동을 대상으로는 놀이치료, 인지행동치료, 미술치료, 모래놀이치료 등 여러 가지 심리치료와 부모상담 및 교육이 병행해서 이루어지고 있다. 사랑과 수용으로 대하는 부모의 태도와 자녀를 있는 그대로 이해하며 격려하는 말과 자녀의 장점, 가치와 유능감 등을 인정해 주는 것이 치료효과를 가져올 수 있다. 부모의 긍정적인 양육행동은 아동으로 하여금 스트레스 상황에서 문제를 긍정적으로 해결하고 정서적인 안정감을 제공하여 우울증상을 낮출 것으로 기대된다.

② 약물치료

우울증 아동의 경우, 의사는 약물치료를 시작하기 전에 목표 증상을 결정해야 하며, 부모와 아동에게 부작용, 증량계획, 치료효과가 나타나는 시기, 과용 시의 위험 등에 대한 정보를 제공해야 한다. 아동기 우울장애의 치료약제로 미국 식약청의 승인을 받은 항우울제는 현재로서는 플루옥세틴(Fluoxetine)이 유일하며, 플루옥세틴의 치료효과가 나타나는 데에는 4~6주가 걸린다. 플루옥세틴을 제외한 항우울제의 효과는 아동이 청소년에 비해 낮은 것으로 보고된다(김재원, 2014).

아동 우울장애 사례

만 36세인 부와 만 32세인 모 사이에서 독자인 만 6세 영식(초등 1학년)이는 영어를 모르는 채, 국제 학교에 유치원부터 다니기 시작하였다. 부모는 맞벌이를 하여, 생후 4개월 때부터 어린이집에 맡겨졌으며, 항상 어린이집 또는 유치원에 다녔다. 4세부터 5세까지는 이모가 영식이네 집에서 양육을 도와주셨으나, 개인사정으로 미국으로 가셨다.

영식이는 국제 초등학교 입학 후 영어로 의사소통이 쉽지 않았다. 그 학교에서는 다른 사람을 터치하는 것이 제한적이고, 선생님이 친구들을 건드리지 말라고 주의를 주어도, 영식이는 계속 친구를 만졌다. 이런 영식이의 행동으로 인해 자주 지적받아 왔으며, 최근에 영식이는 학교에 가지 않겠다고 한다. 영식이는 한글은 잘 쓰고 읽지만, 영어 실력은 아직 미숙하다. 언어로 의사소통이 잘 되지 않으면 몸으로 표현 할 때가 있고, 심하지는 않지만 가끔 폭력을 나타낸다. 학교에서 여러 친구들과 어울리고 싶어 하지만, 아직 대인관계 기술이 발달하지 않아 어려움을 보인다. 초등학교 입학 후 친구들이 자신을 좋아하지 않는다고 표현하였다.

• 검사 결과와 제언

웩슬러 아동용 지능검사 결과에서 전체 지능은 130으로 최우수 수준이며, 인지 수준도 높았다. 그러나 기초 수개념을 수행할 때, 지침을 잘 알아듣지 못하거나 성급하게 수행했다.

HTP 검사에서 집을 그릴 때, 아파트와 이글루를 그려도 되냐고 물어보고, 사람을 그릴 때는 눈, 코, 입을 그리지 않았으며, "나처럼 즐거운 일이 없을 거 같아요."라는 말을 했다. 나무그림에서는 미래에는 나무가 잘라질 것이라는 비관적 예측을 하였다. 가족화에서는 여행을 가는 즐거운 분위기가 연상되었으나 가족들을 스틱으로만 표현하였으며, 멀미가 난다고 하였다. 가족 간의 상호작용에 대한 불편감을 가지고 있고, 부모의 정서 반응에 민감해 보였다.
문장완성 검사에서는 '내가 가장 행복한 때는 없다.' '내가 제일 싫어하는 사람 친구' '남자애들은 이상함' '나를 가장 화나게 하는 것은 친구' '내가 제일 좋아하는 사람은 우리 아빠' '우리 엄마와 아빠는 무섭다.'로 대답하였다.
로샤 검사 결과 스트레스가 많고, 숙제와 학업에 부담감이 많았으며, 학교라는 공간을 즐겁지 않게 느끼고 있었다. 모성상을 반영하는 로샤 카드에서 다소 차갑고, 공포적인 것을 연상하여 애정 결핍을 반영하는 내용들이 나타냈다.
이상의 내용을 종합하여 보면 우울증상이 있는 것으로 판단된다. 아동은 아버지를 가깝게 여기며, 동일시하면서도 예민하게 신경 쓰는 면도 보였다. 부모의 훈육과 소통방식에서 일관성이 낮거나 수용적인 표현이 빈약하지는 않았는지 점검할 필요가 있다. 상담 과정에서 아동의 부정적 정서를 완화하고 언어로 조절, 해소할 수 있도록 돕는 노력이 필요하다. 또한 가정 내에서는 일관된 제한을 설정하면서도 공감적인 정서 표현을 늘리는 시도가 유익하겠다.

청소년 우울장애 사례

16세인 환이는 외동아로서 고등학교 1학년에 재학 중인 남학생이고 부모는 이혼 소송 중으로 어머니와 함께 살고 있다. 환이는 평소 의욕이 없고 짜증도 많이 내고, 공부에 집중하기 어렵고 생각과 걱정이 많은 편이다. 어머니 보고에 의하면, 환이의 성장과정은 평범했다고 한다. 유치원 시절에도 잘 다닌 것으로 기억하고 초등학교시절에는 반장을 하는 등 자랑스러운 아들로 인식하고 있다. 그러나 중학교에서 실시한 심리검사에서 우울점수와 무기력증이 높게 나와 놀랐다고 한다. 학교 상담사를 두 번 만나고 종결했다. 특별한 사후 조치는 없었다고 한다. 어머니는 이성적이고 분석적이며 경제적으로 책임을 지고 있고, 아버지는 직장을 자주 옮기는 등 경제적으로 가정을 돕지 못했다. 결혼생활 내내 경제적인 문제로 부부 갈등이 있었으며 어머니는 우울증에 시달렸다. 어머니는 견디다 못해 1년 전 이혼을 결심하고 현재 이혼소송 중에 있으며, 얼마 전 아버지가 집을 나갔다. 요즘 환이는 두통에 시달리고, 잠을 잘 못자고, 수업시간에도 잡 생각이 나서 집중을 못한다고 한다.

• 검사 결과와 제언
검사에 협조적이고 순응적인 편이었으나 감정상태나 상상력을 발휘해야 하는 질문에 대해 모르겠다는 반응이 많았다. 과제를 수행하는 경우, 어렵다고 느낄 때는 한숨을 내쉬기는 했지만 잘 해내는 편이었다. 아버지와 관련된 폭행에 관한 부분도 거부하지 않고 이야기했다. 환이의 지능은 평균 이상이고, 지각의 왜곡 및 사고의 혼란은 나타나지 않았다. 주된 정서는 우울감으로 나타나고 의식수준에서는 정서인식이 잘 되지 않고 있으며, 두통 등의 신체증상, 수면문제, 주의집중 곤란 등 다른 방식으로 정서가 표출되고 있는 것으로 보인다.
심리검사 결과, 환이는 지적 잠재력이 높은 편으로 자신의 능력만 발휘할 수 있다면 학업성취에서도 우수한 결과를 보일 것으로 보인다. 따라서 정서적 어려움을 해결할 수 있는 상담이 시급해 보이며, 어머니의 우울감과 부정적인 감정에 대해서도 전문적인 상담이 필요하겠다.

2. 불안장애

불안이란 걱정의 대상이 구체적으로 무엇인지 때로는 자신도 명확히 모르고, 현실 상황보다는 미래에 일어날 상황에 대한 염려(공포, 각성, 불쾌감, 두려움)로 인해, 근육 긴장이나 경계심이 증가하는 것을 의미한다. 유아기에는 분리불안장애, 선택적 함구증, 특정불안장애가 나타나고, 청소년기 이후에 발현되는 것으로 사회불안장애, 공황장애, 범불안장애가 있다(문혁준 외, 2015).

1) 분리불안장애

(1) 개념

분리불안장애(Separation Anxiety Disorder)는 애착 대상(주 양육자)으로부터 분리되는 것에 대해 심한 두려움과 고통을 겪는 것을 말한다. 아동에게 있어 어느 정도의 분리불안은 흔히 보이는 정상적인 반응이다. 그러나 분리불안장애 아동은 교육기관에서 어머니에게 전화나 문자를 보내 안부를 확인하고, 심하면 조퇴를 하고 집으로 돌아온다. 이런 경우 학교공포증 혹은 등교거부증이라고 하나, 전문적 진단 용어로는 분리불안장애이다.

분리불안장애는 12세 미만 아동에게서 가장 흔한 불안장애로서 다른 불안장애보다 발생연령이 낮은 편이다. 평생 유병률은 4.1%이고, 7~8세경에 많이 발생하나, 드물게는 청소년기에도 발생하며, 연령이 증가함에 따라 그 빈도가 감소한다(APA, 2015).

(2) 원인

어머니와 아동 사이에 불안정한 애착이 형성된 경우나 부모가 아동에게 과보호적인 양육태도를 가진 경우에 분리불안장애의 발생 위험이 증가한다. 이런 아동은 가족이나 애완동물의 죽음, 부모의 질환, 동생 출산, 어머니의 직장 출근, 이사, 전학, 부모 간의 불화와 싸움, 그리고 부모와 일시적으로 헤어진 사건이 발병의 계기가 된다.

기질적으로는 어릴 때부터 성격이 예민하거나 낯가림이 심한 경우, 부모의 심리적 불안과 과잉보호적인 양육태도와 맞물려 아동의 분리불안이 나타날 수 있다. 부모가 불안장애, 공항장애와 우울증이 있는 부모의 자녀에게서 유전적 요인으로 분리불안장애가 더 많이 나타난다.

(3) 특징

분리불안장애 아동은 자신 혹은 애착대상에게 불행한 일이 닥쳐 다시는 보지 못할 것 같은 불안에 휩싸이거나 애착대상에게 무슨 일이 발생할 거라는 지나친 걱정이 생겨 애착대상이 옆에 있어야 안심을 하고 잠시라도 없으면 애착대상의 존재를 재확인하려 한다.

정상적인 발달과정에서 생후 8개월이 되면, 영아는 어머니에게 애착을 형성하게 되면서 분리불안을 경험하게 되는 것은 대부분의 영아가 겪는 정상적인 발달과정으로, 점차 나아지는 일시적인 현상이다. 그러나 이와 같은 증상이 계속되어 언제, 어디서나 어머니 옆에 붙어서 떨어지지 않으려하고 불안해한다면 분리불안장애를 의심해 볼 수 있다.

분리불안장애는 보통 5세 이전에 시작되어 사회적 영역에서 심각한 고통이나 현저한 장애를 일으킨다. 연령이 높아지면서 다른 불안장애로 이행되는 경우가 많고, 우울증과 같은 2차적 심리적 문제를 야기할 수 있으므로 조기 개입이 요구된다.

분리불안장애 진단을 위한 DSM-5 기준은 〈표 7-2〉와 같다(APA, 2015).

〈표 7-2〉 **분리불안장애의 DSM-5 진단기준**

A. 애착 대상과의 분리에 대한 공포나 불안이 발달수준에 비추어 볼 때 부적절하고 지나친 정도로 나타나며, 다음 중 세 가지 이상이 나타난다.
1. 집 혹은 주 애착 대상과 떨어져야 할 때, 과도한 고통을 반복적으로 겪는다.
2. 주 애착 대상을 잃거나 질병이나 부상, 재앙 혹은 죽음 같은 해로운 일들이 그에게 일어날 것이라고 지속적으로 심하게 걱정한다(예: 강도, 교통사고).
3. 곤란한 일(예: 길을 잃음, 납치, 유괴)이 발생하여 주 애착 대상과 떨어지게 될 것이라고 지속적으로 과도하게 걱정을 한다.
4. 분리에 대한 공포 때문에 집을 떠나 학교, 직장, 혹은 다른 장소로 외출하는 것을 지속적으로 가기를 거부하거나 거절한다.
5. 집이나 다른 장소에서 주 애착 대상 없이 있거나, 혼자 있는 것에 대해 지속적으로 과도하게 두려워하거나 거부한다.
6. 집에서 떠나 잠을 자는 것이나 주 애착 대상 곁이 아닌 곳에서 자는 것을 지속적으로 과도하게 거부하거나 거절한다.
7. 분리 주제와 연관되는 반복적인 악몽을 꾼다.
8. 주 애착 대상과 떨어져야 할 때 신체 증상을 반복적으로 호소한다(예: 두통, 복통, 오심, 구토).

B. 공포, 불안 회피 반응이 아동 · 청소년에서는 최소한 4주 이상이어야 한다. 성인의 경우는 6개월 이상이어야 한다.

C. 장애가 사회적, 직업적, 또는 다른 중요한 기능 영역에서 임상적으로 현저한 고통이나 손상을 초래한다.

D. 장애가 다른 정신질환으로 더 잘 설명되지 않아야 한다.

(4) 치료

분리불안장애 아동의 치료에는 심리치료, 가족치료, 부모교육 및 상담 등 다각적인 접근이 효과적이며, 증세가 심할 경우에는 약물치료를 하기도 한다.

놀이를 통해 불안을 표출하여 문제를 해결하도록 하는 놀이치료와 아동의 부적응 행동을 수정하는 행동치료로 체계적 둔감화와 긴장이완법 등이 사용된다. 인지행동치료는 아동에게 그의 사고가 어떻게 불안을 야기하는지, 부적응적 사고가 증상에 어떤 영향을 주는지 등을 알게 하고 불안에 대처하는 방법을 가르치는 것이다. 가족치료는 가족이라는 맥락 속에서 부모-자녀 간의 관계 변화에 중점을 두기 때문에 효과적일 수 있다.

분리불안장애 사례

작고 귀여운 만 5세 외동 여아인 연이는 부모와 함께 살고 있다. 어머니는 온정적이고 걱정이 많은 편이고 아버지는 온순하고 성실하다. 연이는 태어나서 100일까지 목이 돌아가지 않아 물리치료를 받았다. 어머니는 직장에 다니다 연이를 돌보기 위해 연이가 만 4세가 되던 해 직장을 그만두었다. 어머니가 직장을 다니는 동안 '안전제일주의'를 강조하시던 외할머니가 돌보았다. 집에서는 왕노릇하며 지내고, 밖에서는 낯가림 심하고 다른 사람들을 매우 무서워하였다.

연이는 만 4세 때 유치원에 입학했는데, 교실에 들어가지 못하고 어머니에게 딱 달라붙어 떨어지려 하지 않아서 어머니가 일주일 동안 교실에 함께 들어갔었다. 일주일 후 교사는 어머니에게 연이를 떼어 놓고 교실을 나가라고 하여 교실 밖에 있었으나 계속 울어서 결국 일주일 동안 고생하고 유치원 가기를 포기하였다. 그 후 연이는 엄마와 함께하는 문화센터 유아 프로그램을 하며, 여기저기 놀러 다니는 등 시간을 함께 보냈다. 연이가 만 5세가 되어 유치원에 다시 입학하였는데 여전히 어머니와 떨어지기 어려웠고, 일주일 후부터는 어머니와 함께 교실에 들어가 있다가 어머니가 혼자 교실 밖으로 나와서 기다리다가 데리고 집에 온 지가 2개월 정도 되었다. 처음에는 교실에서 울어 교사가 안고만 있다가, 요즘 연이는 교사의 손을 잡고 다니며 활동을 한다. 교실에는 두 분의 선생님이 계신데, 주 교사는 무서워하고 보조교사의 손만 잡고 다닌다고 한다. 교실에서는 그 누구와도 이야기를 하지 않고 보조교사에게만 거의 들릴까 말까 한 소리로 간단한 의사표시만 한다.

• 검사 결과와 제언

연이는 어머니와 분리가 되지 않아 검사실에 함께 들어와 검사를 실시하였다. 웩슬러 아동용 지능검사 결과, 연이는 평균 상 수준의 지능 발달을 보이고 있다. 언어적 표현능력은 뛰어난 편이고 외부 지식이나 보편적이고 도덕적인 사회적 규범에 대한 이해는 평균 정도로 발달되어 있으며, 수리적 개념 형성은 또래에 비해 우수해 보인다. 정서적으로는 불안한 정서가 커 보이고 환경에 대해 스트레스를 많이 받는 것으로 나타났다.

HTP 검사에서 '집이 칠각형 집으로 바뀌어서 막 편하지 않아요.'라고 했다. 로샤 검사에서도 '먹구름'과 같은 주제와 침습한 불안과 연관된 반응들을 보였다. 생애초기부터 불안정한 상황에 노출된 경험이 많았던 것으로 보이고, 안전을 중요시 여기는 할머니의 양육방식으로부터 조그마한 자극에도 불안해하고 긴장하였던 것으로 보인다. 이러한 불안하고, 예민한 부분이 적절하게 해결되지 못하고 유치원이라는 집단생활을 하게 되었고, 미처 적응이 되기 전에 애착관계를 시작하게 된 어머니와 강제로 분리가 됨으로 인해 연이의 불안이 가중되어 나타난 일련의 행동으로 보인다.
연이가 외부세계와 다른 사람에 대한 긴장과 불안을 낮추고 안정된 관계를 맺을 수 있도록 돕기 위한 놀이치료가 필요하다.

2) 선택적 함구증

(1) 개념

선택적 함구증(Selective Mutism)이란 말을 알아듣거나 말을 하는 데 아무 문제가 없지만, 특정한 장소나 사람에게는 입을 다물고 말을 하지 않는 경우를 의미한다. 즉, 말할 수 있는 능력이 있는데 말을 하지 않는 것으로 보아 일부러 대화를 거부하는 것으로 볼 수 있다. 학업이나 직업과 관련된 일을 하면서, 사회적 의사소통에 방해가 되는 이런 상태가 적어도 1개월 이상 지속된다. 그리고 말을 하지 않는 대신 몸짓, 머리 끄덕임, 또는 말이 아닌 소리 등으로 자신의 의사를 표현한다. 부모는 아동이 낯가림이 심해서 말을 하지 않는다고 생각해서 방치해 두는데, 그것과는 다르다. 이런 이유로 발병평균 연령은 3세 4개월이나 치료시작은 평균적으로 발병한 지 4년이 지난 7세 7개월에 이루어지는 것으로 보고되었다(정선주, 홍강의, 1995). 대부분의 조사에서 발생률은 여아가 남아보다 높게 나타났다.

(2) 원인

선택적 함구증 아동은 말을 하지 않기 때문에 부모들이 쉽게 증상을 인식할 수 있으나, 선택적 함구증의 원인을 분명하게 찾기는 힘들다.

① 심리적 요인

영아기에 버림받지 않을까 하는 공포심, 또는 지나친 의존성과 관련된 심리적 상처와 정신적인 충격에 의해 말을 하지 않을 수 있다. 예를 들어, 부모의 과잉보호, 폭력, 부모 간의 불화, 어머니의 우울증, 가족의 사회적 고립 등으로 심리적 상처와 정신적 충격에 의해 말을 안 할 수 있다. 또한 어머니와의 강한 애착과 정신적인 유대가 형성되어 있는 상황에서 갑자기 어머니와 분리되었을 때도 선택적 함구증을 보일 수 있다.

② 생물학적 요인

성격 특성상 지나친 수줍음과 두려움을 강하게 느끼는 기질을 가진 아동의 경우, 말하지 않는 행동을 보이기도 한다. 또한 선택적 함구증 아동의 부모가 선택적 함구증 증세와 유사한 기질이나 성격을 가지고 있어서 가족력이 영향을 미친다고 보기도 한다. 선택적 함구증 아동의 가족에게서 불안증과 수줍음, 발화 및 언어장애, 그리고 정신의학적 장애가 흔하게 발생한다는 점에서 유전적 요인을 추측한다.

③ 환경적 요인

가정 내에서 언어적 상호작용의 경험이 적고, 여러 사람과의 상호작용이 적기 때문에 언어발달이 늦어지고 이로 인해 또래관계에 어려움이 유발되어 의사소통에 문제가 발생하기도 한다.

(3) 특징

선택적 함구증 아동은 수줍어하거나 불안해하고, 고집이 세고, 나이에 맞지 않게 철없게 행동하거나 지나치게 의존적이고, 화를 잘 내고, 거짓말을 자주 하는 등의 특징을 나타낸다. 때로는 집에서는 대들고 부정적인 모습으로 일관하다가 낯선 환경에서는 두려워하는 이중적인 모습을 보이기도 한다. 이것을 병으로 보지 않아 전문적 도움이 지연되어 증세가 악화되는 경우도 있다.

헤이든(Hayden, 1980)은 선택적 함구증을 유발한 심리적 정신역동과 행동양상에 따라 다음과 같이 네 가지 유형으로 분류하였다.

① **공생적 함구증**(Symbotic mutism)

가장 흔한 유형으로 어머니와 강력한 공생적 관계를 유지하며 아동이 자신의 요구를 얻기 위해 어머니에게 매달리며, 수줍고, 예민하게 행동하는 아동에게 흔히 나타난다.

② **수동-공격적 함구증**(Passive-aggressive mutism)

이 유형은 적대적인 감정을 언어로 표현하는 것에 대한 반항으로 침묵을 무기로 삼는다. 아동은 종종 공격적인 행동을 보이며 부모가 반사회적이거나 학대를 할 경우 흔하게 나타난다.

③ **반응적 함구증**(Reactive mutism)

가족이 대인관계에서 소극적인 경우, 아동이 우울증과 사회적 위축을 보인다. 학교 입학, 이민, 입원과 같은 환경의 변화나 심리적·육체적 외상 후에 갑자기 발병한다.

④ **언어공포증적 함구증**(Speech phobic mutism)

'남들이 내 말소리를 들으면 이상하다고 느끼지는 않을까?' 하는 일종의 말하기 공포증으로서 말하는 것에 대한 강박적 불안을 보인다.

선택적 함구증은 대부분의 경우 1개월~1년 사이에 회복된다. 10세 이전에 호전되면 예후가 좋으나, 12세 이상까지 지속된다면 예후가 나쁘다. 선택적 함구증 아동의 50% 이상은 성인기까지 자신감, 독립심, 성취감, 사회적 의사소통 능력과 같은 영역에서 어려움이 지속되며, 일부 사회불안장애로 이환된다(이영식, 김재원, 2014).

선택적 함구증 진단을 위한 DSM-5 기준은 〈표 7-3〉과 같다(APA, 2015).

〈표 7-3〉 **선택적 함구증의 DSM-5 진단기준**

A. 다른 상황에서는 말을 할 수 있음에도 불구하고 말을 해야 하는 특정 사회적 상황(예: 학교)에서는 지속적으로 말을 하지 못한다.

B. 장애가 학업적, 직업적 성취나, 혹은 사회적 소통을 방해한다.

C. 장애의 기간은 적어도 1개월 이상 지속되어야 한다(학교생활의 첫 1개월은 포함되지 않는다).

D. 사회적 상황에서 필요한 말에 대한 지식이 부족하거나, 언어가 익숙하지 않은 것으로 인해 말을 하지 않는 것이 아니다.

E. 장애가 의사소통장애(예: 말더듬기), 자폐스펙트럼장애, 조현증, 다른 정신병적 장애에 의해 발생되는 것이 아니어야 한다.

(4) 치료

아동이 교육기관에 갓 입학하여 수줍음이나 낯가림이 심해 처음에 선생님 또는 또래와 말을 하지 않다가 점차 새로운 환경에 적응하면서 자연히 말을 하게 되기도 하나, 일단 6개월 이상 계속 말을 하지 않을 때는 학교 부적응과 학습장애를 예방하기 위해 조기에 치료적 개입을 하여야 한다. 부모가 답답하여 자녀에게 일방적으로 강요와 심한 체벌을 하는 경우 스트레스의 가중으로 증세가 더욱 심각해질 수 있다.

① 행동치료

가정에서 아동에게 편안한 환경을 마련하고, 책 읽기, 게임 등을 통해 자연스럽게 대화를 유도하는 것이 필요하다. 또한 정적강화기법을 통해 보상을 주어 말하는 횟수를 늘리거나, 처음에는 가장 친숙한 사람과의 대화를 유도하고 점차적으로 친숙하지 않은 사람과 대화를 하도록 확대해 간다.

② 놀이치료

선택적 함구증을 심리적인 문제의 원인으로 보고 미술치료나 놀이치료 등 비언어적인 방법을 이용한 심리치료 접근을 한다. 상담자와 처음에는 대화가 불가능하므로 놀이나 그림 그리기를 통해 아동이 갖고 있는 갈등을 해소하며, 신뢰감을 회복하고 감정표현을 자연스럽게 표현하도록 돕는다.

활동

1. 수요우울장애, 분리불안장애 또는 선택적 함구증에 대한 DSM-5의 진단기준에 의거해서 주위에 해당되는 아동이 있는지 살펴보고 이야기 나누어 봅시다.
2. 상담사례를 보면서 아동의 문제행동 특성과 부모의 양육 방식에 대해 토론해 봅시다.

제8장 | 아동과 교사를 위한 정신건강

급식 및 섭식장애와 배설장애

오늘날 날씬한 몸매에 대한 지나친 집착으로 인하여 주로 청소년에게 섭식문제가 급격히 증가하고 있는데, 섭식장애는 장기간 지속되는 섭식과 관련된 행동들로 인해 음식 소비 혹은 섭취에 변화가 생기고 신체적 · 정신사회적 기능에 심각한 손상을 가져오는 것으로 특징지어진다. DSM-5 기준에 의하면, 급식 및 섭식장애에는 이식증, 신경성 식욕부진증, 신경성 폭식증, 반추장애, 회피적/제한적 음식섭취장애, 폭식장애 등이 포함되어 있다.

배설장애는 소변 또는 대변의 적절한 배설조절의 실패를 의미한다. 배설훈련은 어린 자녀를 둔 부모의 가장 큰 관심사이며, 배설에 대한 통제력을 갖는 것은 아동에게 성취감이나 자율성 발달에 중요하기 때문에 배설장애 아동에 대한 조기 개입은 매우 중요하다. 배설장애에는 유뇨증, 유분증 등이 있다.

이 장에서는 급식 및 섭식장애 중에서 이식증, 신경성 식욕부진증, 신경성 폭식증을, 배설장애는 유뇨증과 유분증을 중심으로 개념, 원인, 특징과 치료에 대해 살펴보고자 한다.

1. 급식 및 섭식장애

급식 및 섭식장애(Feeding and Eating Disorder)는 정상적인 식욕이나 배고픔을 느끼는 데 문제를 일으켜, 식욕감소나 식욕증대의 조절이 안 되는 상태로, 식사거부, 식욕부진, 편식, 이식증, 반추 및 구토 등 여러 상태로 나타난다. 이 장애는 발달시기별로 다르게 나타난다. 급식은 출생 후 1년 동안의 안정감과 불안정감을 결정하는 가장 중요한 양육행동이며, 걸음마기에는 유아가 양육자의 통제를 거부하는 수단으로 섭식의 문제를 보일 수 있다. 청소년기에는 부모에 대한 의존과 독립에 대한 욕구 간의 갈등과 관련하여 섭식 문제가 나타나기도 한다.

1) 이식증

(1) 개념

이식증(Pica)은 종이, 흙, 머리카락, 모래 등 음식이 아닌 물질을 1개월 이상 지속해서 먹는 행동을 보이는 장애이다. 약 2세 전까지는 아무것이나 손에 잡히면 입에 넣고 빨기를 잘하는데, 이것은 정상적인 행동으로 이식증을 나타내는 것은 아니다. 그러나 2세 이후에도 이와 같은 행동을 보인다면 그것은 당연히 비정상이다. 그러므로 이식증은 2세 이후에 진단을 하게 된다.

(2) 원인

어린아이의 경우 이식증은 먹지 못하는 물질과 음식을 구분하는 능력이 없어서 나타날 수 있으나 그런 경우가 아니라면 부모의 우울증, 모성 박탈, 방임 등으로 부모가 아동을 충분하게 돌보지 못해서 발생한다. 때로는 아동이 부모의 관심을 끌기 위해 이식증을 보이기도 한다.

일부 경우에서는 비타민 결핍이나 무기질 결핍으로 인해 이식증이 보고되기도 한다. 이식증은 아동의 발달지연이나 지적장애와 관련이 있다. 지적장애가 있는 경우, 이 장애의 유병률은 지적장애의 심각도에 따라 증가하는 것으로 나타난다.

(3) 특징

섭취하는 전형적인 물질은 나이에 따라 다르다. 이식증이 있는 어린 유아 중 90%는 모발, 식물을 먹는데, 그 외 페인트, 회반죽, 흙, 실종이, 머리카락, 헝겊 등을 먹기도 하고, 좀 더 큰 아동은 곤충, 동물의 배설물, 모래, 자갈, 먼지 등을 먹는다. 이식증 유아는 페인트나 페인트가 묻은 플라스틱류를 먹고 납중독현상이 발생하거나, 삼켜 버린 머리털이 아동의 위 속에서 공처럼 뭉쳐서 위장장애를 일으키고, 위장으로 내려간 오물이나 유분 등으로 인해 혈관기생충에 감염되는 합병증이 발생할 수 있다. 그 외에 변비와 소화기의 흡수불량이 흔하며, 빈혈, 영양결핍, 장폐색, 전해질 불균형, 치아손상이 발생할 수 있다. 심한 섭식장애가 지속되면 신체성장뿐 아니라 사회성 발달과 인지발달도 늦어지게 된다. 영유아기에 이식증을 보인 아동은 청소년기에 폭식증으로 발달될 위험이 있다. 그러나 대체로 이식증은 연령이 증가하면서 점차 사라지며 성인에게서 드물게 나타난다.

오늘날은 주변 환경 어디에서든 납성분을 쉽게 찾아볼 수 있기 때문에 이식증 유아는 납중독에 노출될 위험이 높다. 납성분으로 인한 중독현상이 초기에는 특정 증상을 나타내지 않기 때문에 더욱 세심한 주의가 필요하다.

이식증 진단을 위한 DSM-5 기준은 〈표 8-1〉과 같다(APA, 2015).

〈표 8-1〉 **이식증의 DSM-5 진단기준**

A. 적어도 1개월 동안 비영양성 · 비음식 물질을 계속 먹는다.
B. 비영양성 · 비음식 물질을 먹는 것이 발달수준에 비추어 볼 때 부적절하다.
C. 먹는 행동이 사회적 관습, 혹은 문화적 지지를 받지 못한다.
D. 만약 먹는 행동이 다른 정신질환(예: 지적장애, 자폐스펙트럼장애, 조현병)이나 의학적 상태(임신 포함) 기간 중에만 나타난다면, 이 행동이 별도의 임상적 관심을 받아야 할 만큼 심각한 것이어야 한다.

(4) 치료

섭식행동은 자기조절이 필요하므로, 부모의 적극적인 상호작용이 요구된다. 아동에게 적절히 반응하고 돌볼 수 있도록 부모교육과 행동치료를 병행할 필요가 있다. 이식증 아동 주위에는 중독증상을 가져올 위험한 물건을 가까이 두지 않는 것이 선행되어야 하며, 먹을 수 없는 음식과 먹을 수 있는 음식을 구분하도록 교육한다. 그리고 무엇보다도 아동을 위한 깨끗한 환경을 만들어 주는 것이 필요하다.

행동치료 방법으로는 적절한 식사에 대해 칭찬과 보상을 하고, 먹지 말아야 할 물건을 입에 넣을 때마다 벌을 주거나 암모니아 냄새를 맡게 하는 것과 같은 부정적 자극을 제공하는 혐오치료 기법을 사용한다. 이식증으로 발생되는 합병증(예: 납중독, 장내기생충, 장폐색증, 만성신부전증 등)에 대한 치료도 요구된다.

2) 신경성 식욕부진증

(1) 개념

신경성 식욕부진증(Anorexia Nervosa)은 자신의 체형과 체중에 대한 이미지 왜곡으로 음식을 먹지 않아서 체중이 지나치게 감소하는 병으로, 음식에 대한 저항과 과체중에 대한 비합리적인 공포를 보인다. 매우 말랐음에도 살이 쪘다고 느끼고 체중을 더 줄이기 위해 노력(예: 다이어트, 지나친 운동, 자기 유발 구토, 지사제 복용)한다.

신경성 식욕부진증은 청소년기 전체 여자의 0.5~1%에게 발생하는 것으로 추정되고 있으며, 여자가 남자보다 10~20배 더 많이 발생한다. 만약 적절한 치료를 못 받으면 영양실조가 될 수 있으며, 이 중 15%의 청소년이 죽음에 이를 수도 있다(Wang & Browneil, 2005).

(2) 원인

섭식장애의 정확한 원인은 아직 명확하게 알려져 있지 않지만, 생물학적 요인, 사회·심리적 요인 등이 복합적으로 작용하여 발병한다.

① 생물학적 요인

신경성 식욕부진은 인간 대뇌 시상하부의 이상이 발병원인이라는 견해가 유력하다. 또한 유전적 경향이 있다는 보고도 있는데, 어떤 쌍생아 연구에서 신경성 식욕부진증의 일치율이 일란성 쌍생아는 55%, 이란성 쌍생아는 5%로 나타나 섭식장애는 유전적 요인과 관련이 있음을 보여 준다.

② 사회·심리적 요인

신경성 식욕부진에 대한 사회·심리적 요인은 여러 가지로 설명되고 있다.

첫째, 매스컴을 통한 왜곡된 신체상으로, 뚱뚱함에 대한 공포가 음식에 대한 거부증을 가져오게 된다.

둘째, 섭식장애는 통제력과 관련이 있는데, 통제력에 대한 욕구가 먹는 것을 통제하는 것으로 대치된 경우이다. 일반적으로 불안, 완벽주의, 낮은 자존감이 있는 사람들은 통제력에 대한 욕구가 크다. 이들은 대인관계 갈등과 스트레스 상황에서 통제력을 갖기 위해 더 심하게 식사를 제한하게 되고, 그에 따른 체중 감소는 매우 강력한 보상이 되어 섭식장애의 증상이 지속된다.

셋째, 학대나 성폭력을 당한 여성들에게 섭식장애의 발병률이 높게 나타난다.

넷째, 발달상에서 사춘기에 급속히 이루어지는 신체변화로 인한 긴장에서 벗어나기 위해 음식을 거부할 수도 있다.

다섯째, 정신분석학적인 입장에 의하면, 청소년기에 어머니의 규제와 간섭이 분노를 유발하여, 신경성 식욕부진증이라는 왜곡된 행동으로 나타난다.

여섯째, 신경성 식욕부진증 아동의 가족은 지나치게 통제적이고 구조화되어 있거나 세대 간이나 개인 간 경계가 모호한 경우가 있다.

(3) 특징

신경성 식욕부진증을 지닌 사람에게는 체중과 체형에 대한 과대평가, 무력감, 우울, 죄책감, 무가치함, 완벽주의, 기분장애. 또래관계의 어려움이 흔히 나타난다. 체형과 체중에 대한 과대평가는 살찌는 것에 대한 극심한 두려움으로 나타나고 체중 감소를 위한 행동으로 이어진다. 자신의 체중, 체형을 왜곡되게 받아들여 매우 말랐음에도 살이 쪘다고 느끼고 체중을 더 줄이기 위해 노력한다. 특히 살이 찔 만한 음식을 극도로 제한하는데, 일반적으로 식욕이 없는 것은 아니며 오히려 음식에 대한 생각에 심하게 집착한다. 음식 회피는 때때로 철저히 위장되기도 하는데, 가족과 떨어져 따로 식사하거나 몰래 음식을 버리고 먹는 척하기도 한다. 음식 거부에 대한 이유로 가장 흔한 것은 찌는 것에 대한 두려움이지만, 포만감, 메스꺼움, 복통, 식욕 감소, 삼키기 어려운 느낌 등을 호소하기도 한다.

신경성 식욕부진증의 진단기준은 현저한 저체중, 체중이 증가하는 것에 대한 두려움 그리고 체중이나 체형에 대한 왜곡된 인식이다.

신경성 식욕부진증 진단을 위한 DSM-5 기준은 〈표 8-2〉와 같다(APA, 2015).

〈표 8-2〉 **신경성 식욕부진증의 DSM-5 진단기준**

A. 필요한 양에 비해 지나친 음식물 섭취 제한으로 연령, 성별, 발달과정 및 신체적인 건강수준에 비해 현저하게 저체중을 유발하게 된다. 현저한 저체중은 최소한의 정상 수준보다 체중이 덜 나가는 것으로 정의되며, 아동과 청소년의 경우, 해당 발달단계에서 기대되는 최소한의 체중보다 체중이 적게 나가는 것을 의미한다.

B. 체중이 증가하거나 비만이 되는 것에 대한 극심한 두려움, 혹은 체중 증가를 막기 위한 지속적인 행동, 이러한 행동은 지나친 저체중일 때도 이어진다.

C. 기대되는 개인의 체중이나 체형을 경험하는 방식에 장애, 자기평가에서 체중과 체형에 대한 지나친 압박, 혹은 현재의 저체중에 대한 심각성 인식의 지속적 결여가 있다.

(4) 치료

신경성 식욕부진증은 원인이 어떻든 잘못하면 생명을 잃을 수 있으므로 가급적 빨리 치료를 해서 영양균형을 회복시켜야 한다. 시간이 흐를수록 회복이 더욱 어려우므로 조기에 발견하여 치료하는 것이 중요하다. 신경성 식욕부진증은 복합적인 요인에 의해서 발생하므로, 다양한 측면에서 치료가 이루어져야 한다.

① 심리치료

일반적으로 신경성 식욕부진증을 지닌 사람은 "내가 체중을 빼지 않으면 아무도 나를 좋아하지 않을 거야, 뚱뚱한 나를 누가 좋아하겠어." 등의 생각을 하는 경우가 많다. 인지치료는 이와 같은 신체상에 대한 왜곡, 불만족 그리고 비합리적인 신념을 합리적인 신념으로 변화하도록 돕는다.

또한 신경성 식욕부진증 청소년은 낮은 자아존중감, 불안, 우울 등의 부정적 정서와 대인관계의 어려움 등을 지닌 경우가 많은데, 이를 해결하기 위해 개인상담이 필요하다. 초기에는 서둘러서 식사행동을 바꾸려 하지 말고 내담자의 자율성을 인정해 주고 융통성 있게 대처해야 한다.

② 가족치료

신경성 식욕부진증을 가진 아동의 가족 간에는 갈등이 많고 의사소통이 제대로 안 되는 경우가 많기 때문에 가족치료가 함께 이루어지면 효과적이다.

3) 신경성 폭식증

(1) 개념

신경성 폭식증(Bulimia Nervosa)은 반복적인 폭식행동과 그에 따른 체중증가를 막기 위한 구토나 설사약 복용 등과 같은 부적절한 보상적 행동을 하는 것을 말한다. 체중과 체형의 대한 지나친 관심이 특징이지만 체중은 대개 정상범위이다. 신경성 폭식증이 있는 사람은 폭식하는 동안 불안이 해소되는 것을 느끼지만 이는 죄책감과 우울로 이어진다.

신경성 폭식증의 발병은 청소년 후기 또는 성인기에 주로 발병하며, 사춘기 이전 발병은 드물다. 신경성 폭식증의 유병률은 만 18~40세 여성의 1~3%이며, 대부분 여성이다. 유병률은 계속 증가하고 있을 뿐 아니라 구토나 하제사용 행동으로 심할 경우 생명까지 위험할 수 있어서 더 큰 관심의 대상이 되고 있다.

(2) 원인

신경성 폭식증은 신경성 식욕부진증과 마찬가지로 생물학적 요인, 사회 · 심리적 요인 등이 있다. 유전적인 요인과 인간 대뇌 시상하부의 이상, 뇌 신경전달물질의 불균형 등이 위험요인으로 알려져 있으나 아직은 연구 중에 있다. 사회 · 심리적으로는 신경성 식욕부진증처럼 마른 체형에 대한 문화적 압력과 자신감 부족, 열등감, 완벽주의 성향, 우울, 불안, 대인관계 어려움 등이 원인으로 작용하고 있다.

(3) 특징

신경성 폭식증은 많은 양의 음식을 빠른 속도로 먹고 배가 부름에도 불구하고 폭식을 한 후 체중증가가 두려워 구토를 하거나, 설사제, 이뇨제 등의 복용으로 보상행동을 하는 것이다. 심한 구토는 전해질 이상, 치아 에나멜의 손상, 침샘비대, 식도 출혈, 위 파열 등 신체적 질병을 유발할 수 있다. 또한 폭식은 부정적인 자기평가, 자책감, 자존감 저하, 우울 등의 정서문제를 동반할 수 있으며, 알코올과 약물남용이 흔하고, 자해행동이 나타나기도 한다.

신경성 폭식증을 지닌 사람은 거식증 청소년보다는 쉽게 치료를 받아들이지만 신경성 폭식증 증상을 수치스럽게 생각하고 비밀로 하여 치료가 지연되는 경우도 많다. 신경성 폭식증을 지닌 사람은 간혹 과체중일 수도 있으나, 대체로 체중이 정상 범위에 위치한다.

5~10년 추적연구 결과, 신경성 폭식증의 약 50%는 완전 회복되지만, 약 20%는 호전되지 않는 상태로 증상이 지속된다. 소아비만, 낮은 자존감, 충동조절의 어려움 등의 문제를 동반하는 경우에는 예후가 좋지 않다(박선자, 김효원, 2014).

신경성 폭식증은 폭식 후 보상행동의 횟수가 신경성 폭식증의 진단기준에 포함된다.

신경성 폭식증 진단에 의한 DSM-5 기준은 〈표 8-3〉과 같다(APA, 2015).

〈표 8-3〉 **신경성 폭식증의 DSM-5 진단기준**

A. 반복되는 폭식 삽화가 있다. 폭식 삽화는 다음 두 가지로 특징지어진다.
1. 일정 시간 동안(예: 2시간 이내) 비슷한 상황에서 비슷한 시간 동안 대부분의 사람이 먹는 양보다 훨씬 많은 양의 음식을 먹는다.
2. 폭식 삽화 동안 먹는 것에 대한 통제력이 상실됨을 느낀다(예: 먹는 것을 중단할 수 없거나 무엇을 얼마나 많이 먹는가를 통제할 수 없다고 느낌).

B. 체중 증가하는 것을 막기 위한 반복적이고 부적절한 보상행동, 예를 들면 스스로 유도한 구토, 이뇨중, 관장약, 다른 치료약물의 남용, 금식, 혹은 과도한 운동 등이 나타난다.

C. 폭식(폭식과 부적절한 보상행동)에 대하여 상당한 스트레스를 받는다.

D. 폭식(폭식과 부적절한 보상행동)이 평균 적어도 주 1회 이상 3개월 동안 나타난다.

E. 이 장애가 신경성 식욕부진증의 삽화 기간 동안에만 발생하지 않는다.

• 현재의 심각도 평가
- 경도: 부적절한 보상행동이 주 1~3회
- 중등도: 부적절한 보상행동이 주 4~7회
- 고도: 부적절한 보상행동이 주 8~13회
- 최고도: 부적절한 보상행동이 주 14회 이상

(4) 치료

섭식장애의 치료는 상담과 약물치료를 병행하는 것이 효과적인데, 특히 청소년 신경성 폭식증 치료의 경우 가족치료가 큰 도움이 된다.

① 심리치료

신경성 폭식증의 심리치료로 인지행동치료가 가장 널리 활용되고 있으며(NICE, 2004), 아동과 청소년의 신경성 폭식증 치료의 경우 가족치료를 병행하면 큰 도움이 된다.

인지행동치료는 폭식과 보상행동을 줄이고, 기분과 자존감을 높이며, 대인관계를 향상하고, 체중과 체형에 대한 집착을 줄이는 데 효과가 있는 것으로 입증되었다. 인지행동치료는 체중, 자기가치에 관한 잘못된 인지를 수정하는 데 초점을 둔다. 폭식하게 되는 상황(예: 스트레스, 대인관계 문제, 부정적 감정), 자신의 신체상, 체중과 식사에 대한 비합리적 신념을 합리적인 신념으로 바꾸도록 하며, 섭식 일기, 심리교육 및 과제를 통해 폭식증을 치료한다.

부모를 치료에 참여시킴으로써 식사계획과 같은 실제적인 측면을 도와줄 수 있고 섭식장애와 치료계획에 대한 부모의 이해를 높일 수 있다. 18세 이하 청소년의 경우 대부분 상담 또는 가족치료의 형태로 가족을 치료에 참여하도록 하는 것이 일반적이다.

② **약물치료**

항우울제는 폭식을 줄이는 데 효과적이다. 신경성 폭식증의 주된 신체적 합병증은 구토와 하제 남용에 의한 수분과 전해질 이상이다. 저칼륨증이 있는 경우에는 경구로 칼륨 제제를 투여하여 치료한다. 구토를 자주 하는 경우에는 치아손상이 있을 수 있으므로 치아위생에 대한 조언이 필요하다(박선자, 김효원, 2014).

2. 배설장애

배설장애는 아동의 개인차를 고려하더라도 대변을 4세까지 가리지 못하거나, 소변을 5세까지 가리지 못하는 경우를 의미한다. 즉, 발달상 배뇨의 조절이 가능한 연령인 4~5세가 지난 이후에 배뇨 조절에 실패하는 장애이다. 아동은 보통 소변에 비해 대변을 먼저 가리며, 밤보다 낮에 먼저 가리게 된다. 밤에 오줌을 싸는 경우가 가장 흔하고 가벼운 증상이며, 낮에 대변을 가리지 못하는 것이 가장 드물고 심한 경우이다. 이러한 배설장애는 유뇨증과 유분증으로 구분된다.

1) 유뇨증

(1) 개념

아동은 대체로 18~24개월경 방광과 괄약근의 조절이 가능하게 되어 소변을 가릴 수 있게 되는데, 5세 이상의 아동이 신체적인 증상이 없음에도 소변을 가리지 못하고 옷이나 침구에 반복적으로 소변을 보는 경우를 유뇨증(Enuresis)이라고 한다. 유뇨증에는 밤에만 나타나는 야간형 유뇨증(야뇨증), 낮에만 나타나는 주간형 유뇨증, 그리고 밤과 낮 구분 없이 나타나는 주야간형 유뇨증이 있다.

야간형 유뇨증이 약 70~80%, 낮에만 나타나는 주간형이 5~10%, 그리고 밤과 낮 동시에 나타나는 주야간 복합형이 10~15%를 차지한다(손정우, 남민, 2014).

5세 아동의 경우 유뇨증의 유병률은 3~7%이며, 10세 아동의 경우는 2~3%이다. 대체로 남아가 여아보다 1.5~2배가량 더 많이 발생한다(APA, 2015).

(2) 원인

① 생물학적 요인

유뇨증은 유전적 요인, 중추신경계의 미성숙, 방관의 기능적 장애 등에 의해서 생길 수 있다(권석만, 2016b). 유뇨증은 일란성 쌍생아가 이란성 쌍생아보다 유뇨증의 일치율이 높았으며, 가족력이 동반되는 경우가 많아 유전적인 요인을 추측해 볼 수 있다. 비뇨기계의 이상으로 유뇨증 아동의 약 1/3이 해부학적으로 작은 방관은 아니지만 방광에 소변이 최대로 채워지기 전에 수축해 버리는 경향이 있다.

② 심리적 요인

배변훈련을 지나치게 일찍 또는 일방적으로 강요받거나 무관심 속에서 성장한 경우 유뇨증이 나타나기도 한다. 그리고 사고, 동생의 출생, 어머니와의 이별, 부모의 이혼, 가정불화, 친구갈등, 가까운 이웃의 죽음, 입학, 전학, 입원 등으로 인한 스트레스로 유뇨증을 보이기도 한다. 성격적 요인으로는 수동 공격형 성격, 충동조절장애, 의존적이고 미성숙하거나 수줍어하는 아동에게 유뇨증이 많다.

(3) 특징

대부분의 유뇨증은 시간이 지나면 저절로 좋아지나 유뇨증으로 인한 심리적 후유증이 동반된다. 유뇨증 때문에 가족과의 갈등이 잦을 수 있고 개인적으로는 친구집에서 자거나 여행 가기를 꺼려 하게 되어, 결과적으로 낮은 자아존중감을 가지게 된다. 그 외 유뇨증 아동은 당혹감, 굴욕감, 불안·공포, 우울증, 주의력 산만 등의 어려움을 경험할 수 있으나 유뇨증이 해결되면 자아존중감과 자신감이 향상될 수 있기 때문에 조기에 치료를 해 주는 것이 좋다.

유뇨증 진단을 위한 DSM-5 기준은 〈표 8-4〉와 같다(APA, 2015).

〈표 8-4〉 **유뇨증의 DSM-5 진단기준**

A. 침구 또는 옷에 불수의적이든 의도적이든 반복적으로 소변을 본다.

B. 이러한 행동은 임상적으로 확연하게 나타나며, 적어도 연속된 3개월 동안 주 2회 이상의 빈도로 일어나고, 사회적, 학업적(직업적) 또는 다른 중요한 기능 영역에서 임상적으로 현저한 고통이나 손상을 초래한다.

C. 생활연령이 적어도 5세 이상이다(또는 이와 동일한 발달수준에 있음).

D. 이러한 행동이 물질(예: 이뇨제, 항정신병 치료약물)의 생리적 효과나 다른 의학적 상태(예: 당뇨, 척수이분증, 발작장애)로 인한 것이 아니다.

(4) 치료

유뇨증을 일으킬 만한 특별한 신체적 문제가 있는지 알아보고, 원인에 맞게 대처하여야 한다. 유뇨증 아동에게 원인을 알려 주거나 안심시키는 것으로 상태가 호전되기도 하며, 아동이 성장하면서 자연적으로 치유되기도 한다. 하지만 심리적 문제나 그 외 다른 질환을 동반하고 있는 경우도 많으므로 적극적인 치료가 필요하다. 치료는 교육적, 심리적, 생리적인 모든 방법을 사용하는 종합적인 치료를 해야 한다.

① 배뇨훈련

먼저 아동에게 면담을 통해 죄책감을 줄여 주고, 저절로 좋아지는 경우도 많다는 희망을 주는 것이 중요하다. 또한 표를 만들어서 아동이 직접 소변을 가린 날을 기록하게 하고, 의식적인 수준에서 조절하도록 시도한다. 낮에는 일부러 물을 많이 먹도록 격려하여 오랫동안 소변을 참게 하는 방법을 이용하기도 한다. 저녁 특히 잠자리에 들기 전에는 최대한 수분섭취를 줄이며, 유뇨증상이 있는 밤에는 확실하게 깨워서 오줌을 누인다. 이와 같이 간단하고 원칙적인 방법만으로도 많은 효과를 볼 수 있다.

② 심리치료

부모의 이혼이나 동생의 출생과 같은 심리적 원인이 있는 경우 또는 유뇨증 증상 때문에 부모와 갈등이 있는 경우에 동반되는 정서적인 문제(예: 낮은 자아존중감, 불안 등)가 장기적으로 더 심각할 수 있으므로 부모와 아동 모두 심리치료를 받는 것이 매우 중요하다. 행동치료로는 소변을 가렸을 때 적절한 보상을 주는 긍정적 강화법이 효과적이다. 부모와 아동이 함께 상의하여 예쁘게 표를 만들고, 집 안의 가장 잘 보이는 곳에 표를 붙여 놓고, 야뇨증상이 없는 날에는 스티커를 직접 붙이도록 한다. 정해 놓은 스티커 개수가 모였을 때 미리 약속한 선물을 주는 방법을 사용한다.

야뇨증 아이의 부모를 위한 tip

- 조롱하거나 창피를 주는 것을 피한다. 화를 내거나 야단치지 않는다. 부모가 조롱하거나 화를 내면 아이가 불안하고 위축될 뿐이다. 이는 문제해결에 도움이 안 될 뿐 아니라 새로운 문제를 만들어 낼 수 있음을 명심한다.
- 조급한 태도를 버린다. 거의 대부분은 좋아진다는 생각으로 느긋하게 다시 대소변 훈련을 시작한다.
- 잘 가렸을 때는 칭찬한다는 원칙을 가지고 대한다.
- 신체 질병이 원인이 될 수 있으므로, 다른 신체 증상이 있는지를 잘 살펴본다.
- 최근의 생활사건이나 스트레스가 있는지 확인해서 있다면 구체적이고 실제적인 도움을 준다.
- 침대나 이불 위에 이중으로 방수천을 깔아 주고, 새 잠옷을 아이의 침상 곁에 미리 준비해 준다. 실수한 경우에 어떻게 스스로 이부자리를 정리하고 옷을 갈아입을 것인가에 대해 낮 동안에 미리 연습시킨다. 이렇게 함으로써 가족에 의한 스트레스가 많이 줄어들 수 있다.
- 행동의 결과에 대해 책임감을 부여한다. 나이가 든 아이 같으면 젖은 속옷을 직접 빨래하도록 지도한다. 어린 아이라 할지라도 빨래통에 속옷을 가져다 넣도록 지도한다.

출처: 최영(2016), www.drchoi.pe.kr/enuresis.htm에서 발췌하여 재구성.

2) 유분증

(1) 개념

유분증(Encopresis)은 4세 이상의 아동이 기질적 결함이나 신체적 질환이 없는데도 불구하고 적당한 장소가 아닌 곳이나 옷에 대변을 싸거나 지리는 것을 말한다. 특히 이러한 행동이 3개월 이상 월 1회 이상 나타날 경우에 유분증으로 진단한다.

한 대규모의 유분증 역학 연구에서 약 8,800명의 7~8세 아동 중 유분증을 보인 남아는 1.5%, 여아는 0.5%였다(Kaplan & Sadock, 2009). 우리나라의 경우, 초등학교 아동의 유병률은 2.4%로 나타났다. 또한 유분증 아동의 25~33% 정도는 유뇨증을 같이 가지고 있었다(남민, 정인과, 한준수, 홍강의, 1996; 남민, 조숙행, 정인과, 홍강의, 1997).

(2) 원인

① 생물학적 요인

유분증 아동의 경우 항문 외부 괄약근의 수축과 활성도가 비정상적일 수 있다. 개인에 따라서 장의 활동이 다른데 장의 운동성이 낮은 경우 대변이 정체되기 쉬우며, 기질적으로 신체적인 신호에 부주의한 아이들은 다른 활동에 몰두하느라 실수할 가능성이 높다. 또한 변을 보지 않아서 변비가 생기고, 그 결과 일어나는 활발한 장운동 때문에 통증을 느끼며 통증 때문에 더욱 대변을 보지 않게 되어 악순환에 빠지는 경우도 많다(최영, 2016).

② 심리적 요인

배변훈련을 하면서 부모와 아동은 통제와 자율의 갈등을 경험하게 되며 이 과정에서 부모와 아동 간의 힘겨루기로 인해 유분증 증상이 나타난다. 정신분석적 입장에서는 유분증을 부모에 대한 분노의 표현으로 보고 있다. 대변을 잘 가리던 아동에게서 유분증이 나타나기도 하는데, 즉 동생의 출생, 이사, 부모와 이별, 입학 등으로 스트레스를 받아 퇴행현상이 나타날 수 있으며, 또한 학대 혹은 방임으로 고통받고 있는 경우에도 유분증이 발생한다.

③ 환경적 요인

생활습관적으로 지방과 당분이 높은 음식(인스턴트 식품 등)을 즐기거나, 섬유질 섭취를 적게 하는 경우, 충분한 수분 섭취를 하지 않는 경우, 운동부족 경우 등에서도 유분증이 발생할 수 있다.

(3) 특징

유분증 발생은 연령이 높을수록 감소하지만 증상은 더 만성적이 되어 청소년기에서 성인기까지 지속된다. 유분증은 밤보다 낮에 더 자주 발생하므로 쉽게 노출된다. 유분증이 있는 아동은 수줍음이 많고 난처한 일이 일어날 수 있는 상황(예: 야영, 학교)을 피하려고 한다. 유분증을 지닌 아동은 유뇨증과 마찬가지로 사회활동의 제약(예: 친구 집에서 자거나 캠핑 가는 일을 하지 못함), 친구로부터의 놀림과 배척, 부모에 대한 불안과 분노, 낮은 자존감 등 정서발달에 문제가 생길 수 있다. 유분증이 있는 아동은 흔히 유뇨증과 함께 나타나기도 하는데, 유분증의 25~33%는 유뇨증과 동반된다. 유뇨증보다는 심리적인 문제가 더 심각하고 사회적응에도 상당한 지장을 초래할 수 있다.

변비와 연관된 의학적 요인으로 증상이 설명되지 않을 때에만 유분증을 진단할 수 있다. 유분증 진단을 받은 아동 중 78%에서 복부방사선 촬영상의 유분증 진단이 가능하다고 한다.

유분증의 진단을 위한 DSM-5 기준은 〈표 8-5〉와 같다(APA, 2015).

〈표 8-5〉 **유분증의 DSM-5 진단기준**

A. 부적절한 장소(예: 옷, 바닥)에 불수의적이든 의도적이든 반복적으로 대변을 본다.
B. 이러한 상황이 적어도 3개월 동안에 월 1회 이상 나타난다.
C. 생활연령이 적어도 4세 이상이다(또는 이와 동일한 발달 수준에 있음).
D. 이러한 행동이 물질(예: 완화제)의 생리적 효과나 변비를 일으키는 기전을 제외한 다른 의학적 상태로 인한 것이 아니다.

(4) 치료

유분증 원인, 증상의 지속기간, 동반하는 행동문제의 심각성 그리고 부모의 치료 협조 여부 등이 치료효과에 영향을 미친다. 유분증의 치료는 교육적 접근과 심리치료 등과 같은 전반적인 치료적 접근이 이루어져야 한다.

① 교육적 접근

교육적 접근에서는 전반적인 대장 기능 향상과 올바른 식사습관(예: 섬유질이 많은 음식 섭취)을 위한 교육을 하고, 부모와 아동에게 이러한 증상은 질환이라는 것을 인식시켜 주며, 유분 증상으로 야기된 긴장을 풀어 주어야 한다. 특히 아동에게는 저하된 자존심과 관련하여 안심과 격려가 필요하다.

② 심리치료

유분증은 기질적인 원인보다는 심리적인 요인이 작용하는 경우가 더 많다. 대개 부모-자녀관계의 문제로 인한 경우인데, 놀이치료 또는 미술치료 등의 심리치료를 통해 아동의 내면 갈등을 이해하고 표현하도록 하는 것이다. 또한 유분증 치료에는 행동치료가 효과적이다. 예를 들어, 아동이 정해진 시간에 자발적으로 화장실에 가서 배변을 하면, 스티커를 주기로 부모와 아동이 미리 약속을 하고 아동의 행동을 동기화하기 위해 일정량의 스티커가 모이면 아동이 원하는 보상을 준다.

유분증 사례

만 5세 남아 철이는 보통 체구에 피부는 다소 검은 편이며, 여동생(만 3세), 아버지(32세), 어머니(28세)와 함께 산다. 어머니는 21세 때, 남편과 연애하는 중 임신한 사실을 알게 되어 임신 5개월 때 결혼을 했다. 결혼 초에는 시부모와 함께 살았으며, 부부갈등도 심했다. 철이가 23개월쯤 되었을 때, 동생이 태어났으며, 어린이집에 다니기 시작하였다. 철이와 함께 온 어머니는 상담실에 와서 MMPI 검사를 실시하였는데, 심한 우울증세와 무기력한 상태를 보였다. 철이는 가정 내에서는 부모보다 조부모를 더 따르는 편이었으며, 동생과는 많이 다투었다.

4세부터 한 달에 2~3번씩 대변 실수를 하고 있으며, 소변 실수는 하지 않는다. 아동은 산만하지는 않으나, 친구를 때리거나 공격적 행동을 하여 또래관계가 원만하지 못하다. 평소 부정적인 태도와 불안해 보이고, 2년 전부터 짜증을 심하게 내고 있다.

• 검사 결과와 제언

철이는 웩슬러 아동용 지능검사에서 지능이 우수한 편이나 주의집중이 부족하고, 정서적 불안증상이 나타났다. 가족화 검사에서 철이는 아버지와 동생을 종이의 우측 상단에 그렸다가 지웠고, 누워 있는 어머니와 자신을 그렸다. 철이에게는 아버지와 동생의 존재감이 없고, 어머니에 대한 양가감정과 가족 내 따뜻한 교류에 대한 허기 등이 있는 것으로 볼 수 있다.

철이에게는 자신의 정서를 언어화하여 적절한 방식으로 표현하여 해소할 수 있도록 돕는 놀이치료가 필요하다. 가정 내에서는 공감적인 양육환경의 조성과 함께 가족체계를 점검하고, 양육자와의 친밀한 소통과 상호작용을 늘리도록 하는 노력이 요망된다.

활동

1. 이식증, 신경성 식욕부진증, 신경성 폭식증, 유뇨증 또는 유분증에 대한 DSM-5의 진단기준에 의거해서 주위에 해당되는 아동이 있는지 살펴보고 이야기 나누어 봅시다.
2. 상담사례를 보면서 아동의 문제행동 특성과 부모의 양육 방식에 대해 토론해 봅시다.

제9장 | 아동과 교사를 위한 정신건강

기타의 장애

이 장에서는 지금까지 다루지 않았지만 아동과 청소년이 흔히 경험하는 적대적 반항장애와 반응성 애착장애를 살펴보고자 한다. DSM-5 진단기준에서 볼 때 적대적 반항장애는 파괴적, 충동조절장애 및 품행장애에 포함되고, 반응성 애착장애는 외상 및 스트레스 관련 장애에 포함된다.

오늘날 아동과 청소년 사이에 외현화 문제행동이 높은 빈도로 발현하고 있는데, 이들 중 전문적인 도움을 필요로 하는 경우도 많다. 유아기의 외현화 문제행동이 해결되지 않을 경우 개인적인 부적응을 비롯해서 또래관계나 학교적응에 어려움을 주며 반사회적 행동으로 이어질 수 있다. 이 중에서 적대적 반항장애는 분노, 거부, 짜증과 같은 부정적인 정서로 인하여 상대방에게 적대적이며 반항적인 행동을 하기 때문에 문제가 더욱 심각하다.

인간은 태어나면서 주 양육자인 어머니의 적절한 보살핌 속에서 심리적인 안정감을 느끼며 신체적, 심리적 발달을 이룬다. 그러나 최근 양육결핍이나 양육자의 잦은 교체로 인해 부모-자녀 간의 정서적인 유대가 부적절하여 반응성 애착장애라는 병리현상이 증가하고 있다. 반응성 애착장애는 신체적, 정서적, 사회적, 인지적 발달에 부정적인 영향을 미친다.

이 장에서는 적대적 반항장애와 반응성 애착장애의 개념, 원인, 특징과 치료에 대해 살펴보고자 한다.

1. 적대적 반항장애

1) 개념

적대적 반항장애(Oppositional Defiant Disorder)는 권위에 대한 거부, 도전, 불복종 또는 적대적 행동과 관련된 장애이다. 이 장애를 지닌 아동은 버럭 화를 내거나 말대꾸를 하고, 지시나 규칙을 무시하거나 따르지 않는 특성을 보인다. 또한 고의적으로 타인에게 신경질을 자주 내며, 원망하거나 악의적이고, 타협을 하지 않는다. 성인이 매우 강압적이고 위협적인 경우에는 성인의 통제에 대해 직접적으로 반항하기보다는 꾸물거리거나 못 들은 척을 하거나 말을 하지 않거나 무관심한 척을 하는 등의 수동적인 형태로 거부를 나타내기도 한다.

3~5세 전후의 아동이 부모의 지시를 따르지 않거나 떼를 쓰는 행동은 정상 발달과정에서도 보일 수 있다. 다만 이러한 행동이 일상생활에 어려움이나 기능저하를 초래할 경우에는 진단적 평가를 고려해야 한다. 학령기 아동의 5~15% 정도가 적대적 반항장애를 가지고 있다. 2005년 서울시 아동·청소년 정신장애 유병률 조사에 따르면 적대적 반항장애의 유병률은 11.34%, 품행장애는 1.12%였다(조수철 외, 2005). 적대적 반항장애를 가진 아이들 중 일부는 품행장애로 진행될 수 있는데, 품행장애는 폭력, 방화, 도둑질, 거짓말, 가출 등과 같이 난폭하거나 무책임한 행동을 통해 타인을 고통스럽게 하는 행위를 반복적으로 나타내는 경우를 말한다(권석만, 2006).

2) 원인

(1) 생물학적 요인

뇌 기능의 문제로 인해 부정적이고 공격적으로 행동하게 되는 적대적 반항장애가 나타날 수 있다. 가족 중에 적대적 반항장애나 품행장애 등을 경험한 구성원이 우울증이나 약물남용, 또는 반항성 장애를 보일 가능성이 높다.

(2) 심리적 요인

지나치게 권위적이거나 일관성이 없는 부모의 양육태도, 부모 간의 불화, 가정 내의 폭력, 가족 간의 낮은 결속, 아동학대 등이 원인이 될 수 있다. 일반적으로 반항적인 아동은 영아기부터 기질적으로 까다롭고 달래기 힘든 경우가 많은데, 문제는 아동의 기질보다는 기질에 맞춰지지 않는 양육방식이 문제가 된다. 까다롭거나 자기주장이 강한 아동이 잘 달래지지 않아 부모가 좌절하고 잔소리나 체벌로 과도하게 억제하려고 한다면, 아동이 부모와 투쟁하면서 적대적 반항장애를 보이게 된다. 즉, 부모가 아동의 기질에 적합한 양육방식을 제공하지 못한 경우 적대적 반항장애를 보일 수 있다.

아동이 학교생활에서 부적응적인 모습을 보이고, 교사와 친구에게 공격적이고 반항적인 행동으로 처벌이나 비난을 받게 될 때, 이를 남의 탓으로 돌리고 화를 내어 사회적 고립을 경험하게 됨으로써 적대적 반항장애가 형성되기도 한다. 적대적 반항장애를 가진 아동은 감정적 과잉반응을 보이거나 좌절에 대한 내성이 부족하며 차분해지기 어려운 성향을 보인다.

3) 특징

적대적 반항장애 아동은 다음과 같은 특징을 보인다.

- 권위자에 대해 비협조적, 반항적, 적대적 행동을 보인다.
- 자주 화를 내고 어른과 다투고 사회적 규칙을 어기며 고의로 다른 사람을 화나게 한다.
- 자신의 실수를 남의 탓으로 돌리면서 분노에 차 있고 앙심이 있는 것처럼 보인다.
- 심한 공격적인 행동은 안 하지만 가벼운 신체적인 공격은 한다.
- 언어가 매우 공격적이고 욕설을 자주 한다.
- 자신의 어려움을 다른 사람이나 외부 환경의 탓으로 돌린다.

적대적 반항장애는 전형적으로 5세 전후에 발병하고 이후 상당 기간 지속되며, 청소년기 이후에 발병하는 경우는 드물다.

만 5세 유아들이 자주 분노발작을 보이는 것은 유별난 것이 아닐 수 있다. 그러나 버럭 화를 내거나 말대꾸를 하거나 지시나 규칙을 무시하거나 따르지 않는 특성 등으로 인해 문제 상황을 자주 초래하는 경우 적대적 반항장애로 의심해 볼 수 있다.

적대적 반항장애 진단을 위한 DSM-5 기준은 〈표 9-1〉과 같다(APA, 2015).

〈표 9-1〉 **적대적 반항장애의 DSM-5 진단기준**

A. 분노/과민한 기분, 논쟁적/반항적 행동 또는 보복적인 양상이 적어도 6개월 이상 지속되고, 다음 중 적어도 네 가지 이상의 증상이 존재한다. 이러한 증상은 형제나 자매가 아닌 적어도 한 명 이상의 다른 사람과의 상호작용에서 나타나야 한다.

- 분노/과민한 기분
  1. 자주 욱하고 화를 낸다.
  2. 자주 과민하며 쉽게 짜증을 낸다.
  3. 자주 화를 내고 크게 분개한다.
- 논쟁적/반항적 행동
  4. 권위자와의 잦은 논쟁, 아동이나 청소년의 경우는 성인과 논쟁한다.
  5. 자주 적극적으로 권위자의 요구나 규칙을 무시하거나 거절한다.
  6. 자주 고의적으로 타인을 귀찮게 한다.
  7. 자신의 실수나 잘못된 행동을 남의 탓으로 돌린다.
- 보복적 특성
  8. 지난 6개월 동안 적어도 두 차례 이상 악의에 차 있거나 앙심을 품는다.
- 주의점: 이들 행동의 지속성과 빈도는 정상 범위 내의 행동과는 구별되어야 한다. 달리 언급되어 있지 않다면(진단기준 A8), 5세 이하에서는 적어도 6개월 이상 기간 동안 대부분의 날에 나타나야 하며, 5세 이상에서는 적어도 6개월 이상 동안 적어도 매주 1회 이상 이러한 증상이 나타나야 한다. 이 빈도의 기준은 증상을 정의하는 최소 빈도에 대한 지침이므로, 다른 요인에 대한 고려가 필요하다. 행동의 빈도와 강도가 발달수준, 성별 및 문화적 배경을 고려했을 때 정상인 규준을 벗어나 있는지 여부를 고려해야 한다.

B. 행동장애가 자신이나, 가까운 사회관계(가족, 또래집단, 직장동료)의 타인에게 괴로움을 초래하거나, 사회생활, 교육, 직장 또는 다른 중요한 기능범위에 부적응적인 영향을 미친다.

C. 이러한 행동이 오직 정신병적 장애, 물질사용장애, 우울장애, 또는 양극성장애의 경과 중에만 국한에서 나타나지 않는다. 또한 파탄적 기분조절장애의 진단기준을 충족하지 않아야 한다.

- 현재의 심각도 명시
  - 경도: 증상이 오직 1개의 장소(집, 학교, 직장, 또래와 모임)에서만 국한된다.
  - 중등도: 일부 증상이 적어도 2개의 장소에서 나타난다.
  - 고도: 일부 증상이 적어도 3개의 장소에서 나타난다.

4) 치료

적대적 반항장애는 성장하면서 자연스럽게 없어질 수도 있으나 부모, 교사, 또래관계를 악화시켜 가족관계, 교우관계를 해치고 학업부진을 가져오며, 품행장애 또는 기분장애로 발전될 수 있으므로 초기에 개입을 하는 것이 좋다.

(1) 부모교육

효과적인 부모-자녀관계를 위해 부모는 의사소통 기법을 배워야 한다. 반영적 경청이나 나-전달법 등을 통해 부모는 아동의 감정을 수용하고 존중하며 이해할 수 있어야 한다. 또한 행동치료의 긍정적인 강화 기법을 배워서 아동의 부정적인 행동을 줄이고 긍정적인 행동을 증진시키도록 한다. 이들은 청소년보다 아동에게 적용하였을 때 좀 더 효과적이다.

(2) 심리치료

놀이치료나 미술치료 등의 심리치료를 통해 아동의 억압된 감정이나 부정적 감정을 자연스럽게 표출하고 해소하며, 적절한 행동과 사회적 기술을 발달시킨다. 사회적 기술훈련을 통해 또래관계에서 융통성을 증가시키고 좌절상황에서 인내하는 능력을 증진시킬 수 있다. 그리고 인지행동치료는 자기통제를 하고, 좀 더 사려 깊고 효율적인 문제해결을 위한 전략을 사용하도록 도움을 준다. 가족 구성원 간의 갈등을 해결하기 위해 가족의 의사소통 패턴과 가족체계의 개선을 위해 가족치료가 효과적인 치료방법이 될 수 있다.

적대적 반항장애 아동을 가진 부모를 위한 tip

- 항상 긍정적인 태도로 대한다. 아동이 융통성을 보이거나 협조를 할 때 칭찬을 하거나 긍정적인 강화를 준다.
- 아동과의 갈등이 더 나빠지거나 좋아지지 않을 것으로 예상되면, 잠시 멈추고 시간을 갖는다. 이것은 아동에게도 좋은 모델링이 될 수 있다. 아동이 과잉반응을 예방하려고 타임아웃을 원한다면 이를 지지해 준다.
- 갈등에서 언제 물러나야 할지 알아야 한다. 적대적 반항장애 아동은 힘겨루기를 피하는 데 어려움이 있기 때문에 당신이 원하는 아동의 행동들에 대해 우선순위를 정한다.
- 아동의 잘못된 행동에 대해 타임아웃을 실시하려고 한다면, 논쟁으로 시간을 끌지 말아야 한다. "네가 네 방으로 들어간 때부터, 타임아웃 시간이 시작된다."라고 단호히 말을 한다.
- 일관성 있게 시행될 수 있도록 타당하고 연령에 맞는 제한을 정한다.
- 적대적 반항장애 아동에게 시간과 에너지를 다 소모하지 않도록 그 아동 이외의 것들에 관심을 갖는다. 아동과 관계를 맺고 있는 다른 성인들(예: 교사, 코치, 배우자 등)의 지원을 받는다.
- 운동이나 휴식, 이완 등을 통하여 부모 자신의 스트레스를 관리한다. 필요할 때마다 일시적으로 중단하고 멈추는 시간을 갖는다.

출처: www.aacap.org

적대적 반항장애 사례

만 4세인 석희는 회사원인 부(만 34세)와 전업주부인 모(만 34세) 사이에 태어난 2대 독자로 갸름한 얼굴을 한 보통 체구의 남아이다. 배변 훈련이 늦어서 석희는 기저귀를 오래 사용했으며, 42개월쯤 되어서야 화장실을 이용하였다. 아버지는 엄격하고 어머니는 허용적인 양육태도를 지니고 있다. 아버지는 성격이 급하고 화를 자주 내며, 어머니 역시 감정기복이 있고 즉흥적이나 화를 자주 내지는 않는다. 아버지는 훈육 시 체벌은 하지 않지만, 자녀에게 큰 소리를 지르며 야단을 친다.

석희는 유치원에서 친구들과 잘 사귀지 못하며, 사이좋게 노는 것을 어려워한다. 자신이 원하는 일이 이루어지지 않으면, 울고, 소리를 지르거나, 물건을 던지는 모습 등을 나타낸다. 이런 문제 행동들은 올해 새로 어린이집을 다니면서 더 심해졌다. 석희는 사람이 많은 공간에 가지 않으려고 하고, 놀이터에서도 사람이 적어야 논다. 어린이집을 다니기 시작한 이유는 어머니가 갑자기 취업을 했기 때문이다.

- 검사 결과와 제언

웩슬러 아동용 지능검사 결과 전체 지능은 117로 평균 이상이며, 언어성 지능은 121로 우수하고,

동작성 지수는 107로 평균이었다. 인지발달은 불균형적이고 비효율적인 측면이 예상된다.
로샤 검사 과정에서 석희는 엉뚱한 대답을 반복하거나 일부 과제에 대해 수행을 거부하여, 깊이 있는 정서측면을 탐색할 수 없었다. 돌봄에 대한 지각을 반영하는 CAT 카드에서 역시 양육 주제가 '화가 난' 상황을 연상하는 등, 가정환경이 안전기저로 작용하지 못하는 것 같았다.
HTP 검사에서 "나무는 쉬고 있으며, 미래에 죽을 것 같다."고 했으며, 사람을 그리고 난 후 "피가 날 거 같다."고 말했다.
어린이집 적응과정에서 상황적 스트레스와 연관되어, 아동의 행동문제가 늘어나며, 부정적인 피드백들이 잦아졌던 점이나 일관성이 부족한 부모의 대처방식 등이 석희의 문제 행동과 관련이 있을 수 있다. 석희의 분노 표현방식에 있어 부모를 모델링하지 않는지 주의가 필요하다. 또한 석희의 행동이 부모의 비일관적인 양육태도와 연관이 될 수 있으므로, 아동의 상담과정에서 적절한 부모교육과 조언이 필요하다. 또한 놀이치료를 통해 부정적 감정을 표현하고 부적절한 행동을 조절하는 것을 학습할 수 있는 기회를 제공한다.

2. 반응성 애착장애

1) 개념

반응성 애착장애(Reactive Attachment Disorder: RAD)는 영유아가 부모와 건강한 유대감을 형성하지 못하는 것으로 흔하지는 않지만 심각한 정신장애이다. 반응성 애착장애는 영아 자폐증이나 선천적인 장애가 있어 애착을 형성하지 못하는 경우는 제외되며, 후천적으로 부모의 병리적인 양육의 영향으로 인해 애착형성에 문제가 발생한 사회적 기능장애이다.

영유아기의 반응성 애착장애는 발달적으로 부적절한 애착 행동양식이 특징이며, 안락, 지지, 보호 그리고 돌봄을 위하여 애착 대상에 의지하는 것이 거의 없거나 최소한으로 이루어진다.

2) 원인

반응성 애착장애의 주요 발생 원인은 대부분 부적절한 양육과 관련되는데, 부적절한 양육이란 부모의 학대나 유기, 양육자의 정신적·정서적 장애, 미숙한 보살핌, 부모의 사회적인 고립 등 양육자의 문제를 말한다. 특히 우울한 부모는 일반적으로 자녀와 덜 상호 관계적이며 덜 반응적이어서 자녀의 신체적, 정서적 신호에 무관심하고 덜 민감하게 반응하여 안정애착을 형성하지 못한다.

또는 위탁 대리 부모의 지나친 변동 등 주 양육자의 잦은 교체에서 비롯된 양육 환경상의 문제가 있을 수 있다. 최근 맞벌이 부부가 증가하면서 아이들을 돌보는 대리부모가 필요한데 이들의 자질이 부족하다거나 대리부모가 자주 교체될 경우 안정된 애착형성을 저해한다.

3) 특징

반응성 애착장애 아동은 고통스러울 때 양육자에게서 위안, 지지, 애정, 보호를 얻으려는 시도를 전혀 보이지 않는다. 게다가 그들은 고통스러울 때 양육자가 달래 주려고 해도 최소한으로 반응한다. 반응성 애착장애 아동은 대인관계에서 안정된 관계를 맺지 못하며 전반적인 무관심과 사회적인 반응성 부족 등 사회적 상호작용에 있어 현저한 결함을 보이며, 냉담하고 위축되어 있고, 적대적 또는 공격적인 성향을 나타내는 등 정서적인 장애를 보인다(APA, 2015; www.who.int/en). 또한 심각한 언어지연과 운동발달의 지체, 연령에 적절한 자조기술을 습득하기 어려운 특성이 있다(이영주, 1998, 재인용). 이경숙(1996)은 만 3세 반응성 애착장애아의 특징을 분석한 결과, 호명에 반응이 없고, 언어표현이 지체되며, 또래에 대한 반응이 없고, 특정한 사물, 놀이, 상황에 대한 집착이 있는 것으로 보고했다.

대체로 반응성 애착장애 아동은 자폐아동과 비슷한 행동패턴이나 언어사용을 보인다. 옆에 누군가가 있어도 아무런 관심을 보이지 않고 혼자서 고립된 놀이를 즐기며, 불러도 아무런 반응을 보이지 않고 쳐다보지도 않으며, 발끝으로 걷는다든지, 반향어나 고음의 발성을 하는 등 비정상적인 언어양상을 보이기 때문에 반응성 애착장애를 유사자폐라고도 한다. 그러나 자폐가 선천적인 원인에 의한 장애라면, 반응성 애착장애는 후천적으로 양육환경의 결핍에서 비롯된 장애이므로, 자폐아동과는 달리 반응성 애착장애 아동에게 적절한 환경과 교육을 제공하면 증상의 개선 효과를 가져 올 수 있다.

반응성 애착장애의 증상은 ADHD, 외상후 스트레스장애, ASD의 증상과 비슷하므로 정확한 진단을 받아야 한다.

반응성 애착장애 진단을 위한 DSM-5 기준은 〈표 9-2〉와 같다(APA, 2015).

〈표 9-2〉 **반응성 애착장애의 DSM-5 진단기준**

A. 다음 두 가지에 나타난 것처럼 성인 양육자에 대해 억압되어 있고 감정적으로 내향적 행동의 지속적 패턴이 나타난다.
  1. 아동이 괴로울 때 거의 안락을 찾지 않거나 최소한의 정도로만 안락을 찾는다.
  2. 아동이 괴로울 때 거의 안락에 대한 반응이 없거나 최소한의 정도로만 안락에 대해 반응한다.

B. 다음 중 최소 두 가지 이상으로 지속적인 사회적 · 감정적 장애가 나타난다.
  1. 다른 사람들에게 최소한의 사회적, 감정적 반응
  2. 제한적인 긍정적 감정
  3. 성인 양육자와의 위협적이지 않은 상호작용 중에도 설명할 수 없는 슬픔 또는 두려움의 분명한 삽화들

C. 아동은 다음 중 적어도 한 가지에 의해 입증되는 불충분한 보살핌의 극단적 패턴을 경험한다.
  1. 안락함, 자극 그리고 애정에 대한 기본적인 정서적 욕구의 지속적 결핍의 형태로 나타난 사회적 방치 또는 박탈
  2. 안정된 애착형성을 위한 기회를 제한하는 주 양육자의 반복적인 변경(예: 위탁보호의 빈번한 변경)
  3. 선택적 애착형성을 위한 기회를 매우 제한하는 비정상적 환경에서의 양육(예: 아동 대 양육자 비율이 높은 기관들)

D. 장애는 5세 이전에 나타난다.

E. 진단기준이 자폐스펙트럼장애에 해당되지 않는다.

F. 장애가 5세 이전에 시작된 것이 명백해야 한다.

G. 아동의 발달 연령이 최소 9개월 이상이어야 한다.

- 만약 해당된다면 명시할 것: 지속성(장애가 12개월 이상 존재해 왔음)
- 현재의 심각도를 명시할 것: 반응성 애착장애는 아동이 장애의 모든 증상들을 드러내며, 각각의 증상이 상대적으로 높은 수준을 나타낼 때 고도로 명시한다.

4) 치료

반응성 애착장애는 그 원인이 부모의 양육태도와 관련되므로 놀이치료, 부모-자녀 치료놀이를 통해 치료하는 것이 바람직하다. 이러한 치료를 통해 부모는 자녀와의 애착관계를 개선하는 데 도움을 받을 수 있다. 양육자의 양육형태가 온정적이고, 아동의 요구에 민감하게 반응하며, 일관성 있는 양육태도를 보일 경우, 증세가 호전될 수 있으므로 부모의 적극적인 참여가 필수적이다. 특히 부모-자녀 치료놀이는 애착이론에 기반을 두고 부모와 자녀 사이에 긍정적인 신체접촉 등을 통해 건강한 상호작용 모델을 형성하도록 도와준다.

반응성 애착장애 사례

만 6세인 재경이는 아버지(50세), 어머니(45세)가 늦게 얻은 독자이다. 아버지가 38세, 어머니가 33세 때 결혼하였다. 부모 모두 대학을 졸업하였고, 아버지는 자영업자이며, 어머니는 가정주부로 완벽주의자이고 냉정해 보인다. 재경이는 어려서부터 엄마의 돌봄 없이, 혼자 놀거나, 친구들이 다가오면 피하는 등 다른 사람과 관계를 맺는 것에 어려움을 보였다고 한다. 그러나 이런 어려움이 해결되지 않고, 3세부터 놀이학교, 영어유치원, 일반 유치원 등으로 옮겨 다녔고, 5세부터 어머니가 일을 하게 되면서 재경이는 어머니를 따라 회사에 가서 컴퓨터를 하며 시간을 보내는 등 부적절한 환경에서 돌봄이 이루어졌다.
재경이는 아버지와 관계가 좋았으나, 아버지가 교통사고로 쓰러진 후 아버지와의 관계를 거부하였다. 아버지는 사고 후 2개월 정도 입원하여 치료를 받고 신체는 회복되었으나, 말을 잘 못하는 상태이다. 재경이는 겉으로는 어머니에게 딱 붙어 떨어지지 않으려 했지만 어머니가 자신을 해칠 것이라는 두려움을 표현하는 등 이중적인 모습을 나타내고 있다. 집에서는 개구쟁이처럼 행동하나, 다른 아이들과 있으면 매우 조용하고, 놀이터에서 혼자 놀다가 다른 아이들이 다가오면 놀이를 그만두고 피한다.

• 검사 결과와 제언

웩슬러 아동용 지능검사에서는 전체 지능이 보통 수준으로 나왔다. 로샤 검사 결과, 재경이는 간혹 상당한 불안이나 불안정감에 휩싸이며, 외부 세상이나 환경에 대한 안정감을 갖기 어려운 상태이다. HTP 검사에서 집은 굴뚝과 연기가 매우 강조되었다. 나무는 키가 크나, 가지는 거의 없었다. 아동은 나무에 대해서 "마른 나무가 오래되면, 사람들이 주변을 더럽게 써서 나무가 죽을 것 같다."고 부정적 미래를 연상하였다. 가족화에서는 부모를 그리지 않은 것으로 보아 심리적으로 부모는 부재인 것으로 보인다. 제반 심리검사 결과는 부정적 감정과 반항성을 많이 가지고 있는 것으로 나타났다.

우선 상담자와 안정되고 신뢰로운 관계를 형성하여, 불안감을 낮추고, 이런 경험을 기초로 해서, 점차적으로 부모와도 안정된 애착을 형성할 수 있도록 돕는다. 또한 자유롭고 다양한 놀이경험을 통해 내면의 분노와 부정적인 감정 등을 표출하고 해소할 수 있도록 놀이치료가 필요하다. 아버지는 건강상의 어려움을 겪고 있고, 어머니는 아동의 감정과 발달을 이해하지 못하고, 적절한 양육방식을 모르기 때문에 부모교육과 상담이 반드시 병행되어야 한다.

활동

1. 적대적 반항장애 또는 반응성 애착장애에 대한 DSM-5의 진단기준에 의거해서 주위에 해당되는 아동이 있는지 살펴보고 이야기 나누어 봅시다.
2. 상담 사례를 통하여 장애아동의 문제행동과 부모의 양육방식에 대해 토론해 봅시다.

제10장 | 아동과 교사를 위한 정신건강

심리사회적 제 문제

오늘날 핵가족화와 맞벌이 부부의 증가 그리고 조기교육 등으로 인하여 어린 아동들이 비교적 일찍 교육기관에 다니기 시작하며, 학령기에 들어와서는 방과 후 수업과 사교육까지 받고 있다. 그리고 청소년기에는 대학입시를 준비하기 위해 새벽부터 밤늦게까지 학교에 장시간 머물게 된다. 따라서 학교문화와 또래관계 및 교사와의 관계가 아동과 청소년의 정신건강에 중요한 요인으로 작용하고 있다.

그런데 학생들이 경쟁과 성적위주의 학교생활에서 경험하는 심리적 · 사회적 · 지적 어려움에 적절하게 대처하지 못하면, 학교 부적응의 현상들이 나타나게 된다. 학교폭력이 그중 하나이며, 극단적으로는 자살로 나타나기도 한다.

한편 미디어의 발달 속에서 성인은 물론 많은 아동이 스마트폰을 소지하게 되면서 아주 쉽게 유해한 동영상과 게임에 노출되고 있으며, 심지어 인터넷 · 스마트폰 중독까지 이어지고 있다. 최근 인터넷 · 스마트폰 중독, 학교폭력 및 따돌림과 자살이 저연령화 되어가고 있어 사회적으로 심각한 문제가 되고 있다.

이 장에서는 학교폭력, 인터넷 중독(스마트폰 중독) 그리고 자살의 원인, 실태, 특징과 예방 및 대책 등에 대해 알아보고자 한다.

1. 학교폭력

학교는 학생들이 가장 많은 시간을 보내는 공간으로, 학생의 인지발달뿐만 아니라 정서적 · 사회적 발달에도 중요한 영향을 미치는 환경적 요인이다.

1) 개념

우리나라는 「학교폭력예방 및 대책에 관한 법률」 제2조(2012. 3. 21. 개정)에서 '학교폭력이란 학교 내・외에서 학생을 대상으로 발생한 상해, 폭력, 감금, 협박, 약취・유인, 명예훼손・모욕, 공갈, 강요・강제적 심부름, 성폭력, 따돌림, 사이버 따돌림, 정보통신망을 이용한 음란폭력 정보 등에 의하여 신체・정신 또는 재산상의 피해를 주는 행위'라고 규정하고 있다.

2013년에 개정된 주요 내용은 학교폭력의 범위를 기존의 학생 간에 발생한 사건에서 학생을 대상으로 발생한 사건으로 확대하고, 학교폭력에 대한 조사, 상담, 치유를 위한 전문기관의 설치운영 근거를 마련한 것이다. 또한 피해의 신속한 치료를 위해 치료비용의 부담기관 및 구상권 조항을 추가하는 등 폭력피해의 신속한 구제와 학교당국의 적극적인 대처를 규정하고 있다.

2) 실태

국회 입법조사처에서 2013년부터 2015년까지의 3개년 간의 학교폭력 현황을 조사한 결과를 보면, 학교폭력 가해학생과 피해학생의 수는 중학교가 가장 많았고, 그다음으로 고등학교, 초등학교 순이었다. 이 3개년 동안 중학교에서는 학교폭력이 감소하였지만, 초등학교와 고등학교에서는 학교폭력 가해학생과 피해학생이 증가하는 추세를 보였다. 학교폭력 가해와 피해를 경험한 학생의 응답률은 초등학교에서 가장 높았고, 중학교와 고등학교로 올라갈수록 감소하였다. 학교폭력 가해유형에서 상해・폭행, 명예훼손・모욕, 사이버폭력, 감금 등은 증가하고 있으며, 협박, 공갈・금품갈취, 강요・강제적 심부름, 따돌림, 약취・유인은 감소하는 추세이다. 한편, 인터넷이나 휴대전화를 이용한 사이버상의 학교폭력이 증가하고 있다(조인식, 2016).

학교폭력 실태

2016년 교육부에서 실시한 학교폭력 실태조사에 따르면, 전국 초등 4학년~고교 3학년 학생 498만 명 중 6만 2천 명이 학교폭력 경험이 있었으며, 피해 유형을 조사한 결과 남학생은 폭행, 스토킹, 금품갈취 피해가 각각 15.3%, 12.5%, 9.2%를 차지해 여학생(5.3%, 8.7%, 6.1%)보다 훨씬 높았다. 반면 여학생은 '관계적 괴롭힘'을 호소하는 경우가 많았는데 집단따돌림(22.6%), 모바일 메신저 폭언 등 사이버 괴롭힘(15.4%)이 남학생보다 2~3배 많았다. 저학년일수록 학교폭력을 경험한 학생 비율이 높아 고등학생은 0.6%, 중학생은 1.3%, 초등학생은 2.4%로 나타났다. 학교폭력이 발생한 시간은 주로 '쉬는 시간'(41.3%)과 '하교 이후'(15.8%)였고, 가해자는 대개 '같은 학교, 같은 학년'(68.9%)이었다.

출처: www.moe.go.kr

3) 특징

학교폭력의 일반적인 특징은 다음과 같다.

- 학교폭력의 가해 행동은 같은 학교 학생이나 또래에 의해 가장 많이 발생한다.
- 학교폭력 가해행동은 집요성을 띠고 있어서, 일부 학생들이 특정 학생을 지목하여 집중적, 지속적으로 괴롭히고 소외시킨다.
- 학교폭력의 가해자의 연령대가 점점 낮아지고 있다.
- 학교폭력의 피해자가 더 이상 피해자로 남지 않기 위해서 가해 집단으로 이동하거나 그 반대인 경우도 나타난다. 즉, 가해자가 피해자가 되기도 한다.
- 학교폭력의 가해 행동이 특별한 이유 없이 무차별적으로 또는 충동적으로 자행되고 있다.
- 학교폭력의 유형이 폭행, 갈취 등에서 사이버폭력이나 SNS 등을 통한 새로운 유형으로 변화하고 있다.
- 학교폭력의 가해자로 성적 우수학생이 증가하고 있다.

4) 유형

우리나라에서 많이 발생하고 있는 학교폭력의 유형은 신체폭력, 언어폭력, 금품갈취, 강요, 따돌림, 성폭력, 사이버폭력, 집단 따돌림이다(고광명, 2014; 곽영길, 2007; 김형섭, 2012; 신성대, 2016; 송재홍, 김광수, 박성희, 안이환, 오익수, 2016).

(1) 신체폭력

신체폭력이란 사람의 신체에 폭력을 행사하는 것으로 폭력의 형태 중 가장 흔히 발생하는 것이다. 신체를 손, 발로 때리는 등 고통을 주는 행위, 강제로 일정한 장소에서 쉽게 나오지 못하게 하는 행위, 상대방을 속이거나 유혹해서 일정한 장소로 데리고 가는 행위이다.

(2) 언어폭력

언어폭력이란 학교 내외에서 선후배나 동기들이 위협적이고 저속한 말이나 욕설 따위를 통해 상대방에게 두려움을 주거나 불쾌감을 주는 행위를 의미한다. 주로 상대에 대한 놀림, 조롱, 저속한 욕설, 비난, 이유 없는 헐뜯기, 약점의 확대 과장 유포, 타인이 싫어하는 별명 부르기 등과 같은 행위이다.

(3) 사이버폭력

사이버폭력이란 특정인에 대한 모욕적인 말이나 욕 등을 인터넷 게시판, 채팅, 문자 카페에 올리는 행위, 특정인에 대한 허위 내용의 글이나 사생활에 관한 사실을 인터넷이나 SNS 등으로 불특정 다수에 공개하는 행위, 위협 · 조롱 · 성적수치심을 주는 글이나 그림 혹은 동영상 등을 정보통신망을 통하여 유포하는 행위, 공포심이나 불안감을 유발하는 문자나 음향 혹은 영상 등을 휴대전화 등 정보통신망으로 반복적으로 전송하는 행위를 말한다.

(4) 금품갈취

금품갈취란 폭행이나 협박으로 타인의 재물을 교부받거나 갈취하는 행위로, 돈을 걷어 오라고 하거나 옷이나 문구류 등을 빼앗는 행위를 말한다. 상대방의 물건을 일부러 망가뜨리기, 학교내외에서 물건이나 돈을 억지로 빌리기, 물건이나 돈을 뺏기 등이 이에 포함된다.

(5) 강요

강요란 폭행 또는 협박으로 상대방의 권리행사를 방해하거나 해야 할 의무가 없는 일을 하게 하는 행위를 말한다. 강제적인 심부름, 빵 셔틀, 와이파이 셔틀이 이에 속한다. 여기서 빵 셔틀이란 힘센 학생들의 강요에 의해 빵을 사다 주는 등의 잔심부름을 하는 학생이나 그 행위 자체를 일컫는 말이다. 와이파이 셔틀이란 괴롭힘의 대상이 된 학생에게 무선 데이터 요금제에 가입하게 한 뒤 자신들의 스마트폰 인터넷을 공짜로 사용하는 것을 말한다.

(6) 성폭력

성폭력이란 성적인 말과 행동으로 성적 굴욕감과 수치감을 느끼도록 하는 성희롱과 폭행과 협박을 하면서 신체적인 접촉을 하는 성추행, 성기노출 등을 말한다.

(7) 집단 따돌림

집단 따돌림이란 학교 내외에서 2명 이상의 학생들이 특정인이나 특정집단의 학생들을 대상으로 지속적이거나 반복적으로 신체적 또는 심리적 공격을 가하여 상대방이 고통을 느끼도록 하는 일체의 행위이다. 싫어하는 말로 바보 취급하기, 빈정거림, 면박이나 핀잔 주기, 다른 학생들과 어울리지 못하도록 막기, 말을 따라 하며 놀리기 등이 이에 속한다. 집단 따돌림은 학교 폭력 유형 중 청소년들이 가장 두려워하는 것 중 하나로, 같은 또래집단으로부터 따돌림을 당하게 되면 피해학생들이 겪는 심리적 정서적 충격은 매우 크다.

5) 발생요인

학교폭력의 발생요인을 개인 요인, 가정 요인, 학교 요인, 사회적 요인을 중심으로 살펴보면 다음과 같다.

(1) 개인 요인

충동적이고 폭력적인 성향과 정서적으로 불안정하고 반사회적인 행동특성을 가진 학생들이 학교폭력을 행하는 경우가 많다. 이들은 자신의 욕구를 조절하는 능력이 부족하고 윤리의식이나 도덕의식이 제대로 형성되어 있지 않아서 사회적 기대나 사회규준을 고려하지 않고 감정이나 욕구대로 행동할 가능성이 높다. 또한 타인의 권리와 감정을 공감하지 못하거나 무시하는 경향이 있다. 열등감을 가지고 있는 청소년은 매우 사소한 일로도 자존심을 침해받기 때문에 폭력을 행사함으로써 자신의 자존심을 회복하려고 한다. 욕구좌절로 인해 야기된 공격성 증대도 학교폭력의 원인이 될 수 있다.

(2) 가정 요인

핵가족, 한부모 가정, 맞벌이 가정, 다문화 가정, 조손 가정 등이 증가하면서 부모역할의 어려움이 커지는 가운데 가정교육의 기능이 약화되고 있는 것도 학교폭력의 원인이다. 부모가 자녀의 공격적인 태도나 행동에 대해 언어적 설명보다는 신체적인 체벌을 가하는 등 강압적인 양육방식을 보이거나, 반대로 지나치게 허용적인 방식으로 양육하여 자녀의 행동이 적절히 통제되지 못하는 것이 그 전형적인 예이다. 또한 부모의 애정부족, 부모 간의 갈등, 가족의 불화도 청소년의 불만이나 분노를 유발하고, 가출 등으로 청소년들을 범죄에 노출시킬 수 있다.

(3) 학교 요인

대학입시로 지나치게 성적에 의존하고 있는 학교분위기에서 성적이 낮은 학생은 무력감과 소외감을 느끼고, 교사로부터 받는 사회적 단절감을 벗어나고자 폭력을 사용한다. 성적이 좋은 학생은 모범학생으로 간주되고, 성적이 떨어지는 학생은 문제학생이라는 학교분위기도 청소년의 인성발달에 부정적인 영향을 줄 수 있다.

(4) 사회적 요인

주위에 퇴폐 · 향락 산업 등 유해환경이 많고 매체를 통한 빈번한 폭력행위에의 노출환경은 청소년에게 부정적인 모델이 될 뿐 아니라 도덕성을 무디게 하고 절제력을 약화시켜 반사회적인 행동을 조장할 수 있다.

6) 예방 및 대책

학교폭력근절을 위해서는 사후 대응적 처벌 중심에서 벗어나 사전 예방적 조치수단을 강구하고, 보다 건전한 청소년을 육성할 수 있도록 지원하는 심리학적, 사회적, 교육적, 법률적 차원의 종합적이고 지속적인 대책의 시행이 요구된다.

첫째, 학교폭력이 일어나면 우선 피해 학생을 위한 조치가 신속히 이루어져야 한다. 예를 들어, 지속적인 따돌림의 불안감으로부터 벗어나기 위해서, 피해학생을 동일 학교 내 다른 학급으로 보내거나, 피해학생이 원하는 경우 다른 학교로 전학 가게 할 수 있다. 또한, 피해학생의 보호를 위해서 필요하다고 판단될 경우, 등하교 시 교사 또는 경찰관의 보호 동행이나 학교폭력 관련 전문가와의 연계치료 등을 할 수 있다.

둘째, 학교폭력 가해학생에 대한 조치에서 처벌보다는 선도 · 예방을 중심으로 하는 교정(치료와 교육) 프로그램을 개발 · 보급하고, 전문상담인력을 확충하여 교육의 효과를 높일 필요가 있다. 이런 관점에서 교육부가 2013년도에 도입된 '교우관계 회복기간제' 프로그램이나 '어울림 프로그램' 등의 성과를 체계적으로 분석하고, 개선 및 보완방향을 강구하는 것이 요구된다.

교우관계 회복기간제란 학교폭력 가해 학생과 피해 학생이 4주간의 교우관계 회복기간 동안 다양한 활동을 통해 피해학생 자존감 회복 및 가해학생의 진심 어린 사과 등이 이루어지면 가해학생 조치 감경 처리가 가능하도록 한 제도이다. 어울림 프로그램은 공감과 의사소통, 갈등해결, 학교폭력 인식 및 대처 등의 6개 모듈을 역할극과 집단 상담의 다양한 활동기반을 토대로 학생과 학부모 그리고 교직원의 역할을 각각 프로그램화한 것이다. 그 외 배움터 지킴이 제도, 무지개 프로그램, 친구야 놀자 프로그램, 따돌림 당하는 학생을 위한 집단상담프로그램, 학교폭력 가해학생 특별프로그램 등이 있다.

셋째, 모든 학생이 학교폭력의 잠재적 가해자 또는 피해자가 될 수 있기 때문에 학생의 삶의 만족도와 자존감을 높일 수 있는 학교문화의 조성에 도움이 되는 실질적인 프로그램 개발 및 시스템 구축이 필요하다. 또한 학교 주변의 유해환경을 제거하는 작업도 중요하다.

넷째, 학교폭력의 연령이 점점 내려가고 있기 때문에 예방교육은 초등학교 저학년부터 시작해야 한다. 이들이 긍정적 자아를 형성하고, 대인관계 기술을 발달시키며, 자신의 장점과 재능을 발견하고, 스스로 잠재력을 계발할 수 있는 환경을 마련해 주어야 한다.

2. 인터넷 중독(스마트폰 중독)

1990년 이후 컴퓨터와 스마트폰의 보급과 인터넷의 발전으로 인해 전 연령대의 인터넷 및 스마트폰 이용률이 급속히 증가하였다. 그러나 이러한 기기의 습관적 사용 및 과다사용, 지나친 몰입으로 인한 정보화 역기능현상 등, 이들에 대한 중독의 심각성이 사회적인 문제로 부각되고 있다. 인터넷과 스마트폰을 이용한 게임 중독과 새로운 미디어로 등장한 SNS 중독경향성도 관심사로 떠오르고 있다. 게임 중독의 경우 그 내용의 선정성과 사행성의 위험도 매우 심각하다. 오늘날 스마트폰을 이용하여 인터넷을 사용하는 경우가 많기 때문에 인터넷 중독과 스마트폰 중독의 개념, 실태, 원인, 특성, 영향, 예방 및 대책을 함께 살펴보고자 한다.

1) 개념

'인터넷 중독'이란 용어는 인터넷 중독장애, 인터넷 증후군, 병리적 인터넷 사용 등과 함께 혼용되고 있으며, 그 정의도 다양하게 이루어지고 있다.

'인터넷 중독장애'라는 용어는 정신과 의사인 골드버그(Goldberg, 1996)가 처음 사용하였다. 그는 DSM-IV의 '약물남용장애'의 진단준거를 원용하여 '인터넷 중독' 진단기준을 제시하였다. 인터넷을 더 많이 사용해야 만족을 느끼는 '내성', 인터넷 사용을 중단하거나 감소하면 정신운동성 초조와 불안 혹은 인터넷에 대한 강박적 사고나 환상 등의 증상이 일어나는 '금단', 그리고 인터넷 사용을 위하여 사회적 작업적 활동이 손상되는 '장애'가 나타나는 것을 '인터넷 중독장애'라고 정의하였다(이현아, 2004, 재인용).

한국정보문화진흥원(2016)에 의하면, 인터넷 중독이란 '인터넷 사용에 대한 금단과 내성을 지니고 있으며 이로 인해 일상생활장애가 유발되는 상태'를 의미한다. 인터넷 사용으로 인한 정신병리성향, 긍정적 기대, 가상적 대인관계 지향이 일상생활에 장애를 가져오고 이로 인해 일탈행동이 나타나는 것이다. 또한 인터넷 중독은 '정보통신망을 통하여 제공되는 정보통신 서비스의 지나친 이용으로 인하여 이용자가 일상생활에서 쉽게 회복할 수 없을 정도로 신체적, 정신적, 사회적 기능의 손상을 입는 것'이다(「국가정보화기본법」 제3조).

스마트폰 중독에 대해서는 아직 명확한 정의가 내려지지는 않았으나, 일반적으로 인터넷 중독 개념을 활용하여 정의되고 있다. 스마트폰 중독이란 '스마트폰을 과도하게 사용함으로써 일상생활에서 부적응을 경험함에도 불구하고 스마트폰 사용을 중단하면 불안하여 스마트폰 사용에 점점 더 집착하고 의존하는 상태'이다(한국정보문화진흥원, 2011).

SNS 중독은 'SNS를 과다하게 사용하여 금단과 내성을 경험하면서 스트레스와 우울증, 의존증, 집중력 저하, 강박증 등의 정신적 피로와 신체적 문제가 나타나 개인의 일상생활과 적응에 지장을 초래하는 것'으로 정의된다(정소영, 2014).

2) 실태

2014년 인터넷 중독률은 10대 청소년 12.5%, 20대는 11.6%로 나타났으며, 중독비율은 지속적으로 증가하는 추세이다. 학교급별로 보면 중학생(13.2%)이 가장 높고 그 다음으로 대학생(12.5%), 고등학생(11.7%), 초등학생(9.7%) 순으로 나타났다. 스마트폰 중독은 10대가 29.2%, 20대가 19.6%로 나타났으며, 스마트폰 중독률은 인터넷 중독률보다 큰 폭으로 상승하는 추세이다(청소년 통계, 2016).

인터넷 이용 실태

미래창조과학부에서 2015년에 전국의 만 3~59세 이하 인터넷 이용자를 대상으로 조사하여 다음과 같은 결과를 보고하였다.

- 스마트폰 이용 현황
  - 만 3~9세 스마트폰 이용자 중 스마트폰 과의존위험군은 16.2%로 전년(14.2%) 대비 2.0% 상승함.
  - 대상별 스마트폰 과의존 위험군은 청소년(31.6%), 성인(13.5%), 유아동(12.4%) 순으로 높게 나타남. 청소년 스마트폰 위험군은 전년대비 2.4% 상승, 성인(13.5%)의 약 2.3배 높게 나타남.
  - 스마트폰 이용자 대다수(97.6%)는 스마트폰을 통해 '카카오톡, 라인 등 메신저'를 가장 많이 사용. 그 외 'SNS(96.2%)' '게임(90.3%)' '일반적 웹서핑(70.7%)' '뉴스검색(59.2%)' 등을 주로 이용하는 것으로 나타남.
  - 하루 평균 스마트폰 총 이용시간은 4.6시간(274.9분)이며, 통화와 문자를 제외한 이용시간은 2.8시간(165.4분)으로 조사됨. 스마트폰 과의존위험군의 스마트폰 총 이용시간은 5.0시간(301.4분)으로 일반사용자군의 4.5시간(269.7분)보다 0.5시간(31.7분) 더 긴 것으로 나타남.
  - 스마트폰 사용 주요 이유 1순위는 '사람들과 교류할 수 있어서(71.8%)'이며, '새로운 정보를 얻을 수 있어서(53.2%)' '재미있어서/스트레스 해소(33.6%)' 등의 순임. 스마트폰 과의존위험군은 일반사용자군보다 '재미/스트레스 해소' '습관적으로' '시간을 때우기 위해' 스마트폰을 이용한다는 의견이 더 높게 나타남.
  - 스마트폰 이용자들은 스마트폰 이용 이후 부정적 경험보다 긍정적 경험을 더 많이 하고 있는 것으로 나타남. 그러나 과의존위험군은 일반사용자군보다 스마트폰 사용으로 스트레스가 쌓이고(18.4%), 삶의 질이 이전보다 더 나빠졌다는(12.3%) 부정적 인식률이 더 높게 나타남.

• 인터넷 과의존 현황
- 하루 평균 인터넷 총 이용시간은 2.4시간(143.8분)이며, 인터넷 과의존위험군의 총 이용시간은 2.6시간(154.0분)으로 일반 사용자군의 2.4시간(143.0분)보다 0.2시간(10.9분) 더 긴 것으로 나타남.
- 만 3~59세 인터넷 이용자 중 인터넷 과의존위험군은 6.8%로 전년 대비 0.1% 하락함.
- 대상별 인터넷 과의존위험군은 청소년(13.1%) 〉 성인(5.8%) 〉 유아동(5.0%) 순으로 나타남.
- 만 3~9세 유아동을 대상으로 인터넷 과의존 요인별 분석결과, 내성증상(33.5%), 가상세계지향(26.3%), 금단(15.0%), 일상생활장애(9.7%) 순으로 나타남.
- 만 10~19세 청소년을 대상으로 인터넷 과의존 요인별 분석결과, 금단증상(31.0%), 내성(25.4%), 가상세계지향(23.0%), 일상생활장애(22.3%) 순으로 나타남.

• 온라인게임 이용현황
- 게임 이용자들의 하루 평균 게임 이용시간은 1.1시간(68.7분), 인터넷 과의존 위험군의 게임 이용시간은 1.4시간(84.6분)으로 일반사용자군의 1.1시간(67.5분)보다 0.3시간(17.1분) 더 긴 것으로 나타남.
- 게임 이용자들이 게임을 하는 주된 이유는 '재미있어서(67.9%)' '시간을 때우기 위해(40.4%)' '습관적으로(37.5%)' '스트레스 해소(29.9%)' 순으로 나타남. 인터넷 과의존위험군은 일반 사용자군보다 '시간을 때우기 위해' '습관적으로' '사람들과 교류를 위해' 게임을 한다는 응답이 높게 나타남.

출처: 한국정보화진흥원(2016).

3) 원인

인터넷 중독(스마트폰 중독)에 영향을 주는 요인은 크게 개인 요인, 가정 요인, 사회적 요인, 인터넷 특성 요인 등 네 가지로 나누어 볼 수 있다.

(1) 개인 요인

다음과 같은 심리적 성향이 있는 사람이 인터넷 중독(스마트폰 중독)이 될 가능성이 높은 것으로 나타났다.

- 자존감이 낮은 사람, 자신의 정체감에 불만이 있는 사람
- 의사소통기술이 부족하고 대인관계에 어려움이 있는 사람
- 스트레스 상황에 회피적인 사람
- 불안, 우울하거나 사회적으로 고립감을 느끼는 사람
- 자기통제력, 자아탄력성이 낮거나 좌절감을 표현하는 방법이 제한적인 사람

(2) 가정 요인

- 가족의 지지 부족
- 거부적, 통제적, 비일관적인 부모의 양육태도 및 행동
- 부모-자녀 관계의 갈등, 부모 간의 불화
- 인터넷에 대한 부모의 일방적이며 무조건적인 통제
- 부모와의 역기능적인 의사소통

(3) 사회적 요인

- 인터넷과 정보통신기술의 비약적인 발전으로 인한 인터넷 사용의 급격한 증가
- 인터넷 사용의 편리성과 기능 발달
- 인터넷 사용을 관리 · 조절할 수 있는 방법에 대한 교육 미흡
- 인터넷 중독에 대한 예방 교육 미흡
- 건전한 놀이 문화 및 가족과의 여가활동 부족
- 정부 차원의 적극적인 정보화 주도에 비해 적절한 예방 정책 미흡

(4) 인터넷 특성 요인

- 사이버 공간의 익명성과 편리성
- 현실탈출 기회제공
- 흥미감 제공
- 통제감 경험

• 인터넷상에서의 사회적 교류

이외에도 일상의 스트레스가 높거나 학교에서 또래관계나 교사와의 관계에 어려움이 있는 경우, 욕구충족이나 현실 도피 방안으로 새롭고 재미있는 인터넷(스마트폰) 사용이 증가하여 중독으로 이어질 수 있다.

4) 특징

(1) 인터넷 중독

인터넷 중독의 특징을 인터넷 중독의 준거를 통해 알아볼 수 있는데, 그 준거로서 가장 많이 이용되는 것이 영(Young, 1996)의 인터넷 중독 검사이다. 그는 DSM-IV의 병적 도박 기준을 응용하여 여덟 가지 기준을 설정하고 이 중 5항목 이상 해당되면 의존자로 분류하였다. 오랜 시간 온라인 접속, 오프라인 시 금단현상, 의도했던 것보다 자주 또는 오랫동안 접속, 접속을 줄이려는 시도의 실패, 온라인 접속 시간을 늘리기 위한 시도, 사회생활, 직장생활 또는 여가 활동에 대한 흥미상실, 인터넷 이용으로 생활상의 문제 발생, 인터넷을 사용하지 않을 때에도 빨리 접속하고 싶어 함 등이 그 기준이다.

(2) 인터넷 게임 중독

최근 청소년의 인터넷이나 스마트폰을 활용한 게임이용이 매우 심각해지면서, DSM-5의 부록에 인터넷 게임장애가 포함되어 인터넷 게임중독에 대한 공식적인 기준이 마련되었다. DSM-5에서 제안하고 있는 인터넷 게임이용 장애는 인터넷 게임을 이용함으로써 지난 12개월 동안 임상적 손상이나 고통이 발생하여 다음의 기준 중 다섯 가지 이상을 충족하는 경우에 진단된다.

• 인터넷 게임에 집착(이전의 게임에 대하여 생각하거나 다음 게임을 고대함. 인터넷 게임이 일상의 주요활동이 됨)

- 인터넷 게임 중지 시 금단현상(초조, 불안, 슬픔 등)
- 내성(기존의 만족감을 느끼기 위하여 인터넷 게임을 이용하는 시간이 점차 증가)
- 인터넷 게임 이용의 통제를 시도하나 실패함
- 인터넷 게임으로 인하여 이전의 취미와 오락거리에 대한 흥미가 감소하고 인터넷 게임에만 흥미를 나타냄
- 심리사회적 문제를 인식하고 있음에도 인터넷 게임을 지속적으로 과도하게 이용
- 가족, 치료자, 다른 사람에게 인터넷 게임 이용시간을 거짓으로 보고함
- 부정적 기분(무력감, 죄책감, 불안 등)에서 벗어나거나 완화하기 위하여 인터넷 게임을 이용
- 인터넷 게임으로 인하여 중요한 대인관계, 직업, 학업 또는 진로 기회를 위태롭게 하거나 상실함

5) 영향

인터넷 중독(스마트폰 중독)은 아동과 청소년의 신체적, 심리적, 사회적, 행동적 측면과 학업 및 일상생활 등에 영향을 미친다.

첫째, 신체적인 측면으로는 수면장애 및 두통, 눈의 피로, 시력 저하 및 안구 건조증, 좌·우 뇌의 불균형, 거북목 증후군, 손목터널증후군, 불규칙한 생활의 반복으로 인한 만성피로 등 VDT(Visual Display Terminal) 증후군을 유발한다.

둘째, 심리적인 측면으로는 금단 및 내성, 불안, 우울, 충동성, 정신행동문제, 공허감, 낮은 문제해결력, 반복적인 폭력자극의 노출로 인해 공격성에 대한 둔감화, 자살 등을 유발한다.

셋째, 사회적인 측면으로는 혼자 있기를 좋아함, 가족과의 갈등, 또래와의 교류 감소, 대인관계 문제 등을 유발한다.

넷째, 행동적인 측면으로는 충동적이며 공격적인 행동 증가, 인터넷상에서 욕설이나 현금거래 등 인터넷 관련 비행, 가상세계뿐 아니라 현실세계에서도 욕설, 갈취 등

일탈행위, 현실세계에서 경험했던 좌절과 어려움을 사이버 공간에서의 충족 등을 유발한다.

다섯째, 학교생활 측면으로는 학교생활부적응, 학업소홀, 학업부진, 낮은 학업 성취도 등을 유발한다.

6) 예방 및 대책

최근 국내에서 청소년의 인터넷(스마트폰)의 역기능 문제가 심각해지면서, 청소년의 인터넷에 대한 올바른 인식과 사용습관을 형성하기 위해 개발된 '인터넷 중독 예방교육 프로그램', 인터넷 과다사용 청소년들을 대상으로 한 '인터넷 사용조절 집단상담프로그램', 개인의 연령에 따라 인지능력 및 행동특성이 달라진다는 점에 기초하여 인터넷 중독에 관한 예방 및 상담전략을 연령대별로 차별화하기 위한 '인터넷 중독 생애주기 상담 프로그램'(한국정보문화진흥원, 2008) 등이 개발되어 운영되고 있다.

이외에도 인터넷 중독과 게임중독 청소년을 대상으로 하는 다양한 개인 상담 및 집단상담 프로그램 등이 운영되고 있으나, 인터넷 중독을 치료하는 전문화된 특정상담 프로그램은 아직 미흡한 실정이다.

인터넷(스마트폰) 사용에 대한 올바른 이용을 위해서 다음과 같은 예방 및 대책 마련 노력이 지속되어야 한다.

첫째, 학교에 정보화와 관련된 전문교사와 정보 인프라 확충이 필요하다. 학교에서의 정보화 교육은 컴퓨터를 조작하고 활용하는 능력 증진에 중점을 두기보다는 인터넷이나 정보화 사회에 대한 올바른 인식과 인터넷 이용에 따른 윤리의식과 예절교육에 기초를 두는 소양 교육에 중점을 두어야 한다.

둘째, 청소년들은 대개가 인터넷을 이용하여 스트레스를 해소하고자 한다. 그러므로 스트레스를 해소할 수 있는 취미활동이나 체험활동 등 다양한 활동을 발굴하여 청소년들이 이러한 활동에 적극적으로 참여하도록 격려하고, 인터넷을 현실도피 수단이 아닌 발전적 수단으로 이용하도록 유도해야 한다.

셋째, 청소년의 건설적인 인터넷(스마트폰) 사용이나 중독 완화를 위해서는 가족들의 도움이 절대적으로 필요한 만큼 부모교육과 부모상담의 기회가 제공되어야 한다. 부모로 하여금 무조건적으로 자녀를 통제하기보다는 자녀와의 대화를 통해 자녀를 이해하고, 인터넷에 관한 기본적인 지식을 습득하여 인터넷의 긍정적인 기능을 인식할 수 있도록 도와야 한다.

넷째, 교사는 물론 또래상담 및 멘토링 제도를 도입하여 학교에서 청소년이 지지를 받을 수 있도록 해야 하며, 지역사회의 청소년 관련 전문가의 개인상담 및 집단상담 등을 받을 수 있는 지원 체계가 마련되어야 한다.

다섯째, 자아탄력성, 자아존중감, 창의성, 대인관계능력, 자기표현능력 향상 등 청소년의 심리적 역량 강화를 위한 프로그램이 필요하다.

여섯째, '스마트 쉼 센터' 같은 기관이 보다 많아지고, 전문적이고 세분화된 프로그램이 마련되어야 한다.

일곱째, 학교에서의 스마트폰 휴대를 규제하는 방안 등 청소년의 인터넷(스마트폰) 사용을 적절히 제한할 수 있는 규제방안이 정부 차원에서 마련되어야 한다. 특히 영유아의 미디어 중독은 보다 치명적이고 지속적으로 이어질 수 있기 때문에 가정은 물론 정부차원의 예방노력이 시급하다. 예를 들면, 프랑스는 2008년 3세 미만의 아이들을 대상으로 한 TV 프로그램 제작 · 방송을 금지시키고, 영화, 케이블, 위성 방송의 알림 메시지로 '3세 이하 영유아들의 텔레비전 시청은 수동성, 언어지체, 수면장애, 홍분 등의 장애가 발생시킬 수 있다'는 경고문구를 삽입하도록 하였다(www.newsin.co.kr).

3. 자살

우리나라는 OECD 가입국 중에서 자살률이 1위인 나라로, 특히 청소년 자살률이 다른 나라에 비해 매우 높아 심각한 사회문제로 인식되고 있다.

1) 개념

자살에 대한 정의는 자살행동만이 아니라 자살생각, 자살시도 등을 모두 포함한다.

자살행동이란 자살행위로 인하여 죽음을 초래하는 경우로, 죽음의 의도와 동기를 인식하면서 자신에게 손상을 입히는 행위이며, 자살생각이란 '자신에 대한 고의적 죽음에 대해 생각하는 것'으로, 자신의 죽음에 대한 생각으로부터 자살을 하고자 하는 수단의 생각까지를 포함한다.

자살시도는 자살하기 위해 실제적 행동으로 표현하는 것이다. 자살시도에서 중요하게 봐야 할 부분은 의도성이다. 왜냐하면 자살은 고의적으로 자신을 해하는 행동이지만 그 목적이 꼭 목숨을 끊기 위한 것이 아니고 '도움을 청하는 외침'으로 자신의 생활을 바꾸거나 자신 주위의 중요한 사람을 변화시키기 위해서 행해지는 경우가 많기 때문이다.

자살을 자살생각-자살시도-자살행동으로 이어지는 연속선상으로 볼 때, 자살생각이 자살을 예측할 수 있는 최초의 지표가 되기 때문에 이를 중요하게 고려할 필요가 있다. 자살에 대한 생각이 반드시 자살시도까지 이어지지는 않지만 여러 선행연구 결과, 자살생각률이 높은 집단일수록 자살시도율 역시 높은 것으로 나타났으며, 자살생각은 자살범위 안에 포함된다(Harwood & Jacoby, 2000).

2) 실태

우리나라 자살률에 대한 현황은 다음과 같다.

자살률 실태
경제개발협력기구(OECD)의 2015년 'Health Data'에 의하면 우리나라가 OECD 가입 국가 중 자살률이 1위를 차지하고 있다. 우리나라는 인구 10만 명당 평균 28.7명이 자살하였으며, 이는 OECD 평균인 12명을 크게 초과하는 수치이다. 우리나라 청소년의 사망원인을 살펴보면, 2010년부터 2014년까지 5개년 동안 고의적 살해(자살)가 9~24세 청소년의 사망원인 1위로 나타났다.

출처: 전민경(2016), p. 49.

3) 원인

자살은 개인의 발달적 요인, 심리적 요인, 가정 요인, 학교 요인 등 여러 가지 요인이 상호작용하여 일어난다.

(1) 발달적 요인

청소년기에 자살이 발생하는 것은 아동에서 성인으로 변화하는 과도기에 있는 청소년기의 발달적 특성과도 밀접한 관계가 있다.

- 부정적인 정서 등 심한 감정기복
- 학업에 대한 압박감으로 인한 스트레스
- 동성 및 이성친구 문제로 인한 갈등, 소외, 불안
- 자기정체성 확립과정에서 오는 정서적 갈등과 위기

(2) 심리적 요인

- 문제해결능력이나 기술 부족으로 내적, 인지적, 환경적 압력에 압도됨
- 여러 가지 스트레스로 인한 우울감, 무력감, 분노, 두려움, 불안
- 비행, 적대적 반항장애, 약물남용 등의 행동문제를 가진 청소년의 높은 충동성
- 우울증, 외상후 스트레스장애, 기분장애, 불안장애나 품행장애, 약물남용 등의 정신병리 문제
- 남의 비난에 대한 지나친 민감성, 완벽주의

(3) 가정 요인

- 권위적이고 체벌 중심의 훈육방식, 부모로부터의 성취압력, 가족구성원의 자살 및 죽음과 같은 개인적 상실
- 자녀에 대한 부모의 적대감, 자녀에게 정서적이나 사회적 지지 기반의 역할을 못

하는 부모

- 부모의 불화, 다툼, 가정의 폭력
- 어린 시절에 부모로부터 거부당한 경험, 가족으로부터의 소외
- 자살과 관련된 가족사

(4) 학교 요인

- 학업성적이나 입시부담에 따른 친구 또는 교사와의 갈등
- 학교폭력이나 집단 따돌림
- 대학진학에 대한 엄청난 중압감, 시험불안, 학교성적이나 불합격에 대한 비관

청소년 자살 원인

13~19세 청소년의 최근 1년간 자살을 하고 싶었던 이유는 첫 번째가 성적 및 진학 문제이며, 두 번째는 가정불화이다. 다만, 초등학생의 경우 중·고등학생과 달리 '가정불화' 항목이 자살을 생각했던 가장 큰 이유로 나타났다.

최근 1년간 자살을 하고 싶었던 이유(%)

응답자 학년	사례 수	경제적 문제	학업 진로	건강 문제	학교 폭력	외모 문제	가정 불화	이성 문제	기타	무응답
전체	1,963	2.4	38.5	1.3	6.2	2.2	25.0	2.3	18.6	3.5
초등	478	2.5	19.5	2.0	12.1	5.4	27.8	1.7	26.4	2.5
중등	780	1.9	39.2	0.8	6.2	1.4	26.2	2.3	18.6	3.5
고등	705	2.8	50.6	1.3	2.3	0.9	21.8	2.8	13.3	4.1

출처: 모상현, 김형주, 이선영, 김정화, 윤경민(2013), p. 56.

4) 특징

청소년 자살의 특징을 살펴보면 다음과 같다(신민섭, 1993; 백지숙, 김혜원, 김영순, 방은령, 임형택, 2009; 홍나미, 1998; 한국청소년개발원, 1996).

첫째, 갑작스런 어려움이나 문제를 회피하려는 충동적인 욕구, 남을 조종하려는 의

도, 자신에게 부당하게 대했다고 지각하는 가족이나 친구에 대한 보복이 자살의 중요한 결정요인이 될 수 있다.

둘째, 대부분이 사전계획 없이 충동적으로 시도된다. 한순간의 우울한 기분에 의해 충동적으로 자살을 시도할 위험이 높다. 이성적으로 판단을 할 능력이 부족하고, 정서적으로 충동성이 심화되는 시기로 자신의 갈등에 대해 극단적인 현실 도피, 충동적인 해결방식을 사용한다. 자살계획이나 준비가 안 된 상태에서 "나가 죽어 버려라."와 같은 부모의 한마디에 잠시 후 "좋아, 죽으라면 죽지."의 반응으로 충동적으로 아파트와 같이 높은 건물에서 뛰어내리는 행동을 보일 수 있다.

셋째, 청소년의 자살동기는 진정으로 살 의욕과 동기를 상실한 경우와 극도로 좌절되고 낙담한 상태에서 도움을 청하고 관심을 끄는 하나의 방편으로서 자살기도를 하는 경우가 서로 혼합되어 자살을 선택하는 경우가 많다.

넷째, 다른 사람들 영향이나 암시를 강하게 받게 되는 피암시성이 매우 강하다. 친구의 자살, 연예인 자살, 신문방송 등에 보고되는 다른 사람들의 자살을 보거나 자살사이트 등을 보고 같은 방법으로 또는 자신이 계획한 방법으로 자살을 하게 되는 경우이다. 청소년의 특유현상은 모방자살이다.

다섯째, 치사율이 매우 높은 자살수단을 사용한다. 정작 죽을 의도가 없음에도 불구하고 자살방법이 치명적이기에 희생되는 경우가 많다.

여섯째, 생과 사의 세계를 혼돈하면서 도피와 같은 심리적 기제가 작용하여, 현실의 고민에서 벗어나 사후세계에서 해결하려고 자살을 하기도 한다.

5) 예방 및 대책

자살은 일단 발생하면 어떠한 개입이나 조치도 소용이 없어 예방만이 유일한 대처이므로, 자살의 위험이 있거나 자살생각이 있는 청소년들을 조기에 발견하여 신속하고도 효과적인 개입전략을 수립하는 것이 무엇보다도 중요하다. 또한 자살 유발요인에 대한 제거뿐만 아니라 자살생각 감소를 위한 개입방법과 자살생각에 영향을 주는 보호요인과 위험요인을 파악할 필요가 있다. 청소년의 자살예방을 위해서는 가정, 학교, 친구 그리고 사회환경 모두가 중요하다.

(1) 가정환경

평소 자녀와 대화의 기회 증대는 물론 과잉기대, 과도한 보호와 무관심을 지양하고 일상에서 생명의 존엄성을 고취시킨다. 자녀에 대한 세심한 관찰과 더불어 자녀에게 정서적 지지를 제공하고 모범적인 행동을 보인다. 만약 자녀가 자살징후를 보이는 경우, 자녀를 비난하거나 자극적 언사를 하는 것을 피하고, 정서적으로 지지해 준다. 단점보다는 장점을 찾아 격려해 준다. 이런 방법에 별 진전이 없을 경우, 전문가를 찾아 조언 및 도움을 구하는 것이 좋다.

(2) 또래환경

친구의 역할도 중요한데, 자살징후를 보이는 친구가 있으면, 친구의 이야기에 귀를 기울이며 친구의 긍정적인 측면을 지적하여 준다. 친구가 자살을 감행하려는 전조를 보이면 교사나 성인에게 알리는 등 신속한 조치를 취한다.

자살생각을 하는 청소년의 친구를 위한 조언

- 당신이 걱정하고 있음을 이야기하라.
- 전문가의 도움을 받을 수 있도록 조언하라(자살예방 상담전화, 병원 응급실, 응급관리센터 등).
- 자살하지 않을 것이며 도움을 받을 것이라는 서약을 받아라.
- 자살에 대해서 비밀을 지킬 거라는 맹세를 허용하지 마라.
- 홀로 남겨 두지 마라.
- 대책 없이 해결될 것이라고 가정하지 마라.
- 무슨 말을 하든 충격받지 마라.
- 도덕적, 종교적, 윤리적인 논쟁을 하지 마라.
- 도전적이나 모험적인 언어를 사용하지 마라.
- 자살 계획에 대한 정보를 다른 사람과 공유하라.

출처: Elliott & Smiga(2006), 대한소아청소년정신의학회 편(2012), p. 309에서 재인용.

(3) 학교환경

학교는 부모, 교사, 학생에게 청소년기 특성과 자살예방에 대한 교육을 실시할 뿐 아니라 즐거운 학교생활풍토 조성과 함께 상담활동을 강화하여 쉽게 도움을 받을 수 있도록 해야 한다. 학생의 자살원인을 분석하고 자살예방지도를 위한 유인물과 책자를 발간하여 홍보하고, 특히 교과지도안에서 실제적이고 구체적인 생명존중교육을 할 필요가 있다.

(4) 사회환경

매스컴을 통한 자살예방 교육이 이루어져야 한다. 텔레비전, 라디오, 신문 등의 매체가 자살의 비윤리성과 모순성, 생명존엄성, 인생경력의 다양한 선택, 다양한 해결방안, 자살충동을 이겨 낸 성공사례 등을 제공하여 자살 방지적 사회분위기와 인식전환을 유도해야 한다. 또한 대중매체가 전하는 자살을 보는 시각이 청소년의 자살을 부추길 수 있으므로, 자살을 불필요할 정도로 상세히 보도하거나 자살이 미화되지 않도록 주의해야 한다.

현재 우리나라는 자살예방을 위한 범국가적 노력의 일환으로, '자살에 대한 국가적 차원의 책무와 예방정책'에 관하여 필요한 사항을 규정한 「자살예방 및 생명존중문화 조성을 위한 법률」이 2011년에 제정되고, 2016년 개정되어 2017년 시행을 앞두고 있다. 보건복지부, 여성가족부, 교육부 등 여러 부처에서 이를 기초로 다양한 자살예방 사업을 하고 있으며, 학교에서는 생명존중 관련 교육을 진행하고 있다. 그리고 Wee센터, 청소년상담복지센터, 정신건강증진센터, 자살예방센터 등 다양한 곳에서 자살예방프로그램은 물론 자살예방 홍보, 자살 관련 현황분석, 자살유해 정보 및 미디어 모니터링 등을 진행하고 있다.

그러나 이러한 노력을 총괄하는 컨트롤타워가 지정되어 있지 않아, 여러 곳에서 중복된 예방사업을 하고 있거나 실제 개입이 필요할 때 개입하지 못하는 등 어려움이 존재하고 있다. 컨트롤타워 역할을 수행할 부처를 지정하고, 해당부처에서 전체적인 사업추진을 담당하고 연관 부처 및 관련 기관에서 함께 협력하는 추진체계의 개편이 필요하다. 또한 고위험군 학생을 조기발견하여 예방조치를 할 수 있도록 관련 전문 인력을 양성하고 학교현장에 배치하는 것이 필요하다(전민경, 2016).

활동

1. 스마트폰 사용에 대해 이야기 나누어 봅시다.
   1) 하루에 스마트폰의 사용시간이 얼마나 됩니까?
   2) 스마트폰으로 주로 사용하는 기능은 무엇입니까?
   3) 스마트폰이 없을 때 나의 느낌은 어떠합니까?
   4) 나는 어떤 활동을 할 때 스마트폰을 사용하지 않습니까?(예: 놀이동산에 갔을 때, 친구들과 만나서 식사할 때)

제11장 | 아동과 교사를 위한 정신건강

정신건강에 대한 주요 상담이론

인간이 행복해지기 위해서는 육체적인 건강과 함께 정신적인 건강이 수반되어야 함은 재론할 여지가 없을 것이다. 상담이 정신건강 운동의 일환으로 출발했음을 감안할 때, 상담전문가는 물론 교사나 부모가 정신건강 증진 방안을 모색할 수 있도록 상담과 관련하여 어느 정도의 지식을 갖추는 것이 바람직하다고 생각한다.

사람들이 여러 상담이론에서 설명하고 있는 인간의 심리적 문제와 그 원인 그리고 해결방안에 대해 알고 이를 개인의 생활 속에서 활용할 수 있다면 자신은 물론 타인의 정신건강 증진에 도움을 줄 수 있을 것이다. 또한 상담에 대한 이해는 사람들로 하여금 스스로 자신의 문제를 인식하며, 문제를 해결하려는 동기를 갖게 하여 체계적으로 훈련받은 상담가의 전문적인 도움을 받도록 유도할 것이다. 부모나 교사는 아동에게 심리적인 어려움이 있는 경우, 상담에 대한 기초지식을 토대로 아동이 적절한 도움을 받을 수 있도록 안내하여야 한다.

본 장에서는 여러 상담이론 중 정신분석이론, 분석심리이론, 행동주의이론, 인간중심상담이론과 긍정심리이론의 개요, 정신건강에 대한 견해, 주요개념, 상담 실제 등을 살펴보고자 한다.

1. 정신분석이론

1) 개요

정신분석이론은 지그문트 프로이트(Sigmund Freud, 1856~1939)에 의해 창시되었다. 1873년 비엔나 대학교 의과대학에 입학한 프로이트는 그의 이론을 정립함에 있어 유명한 신경학자인 샤루코(Charcot) 박사와 브로이어(Breuer)의 히스테리환자 치료방법의 영향을 받았으며, 자기분석과 자신의 꿈을 분석하면서 심리 성적 발달이론을 개념화하였다. 그는 아들러와 융 등의 젊은 학자들과 함께 정신분석학파를 발전시켰으나, 나중에 그들은 프로이트와 결별하여 독자적인 정신분석이론을 확립하였다. 프로이트 사망이후 정신분석은 프로이트 이론을 충실히 계승한 고전적 정신분석학파인 안나 프로이트(Anna Freud)의 비엔나 학파, 현대 정신분석상담은 멜라니 클라인(Melanie Klein)의 영국학파, 그리고 대상관계이론을 발전시킨 위니콧(Winnicott)과 마가렛 말러(Magaret Mahler), 자기심리학을 주장한 코허트(Kohut) 등으로 확대되었다.

2) 정신건강에 대한 견해

인간을 이해함에 있어 정신분석이론은 다음과 같은 몇 가지 가정에 기초하고 있다(Brenner, 1973).

첫째, 인간의 본성은 정신적 결정론(psychic determinism) 관점에서 설명된다. 아무리 사소하고 이해하기 어려운 행동이라 하더라도 결코 우연하게 일어나지 않으며, 어떤 심리적 원인이 작용한 결과로 나타난다.

둘째, 인간의 행동은 의식적 요인보다 무의식적 요인에 더 많은 영향을 받는다. 프로이트는 인간의 심리적 세계에는 개인에게 자각되지 않은 무의식적 정신현상이 존재하며, 많은 행동의 원인을 밝히기 어려운 이유가 그러한 행동들이 무의식적 요인에 의해 결정되기 때문이라고 하였다.

셋째, 프로이트는 인간의 가장 기본적인 욕구를 성적 욕구로 보았다. 성적 욕구는 사회의 도덕적 기준에 위배되기 때문에 억압되어 무의식 속에 자리 잡게 되며, 인간의 행동에 지대한 영향을 미치게 된다. 후에 프로이트는 성적 욕구와 더불어 공격적 욕구 역시 인간의 기본적인 욕구로 보았다.

넷째, 어린 시절의 경험 특히 부모와의 상호작용 경험이 성격형성의 기초를 이룬다. 성인의 행동은 어린 시절의 경험을 통해 형성된 무의식적인 성격특성이 나타난 것이라고 보기 때문에 이 시기의 경험을 중요시한다.

다시 말해서 외부적으로 나타나는 인간의 모든 행동과 태도는 개인의 무의식적 동기, 생물학적 · 본능적 충동, 어린 시절의 경험에 따른 정신적 원인에 의해 결정되며, 무의식속에 잠재해 있는 갈등이 해소되지 않으면, 심리적 긴장상태로 남아 있거나 심한 경우에는 여러 가지 증상으로 나타난다는 것이다.

프로이트에 의하면 성격구성 요소−원초아, 자아, 초자아−간의 불균형으로 심리적인 문제가 발생한다. 자아가 미숙하여 지배적인 역할을 제대로 수행하지 못하거나 원초아와 초자아 간에 적절한 타협이 이루어지지 않으면 내면적 갈등으로 인한 심리적 불안과 부적응적 행동이 나타난다. 자아가 약한 신경증 환자, 정신증 환자, 또는 성격결함자는 융통성 없이 완고하고 반복적인 방어기제와 병적인 해결방법을 되풀이하여 사용함으로써 여러 가지 정신증세를 일으키게 된다. 반면 환경에 잘 적응하는 성숙한 사람의 자아는 잘 발달되어, 성격구성 요소들 간의 조정과 중재의 역할을 주도적으로 수행하여 원초아적 욕구와 초자아적 윤리의식을 현실상황에 맞게 융통성 있게 타협함으로써, 내부 또는 외부로부터 오는 스트레스를 효과적으로 처리한다.

정신분석상담은 무의식을 의식화하는 것으로, 무의식속에 억압된 심리적 상처, 갈등, 해결하지 못한 욕구와 충동을 의식화함으로써 현재 자신이 보이는 증상을 일으키는 원인을 이해하고 자아가 그것을 조절하도록 하는 것이다(권석만, 2006).

프로이트는 정신건강이 무엇이라고 생각하느냐는 질문을 받았을 때, '일하고 사랑할 수 있는 능력'이라고 응답하였으며, 사울(Saul, 1992)은 정신건강은 '정서적 성숙의 본질'이며, '사랑하고 사랑받는 것을 즐기는 능력과 책임 있는 일과 무해한 오락에 대한 적절한 조화 능력'이라고 확대하여 설명하였다.

3) 주요개념

정신분석이론의 기본이 되는 몇 가지 주요개념을 살펴보면 다음과 같다.

(1) 정신의 지형학적 모델

프로이트는 1900년 『꿈의 해석(The Interpretation of Dreams)』에서 인간의 정신을 지

형학적 모델로 설명하였다. 그는 인간의 정신을 자신이 자각할 수 있는 수준에 따라 의식(consciousness), 전의식(preconsciousness), 무의식(unconsciousness)의 세 영역으로 분류하였다. 인간의 정신세계를 빙산으로 비교하여 설명한 프로이트의 지형학적 이론을 [그림 11-1]로 도식화하였다. 물의 표면에 떠 있는 작은 부분이 의식, 물속에 잠겨있는 큰 부분이 무의식, 그리고 물 표면으로 나타났다 다시 잠겼다 하는 부분이 전의식이다.

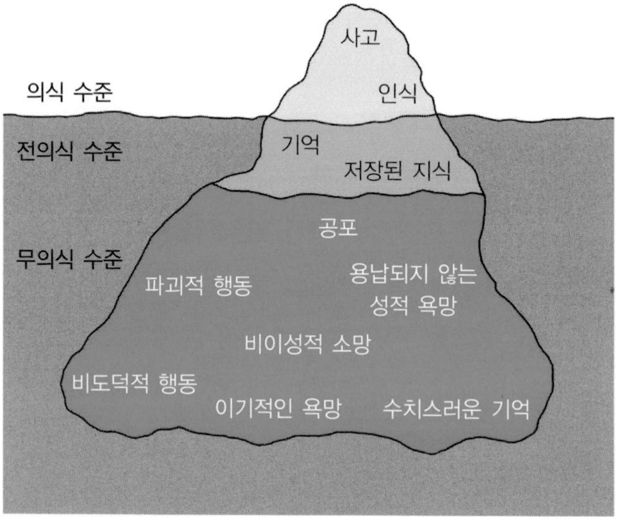

[그림 11-1] **빙산으로 표현된 지형학적 이론**

출처: 최영민(2010), p. 81.

의식이란 한 개인이 현재 자각하고 있는 지각, 사고, 감정과 행동들을 포함한다. 의식은 인간의 정신세계에서 우리가 일반적으로 생각하는 것보다 훨씬 적은 부분을 차지하고 있다. 전의식은 '이용 가능한 기억'으로 평소에는 의식하지 못하지만 조금만 노력하면 의식으로 떠올릴 수 있는 기억이나 경험들을 포함한다. 무의식은 자각하려는 노력에도 불구하고 쉽게 의식되지 않는 모든 경험, 기억, 억압된 욕구와 소망 및 충동이 저장되어 있는 부분이다.

지형학적 모델은 무의식의 중요성을 강조한다. 인간행동의 대부분이 무의식 속에 존재하는 심리적 요인에 의해 결정되고, 이들이 신경증적 증상이나 정신 병리를 유발시키는 근원이 된다. 그러므로 정신분석상담에서는 무의식속에 억압되어 있는 심리적 내용을 파악하여 이를 의식화하는 것에 중점을 둔다.

(2) 성격구조

정신분석이론에서 성격의 구성요소는 원초아(Id), 자아(Ego), 초자아(Superego)다. 이는 프로이트가 1923년『자아와 원초아(The Ego and the Id)』에서 제안한 것으로, 이들은 각각의 원리에 의해서 작용하며, 서로 추구하는 바가 다르다.

① 원초아

원초아는 인간의 출생과 함께 존재하는 것으로, 세 가지 성격 구성 요소 중 제일 먼저 발달하는 가장 원초적 부분이다. 원초아는 인간의 본능적인 욕구들이 자리하고 있는 곳으로, 모든 본능적 욕구 즉 배고픔, 성욕, 갈증, 공격성 등을 포함하고 있다. 원초아는 자기중심적이고 비현실적이며 비논리적인 원시적 사고과정을 나타내며, 현실적 여건을 고려하지 않고 즉각적으로 욕구를 충족시키려고 하는 쾌락원리(pleasure principle)를 따른다. 그러므로 성인이 되어서도 여전히 원초아가 지배적인 성격을 지닌 사람은 주변의 현실상황을 고려하지 못하거나 사회의 윤리적 가치관에 비추어 자신의 행동을 통제하지 못하고, 이기적이며 자신의 본능적 욕망만을 만족시키는 행동을 보이게 된다.

② 자아

자아는 생후 6~8개월부터 발달하기 시작하며 2~3세가 되어야 그 기능을 제대로 수행하게 된다. 자아는 현실원리(reality principle)의 지배를 받아, 이성적이고 논리적으로 판단하여 욕구충족을 지연하며 행동을 통제하는 기능을 담당한다. 즉, 현실에 맞는 합리적인 방식으로 욕구충족을 이루어 낸다. 그러나 자아가 원초아의 맹목적 충동과 초자아의 도덕적 규제 사이에서 적절한 균형을 유지하는 역할을 제대로 못하게 되면 심리적 증상과 정신병리가 발생한다.

③ 초자아

초자아는 5~6세에 형성되기 시작하여 10~12세가 되어야 제대로 기능한다. 초자아에는 개인이 생의 초기부터 사회화 과정을 통해 부모로부터 습득한 도덕적 기준과 가치관 및 이상적 신념이 자리 잡고 있다. 부모는 자녀를 양육하면서 사회의 도덕적 가치와 윤리적 규범에 따라 자녀의 행동에 대해서 칭찬을 하기도 하고, 처벌을 하기도 한다. 이처럼 부모의 칭찬과 처벌을 통해 아동에게 내면화된 도덕적 가치나 윤리의식을 초자아라고 하며, 이는 도덕원리(moral principle)를 따른다.

초자아는 현실과 쾌락이 아닌 도덕적 목표와 완벽을 추구한다. 초자아는 양심과 자아이상이라는 두 하위체계로 구성되어 있는데, 원초아의 충동에 의해 행동을 했을 때 부모로부터 처벌을 받고 죄책감을 느끼면서 양심이 형성되고, 좋은 행동을 해서 부모로부터 보상을 받게 되면 긍정적인 열망으로 구성된 자아이상을 형성하게 된다.

(3) 심리성적 발달단계

프로이트는 어린 시절 경험의 중요성을 강조하면서, 특히 생의 초기 6년이 인간의 성격발달에 커다란 영향을 미친다고 보았다. 프로이트는 어린 아이들이 감각적 쾌락을 추구하는 성욕을 지니고 있다는 유아 성욕설(infantile sexuality)을 주장하면서, 성적 에너지인 리비도가 집중되는 신체부위가 나이에 따라 입, 항문, 성기 등으로 변한다고 하였다. 이에 따라 인간의 심리성적 발달을 구강기, 항문기, 남근기, 잠복기, 생식기의 다섯 단계로 분류하였다.

① 구강기

구강기(oral stage)는 출생 직후부터 1세 반까지의 시기에 해당된다. 이 시기는 성적 에너지가 집중된 입이 성감대가 되며, 입을 통해 성적욕구를 충족한다. 구강기는 두 시기로 나누어지는데, 구강기 전기(출생~8개월)는 젖을 빠는 행위를 통해 만족을 얻고, 구강기 후기(생후 8개월~18개월)는 여기에 깨물거나 물어뜯는 데서 얻는 쾌감이 더해진다.

이 시기의 아동은 입을 통해 어머니와 상호작용하면서 욕구의 충족감을 느끼기도 하고 좌절감을 느끼기도 한다. 구강기 욕구가 적절하게 충족되면 자신감 있고 관대하며 외부세계에 대해 신뢰감을 지니는 안정된 성격특성을 형성하게 된다. 그러나 구강기에 과잉충족을 하거나 부족하면, 성격이 구강기에 고착되어 의존적이고 자기중심적이며 요구가 많은 구강기적 성격특성을 형성하게 되어, 성인이 되어서도 지나친 구강 흡입적 행동(예: 지나친 먹기, 흡연, 음주 등) 또는 구강 공격적 행동(예: 빈정거림, 냉소, 신랄한 비판 등)을 보이게 된다.

② 항문기

항문기(anal stage)는 1세 반에서 3세까지의 시기이며, 리비도가 항문 주위에 집중되어서 배변을 보유하거나 배설하면서 긴장감과 배출의 쾌감을 경험한다. 이 시기는 부모가 아동에게 배변훈련을 시키는 시기로서 배변훈련 과정에서 부모가 보이는 양육방법과 태도가 자녀의 인격형성에 많은 영향을 준다. 적절하게 배변훈련이 이루어지면 그것은 창의성과 생산성의 기초가 되지만, 항문기 욕구가 지나치게 만족되거나 좌절되면 항문기에 고착이 된다.

지나치게 엄격한 부모의 배변훈련에 대해 저항을 하는 유아는 부적절한 때에 배변을 함으로써 부모에게 반항하고, 이후 성인이 되어서 난폭하고 고집이 세며 무절제한 특성을 보이는 항문기 폭발적 성격을 형성하게 된다. 반면에 부모에게 심한 두려움을 느끼어 속으로는 분노하나 겉으로는 부모에게 복종적인 유아는 이후 성인이 되어서 지나친 청결, 질서, 정돈, 복종을 강조하는 결벽증적인 항문기 강박적 성격을 형성하게 된다.

③ 남근기

남근기(phallic stage)는 3세에서 6세 사이의 시기로, 리비도가 항문에서 성기로 바뀌게 된다. 이 시기에 남아는 이성 부모를 성적 애정 대상으로 삼고 아버지를 경쟁자로 여기면서 아버지에 대해 적대감, 질투심을 가지게 된다. 그리고 어머니에 대한 근친상간 욕구 때문에 아버지가 자신을 처벌하기 위해 거세할지 모른다는 거세불안을 느끼게 된다. 남아의 이러한 심리적 갈등을 오이디푸스 콤플렉스(Oedipus complex)라고 한다.

거세불안을 느끼는 남아는 어머니에 대한 근친상간 욕구를 무의식속에 억압하며 아버지와 경쟁하는 대신, 아버지를 닮아 가고 아버지 행동을 따라 하는 등 동일시를 하면서 오이디푸스 콤플렉스를 해결한다. 이 과정에서 남아는 자신의 성에 맞는 성역할을 발달시키며, 아버지의 도덕적 기준과 사회적 가치관을 내면화하여 초자아가 발달한다. 오이디푸스 갈등의 원만한 해결은 건강한 성 정체감의 형성, 초자아와 자아의 발달, 건강한 이성관계를 맺을 수 있는 능력의 발달이라는 긍정적인 결과를 낳게 된다. 그러나 오이디푸스 갈등이 잘 해결되지 못하면 권위적인 인물에 대해 과도한 두려움으로 복종적 태도를 보이거나 지나치게 경쟁적인 성격특성을 나타낼 수 있다.

한편, 여아는 아버지를 성적애정대상으로 삼으면서 어머니에게 경쟁심을 느끼는 동시에, 남근이 없는 불완전한 모습으로 자신을 세상에 태어나게 한 어머니를 원망하면서 남근선망(penis envy)을 가지게 된다. 이러한 심리적 갈등이 바로 엘렉트라 콤플렉스이다. 프로이트에 의하면 여아는 남근이 없기 때문에 거세불안은 느끼지 않지만, 부모의 애정 상실에 대한 두려움으로 아버지에 대한 근친상간적 욕구를 억압하고, 어머니를 동일시하여 성역할을 학습하고 초자아를 형성함으로써, 엘렉트라 콤플렉스를 해결한다(Crain, 2003, 재인용). 프로이트는 오이디푸스 또는 엘렉트라 콤플렉스와 관련된 고통스러운 경험들이 나중에 신경증을 유발하는 원인이 될 수 있다고 하였다.

④ 잠복기

잠복기(latency stage)는 6세에서 12세까지의 초등학교 시기로 성적, 공격적 충동들이 억압되어 무의식으로 잠복하기 때문에, 성적 관심이 거의 없는 것처럼 보이며 외적으로 평온하게 보인다. 이 단계는 사회화의 시기로서 아동은 학교생활에서 필요한 새로운 지식과 기술을 학습하고 친구 사귀기, 운동, 취미활동을 하는 데 관심을 쏟는다.

⑤ 생식기

생식기(genital stage)는 12세에서 성인기까지의 시기로, 생물학적 · 심리적 · 사회적인 면에서 어른이 되는 준비를 하는 시기이다. 잠복기에 무의식에 억압되어 있던 리비도가 의식으로 나와 다시 활동을 시작하게 된다. 성 호르몬의 분비가 증가하고 성적 관심과 성 충동이 강해진다. 이 시기의 아동은 부모로부터 독립하고자 하나 오랫동안 부모에 대한 강한 의존심을 쌓아 왔기 때문에 쉽게 독립하지는 못하고 부모에 대한 이유 없는 반항이 나타나는 시기이다. 근친상간이 아닌 이성과의 관계를 통해 성적욕구를 충족하고자 한다.

(4) 방어기제

정신분석이론에서 심리적인 문제는 성격구성 요소인 원초아, 자아, 초자아 간의 불균형에 따른 현상으로, 삶을 영위하는 능력은 삶에 영향을 미치는 여러 가지 압력에 대처해 나가는 자아의 능력에 달려 있다고 본다. 즉, 자아가 원초아의 생물학적 요구를 충족시키면서도 외부의 현실세계를 고려하고, 아울러 초자아의 도덕적 명령도 어기지 않도록 하는 역할을 적절히 수행하기를 기대한다.

그러나 원초아, 자아 그리고 초자아간의 갈등이 자아의 통제를 넘어서면 불안이 발생한다. 프로이트는 불안을 현실적 불안(reality anxiety), 신경증적 불안(neurotic anxiety), 도덕적 불안(moral anxiety)의 세 가지 유형으로 구분하였다. 현실적 불안은 외부세계로부터 오는 위협에 대한 두려움이다. 신경증적 불안은 본능을 통제할 수 없다고 느낄 때, 즉 자아가 원초아의 충동을 처리할 수 없다고 느낄 때 생기는 두려움이다. 도덕적 불안은 자신의 도덕적 가치관에 위배되는 일을 할 때 초자아로부터 느끼게 되는 죄책감과 자의식이다.

이와 같은 내면적 갈등으로 인하여 불안이 일어나면, 자아는 불안을 감소시켜 마음의 평정을 회복시키기 위해 방어기제(defense mechanism)를 사용한다.

① 억압

억압(repression)은 사회적, 윤리적으로 용납될 수 없거나 위협적이고 고통스러운 충동, 감정, 소원, 사고, 기억 등의 고통스러운 생각과 감정을 무의식속으로 억눌러 버리는 것이다. 죄의식, 창피, 또는 자존심의 손상을 일으키는 경험들은 고통스러운 불안을 일으키므로 대표적인 억압의 대상이 된다. 예를 들어, 충격적인 사건을 경험한 후 기억상실이 일어나는 것 등이다.

② 부인

부인(denial) 은 가장 원초적인 방어기제로 현실의 고통스럽고 힘든 생각, 욕구, 충동, 경험을 거부함으로써 불안에 대처하는 것이다. 부인은 억압과 유사한 방어적 역할을 하지만, 일반적으로 전의식이나 의식수준에서 작동한다. 예를 들어, 심각한 질병을 진단받은 사람이 이를 의사의 오진이라고 주장하는 것 등이다.

③ 투사

투사(projection)는 자신의 결점을 다른 사람의 책임으로 돌리거나, 도덕적으로 용납되지 않는 자신의 욕망이나 충동을 다른 사람에게 귀인시키는 것이다. 즉, 자신의 심리적 속성이 마치 타인에게 있는 것처럼 믿고 행동하거나, 자기의 과오를 타인에게 뒤집어씌워 타인을 책망하는 것이다. 예를 들어, "이 일이 잘못된 것은 다 너 때문이야." 또는 "나는 그에게 나쁜 감정이 없는데 그가 나를 미워하는 거야." 등이 여기에 해당된다.

④ 반동형성

반동형성(reaction formation) 은 겉으로 나타나는 태도나 언행이 마음속의 욕구와 반대인 것을 말한다. 부도덕하고 위협적인 충동에 대처하기 위해서 이와 정반대의 것을 선택함으로써 금지된 욕구나 충동의 표출로 갖게 될 불안으로부터 자신을 보호하려고 한다. '미운 놈 떡 하나 더 준다.'라는 속담처럼 무의식적 소망과는 반대로 행동하는 것이다.

⑤ **합리화**

합리화(rationalization)는 불쾌하거나 실망을 주는 현실에서 도피하기 위하여 논리적으로 설명하거나 그럴듯한 구실을 붙이는 것이다. 합리화의 가장 대표적인 예로, 이솝우화 중「여우와 신포도」를 들 수 있는데, 포도밭에서 포도를 따먹으려고 하던 여우가 키가 작아 포도가 손에 닿지 않기 때문에 먹을 수 없게 되자, "저 포도는 시고 맛이 없을 거야."라고 푸념하면서 자신을 위로하는 것이다.

⑥ **퇴행**

퇴행(regression)은 스트레스를 심하게 받거나 불안에 직면할 때, 어려움을 피하거나 자신의 요구를 관철시키기 위해 어린 시절 발달수준으로 되돌아가는 것이다. 대·소변을 잘 가리던 아이가 동생이 태어난 후 밤에 오줌을 싼다거나 손가락을 빠는 등의 행동을 하는 것, 부부싸움을 한 후 짐 싸서 친정으로 가는 것 등이 여기에 해당된다.

⑦ **치환**

치환(displacement)은 위협적인 대상에게 가졌던 충동과 욕구를 만만하고 안전한 대상에게 대치해서 발산하는 것이다. '종로에서 뺨 맞고 한강에서 화풀이 한다.'는 속담과 같이 회사에서 상사에게 꾸중을 들은 아버지가 상사에게 직접 화를 낼 수 없기 때문에 집에 와서 가족에게 화를 내는 것이 대표적인 예이다.

⑧ **지성화**

지성화(intellectualization)는 성적 욕구와 같이 위협적이거나 고통스러운 정서적인 문제로 인한 불안이나 스트레스를 해소시키려는 노력으로 종교, 철학, 문학 등의 지적 활동에 몰입하는 것이다. 좋아하는 사람으로부터 거부당해서 괴로울 때, 그로 인한 속상한 마음을 인정하려 하지 않고 그 상대가 자신을 거부하는 이유를 분석하는 것이 여기에 해당된다.

⑨ 동일시

동일시(identification)는 다른 사람의 성격이나 태도, 가치, 행동 등을 무의식적으로 자신의 것으로 채택하는 것이다. 혼자서는 불안하므로 부모, 윗사람 등 중요한 인물들의 태도와 행동을 자기 것으로 만들면서 자타(自他)일체감을 갖고 싶어 하는 것이다. 아들이 아버지의 행동을 따라 하는 것이 여기에 해당된다.

⑩ 승화

승화(sublimation) 는 성숙한 방어기제로, 자신의 충동이나 갈등을 사회적으로 수용되는 방향으로 표현하는 것을 말한다. 공격성이 많은 사람이 권투선수가 된다거나 성적 충동을 예술 작품으로 표현해 내는 것, 잔인한 충동을 지닌 사람이 외과의사가 되는 것 등이 여기에 해당된다.

이 밖에도 다양한 방어기제가 있는데, 자아는 방어기제를 정신병리적인 상태뿐만 아니라 정상상태에서도 사용한다. 개인이 사용하는 방어기제가 성격특성으로 나타난다.

4) 상담 실제

무의식을 의식화하는 정신분석의 상담기법에는 자유 연상, 꿈 분석, 전이 분석, 저항 분석 등이 있다.

(1) 자유 연상

자유 연상(free association)은 내담자가 편안하게 누운 상태에서 내담자로 하여금 마음속에 떠오르는 것이 무엇이든지 이를 이야기하도록 하는 방법이다. 내담자가 자유 연상을 하는 동안 상담자는 무의식속에 억압되어 있는 동기나 원인이 되는 단서를 찾아낸다. 그리고 상담자는 그것을 내담자에게 설명해 줌으로써 내담자가 자기의 무의식적 심리과정을 점차 이해할 수 있도록 도와준다.

(2) 꿈 분석

프로이트는 '꿈은 무의식에 이르는 왕도'라고 하였다. 수면상태에서는 의식적 억제가 감소하기 때문에 무의식속으로 억압된 욕망과 해결하지 못한 충동이 내담자의 꿈을 통해서 드러난다. 상담자는 이 꿈의 내용이 갖는 상징들을 탐구하고 숨겨진 의미를 파악하여, 내담자로 하여금 해결되지 않은 문제들에 대한 통찰력을 얻게 한다.

(3) 전이 분석

전이(transference)란 과거의 중요한 인물에게 일어났던 감정과 환상을 무의식적으로 상담자에게 투사하는 것이다. 예를 들어, 어렸을 때 부모에게 학대받았던 내담자에게 상담자가 부모와 똑같은 인물로 보여서, 내담자가 부모에게 느꼈던 부정적 감정과 억압된 분노를 상담자에게 투사하는 것이다. 이런 경우 내담자는 상담자에게 적대감을 가지게 된다. 상담자는 내담자의 이러한 전이를 분석해 주어야 한다. 이를 통해 내담자의 전이 감정이 해소되면 내담자는 과거의 영향으로부터 벗어나게 되어 정서적으로 보다 성숙한 인간이 될 수 있다.

(4) 저항 분석

저항(resistance)은 정신분석상담 과정에서 무의식을 의식화하는 것을 방해하는 내담자의 모든 태도나 행동 및 언어 등을 총칭한다. 예를 들어, 상담시간에 늦거나 상담시간을 잊어버리는 것, 꿈을 기억해 오지 않는 일 등이다. 이렇게 내담자가 저항하는 이유는 자신의 억압된 충동이나 감정을 알아차렸을 때 느끼게 되는 불안으로부터 자신을 보호하기 위해서다. 상담자는 내담자의 저항의 의미를 분석해서 내담자의 의도와 갈등을 살펴보고 내담자가 저항의 의미를 깨닫도록 한다.

활동

1. 나의 방어기제에 대해 이야기해 봅시다.
   1) 내가 가장 많이 사용하는 방어기제는 무엇입니까?
   2) 어떤 상황에서 어떤 방어기제를 사용합니까?
   3) 방어기제를 사용하고 난 후 내 느낌은 어떠합니까?
2. 프로이트의 심리성적 발달단계에 따른 부모의 적절한 양육태도에 대해 이야기 나누어 봅시다.

2. 분석심리이론

1) 개요

분석심리학은 정신의학자인 칼 구스타브 융(Carl Gustav Jung, 1875~1961)에 의해 창시되었다. 융에게 가장 큰 영향을 미친 사람은 프로이트였는데, 융은 프로이트의 『꿈의 해석』을 읽은 후, 프로이트의 정신분석학 연구에 관심을 갖게 되었다. 융은 프로이트의 강력한 지지에 의해 1911년 국제정신분석학회 초대회장에 취임하였으나, 프로이트가 주장하는 성욕설을 수용하지는 않았다. 리비도를 성적 에너지로 국한시킨 프로이트의 견해와 달리, 융은 리비도가 성욕뿐 아니라 권력, 배고픔, 증오, 종교 등으로 전환될 수 있는 에너지로 보았으며(Jung, 2005), 이와 같은 차이로 프로이트와 융은 결별하게 되었다.

프로이트와 헤어진 융은 꿈과 환상의 분석을 통해서 자신의 무의식을 탐구하는 데 열중하였다. 융은 아프리카, 뉴멕시코 등지에서의 원주민들과의 만남과 함께 동양의 종교와 신화 그리고 연금술 등에 대한 지식을 축적하고, 일생을 거쳐 자기분석을 하면서 분석심리이론을 발전시켜 나갔다.

2) 정신건강에 대한 견해

융에 의하면 인간은 전체성을 지닌 존재이다. 인간은 수많은 대극적인 요소들-의식과 무의식, 자아와 그림자, 외적인 인격인 페르소나와 내적인 인격인 아니마 · 아니무스 등-로 구성된 존재이면서도, 자신의 전체성을 이루려는 정신적인 성향이 있다는 것이 분석심리이론의 핵심적인 사상이다.

일반적으로 사람들은 인간정신이 가진 대극적인 요소 가운데 어느 한 요소나 어느 한 기능을 일방적으로 발달시키려고 한다. 하지만 융은 인간정신의 어느 한 요소가 다른 요소에 비해서 일방적으로 우월한 위치에 있을 경우, 이는 인간 정신의 본래적인 전체성에 위배되어 내면적인 분열을 불러온다고 보았다. 인간의 정신병리 현상은 정신의 전체성에서 벗어남으로써 생기고 또한 그 벗어난 상태라고 보는 것이 융의 입장이다. 바꾸어 말하면 정신건강이란 정신의 전체성을 유지하고 있는 상태라고 할 수 있다(이죽내, 2006).

그러면서도 융은 아동기와 청년기를 인생의 전반기로, 중년기와 노년기를 인생의 후반기로 각각 구분하고 인생의 전반기와 후반기의 삶의 목적이 다르다고 하였다. 즉, 정신건강에 대한 기준이 전반기와 후반기에 서로 다름을 주장한다.

인생의 전반기 삶의 목적은 외적 세계에 적응하는 것이다. 건강한 사람은 자아를 강화하여 자신의 정체성을 확립하고, 삶에 필요한 지식이나 기술을 습득하며, 사회가 개인에게 요구하는 과제를 완수한다. 그러나 자아가 약한 사람은 현실적인 삶의 문제 앞에서 유아적인 자세를 취하기 때문에, 사회적응에 대한 두려움을 느껴서 앞으로 나아가지 못하고 후퇴하거나 주저한다(김성민, 2001).

이에 반해 인생 후반기 삶의 목적은 내면세계에 적응하는 것이다. 인생 후반기의 건강한 사람은 인생 전반기에 외적 적응에 사용했던 에너지를 정신적인 가치로 돌려 자신의 내면세계에 관심을 기울이며 자기 자신의 내적 존재를 체험해 나간다. 그러나 인생의 후반기에 자신의 내면세계에 관심을 기울이지 않고 여전히 바깥세상만 쳐다보며 인생의 전반기에 해결하지 못한 문제에 매달려 있거나, 그 전 단계에서 성취한 열매만을 탐닉하고 있다면 정신장애가 생길 수 있다(이부영, 2006). 인생 후반기의 정신장애는 자신의 내면세계에의 적응문제, 즉 정신의 전체성으로부터 일탈하는 데서 생긴다. 중년기의 우울증상은 자신의 내면세계에 관심을 가져 무의식의 내용을 의식화함으로써 정신의 전체성을 이루도록 하려는 목적의미를 갖고 있다. 따라서 분석심리상담의 목적은 내담자로 하여금 이런 의미를 자각하게 하고 무의식의 내용을 의식화함으로써, 의식과 무의식을 통합하여 정신의 전체성을 이루도록 하는 개성화과정을 통해 자기실현을 할 수 있도록 도와주는 것이다.

융은 자기실현이 청소년의 과제라기보다는 중년이후의 과제라고 하였으나 인생 전반기의 자아강화가 없이는 후반기의 주된 과제인 무의식을 의식화할 수 있는 능력을 갖출 수 없기 때문에 인생 전반기의 자아강화는 후반기의 자기실현의 전제가 된다고 보았다.

3) 주요개념

분석심리이론의 기본이 되는 몇 가지 주요개념을 살펴보면 다음과 같다.

(1) 의식과 무의식

융은 프로이트와 마찬가지로 인간의 정신을 의식과 무의식으로 구분하였으나, 의식과 무의식의 기원에 관해서는 의견을 달리한다. 프로이트는 무의식의 대부분이 의식으로부터 억압된 내용으로 구성되어 있다고 보고, 의식에서 무의식이 파생되었다고 본 반면, 융은 무의식이 먼저 생겼고 무의식에서 의식이 파생되었다고 보았다.

융에 의하면 의식은 자아(ego)가 의식하고 있는 모든 것, 즉 내가 보고, 듣고, 느끼고, 생각하는 것으로 구성되어 있으며, 의식의 중심에 자아가 있다. 융은 의식을 자아와 거의 동일시하여 자아를 종종 자아의식이라고 불렀다.

융의 무의식은 두 층, 개인적 무의식과 집단적 무의식으로 구별된다는 점에서 프로이트의 무의식과는 근본적으로 다르다. 개인적 무의식은 프로이트의 무의식과 동일한 의미로, 개인적인 심리적 갈등, 도덕적 기준이나 가치관에 의해 인정할 수 없는 내용, 고통스러운 경험 등 여러 가지 이유로 의식에서 망각하거나 억압된 것으로 구성되어있다. 개인적 무의식은 순전히 개인적인 경험과 개인의 특성을 나타내는 것들을 담고 있다.

집단적 무의식은 개인적인 경험에서 나온 것이 아니라 태어날 때 이미 가지고 나오는 무의식의 층으로서 누구에게나 보편적으로 존재하는 내용을 담고 있다. 모든 인간은 유사한 생리적 구조를 지니고 있으며 비슷한 환경적 요소를 공유하기 때문에, 개인은 세상에 대해서 보편적인 방식으로 생각하고 느끼고 반응할 수 있는 소질을 가진다.

(2) 콤플렉스

인간의 마음이나 정신은 많은 콤플렉스로 구성되어 있는데, 콤플렉스란 감정적으로 강조된 심리적 내용들을 중심으로 무의식적인 사고, 기억, 감정들이 뭉치고 연합되어 심리적인 복합체를 이룬 것이다. 콤플렉스라는 용어는 다른 학자들도 사용하고 있는데, 융의 콤플렉스가 다른 학자들의 콤플렉스와 구분되는 점은 원형적 핵(archetypal core)을 강조한다는 점이다. 융의 콤플렉스는 개인무의식뿐만 아니라 집단무의식의 요소를 지니고 있으며, 아버지 콤플렉스, 어머니 콤플렉스, 순교자 콤플렉스와 같이 원형과 관련된 핵심적 주제를 중심으로 구성되어 있다. 콤플렉스는 개인에게 의식되지 않은 채 부정적적인 영향을 미치기 때문에 콤플렉스를 의식화하는 것이 중요하다.

(3) 원형

원형은 경험을 지각하고 구성하는 심리적 반응양식이다. 사람들은 대체로 여러 가지 상황 속에서 어떻게 행동할까 생각하지 않고 즉각적으로 행동한다. 그 이유는 태곳적부터 행동해 왔던 반응양식인 원형이 사람들에게 들어 있기 때문이다. 집단 무의식에는 많은 원형이 있는데, 인간의 성격과 행동에 중요한 영향을 미치는 원형이 그림자, 페르소나, 아니마 · 아니무스, 그리고 자기 등이다.

① 그림자

그림자는 의식의 바로 뒷면에 있는 무의식의 열등한 인격으로, 개인이 자신의 성격이라고 의식적으로 인식하는 것과 반대되는 특성을 지니고 있다. 그림자는 어둡고, 바람직하지 않아서 의식이 거부하기 때문에 무의식으로 들어가 버린 요소들과 아직 발달하지 못해서 미숙하고 원시적으로 남아 있는 요소들로 구성된다. 의식에서 배척된 요소는 우리가 흔히 악하다고 하는 것으로 비난받을 만한 생각이나 행동, 즉 이기주의, 불성실, 계략, 비겁, 돈과 재산에 대한 과도한 소유욕 등을 말한다. 또한 미숙하고 원시적인 성향은 인간적인 한계 때문에 생기는 것으로 내면에 있는 열등하고 세련되지 못한 요소이다(김성민, 2004).

그림자는 투사를 통해서 표출된다. 즉, 자기에게 어떤 부정적인 특성이 있음을 알지 못하고 그것을 다른 사람에게 있는 것으로 보고 그에게 투사하는 것이다. 자신이 어떤 사람의 인격적 특성에 대해서 유난히 민감하게 반응한다면 그것은 자신의 그림자에 대한 반응일 수 있다. 다른 사람에게 투사되었던 자신의 그림자를 인식하게 되면, 사람들은 좀 더 겸손해질 수 있으며 다른 사람의 잘못에 대해서 좀 더 너그러운 태도를 보일 수 있게 된다.

② 페르소나

페르소나(persona)는 고대 그리스의 연극에서 배우가 쓰던 가면을 말한다. '페르소나'에 해당되는 우리말은 '체면' '얼굴' '낯'과 같은 것이며, 체면이란 말을 '사명' '역할' '본분' '도리'라는 말로 바꾸어도 같은 설명이 된다(이부영, 2006). 우리는 이 세상을 살아가면서 많은 페르소나를 가지며, 사회는 사람들에게 각자의 페르소나에 맞는 역할(부모, 회사원, 선생님, 직장인 등)에 충실할 것을 기대한다. 자신이 속한 사회에 적응하기 위해서 자신의 페르소나에 충실하게 사는 것은 바람직하다.

그런데 페르소나는 어디까지나 우리 인격의 한 요소이기 때문에, 어떤 사람이 자기의 페르소나에 너무 빠져들어 그 역할에 동일시하기 시작하면, 결국 피상적이고 거짓되며 깊이가 없는 인격을 갖게 되어 자기 자신을 돌보지 않게 되고 그 존재조차도 잊어버린다(Hall & Nordby, 2004). 페르소나는 외계에 적응하기 위해 필요하나, 진정한 자신과는 구별되어야 한다.

③ 아니마와 아니무스

사람들이 흔히 남자답다 또는 여자답다고 말할 때 남성성, 여성성의 관념은 남성과 여성에 대한 집단적인 견해로서 페르소나에 속한다. 인간이 페르소나를 가지고 외부세계와 관계를 맺는 것처럼 우리의 내면세계에도 외적 인격과 대조되는 태도와 자세, 성향이 생기게 되는데, 이를 내적 인격이라 부른다. 내적 인격은 자아가 내면세계와 관계를 맺게 해 주는 것으로, 내면세계인 무의식과 관계를 맺는 내적 인격이 아니마와 아니무스이다. 남자의 무의식 속에 있는 여성적 요소를 아니마(Anima), 여자의 무의식 속에 있는 남성적 요소를 아니무스(Animus)라고 한다.

남자는 여러 세대에 걸쳐 여성과 접촉함으로써 아니마 원형을 발달시켰고, 여성은 남성과 접촉함으로써 아니무스 원형을 발달시켰다(Jung, 2004). 이같이 모든 사람에게는 본래적인 성적 특성 외에 반대되는 성적 특성이 존재하고 있다. 남성은 생각, 여성은 감정을 특징으로 하기 때문에 내적인격인 아니마는 감정이나 기분으로 나타나고, 아니무스는 생각이나 의견으로 나타난다. 한 사람이 이 두 가지 특성을 모두 갖추면 그의 인격을 통합시킬 수 있는데, 대부분의 사람은 자신의 성적 특성만을 나타내는 데 익숙하기 때문에 내적 인격이 발달하지 못하고 열등하게 되기 쉽다(김성민, 2001).

아니마가 미분화된 남성은 변덕스럽거나 잔소리가 많은 특성 등 여성의 부정적인 측면을 보이는 반면, 아니마가 잘 분화된 남성은 보다 수용적이고 경청하며 기다릴 수 있는 등 여성의 긍정적인 측면이 나타난다. 아니무스가 미분화된 여성은 무모함과 고집스러운 주장과 따지는 버릇을 나타내는 반면, 아니무스가 잘 분화된 여성은 용기와 지성, 영성에 대한 능력을 지닌다.

'남성 속의 부정적인 여성 아니마'의 예

어떤 남자가 밖에서는 신사 중의 신사로서 모든 사람이 좋아하는데, 집에만 돌아오면 공연히 짜증을 내고 잔소리가 많아지고 폭발적인 감정에 사로잡혀 가족들을 못살게 군다. 그 때문에 아내와 아이들이 모두 그를 멀리한다. 그는 가족의 따돌림을 견디지 못하여 점점 고립감과 소외감을 느끼게 된다. 그리하여 폭군적 기질은 더욱더 기승을 부리게 된다. 그가 집에 돌아오면, 밖에서 보이는 신사 같은 모습과는 전혀 다른 감정이 안에서 올라오는데, 이는 마치 또 하나의 인격, 변덕스런 여인과 같다.

출처: 이부영(2003), p. 87.

④ 자기

인간의 내면에는 의식과 무의식을 포함한 정신의 중심이 있다. 자아가 의식의 중심이라면 자기(self)는 정신 전체의 중심이다. 자기는 자아보다 더 높은 차원의 정신요소로서 인간의 전체성을 나타낸다. 한 개인이 의식의 일방성으로 인하여 무의식과 단절되면 자기로부터 멀어지게 되는데, 모든 사람으로 하여금 다른 사람이 아닌 그 사람 자신의 전체가 되도록 자극하는 것이 바로 자기 원형의 기능이다. 자기 원형은 의식과 무의식, 자아와 그림자, 외적인격과 내적인격 등 상반되는 정신요소들을 통합시키려고 한다.

분석심리학에서 제시한 개념들의 관계를 도식적으로 제시하면 [그림 11-2]와 같다.

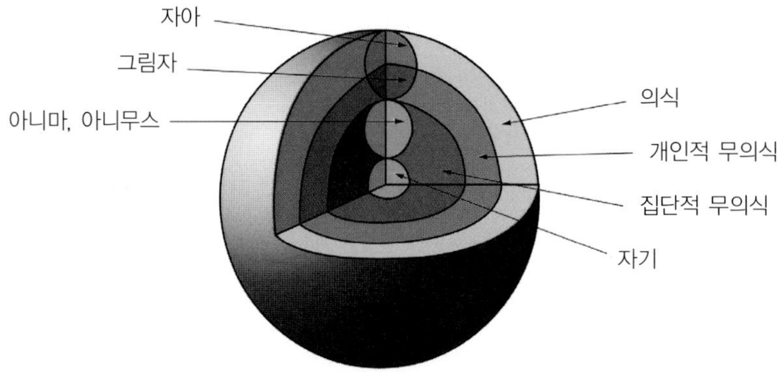

[그림 11-2] **마음의 구조**

출처: 이부영(2004), p. 35.

4) 상담 실제

상담자는 내담자의 자기실현 또는 개성화 과정을 돕기 위해 무의식을 의식화하는 중요한 수단으로 다양한 상담기법을 사용한다.

(1) 꿈 분석

융은 꿈을 목적론적으로 이해하였는데, 사람들이 꿈을 꾸는 가장 큰 이유는 의식상황에서 잘못된 것을 바로잡으려는 데 있다고 주장하였다. 의식의 일방성으로 개인의 전체성 지향에 문제가 있을 때, 꿈은 의식에서 억압하거나 무시해 버린 요소로, 의식에 다시 통합해야 할 것들을 상징적인 방식으로 알려 준다.

꿈은 기본적으로 의식의 일방적 태도를 보상하는 기능을 가지고 있기 때문에 의식의 태도가 너무 일방적일 때, 꿈은 의식의 태도와는 정반대로 나타나기도 한다. 예를 들어, 어떤 사람의 의식적 태도가 건강을 고려함이 없이 일에만 열중해야 한다고 생각하고 또 실제로 그렇게 하고 있을 때, 꿈속에서 그는 그의 의식적 태도나 삶과는 정반대로 편안히 휴식하는 것으로 나타날 수 있다(이죽내, 2006).

(2) 적극적 상상

적극적 상상은 최고의 정신활동에 속하는 것으로, 무의식을 알아 나가는 방법이며 체험이다. 내담자는 내면적인 심상이 활성화될 수 있도록 정신을 집중하는 것이 필요하다. 이러한 집중과정을 통해서 자신의 내면적인 심상을 지켜보고 그것들과 대화하면서 내면의 심상의 흐름을 관찰한다. 어떠한 변화가 관찰될 때까지 지속적으로 마음의 초점을 잃지 않는다. 마침내 어떤 움직임이 일어나면, 그러한 마음속의 장면으로 들어가 자연스럽게 그 일부가 되도록 한다.

그러나 적극적 상상은 쉽지 않다. 그 이유는 무의식의 비합리적이고 비논리적인 활동에 자아의식이 휩쓸리지 않고, 그 움직임을 관조하면서 반응하기가 어렵기 때문이다. 따라서 이러한 기법은 자아기능이 성숙되어 있는 내담자에게만 적용할 수 있다.

(3) 전이와 역전이 분석

전이와 역전이는 융의 분석심리상담에서 무의식을 이해하는 중요한 기법이다. 전이와 역전이 속에는 내담자와 상담자간의 개인 무의식뿐만 아니라 집단 무의식으로부터 온 원형적 주제가 포함되어 있을 수 있다. 일반적으로 전이는 과거에 내담자가 경험한 무의식적인 사건을 재현하는 것으로, 통합하지 못하였거나 억압된 부분이 상담자에게 투사된다. 그러나 융의 분석심리상담에 의하면, 전이를 분석하는 과정에서 개인적인 과거 경험뿐 아니라 어떤 원형이 내담자에 영향을 끼쳤는지 이해하게 되는 동시에, 그와 관련된 꿈이나 환상으로부터 해결책의 암시를 얻을 수도 있다. 역전이는 상담자의 무의식을 자극하는 내담자의 심리적 속성과 무의식적 내용이 반영되어 있기 때문에 매우 유용하다(권석만, 2016b).

(4) 그림분석

융은 내담자에게 꿈이나 환상에서 보았던 것을 실제로 그려 보도록 하였다. 분석심리상담에서 그림을 그리게 하는 이유는 그림을 통해 무의식을 의식화할 뿐만 아니라, 감정기능을 살리고 무의식과 능동적인 대화를 나누며 창조적 기능을 촉진시키고 발휘하게 함으로써 의식의 변화를 가져오도록 하기 위함이다.

활동

1. 나의 그림자에 대해 알아봅시다.
   1) 왜 그런지 모르게 미운 사람이 있는지 또는 타인의 어떤 특성에 대해서 괜히 민감하게 반응한 적이 있습니까?
   2) 그러한 경험이 나의 그림자와 어떤 관계가 있습니까?
2. 현재의 내 모습을 융의 분석심리상담에서 주장하는 인생의 전반기의 삶의 목표에 비추어서 생각해 봅시다.

3. 행동주의이론

1) 개요

행동주의이론에서는 인간의 행동이 개인과 환경과의 상호작용을 통해 형성되는 것으로 본다. 따라서 인간 행동을 변화시키기 위해서는 환경 변화가 있어야 한다고 주장하며, 인간의 행동은 학습의 결과이므로, 학습된 과정을 잊게 하거나 다시 학습시켜 인간의 부적응적인 행동을 변화시킬 수 있다고 본다.

행동주의이론으로 이반 파블로프(Ivan Pavlov, 1849~1936)와 존 왓슨(John Watson, 1878~1958)의 고전적 조건형성, 브루스 프레드릭 스키너(Burrhus Frederic Skinner, 1904~1990)의 조작적 조건형성, 그리고 알버트 반두라(Albert Bandura, 1925~)의 사회학습이론 등을 들 수 있다.

2) 정신건강에 대한 견해

행동주의이론에 따르면 인간은 선하지도 악하지도 않은 백지 상태로 태어난다. 인간은 자신을 주도적으로 변화시키고 통제하는 능력과 정신력을 가지고 있지 않고, 단지 환경에 반응하는 개체에 불과하다고 보았다.

행동주의이론에서는 인간의 심리문제나 내적 심리역동에 관심을 두지 않고 지금-여기에서 분명하게 객관적으로 관찰 가능한 것에만 관심을 둔다. 그래서 이상행동이라는 용어 대신 일탈행동이나 부적응 행동이라는 용어를 사용한다. 또한 인간이 보이는 일탈행동에 진단명을 붙이거나 유발 원인을 찾으려 하기보다는, 나쁜 습관이나 잘못된 학습의 결과인 부적응 행동을 일으키고 유지시키는 환경에 주목하고, 환경변화를 통해 새롭게 학습시킴으로써, 효과적이고 바람직한 행동을 하도록 하는 것에 초점을 맞추었다.

초기의 행동치료자들은 대부분 엄격한 결정론적 입장에서 조건형성의 원리를 이용하여 문제행동과 반응의 수정을 주로 다루었다. 그러나 내담자의 정서나 인지과정의 변화와 같은 감정통제의 사고방식의 수정도 중요시하는 행동치료자들이 많아지면서, 건강한 정서와 행동을 위한 합리적인 사고방식도 중시되고 있다. 최근에는 인간이 환경에 의해 만들어지지만 동시에 인간이 환경을 만든다는 견해가 지지를 받고 있다. 이에 따라 건강한 인간은 자신의 행동에 영향을 미치는 다양한 변인들을 변화시킴으로써 생활을 개선시킬 수 있다고 본다(Corey, 2010).

3) 주요개념

행동주의이론에서는 행동이 습득되고 유지되는 과정을 고전적 조건형성이론, 조작적 조건형성이론, 사회적 학습이론에 근거하여 설명한다.

행동주의이론의 기본이 되는 몇 가지 주요 개념을 살펴보면 다음과 같다.

(1) 고전적 조건형성

일반적으로 개는 음식이 혀에 닿으면 침을 분비하는데, 파블로프는 개가 입안에 음식이 들어오기 전에도, 음식이 가까이 오는 것을 보거나 음식을 가져오는 사람의 발소리를 들으면, 침을 분비한다는 사실을 발견하였다. 이를 토대로 파블로프는 조건형성 실험을 하였다. 개를 어두운 방에 묶어 두고 전등을 켠 후 30초가 지난 뒤 개에게 먹이를 주면, 처음에 개는 먹이가 입안에 들어올 때 타액을 분비하지만, 먹이를 주기 전에 불빛을 비춰 주는 과정이 여러 번 반복되면, 얼마 후 개는 불빛만 주어도 타액분비 반응을 보인다. 결과적으로 그 개는 불빛에 대해 침이 나오도록 조건형성된 것이다.

개는 먹이를 주면 자연스럽게 타액을 분비하는데, 이것은 타고난 반응이다. 여기서 먹이는 무조건 자극(unconditioned stimulus)이고, 이때의 타액 분비는 무조건 반응(unconditioned response)이다. 파블로프의 실험은 개를 공복상태로 만든 후 먹이를 주기 전에 타액 분비를 유발하는 자극과는 아무 상관없는 중성자극인 빛을 연합해서 반복적으로 제시한다. 그 결과 중성자극인 빛이 무조건 자극인 먹이와 연합되어 타액이 분비된다면, 고전적 조건형성이 이루어진 것이다. 여기서 빛은 조건자극(conditioned stimulus)이고, 빛에 의해 분비된 타액은 조건반응(conditioned response)이라 할 수 있다.

[그림 11-3] 파블로프의 고전적 조건형성 실험

출처: Meier et al.(1991), p. 105.

고전적 조건형성이 잘 이루어지기 위해서는 조건자극이 무조건 자극보다 반드시 먼저 이루어져야 한다. 예를 들어, 무조건 자극인 먹이보다 조건 자극인 불빛이나 종소리가 먼저 주어져야 하는데, 조건자극이 무조건 자극보다 0.5초가량 먼저 주어졌을 때 조건형성이 가장 잘 이루어진다는 연구결과가 있다(Kimble, 1961).

행동주의 심리학자들은 고전적 조건형성의 원리에 의해서 다양한 행동과 정서반응이 학습될 수 있음을 여러 실험을 통해 보여 주었다. 왓슨과 레이너(Watson & Rayner, 1920)는 11개월 된 알버트를 대상으로 한 실험을 통해, 공포반응이 고전적 조건형성으로 학습될 수 있다는 연구결과를 제시하였다(Watson, 1970).

알버트는 원래 흰 쥐에 대해서 어떠한 공포도 보이지 않았다. 그런데 연구자가 알버트에게 쥐를 보여 주면서 막대기를 뒤에서 세게 두드렸더니, 놀라는 반응을 보였다. 이 같은 경험이 반복되자 알버트는 흰 쥐를 보기만 해도 놀라서 얼굴을 찡그리고 울음을 터뜨렸다. 며칠이 지난 후 알버트는 흰 쥐는 물론 토끼나 개, 털 코트, 깃털 등에 대해서도 무서움을 보였다. 알버트가 공포를 느끼는 대상이 흰 쥐에서 털이 있는 모든 대상으로 확대되는 자극 일반화 현상이 나타난 것이다.

파블로프의 개에 대한 고전적 조건형성과 알버트의 공포조건 형성을 비교 설명하면 [그림 11-4]와 같다.

왓슨의 실용적인 업적은 공포를 탈조건 형성(deconditioning)한 것이다. 공포조건형

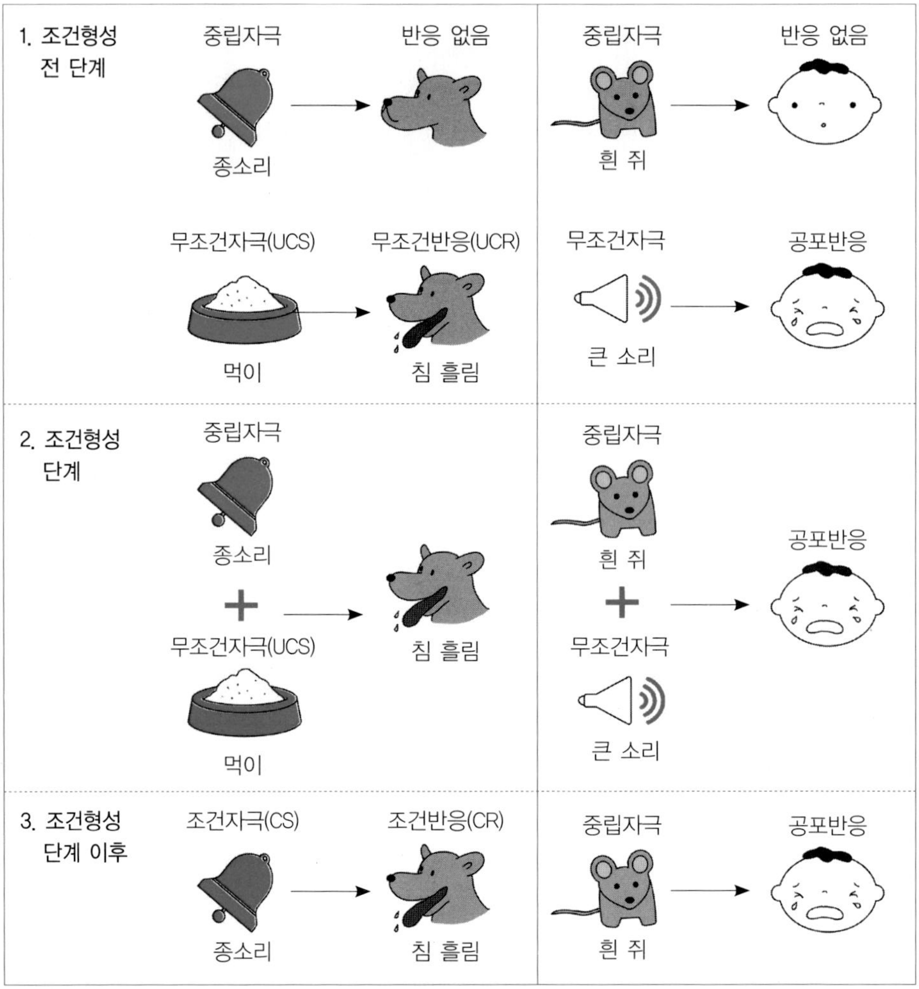

[그림 11-4] **파블로프의 고전적 조건형성과 공포조건형성비교**

출처: 김신옥, 민혜영, 이혜란, 홍길회(2014), p. 113.

성이 공포를 유발하는 무조건자극과 함께 조건자극을 제시함으로써 조건자극에 대한 공포를 갖게 만들었다면, 공포 탈조건 형성은 반대로 공포감을 유발하는 조건자극을 제기할 때 공포 대신 편안한 정서를 갖도록 하는 것이다. 즉, 조건자극에 공포 대신 편안한 감정을 연합시키는 것이다.

메리 코버 존스(Mary Cover Jones)는 왓슨과 함께 피터라는 3세 된 유아의 공포를 제거하는 데 성공하였다. 피터는 공포반응이 조건형성 되어 흰 쥐, 토끼, 털 코트, 깃털 등을 무서워했다. 존스는 우선 피터에게 간식을 주어 기분을 좋게 한 다음, 다른 아이들이 토끼와 함께 노는 것을 보게 하였다. 그리고 다음 날에는 피터가 무서워하지 않을 만큼 떨어진 우리에 들어있는 흰 토끼를 보여 주었다. 그 다음 날에는 피터가 경미한 두려움을 느낄 정도까지만 토끼를 점점 가까이 접근시켰다. 마침내 피터는 한 손으로 과자를 먹으면서 다른 한 손으로 토끼와 놀 수 있게 되었다.

(2) 조작적 조건형성

고전적 조건형성에서는 자극이 반응을 유발하기 때문에 조건형성이 되기 위해서는 반드시 반응을 자동적으로 유발하는 자극이 있어야 한다. 스키너는 고전적 조건형성으로 복잡한 행동유형을 설명하는 데는 한계가 있음을 지적하고, 특정 행동 이후 강화를 제공함으로써 행동을 조건형성시키는 조작적 조건형성원리를 발전시켰다.

스키너는 [그림 11-5]와 같이 지렛대를 누르면 먹이가 나오도록 만들어진 실험상자 안에 쥐를 집어넣고 행동을 관찰하였다. 쥐가 상자 안을 배회하다가 우연히 지렛대를 누르자 먹이가 나왔다. 먹이를 더 먹고 싶은 동물은 다시 배회하다가 지렛대를 누르게 되었고, 먹이를 먹을 수 있었다. 이런 일이 반복되면서 쥐는 지렛대를 누르면 먹이가 나온다는 것을 학습하게 되었고, 지렛대를 자주 누르게 되었다. 이처럼 행동(예: 지렛대 누르는 행동)은 그 결과에 따라 행동의 발생빈도가 증가하거나 감소한다. 보상(예: 먹이 등)이 뒤따르는 특정 행동은 증가하고 처벌(예: 전기충격 등)이 주어지는 특정 행동은 감소된다는 것이 조작적 조건형성(operant conditioning)의 원리이다.

조작적 조건형성의 원리에는 강화, 벌, 소거 등이 있다.

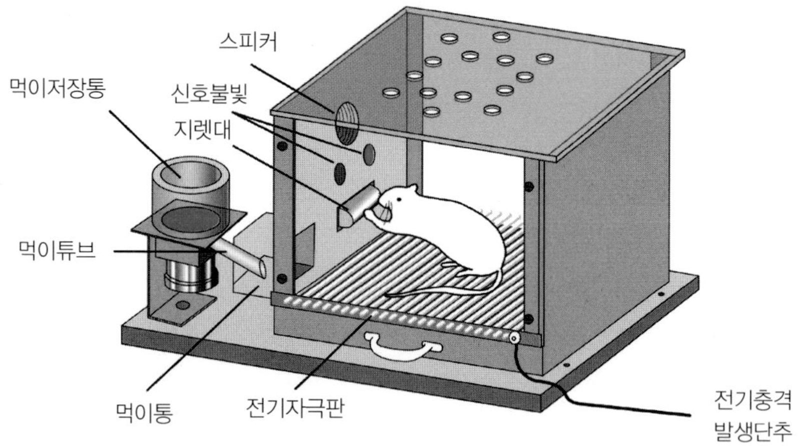

[그림 11-5] **스키너 상자**

출처: 권석만(2006), p. 71.

① 강화

강화(reinforcement)는 어떤 행동을 습득하게 하고 발생빈도를 높여 주는 과정으로, 정적 강화(positive reinforcement)와 부적 강화(negative reinforcement) 두 종류가 있다.

정적 강화는 특정행동을 했을 때 보상을 제공하는 방법으로서, 어떤 행동 후에 뒤따라 제공되는 긍정적 보상으로 인해 그 행동이 일어날 확률이 높아지는 것이다. 정적 강화에는 물질적 강화, 사회적 강화, 간접적 강화가 있다. 물질적 강화는 바람직한 행동을 할 때 학습자가 좋아하는 장난감, 과자, 옷 등을 제공하는 것이고, 사회적 강화는 칭찬, 인정, 미소 등을 말한다. 간접적 강화는 바람직한 행동에 대해 상징적인 표시 또는 점수를 주는 강화로 스티커나 칩 같은 것을 주어 일정한 개수가 모아지면 원하는 것을 받을 수 있게 하는 것이다.

반면, 부적 강화는 특정 행동을 하면 고통을 회피할 수 있도록 강화를 주는 방식으로, 어떤 행동 후에 불쾌한 자극이 제거됨으로써 결과적으로 그 행동이 일어날 확률이 높아지는 것이다. 즉, 학습자가 어떤 바람직한 행동을 할 때 그가 싫어하는 것을 제거해 주는 것을 말한다.

정적 강화나 부적 강화 모두 어떤 행동의 발생빈도를 증가시킨다는 점에서 동일하다. 다른 점은 정적 강화는 긍정적인 행동을 했을 경우, 어떤 바람직한 것(예: 선물, 장난감, 칭찬, 휴식 등)을 얻게 되는 반면, 부적 강화는 바람직한 행동을 했을 경우, 어떤 불쾌한 것(예: 꾸중, 소음)을 피할 수 있다는 것이다. 강화는 증진시키고자 하는 행동이 발생하면 즉각적으로 주어져야 효과적이다.

정적 강화와 부적 강화의 예

정적 강화는 지렛대를 누르는 행동의 결과로 쥐가 좋아하는 먹이를 주어 쥐가 지렛대를 누르는 행동을 학습하게 하는 것이다. 부적 강화는 지렛대를 누르는 행동의 결과로 시끄러운 소음이 멈추도록 함으로써 쥐가 더 이상 소음을 듣지 않기 위해 지렛대를 누르는 행동을 학습하게 하는 것이다.

② 벌

벌(punishment)은 특정행동을 했을 때 학습자가 좋아하지 않는 결과를 경험하도록 하는 것으로, 특정 행동을 보이면 즉시 주어지는 부적 결과이다. 바람직하지 않은 행동을 하지 못하게 할 때는 벌이나 고통을 줌으로써 그러한 행동을 억제시킬 수 있다.

벌의 예

상자 속에서 쥐가 지렛대를 눌렀더니 전기충격이 가해졌다면, 쥐는 고통을 피하기 위해 지렛대를 누르는 행동을 하지 않게 되는 것인데, 여기서 전기충격은 벌이 된다.

벌은 즉각적인 효과를 얻을 수 있기 때문에 일상생활에서 부모나 교사가 가장 쉽게 사용하지만, 부작용이 발생할 가능성이 높다. 벌은 부적응 행동을 일시적으로 억제시킬 뿐, 이를 완전히 소거시키기는 어렵다. 벌이 중단되면 부적응 행동이 다시 나타나거나 이전보다 더 심각해 질 수 있다. 또한 벌을 준 부모나 교사와도 관계가 나빠질 수 있다. 벌은 바람직하지 못한 행동을 감소시킬 수는 있지만 벌 자체로 바람직한 새로운 행동을 가르칠 수는 없다는 단점이 있다. 그러므로 상담자는 그릇된 행동을 벌하는 동안에도 내담자의 바람직한 상반행동을 찾아 이를 강화해 주어야 한다.

③ 소거

소거(extinction)는 학습된 행동에 더 이상 강화가 주어지지 않아, 그 반응이 일어날 확률이 줄어들거나 전혀 일어나지 않는 것을 의미한다.

소거의 예
지렛대를 눌러도 먹이가 나오지 않게 하면 처음에는 쥐가 지렛대 누르는 행동을 반복하지만, 계속적으로 먹이가 나오지 않으면 결국 지렛대를 누르는 행동이 사라지게 되는데, 이를 소거라고 한다.

(3) 반두라의 사회학습이론

왓슨이나 스키너와 같은 선구적인 학습이론가들이 대체로 물리적 환경 속에서 동물을 대상으로 한 실험을 통해 학습이론을 발달시킨 반면, 반두라는 인간은 사회적 상황 속에서 다른 사람들의 행동을 관찰하고 모방하면서 많은 것을 학습할 수 있다는 사회적 학습(social learning)이론을 제시하였다.

다른 사람의 행동을 관찰함으로써 학습이 일어나는 것을 관찰 학습이라 한다. 관찰을 통해서 학습이 이루어진다는 것은 그 모델의 행동을 인식하는 내적 표상이 있어야 하기 때문에 관찰 학습에는 인지적인 과정이 포함된다. 반두라에 의하면 관찰학습에는 주의, 저장, 운동재생, 동기화의 네 과정이 있으며, 이 중 하나라도 빠지면 성공적인 학습은 이루어지지 않는다(Bandura, 1977a).

개인은 관찰학습을 통해서 어떤 행동을 획득한 후, 그 행동의 결과를 경험해 보지 않고도 그 행동을 수행할지 혹은 수행하지 않을지를 결정할 수 있다. 개인이 직접 어떤 행동을 하지 않았고 강화도 받지 않았지만, 관찰을 통해 다른 사람의 행동과 그 행동의 결과를 관찰만 하고도 학습이 일어날 수 있다. 이는 관찰이 특정 행동의 결과를 알려 주기 때문이다. 즉, 대리강화란 우리가 직접 경험하지 않고도 우리 자신의 행동의 결과를 예상할 수 있다는 것을 의미한다.

반두라는 인간의 학습은 전적으로 환경의 영향을 받는 것이 아니라 인간과 환경 간의 지속적인 상호작용을 통해 이루어진다는 상호결정론(reciprocal determinism)을 주장하였다. 인간이 경험하는 환경이 인간에게 영향을 미치고, 인간의 행동 또한 환경에 영향을 미친다. 즉, 인간의 발달은 능동적으로 개입하는 인간과 인간의 행동, 그리고 인간을 둘러싸고 있는 환경의 세 요소 간의 상호작용에 의해 이루어진다. 인간이 능동적으로 자신의 성장과 발달에 개입할 수 있는 것은 환경과 상호작용할 때 인지적인 사고과정을 거치기 때문이다.

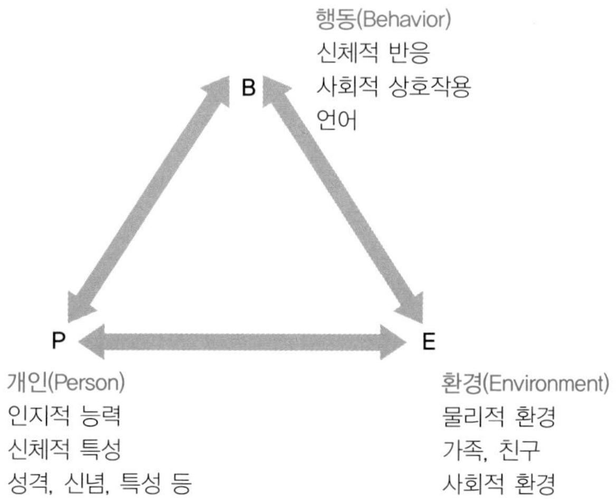

[그림 11-6] **상호결정론 모델**
출처: Shaffer(1999), p. 51.

4) 상담 실제

행동주의 상담에서는 상담목표를 분명하게 구체화하는 것이 중요하다. 상담초기에 표적행동(target behavior)을 정하는데, 이는 관찰 가능하고 측정이 가능한 구체적인 행동으로 정의될 수 있어야 한다. 부적응 행동이 여러 개인 경우, 우선순위를 정

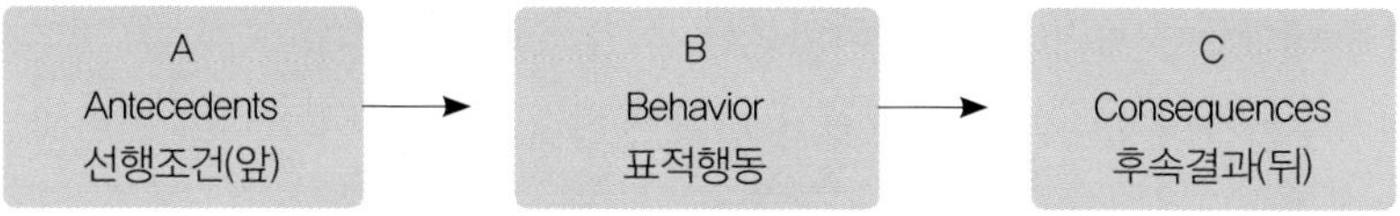

[그림 11-7] **행동분석**

해서 2개나 3개의 목표로 제한해서 기초자료를 수집한다. 상담에 들어가기 전 표적행동의 빈도, 지속성, 강도를 측정해서 자료를 갖고 있어야 한다. 또한 표적행동이 어떤 상황에서 발생하였는지, 어떤 상황에서는 발생하지 않았는지 그리고 어떤 방식으로 강화되고 있는지 등 행동분석(behavior analysis)을 수행한다.

행동분석은 내담자의 행동을 유발시키는 선행조건과 내담자의 행동, 그리고 행동을 유지시키는 후속결과인 특정한 환경요인을 발견해 내는 일이다. 이것을 도식화하면 [그림 11-7]과 같다. 이러한 분석을 통해서 행동치료 계획을 수립할 수 있다. 부적응 행동유발요인과 부적응 행동유지요인에 대한 가설을 세우고 구체적인 상담기법을 정한다.

부적응 행동을 제거하고 적응행동을 습득시키기 위해서 행동조성, 탈조건형성, 체계적 둔감법, 모델링 등과 같은 다양한 상담기법을 사용한다.

(1) 체계적 둔감법

체계적 둔감법(systematic desensitization)은 고전적 조건형성의 원리에 기초를 둔 상담기법으로, 가장 많이 사용되는 행동치료 기법 중의 하나이다. 체계적 둔감법은 내담자가 이완된 상태에서 불안이나 공포를 야기하는 상황을 가장 약한 자극에서부터 가장 강한 자극까지 점진적으로 상상하면서 불안이나 공포를 극복하게 하는 행동치료 기법이다. 체계적 둔감법은 이미 조건형성된 부적응 반응을 해체시키는 새로운 조건형성이 이루어진다는 점에서 탈조건형성(deconditioning)이라고 불리기도 한다. 이 방법은 울프(Wolpe, 1958)에 의해서 개발되었는데 특히 공포증과 같은 불안장애의 치료에 효과적인 것으로 알려져 있다.

(2) 행동조성

행동조성(shaping)은 조작적 조건형성의 원리를 이용해서 부적절한 행동을 없애고 바람직한 행동을 형성하게 하는 기법으로, 목표행동을 여러 단계로 구분하여 강화시킴으로써, 최종목표가 되는 바람직한 행동에 점진적으로 근접하도록 유도하는 것이다. 처음부터 원하는 행동을 했을 때를 기다려 강화를 준다면, 목표행동이 나올 때까지 오랜 시간 기다려야 할 수도 있고 때로는 목표행동이 일어나지 않을 수도 있으나, 작은 단계로 세분화하여 행동을 습득하게 하면, 습득이 용이할 뿐 아니라 습득 자체가 다음 행동에 강화로 작용할 수 있다.

행동조성의 예

- 사례: 수줍어서 발표를 못하는 아동
- 최종 목표 행동: 똑바른 자세로 당당하게 큰 목소리로 완성된 문장을 발표하는 것
- 행동의 세분화
  1. 조그만 목소리로 한 단어만 이야기하기
  2. 좀 더 큰 목소리로 둘 또는 세 단어로 의견을 표현하기
  3. 그 전보다 더 큰 목소리로 보다 완성된 문장으로 의견을 표현하기
  4. 의자에서 일어나 교사의 눈을 보며, 큰 목소리로 완성된 문장으로 분명하게 이야기하기
- 보상 방법: 세분화된 목표행동들을 달성할 때마다 보상을 준다.

(3) 타임아웃

타임아웃(time-out)이란 벌의 일종으로 내담자가 부적응 행동을 보이는 순간, 내담자가 하고 싶어 하는 활동을 일정 시간 금지시키고 고립시킴으로써, 그 행동이 강화되지 않도록 하는 것이다. 타임아웃은 그릇된 행동을 하는 내담자를 일시적으로 다른 장소에 잠시 격리시켜 두는 방법으로 이루어진다. 공격적인 행동이나 자기파괴적인 행동을 하는 경우 유용하게 활용된다. 예를 들어, 아동이 친구를 때리는 공격적인 행동을 보이면, 일정시간 '생각하는 의자'에 앉아 있도록 한다. 타임아웃을 효과적으로 활용하기 위해서는 아동과 사전협의를 통해 타임아웃의 내용을 정해야 하며, 타임아웃 시간은 아동의 연령에 적절해야 한다(연령×1분, 최대 5분 미만).

(4) 토큰경제

토큰경제(token economy)는 학습자가 바람직한 행동을 했을 때 우선 토큰으로 강화를 받은 후, 일정한 양만큼 토큰이 모이면 본인이 원하는 후속 강화물(예: 학용품, 피자, 아이스크림, 도서상품권 등)로 교환하는 기법이다. 토큰경제가 효과적이려면 아동이 바람직한 목표행동을 했을 때 받는 토큰의 수, 토큰으로 대체할 수 있는 후속 강화물의 종류와 양, 후속 강화물로 교환할 수 있는 토큰의 수 등을 아동의 발달수준을 고려하여 아동과의 협의해서 적절하게 정해야 한다.

토큰경제는 토큰 자체가 상징적인 강화물이지만 물건과 교환하게 되면 물질적 강화물이 되므로, 하나의 기대행동에 두 번의 강화를 받는 결과가 되어 강화의 효과를 극대화할 수 있다는 장점이 있다.

(5) 모델링

반두라의 사회학습이론에 의하면, 인간은 어떤 모델의 행동을 보는 것만으로도 관찰학습이 이루어진다. 모델링(modeling)은 이를 행동치료에 적용하여, 배워야 할 바람직한 행동의 모델을 내담자에게 보여 줌으로써 내담자로 하여금 바람직한 행동을 배우게 하거나 그 행동을 많이 하도록 유도하는 상담 기법이다. 특히 적응적 행동을 어떻게 해야 하는지 잘 모르는 내담자에게 적응행동을 학습시키는 데 모방학습이 효과적이다.

모델링은 모델의 적응적인 행동을 관찰하고 모방하게 함으로써, 적응행동을 어떻게 수행하는지를 배울 수 있을 뿐만 아니라 그러한 행동으로 인해 어떤 긍정적인 결과가 나타나는지를 학습함으로써 적응적 행동을 하려는 동기를 강화할 수 있다. 상담자, 부모, 친구 등 주변 사람뿐만 아니라 TV, 책, 영화 등 대중매체도 모델로 활용될 수 있다.

활동

1. 바람직한 행동 형성을 위해 정적 강화와 소거를 함께 적용했거나 적용할 수 있는 사례에 대해 이야기 나누어 봅시다.
2. 나의 행동과 가치관에 영향을 끼친 사람을 생각해 보고, 그 사람이 왜 자신의 모델이 되었는지 이야기 나누어 봅시다.

4. 인간중심상담이론

1) 개요

인간중심상담이론은 칼 로저스(Carl Rogers, 1902~1987)에 의해 발전된 이론으로서 인본주의 심리학에 기초하고 있다. 인본주의 심리학은 정신분석 접근과 행동주의 접근에 대한 반발로 1950~1960년대에 발전된 심리학이다. 인본주의 심리학자들은 정신분석적 접근이 인간을 성적인 욕구나 공격적인 욕구와 같은 무의식적 동기에 의해 움직이는 비이성적 존재로 간주하고, 성장과 자유선택에 대한 인간 역량을 너무 비관적으로 보는 것에 대해 반대하였다. 한편, 행동주의 접근에 대해서는 인간의 전체적인 측면들을 무시하고 측정 가능한 행동에만 관심을 가지며, 인간을 환경에 의해 조작되는 수동적인 존재로 보고 있는 것을 비판하였다. 인본주의 심리학에서는 인간이 지금까지 인식되어 온 것보다 훨씬 더 자유롭고 창조적인 존재이며, 자기실현을 추구하는 성장지향적인 존재라고 보았다.

로저스는 1931년 컬럼비아 사범대학에서 임상심리학으로 박사학위를 받은 후 로체스터 아동보호상담소에서 임상심리학자로 근무하며 아동과 청소년에 대한 상담을 하면서, 상담기법보다 상담자의 태도가 중요함을 깨달았다.

로저스의 상담이론의 발전과정은 크게 3단계로 구분된다.

1단계는 비지시적 상담이다. 1942년 로저스는 저서 『상담과 심리치료(Counseling and Psychotherapy)』를 통해, 그 당시의 지시적이고 해석적인 상담 방법에 이의를 제기하며 '비지시적 상담'을 주장하였다. 로저스에 의하면 지시적 상담은 상담자가 문제를 규정하고 원인을 진단하며 내담자를 설득하는 방식으로 상담을 하기 때문에, 내담자를 더 의존적으로 만들어 새로운 문제가 생겼을 때 그것을 해결하는 힘이 오히려 저하된다고 하였다. 로저스는 상담자가 허용적이고 비지시적인 분위기 속에서 내담자의 감정을 수용하고 명료화해 주면, 내담자가 자신의 감정을 인식하며 내담자 스스로 자신의 문제를 해결해 나갈 수 있다고 하였다(Rogers, 2009).

2단계는 내담자 중심 상담이다. 1951년 『내담자 중심 상담(Client-Centered Therapy)』의 출간을 계기로, 비지시적 상담이 내담자 중심 상담으로 변화하게 된다. 로저스는 상담에 있어 '내담자의 긍정적인 성장가능성을 중요시 한다는 점'을 강조하기 위하여, 이론의 명칭을 '내담자 중심 상담'으로 변경하였다. 그는 1957년 「필요충분조건(Necessary and Sufficient Conditions)」이라는 논문을 통해 상담자가 필수적으로 가져야 할 세 가지 상담태도로 일치성, 무조건적인 긍정적 존중, 공감적 이해를 제안하였다

3단계는 인간중심상담이다. 1964년 위스콘신 대학 교수직에서 퇴임한 로저스는 1968년 인간연구센터(the Center for Studies of the Person)를 설립하였다. 로저스는 '내담자'보다는 '인간'에 대한 관심을 강조하기 위하여 이론의 명칭을 '인간중심상담'으로 변경하였다.

2) 정신건강에 대한 견해

인간중심상담이론에서는 기존의 이론이 가지고 있는 인간에 대한 부정적이고 수동적인 관점과는 달리, 인간은 본질적으로 선하며 합목적적이고 진취적이며 건설적이고 현실적인 존재인 동시에, 아주 신뢰할 만한 존재로 본다. 인간은 스스로 자신의 문제를 해결하고 이해할 수 있는 능력이 있으며, 누구나 자기실현 경향성을 가지고 있고, 지속적인 성장의 잠재능력 또한 지니고 있다고 본다.

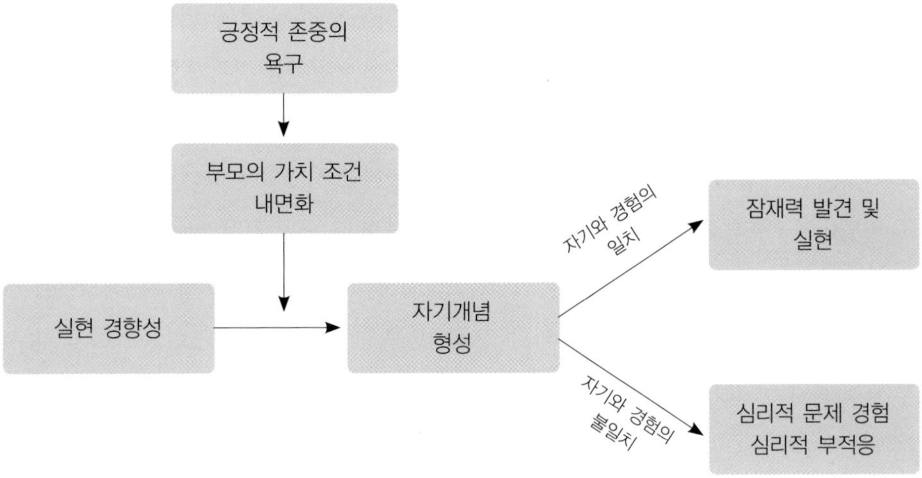

[그림 11-8] **심리적 부적응에 대한 로저스의 설명모델**

출처: 권석만(2016a), p. 286.

그런데 인간이 어릴 때부터 부모를 비롯한 주변 상황의 가치와 기준에 의해 자기개념이 왜곡되고 거부당하면, 심리적 문제가 발생한다는 것이다. 예를 들어, 자녀가 선천적으로 타고난 욕구, 재능, 행동양식에 대해 부모가 무조건적으로 수용하지 못하고 부모 자신의 가치와 기대에 맞추어 조건적인 수용을 하는 경우, 자녀는 부모로부터 긍정적 관심을 받기 위해 점차 부모가 자신에게 가지는 기대와 태도에 민감해지면서 자신의 기준보다는 부모의 기준과 가치에 따라 평가된 자기개념(self-concept)을 형성하게 된다. 이와 같이 부모, 교사 등을 포함한 성인들이 아동에게 조건적인 긍정적 관심을 보여 주면, 그들의 조건이 아동에게 내면화되어 자신의 행동기준과 규범이 되면서 다른 측면들을 무시하게 된다. 그러면서 아동 자신의 잠재력과의 접촉이 단절되고 자기소외를 경험하게 되어, 건전한 성장과 발달이 방해를 받게 된다. 이 과정을 도식화하면 [그림 11-8]과 같다.

그러나 인간은 심리적 부적응 요인들을 자각하는 능력과 부적응의 상태에서 벗어나서 심리적 적응의 상태로 향하는 능력과 경향성을 지니고 있기 때문에, 상담자가 개인이 성장할 수 있도록 존중하고 상호 신뢰하는 환경을 제공한다면, 내담자는 타고난 잠재능력을 건설적으로 발달시키며 충분히 기능하는 인간이 될 수 있다(Rogers, 1987).

인간중심상담이론에서 건강한 사람은 자아실현을 실천하는 사람으로 자신의 잠재력을 인식하고 능력과 자질을 발휘하여 자신에 대한 이해와 경험을 풍부하게 하는 방향으로 나아가는 사람이다. 로저스는 이를 '충분히 기능하는 사람(fully functional person)'이라고 하였다. '충분히 기능하는 사람'의 특성을 요약하면 다음과 같다(Rogers, 1969).

첫째, 경험에 대해 개방적인 사람이다. 현실을 왜곡하지 않고 있는 그대로 본다. 현재 자기가 처한 상황을 정확히 인식할 수 있고, 여기에 부가하여 현실을 새로운 방식으로 경험할 수 있는 능력이 있다. 긍정적인 감정은 물론 부정적인 감정까지도 개방적으로 받아들인다.

둘째, 실존적인 삶을 사는 사람이다. 삶의 모든 순간순간을 보다 충실하게 살고자 하는 경향이 있다. 즉, 실존적인 삶의 태도를 보인다.

셋째, 자신을 신뢰하는 사람이다. 자신과 자신의 결정에 대해 신뢰한다. 건강한 사람은 경험에 대하여 충분히 개방적이기 때문에 의사결정에 유용한 모든 정보를 접할 수 있게 되므로, 여러 측면을 고려하여 자신이 옳다고 생각하는 것을 선택하고 결정한다. 또한 자신의 인격을 파악함에 있어 그 기준을 외부에서 찾지 않고, 자신의 중심으로 눈을 돌린다.

넷째, 자기실현을 위해 노력하는 사람이다. 자신을 성장과정에 있는 사람으로 인식하며, 새로운 경험과 전환에 대해서 개방적인 자세로 끊임없이 자신의 진정한 실현을 위해서 노력한다.

3) 주요개념

인간중심상담이론의 기본이 되는 몇 가지 주요개념을 살펴보면 다음과 같다.

(1) 현상학적 장

현상학에서는 눈에 보이는 객관적 세계보다 개인이 어떻게 지각하는지, 즉 개인의 주관적 세계가 행동의 원천이 된다고 보며, 그런 주관적 세계를 '현상학적 장(phenomenal field)'이라고 한다. 로저스(1951)는 동일한 현상이라도 개인에 따라 지각과 경험이 달라지므로, 이 세상에는 '현상학적 장'만이 존재한다고 보았다. 이러한 속성 때문에 동일한 사건을 경험한 두 사람이 각기 다르게 행동할 수 있고, 모든 개인은 서로 다른 독특한 특성을 보이게 된다. 인간중심상담에서는 상담자가 내담자를 진정으로 이해하기 위해 내담자의 현상학적 장에 초점을 맞춘다.

(2) 자기

'자기(self)'는 현재 자신이 어떤 존재인가에 대한 개인의 개념으로서, 자기 자신에 대한 '자기 상(self image)'을 말한다. 로저스는 자기 개념이 현실적 자기(real self)와 이상적 자기(ideal self)로 이루어져 있다고 보았다. 현실적 자기란 현재 자신의 모습에 대한 인식이고, 이상적 자기란 긍정적 존중을 받기 위해 추구해야 할 이상적인 모습으로, 다른 사람으로부터 긍정적으로 평가받기 위한 가치 조건을 반영하고 있다. 인간은 현실적 자기와 이상적 자기개념이 서로 일치될 때는 적응적이고 건강한 성격을 갖게 되지만, 불일치가 심할 때에는 불안을 경험하고 부적응적이며 병적인 성격을 갖게 된다.

(3) 자아실현 경향성

자아실현 경향성(self-actualizing tendency)이란 모든 유기체가 자신을 유지·성장시키려는 자연적인 경향성을 지니고 있으며, 자신의 현재 상태에서 좀 더 발전하도록 노력을 기울이는 성향을 말한다. 자아실현은 한 인간이 진정한 자신이 되는 과정이며, 개인의 독특한 특성들과 잠재력을 발달시켜 좀 더 유능한 인간으로 발전되어 가는 과정이다.

(4) 여기 지금

인간중심상담이론에서 존재의 의미는 '거기 그때(there-and-then)'에 있는 것이 아니다. 로저스(1942)에 의하면 개인의 과거보다는 현재 입장에 중점을 두었기에 '여기 지금(here-and-now)'의 자기 속에서 참된 가치와 의미를 발견하는 것이 중요하다.

4) 상담 실제

인간중심상담이론에서는 상담기법보다는 상담관계에서 내담자에게 보이는 상담자의 태도가 매우 중요하다. 인간중심상담에서는 상담자가 지녀야 할 중요한 세 가지 태도인 일치성, 무조건적인 긍정적 존중 그리고 공감적 이해가 내담자의 변화를 이끄는 필요충분조건으로 설정하고 있다.

(1) 일치성

로저스가 제안한 상담자의 첫 번째 태도는 일치성(cogruence), 진실성(realness) 또는 진정성(genuineness)이다. 일치성은 상담자가 진실하다는 의미이다. 진실한 사람은 자기 자신에게 편안한 마음을 가지고 있기 때문에 다른 사람들과의 상호작용에서도 편안한 자세를 취한다. 상담자의 인격과 그의 언행 사이에 모순이 없다. 상담시간 동안에 일어나는 상담자 자신의 감정을 지각하고 부정적이건 긍정적이건 그것을 기꺼이 받아들일 뿐만 아니라, 내담자에게서 전해오는 여러 느낌들도 매 순간 진실하게 받아들이며, 이러한 감정이나 태도를 그의 말과 행동에서 적절히 표현한다.

(2) 무조건적인 긍정적 존중과 수용

상담자의 두 번째 태도는 무조건적인 긍정적 존중(unconditional positive regard)과 수용(acceptance)이다. 이는 상담자가 내담자에 대해 어떠한 가치판단도 하지 않고, 조건 없이 있는 그대로의 내담자 존재를 따뜻하고 긍정적인 태도로 수용하고 존중해 주는 것을 의미한다. 상담자는 긍정적이건 부정적이건 간에 내담자를 평가하거나 판단하지 않는다.

상담자는 내담자에게 "당신이 만약 …… 한다면, 나는 당신을 받아들이고 인정하겠습니다."가 아닌 "나는 당신이 어떠한 모습으로 있거나 어떠한 행동을 하든지 간에 당신이 가치 있는 존재이기 때문에 있는 그대로의 당신의 모습을 존중하겠습니다."라는 생각을 전달해야 한다.

상담자의 이러한 수용적 태도는 내담자 또한 자신에 대한 가치판단에서 벗어나 자신을 있는 그대로 느끼고 수용하며, 자유롭게 자기를 표현할 수 있는 존재가 되도록 돕는다. 자신을 있는 그대로의 모습으로 받아들이고 존중함으로써 사람들은 타인으로부터 인정받기 위해 허비하던 심리에너지를 전환하여 진정한 자아를 탐색하고 즐기는 데 사용할 수 있게 된다(박성희, 2009).

(3) 공감적 이해

일치성과 무조건적인 긍정적 존중이 상담자가 내담자를 대하는 데 유지해야 할 기본적 자세나 태도와 관련된 것이라면, 공감적 이해(empathic understanding)는 상담을 실제로 구현하는 것과 관련된다. 상담자는 일치성과 무조건적 긍정적 존중의 태도를 유지하면서 공감적 이해를 통해 내담자와 참다운 소통을 해야 한다(이장호, 정남운, 조성호, 2004).

공감적 이해란 상담자가 자신의 입장을 지키면서도 내담자의 생각, 감정, 경험을 내담자의 입장에서 그대로 이해하는 것이다. 즉, 상담자가 내담자의 내면세계를 정확하게 마치 자신의 내면세계인 것처럼 느끼게 되는 것을 말한다. 상담자의 이와 같은 이해는 내담자로 하여금 그 자신을 자연스럽게 그리고 보다 더 깊이 탐색하도록 함으로써 자신에 대한 이해를 증진시킨다.

공감적 이해는 상담자가 내담자의 경험 세계에 들어감으로써 내담자가 알고 있는 것을 이해하고 있음을 내담자에게 전달할 뿐만 아니라, 내담자가 모호하게 알고 있는 경험의 의미를 보다 명료하게 인식하도록 돕는다. 이처럼 공감적 이해는 상담자가 내담자를 잘 이해하고 있음을 나타내는 것이므로 이 사실이 바로 내담자의 자기존중감을 증진시킨다. 내담자를 공감적으로 이해하고 있음이 전달되면 내담자는 자신이 이해받고 있다는 느낌을 갖게 되며, 상담자를 보다 신뢰하게 되어 자신을 깊이 드러내 보이게 된다. 이러한 과정이 진행됨에 따라 촉진적인 관계가 이루어진다.

활동

1. 공감적인 대화하기
   1) 2명이 짝을 지어 한 사람은 자신의 이야기를 하고 다른 사람은 상대방의 이야기를 공감해 봅시다.
   2) 대화를 한 후, 공감을 해 주는 사람과 공감을 받은 사람의 느낌에 대해서도 서로 이야기 나누어 봅시다.
2. 무조건적인 긍정적 존중을 받아 본 경험이 있는지? 있다면 그때 나의 느낌은 어떠했는지 이야기 나누어 봅시다.

5. 긍정심리이론

1) 개요

긍정심리학은 마틴 셀리그만(Martin Seligman, 1942~)에 의해 창시되었다. 펜실베이니아 대학교 심리학과 교수로 재직 중인 셀리그만은 1998년 미국심리학회장으로 취임하면서, 심리학이 그동안 인간을 질병모델에 기초하여 바라봄으로써 망각하여 왔던 심리학의 사명을 상기시키면서, 긍정심리학이라는 새로운 방향을 제시하였다. 셀리그만(2002)은 "심리학은 인간의 약점과 장애에 대한 학문만이 아니라, 인간의 강점과 덕성에 대한 학문이기도 해야 한다. 진정한 치료는 손상된 것을 고치는 것만이 아니라, 우리 안에 있는 최선의 가능성을 이끌어 내는 것이어야 한다."고 주장하였다. 심리학이 고통받는 이들의 삶을 치유하는 것만큼 건강한 사람들의 삶을 충만하게 하는 것과 행복에도 관심을 가져야 한다는 것이다.

2000년 『American Psychologist』에서 긍정심리학 연구에 대한 특집으로 15편의 논문이 발표된 것을 시작으로 『Journal of Social and Clinical Psychology』 등 여러 전문잡지에서 긍정심리학을 특별주제로 다루어 왔으며, 긍정심리학 전문 학술지인

『Journal of Positive Psychology』가 2006년에 창간되었다. 미국과 유럽의 학부과정과 대학원 과정에서는 긍정심리학 교육이 이루어지고 있으며, 국내에서도 한국긍정심리학회, 한국긍정심리연구소가 설립되어 활발한 연구 활동을 하고 있고, 대학원에 긍정심리학과를 개설한 대학도 있다.

2) 정신건강에 대한 견해

셀리그만은 2002년 그의 저서 『진정한 행복(Authentic Happiness)』에서 삶의 목표는 행복과 만족한 삶이라고 주장하며, 이를 위한 요인으로 긍정정서(즐거운 삶), 몰입(몰입하는 삶), 삶의 의미(의미 있는 삶) 등을 거론하였다. 즐거운 삶이란 현재, 과거, 미래에 대해 긍정적인 감정을 느끼며 살아가는 삶을 말한다. 몰입하는 삶은 매일의 삶 속에서 자신이 추구하고자 하는 활동에 열정적으로 참여하고 몰입함으로써, 자신의 성격적 강점과 잠재력을 최대한 발휘하여 자기실현을 이루어 나가는 삶이다. 의미 있는 삶은 자신만을 위한 이기적인 삶보다는 자신보다 더 큰 무엇인가를 위해서 공헌하는 삶을 말한다.

2011년 셀리그만은 저서 『번영(Flourish: Visionary New Understanding of Happiness and Well-being)』에서 '진정한 행복이론'을 보완하여 긍정심리학의 새로운 이론인 '플로리시(flourish)를 위한 웰빙 이론'을 제안하였다. 셀리그만에 따르면, 웰빙을 측정하는 최선의 기준은 플로리시이고, 긍정심리학의 목표는 플로리시의 증가이다. 플로리시란 번성, 풍족, 즉 삶의 만족도를 끊임없이 높여 '행복의 만개(滿開)'에 오름을 의미한다. 플로리시를 위한 새로운 웰빙 이론은 긍정정서(positive emotion), 몰입(engagement), 관계(relationship), 의미(meaning), 성취(accomplishment)의 다섯 가지 핵심요소로 구성되며, 각 요소의 첫 글자를 따 PERMA라고 하였다. 그리고 다섯 가지 요소 전체의 기반이 되는 것으로 성격강점을 강조했다.

플로리시를 위한 여섯 가지 요소를 통해 긍정심리학에서 목표로 하는 삶을 사는 건강한 사람의 특징을 간단하게 살펴보면 다음과 같다.

첫째, 과거, 현재, 미래에 대해 긍정적인 정서(기쁨, 희열, 따뜻함, 자신감, 낙관성 등)를 느끼고 이를 지속적으로 이끌어 내어 즐거운 삶을 산다.

둘째, 자신이 추구하는 활동에 깊이 빠져들어 시간 가는 줄 모르며, 열정적으로 참여하는 '몰입하는 삶'을 산다.

셋째, 혼자가 아닌 타인과 함께 기쁘고 슬픈 일을 나누며, '함께하는 삶'을 산다.

넷째, 인생의 의미와 목적을 추구하는 '의미 있는 삶'을 산다.

다섯째, 성공, 성취, 승리, 정복 그 자체가 좋아서 그것을 추구한다. 물질추구가 아닌 성취 그 자체를 위해 업적에 전념하는 '성취하는 삶'을 산다.

여섯째, 자신의 대표강점을 알고 이를 계발하며, 실생활에 적극적으로 활용하여 플로리시를 이루어 나간다.

정신건강은 긍정심리학의 중심주제인데, 셀리그만과 함께 긍정심리학을 이끄는 선두적인 연구자 중 한 명인 크리스토퍼 피터슨(Christopher Peterson, 2010)에 의하면 정신건강은 궁극적으로 건강한 생활습관으로 이어져야 한다. 또한 리프와 그의 동료들(Ryff & Keyes, 1995; Ryff & Singer, 1998)은 정신건강의 여섯 가지 요인—자율성, 환경통제력, 개인의 성장, 타인과의 긍정적인 관계, 삶의 목적, 자기수용—에 관심을 보이며, 회복탄력성과 정신적인 성숙도 정신건강과 밀접한 관계가 있다고 하였다.

3) 주요개념

(1) 성격강점

인간의 번영과 최적의 기능을 유발하고, 행복을 영위하는 데 도움을 주는 개인의 특성이 바로 성격강점이다(우문식, 2014). 셀리그만과 피터슨 등은 긍정심리학의 기틀이 되는 건강한 정신에 대한 분류체계를 구축하기 위하여 세계의 주요 종교와 철학에 관한 저술들을 토대로 공통적인 미덕을 정리하였다. 시대와 문화를 막론하고 끊임없이 나타나는 총 200개의 미덕목록을 작성한 후, 최종적으로 6개—지혜와 지식, 용기, 사랑과 인간애, 정의, 절제, 영성과 초월성—를 선정하고 미덕을 함양하기 위한 실천방법으로 '성격강점'을 정립하였다. 성격강점은 18,000여 개의 후보군 중에서 24개가 선정되었다(Peterson & Seligman, 2004).

① 미덕과 강점

피터슨과 셀리그만은 여섯 가지 미덕(virtues)과 그 하위에 있는 스물네 가지 성격강점(strengths) 목록을 도출하여 VIA 강점분류체계[Values in Action(VIA) Inventory of Character Strengths]를 개발하였는데 그 내용은 다음과 같다(Peterson & Seligman, 2004; www. viastrengths.org).

■ 지혜와 지식

더 나은 삶을 위해서 지식을 습득하고 활용하는 것과 관련된 인지적 강점들

1. 창의성: 일을 할 때 새롭고 생산적인 방법으로 생각하기
2. 호기심: 참여하고 있는 모든 활동에 대해 호기심 갖기, 매력적인 과제와 주제 찾기, 탐색과 발견하기
3. 학구열: 새로운 기술, 주제, 지식을 숙달하기
4. 판단력: 모든 측면을 고려하여 조사하고 판단하기, 성급한 판단을 하지 않기, 증거에 근거하여 생각을 변화시키기, 모든 증거에 동등한 비중을 두기
5. 통찰력: 자신과 타인 모두 수긍하는 세상의 이치를 알기 위해 노력하기, 타인에게 지혜로운 상담가 역할을 해 주기

■ 용기

내적, 외적 난관에 직면하더라도 추구하는 목표를 성취하고자 하는 의지를 실천하는 강점들

6. 용감성: 위협, 도전, 고통, 시련을 당해도 물러서지 않기, 반대가 있을지라도 옳은 것을 말하기, 대중적인 호응을 얻지 못하더라도 확신을 가지고 행동하기
7. 인내, 끈기: 한번 시작한 것은 반드시 끝마치기, 어려움을 감수하고 하던 것을

지속하기, 끝까지 해결하기, 임무를 완수하는 데에서 즐거움을 느끼기

⑧ 정직: 진실을 말하는 것뿐만 아니라 보다 광범위하게 진실한 방식으로 자신을 표현하고 행동하기, 속이지 않기, 자신의 감정이나 행동에 책임지기

⑨ 열정: 열의와 에너지를 갖고 삶에 임하기, 대충하거나 열의나 성의 없이 일하지 않기, 모험하듯 삶을 살기, 활기 넘치게 살기

■ 사랑과 인간애

타인과의 관계에 관심을 가질 때 생기는 강점들

⑩ 사랑: 타인과의 친밀한 관계에 가치를 두기, 상호 호혜적으로 나눔과 배려를 실천하기, 사람들과 가까이 지내기

⑪ 친절: 타인에게 선의를 베풀거나 선한 행동을 하기, 타인을 돕기, 타인을 보살피기

⑫ 사회성: 타인에 대한 동기와 감정을 인지하기, 서로 다른 사회적 상황에 적응하기 위해 무엇을 해야 하는지 알기, 사람의 마음을 움직이는 방법을 알기

■ 정의

개인과 집단, 또는 개인과 사회 간의 건강한 공동체 생활에 기본이 되는 강점들

⑬ 공정성: 공정하고 정의롭게 모든 사람을 동일하게 대하기, 타인에게 사적인 감정으로 편향되게 대하지 않기, 모두에게 공평한 기회 주기

⑭ 리더십: 내가 속한 집단을 고무하고 집단 내에서 좋은 관계를 맺기, 집단 활동을 조직하고 관심 갖기

⑮ 팀워크(협력): 집단이나 소그룹의 구성원으로서 열심히 일하기, 집단에 충성하기, 공유하기

■ 절제

행동 또는 감정 등이 지나치지 않도록 하는 강점들

⑯ 용서: 잘못한 사람을 용서하기, 타인의 단점을 수용하기, 사람들에게 기회를 한 번 더 주기, 앙심 품지 않기

⑰ 겸손: 자신의 업적을 떠들어 대지 않기, 주목받으려고 하지 않기, 타인과 비교하여 나만 특별하다고 생각하지 않기

⑱ 신중함: 신중하게 선택하기, 과도한 위험을 감수하지 않기, 나중에 후회할 만한 일을 하거나 말하지 않기

⑲ 자기조절: 내가 느끼고 행동하는 것을 조절하기, 자신을 통제하기, 나의 욕구와 정서를 조절하기

■ **영성과 초월성**

더 큰 우주와의 연결성을 추구하고 의미를 부여하는 강점들

⑳ 심미안: 매일의 일상에서 자연과 예술, 수학과 과학을 비롯한 삶의 모든 영역에서 아름다움, 탁월성, 놀라운 업적을 감지하고 향유하기

㉑ 감사: 좋은 일임을 인지하고 감사하기, 감사를 표현하는 시간 갖기

㉒ 희망: 앞으로의 일이 잘 되어질 것이라고 기대하고, 그것을 성취하기 위해 노력하기, 앞으로 좋은 날이 펼쳐질 것을 믿기

㉓ 유머: 웃고 장난치는 것을 좋아하기, 타인에게 웃음을 안겨 주기, 밝은 면을 보기, 꼭 필요한 말이 아니더라도 유쾌한 농담을 하기

㉔ 영성: 더 높은 목적과 우주의 의미에 대한 믿음을 갖기, 나의 존재가 큰 틀 속에 귀속되어 있음을 알기, 의미 있는 삶이 사람의 행동에 영향을 주며, 편안하게 만들어 준다는 것을 믿기

② 대표강점 찾기와 활용하기

자신의 강점을 찾는 방법은 셀리그만이 운영하는 홈페이지(www.authentichappiness.sas.upenn.edu)와 VIA 홈페이지(www.viastrengths.org)* 에서 찾을 수 있으며, 셀리그만

*한국어로 검사 가능함.

(2002)의 저서 『진정한 행복』에 약식으로 검사하는 방법이 수록되어 있다.

대표강점은 자신의 자아실현에 이바지하고 어떤 일에서 탁월한 결과와 성취를 이루게 하는 역량이며, 의욕과 열정을 느끼도록 동기부여를 하기 때문에, 자신의 대표강점을 파악하여 일상 속에서 활용하면 더 행복해진다. 대표강점을 활용할 때 우리는 활기와 열정을 느끼게 되며 '진정한 자기'가 표현되고 있다는 느낌을 갖게 된다(Seligman, 2011).

(2) 긍정정서

지금까지의 심리학이 불안, 우울, 알코올 중독, 스트레스 등과 같은 부정적인 것에 초점을 맞추었다면 긍정심리학은 인간의 긍정적인 정서에 초점을 맞춘다. 정서는 긍정정서와 부정정서로 구분된다. 긍정정서에 기쁨, 쾌락, 만족, 열정, 자부심, 희망, 감사, 사랑 등이 있다면 부정정서에는 공포, 불안, 분노, 증오심, 혐오감 같은 것들이 있다. 부정정서가 꼭 나쁜 것만은 아니다. 부정정서는 특정 행동 경향성을 유발하고, 위험과 위협에 대응하게 하는 적응적 기능을 한다. 부정정서의 감소와 긍정정서의 증진은 독립적인 과정이다. 비관성을 약화시키면 부정정서는 감소되지만 긍정정서가 증가하지는 않는다. 그러므로 행복을 증진시키려면 비관성을 약화시켜 부정정서를 감소시키면서 낙관성을 강화하여 긍정정서를 고양시켜야 한다(우문식, 2014).

프레드릭슨(Fredrickson, 2001)은 긍정정서가 즐거움을 느끼게 해 주는 것 이상으로 훨씬 더 큰 의미가 있다고 주장하며 '긍정정서의 확장 및 구축이론'을 발표하였다. 이 이론에 의한 긍정정서의 효과를 보다 구체적으로 살펴보면 다음과 같다.

첫째, 긍정정서는 '사고-행동 목록을 즉각적으로 확장'한다. 부정적인 정서에서는 상황에 대처하는 사고와 행동의 폭이 좁아지는 반면, 긍정정서에서는 생각의 폭이 유연하고 넓어지는 경향이 있다. 따라서 긍정정서는 인지지능과 창의성을 증진시킨다.

둘째, 긍정정서는 '부정정서를 상쇄'시킨다. 두 가지 독립적인 정서가 양립할 수 없기 때문에 부정정서가 강할 때, 긍정정서를 개입시키면 부정정서를 상쇄시킬 수 있다.

셋째, 긍정정서는 '회복력 지수'를 높인다. 긍정정서를 많이 경험한 사람은 심리적

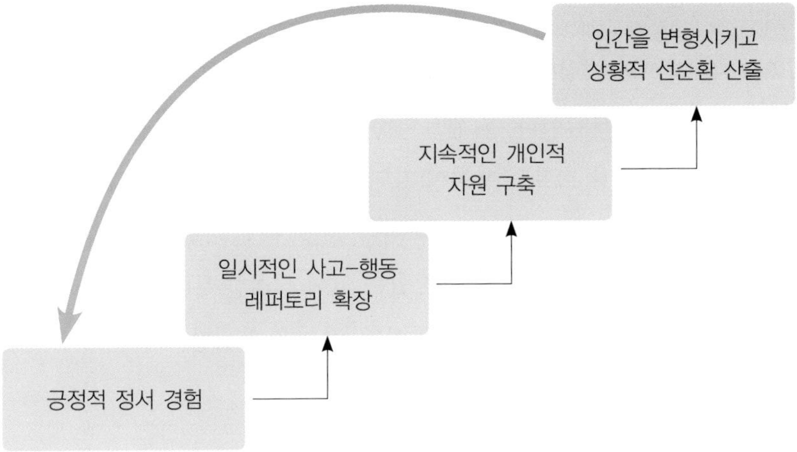

[그림 11-9] **긍정정서의 확장 및 구축이론**

출처: Fredrickson(2002), p. 124.

으로 더 성장한다. 훨씬 낙관적이 되고 회복력이 강해지는 것이다.

넷째, 긍정적 정서는 '지속적인 자원을 구축하고 웰빙을 향상'시킨다. 긍정적 정서는 질병에 대처하는 신체적 자원, 스트레스에 대처하는 심리적인 자원, 거의 모든 삶의 도전들을 다루는 데 중요한 사회적 자원을 구축하는 데 도움을 준다.

프레드릭슨(2002)은 이러한 효과가 상향적 선순환을 일으킨다는 점에서 '나선형 상승(upward spirals)'이라고 칭하였는데, 이를 도식화하면 [그림 11-9]와 같다.

긍정정서는 과거의 긍정정서, 현재의 긍정정서, 미래의 긍정정서 세 가지로 구분되며, 노력하기에 따라 얼마든지 키울 수 있다. 긍정정서가 과거와 관련된 것인지, 현재 혹은 미래에 대한 것인지에 따라 긍정정서를 키우는 방법이 달라진다. 과거의 부정정서는 감사, 용서, 망각 등의 긍정정서로 바꿀 수 있다. 미래의 긍정적 정서는 신념, 신뢰, 자신감, 희망, 낙관성 등으로, 도전의식과 낙관적 기대 등을 통해 얻어진다. 현재의 긍정적 정서는 만족, 기쁨, 홍미, 쾌락, 열정 등으로, 지금 이 순간을 음미하고 적극적으로 참여하고 몰입함으로써 얻어진다.

(3) 몰입

몰입(flow)은 자신의 역량을 최대로 발휘한 경험으로 설명할 수 있기 때문에 긍정심리학에서 주목받는 개념이다. 칙센트미하이(Csikszentmihalyi, 1975)는 몰입이란 '삶이 고조되는 순간에 물 흐르듯 행동이 자연스럽게 이루어지는 느낌'이라고 정의했다. 몰입은 어떤 활동에 깊이 빠져서 시간이나 공간, 타인의 존재, 심지어 자신에 대한 생각까지도 잊는 심리상태, 현재 하고 있는 일에 심취한 무아지경 상태이다. 일하는 동안 누릴 수 있는 가장 큰 행복이 몰입이며, 강점을 발휘할 때 자연스럽게 경험할 수 있다.

(4) 긍정적인 관계

긍정적인 인간관계는 행복과 밀접한 관련이 있다. 디너와 셀리그만(Diener & Seligman, 2002)은 가장 행복한 사람으로 밝혀진 상위 10% 학생들을 집중 연구했는데, '가장 행복한' 사람들이 보통 사람들이나 불행한 사람들과 확연히 다른 점이 폭넓은 인간관계였다. 혼자 있는 시간이 적고 사회활동을 하는 시간이 많았으며, 자타가 공인할 만큼 대인관계도 좋았다.

피터슨(2010)이 긍정적인 인간관계를 위해 제시한 여덟 가지 방법은 다음과 같다.

첫째, 자기 자신을 먼저 안다. 자기 자신을 모르면 다양한 환경 속에서 긍정적인 인간관계를 맺기가 어렵다. 우선 자신이 어떤 사람인지 객관적으로 알려는 노력이 필요하다.

둘째, 상대방 강점을 본다. 약점보다 상대의 강점을 먼저 찾으려고 노력하면 그만큼 인간관계가 긍정적으로 발전한다.

셋째, 좋은 이야기나 칭찬을 한다. 좋은 이야기와 칭찬은 좋은 관계, 긍정적인 인간관계를 만드는 윤활유 역할을 한다.

넷째, 감사를 표현한다. 감사는 가장 저렴한 투자로 최상의 인간관계를 만드는 편안한 교류수단이다.

다섯째, 시간을 선물한다. 시간 선물만큼 서로의 관계를 아름답게 만드는 것도 드물다. 시간 선물은 상대에 대한 사랑, 배려, 존중, 관심, 공감 등을 포괄한다.

여섯째, 항상 용서하는 마음을 갖는다. 서로의 관계를 오래 지속하고 긍정적인 인간관계를 맺어 줄 수 있는 유일한 방법이 용서이다. 우리는 관계를 맺어 가는 과정에서 본의든 타의든 실수하고 갈등을 일으킨다. 상대에게 기회를 다시 베푸는 용서만이 이러한 문제를 해결하고 관계를 지속할 수 있게 한다.

일곱째, 남을 배려한다. 남이 나를 배려해 주길 바라면 끝이 없다. 내가 배려하는 것이 결국 나를 위한 일이다.

여덟째, 적극적이고 건설적으로 반응한다. 타인의 이야기에 진실되고 열광적으로 지지해 주는 것은 상대를 기분 좋게 해 주는 것이며, 상대가 자신을 좋아하게 만드는 것이다.

(5) 삶의 의미

셀리그만은 수천 명을 대상으로 무엇을 추구했을 때 삶이 가장 만족스러웠는지를 조사한 결과, 의미의 추구가 삶을 만족시키는 데 가장 중요한 역할을 한 것으로 나타났다. 사람은 자신의 쾌락보다는 타인의 복지를 생각하는 마음을 가질 때 더 오랫동안 만족감을 느낀다는 것이다. 이를 입증하기 위해 셀리그만은 '재미와 베풂'이라는 활동을 고안해 냈는데, 하나는 친구와 재미를 추구하는 주제이고, 다른 하나는 다른 사람들을 위해 도움을 주는 행동이다. 학생들에게 이 둘 중 어떤 하나를 선택해 실천하게 하고, 두 가지 활동을 수행하면서 각각 어떻게 활동했는지 어떤 느낌을 받았는지를 기록해 비교해 보도록 하였다. 그 결과, 베풂은 재미보다 강하고, 재미로 얻을 수 있는 기쁨이 순간적이라면 베풂을 통해 얻는 즐거움은 오래가는 것으로 파악되었다(우문식, 2014, 재인용).

직업과 관련해서도 자신의 일을 소명으로 받아들이고 그 일속에서 의미를 찾는 사람들은 더욱 행복하고 어떤 일이든 즐겁고 열정적으로 잘한다. 자기 직업을 소명으로 여기는 사람은 더 중요하고 큰 것을 추구하기 때문에 자신의 일에 종교적인 의미가 함축되어 있다. 의미 있는 삶은 자기 존재보다 더 큰 무엇과 하나가 되는 삶이다. 셀리그만에 의하면 행복한 삶은 일상생활에서 자신의 대표강점을 날마다 발휘하여 행복을 만들어 가는 것이다. 그런데 의미 있는 삶은 행복한 삶에 한 가지가 더해진다. 즉, 대표강점을 발휘하되, 의미를 추구하는 삶을 사는 것이다.

(6) 성취

우리는 어떤 목표를 세우고 이를 성취했을 때는 당연히 행복감을 느낀다. 그래서 사람들은 무언가를 성취하기 위해 기술을 쌓고 강점과 재능을 발휘하고, 인내심을 갖고 노력한다. 그런데 많은 사람들이 오로지 성취와 승리, 정복 그 자체가 좋아서 성취를 추구하기도 한다. 이러한 변화를 반영하여 셀리그만이 2002년에 발표하였던 '진정한 행복이론'에서는 주목을 받지 못했던 성취요소가 현재의 긍정심리학에서는 행복의 중요한 요소로 자리 잡게 되었다.

4) 상담 실제

지금까지의 상담 및 심리치료가 심리적인 문제 증상을 가지고 있는 사람들에게 관심을 두었다면, 긍정심리 상담은 심리적인 문제가 없는 사람들이 보다 행복해지도록 실질적인 도움을 주는 데 초점을 둔다(Seligman, Rashid, & Parks, 2006).

기존의 상담에서 상담목표를 달성하기 위해 사용하는 방법을 상담기법이라고 한다면, 긍정심리 상담에서 상담목표를 달성하기 위해 사용하는 방법은 '행복을 위한 연습도구'라고 표현하였으며, 도구들 중 일부를 소개하면 다음과 같다(우문식, 2014, 2016; Peterson, 2010; Seligman, 2011).

〈표 11-1〉 **행복을 위한 연습도구**

긍정정서 키우기	• 감사 표현하기 감사한 사람의 얼굴을 떠올리며 그 사람에게 감사편지를 구체적으로 쓴다. 그다음 감사편지를 들고 방문하여 감사 대상자 앞에서 감사편지를 읽고 두 사람이 느낀 감정을 이야기하는 것이다. • 용서하기 용서를 통해 부정정서를 줄이고 긍정정서를 키우는 것이다. 우선 자신이 받은 상처를 돌이켜 객관적으로 생각하고, 나에게 피해를 준 이유가 무엇인지 가해자의 입장을 헤아려 보려고 노력하며, 나 자신도 누군가에게 용서받았던 때를 돌이켜 본다. 그리고 용서계약서를 써서 공개적으로 용서를 행하면서 용서하는 마음을 갖는다.
강점 활용하기	• 대표강점을 이용해서 자기 소개하기 자신의 대표강점을 찾은 다음, 강점을 적용해서 성취한 가치 있는 일을 토대로 자신을 소개하는 것이다. • 강점을 일상생활에서 활용해 보기 예를 들면, 자신의 강점인 '리더십'을 발휘해서 자기가 속한 집단의 목표 달성을 위해 구성원 모두를 협력하도록 만든 경험을 이야기하는 것이다.
몰입하기	• 마음챙김 명상하기 호흡명상, 들숨과 날숨에 집중하는 명상법으로 정신적인 게으름과 무감각을 극복하기 위해 주의력과 자각 수준을 높이는 명상법이다. • 몰두했던 경험 나누기 몰두했던 경험을 나누고 이를 통해 또 다른 몰입 계획을 세워 실생활에서 활용할 수 있도록 한다.
긍정적인 관계	• 타인에게 자신의 시간을 선물하기 타인을 위해 어떻게 시간을 쓸 것인지 계획하고 타인을 위해 사용하는 것이다. • 효과적인 의사소통을 이해하고 연습하기 반영적 경청과 I-Message를 배우고 익혀서 일상생활에서 활용하도록 한다.
의미 있는 삶	• 나의 유산 남기기 재산보다 더 소중하고 가치 있는 것을 중심으로 자신이 성취했다고 생각하는 것을 유산으로 작성해 보는 것이다. 예를 들어, "그 사람은 사랑이 많고 따듯한 사람이었다." "그 사람 곁에는 많은 친구들이 있었다." 등으로 시작할 수 있다. • 행복 워밍업 일상에 작은 기쁨이 될 수 있는 사소한 일들을 생각해 봄으로써 자신의 행복수준을 증진시키는 것이다.

활동

1. 자신의 강점을 활용해 봅시다.
   1) 자신의 강점을 찾아봅시다(www.viastrengths.org 참조).
   2) 자신의 강점을 이용해서 자기소개를 해 봅시다.
2. '…… 함에도 불구하고' 감사한 일을 찾아서 이야기 나누어 봅시다.

제12장 | 아동과 교사를 위한 정신건강

정신건강을 위한 주요 심리치료

정신건강에 문제가 있다는 것은 개인이 불안, 우울 등 정서적인 문제와 함께 타인과의 관계에서 어려움을 경험하거나 부적응적인 행동을 지니고 있어, 삶의 행복감을 경험하지 못하고 있음을 의미한다. 심리치료는 정신건강상의 문제를 초래하는 여러 가지 병리적인 요소를 제거하거나 바람직한 방향으로 전환시켜, 문제해결능력을 향상시키고 행동변화를 촉진하며, 현실적이고 합리적인 인식을 하도록 함으로써 개인의 정신건강이 증진되도록 도움을 준다.

최근 아동이 심리적인 문제를 가지고 있거나 문제행동을 보이는 경우, 전문적인 심리치료를 받도록 하는 부모들이 증가하고 있다. 내담아동의 치료가 효과적으로 이루어지기 위해서는 부모, 교사, 상담자가 서로 정보를 주고받고 협력할 필요가 있기 때문에 부모와 교사도 여러 가지 심리치료에 대한 이해가 있어야 한다. 또한 심리치료의 일부 상담기법과 상담자 역할은 가정, 교육기관, 직장에서 자신과 타인의 정신건강 증진을 위해 활용할 수도 있다.

본 장에서는 여러 가지 심리치료 중 놀이치료, 미술치료, 모래놀이치료, 합리적 정서행동치료 그리고 해결중심단기치료의 발전과정, 개념, 치료적 요인, 상담자 역할, 상담실제 등을 살펴보고자 한다.

1. 놀이치료

1) 발전 과정

놀이치료는 1900년대 초기부터 약 100여 년의 기간에 걸쳐 발달해 왔다.

(1) 1900년대 초기

아동 심리치료를 위해 놀이를 처음으로 도입한 사람은 프로이트(1909)이다. 프로이트는 말 공포증을 가진 한스라는 5세 아동의 공포를 치료하기 위하여, 한스의 아버지에게 한스의 놀이와 언행을 잘 관찰하여 보고하게 하고, 놀이를 통해 표현된 한스의 공포와 갈등을 이해하고 한스의 아버지에게 한스의 심리를 설명해 주는 방식으로 간접적인 놀이치료를 하였다. 이 사례는 부모를 통한 간접적인 방법이었지만 놀이를 심리치료에 사용한 최초의 사례로 볼 수 있다.

허그 헬무스(1921)는 놀이상황을 처음으로 아동의 심리치료에 도입하였다. 아동은 성인과 달리 언어표현에 한계가 있으므로 아동분석에서 놀이가 필수적이라고 주장하며, 아동의 놀이행동을 가정에서 자연스럽게 관찰하면서 아동을 치료하였다.

정신분석가인 멜라니 클라인(1932)과 안나 프로이트(1928)는 놀이를 전통적인 정신분석기법에 통합시켜 사용하였다. 클라인은 놀이를 성인의 자유 연상과 같은 것으로 생각하고, 아동의 소망, 공포, 환상 등을 이해하기 위한 수단으로 놀이를 인식하였다. 한편 안나 프로이트는 아동과 상담자 사이에 치료적 동맹을 형성하기 위해 놀이를 사용하였다. 안나 프로이트는 놀이를 통하여 아동과 상담자 간에 만족할 만한 관계가 형성되면, 심리치료 과정의 초점을 놀이에서 언어적인 상호작용으로 옮겨 갔다.

(2) 1930~1950년대

1930년대에서부터 1950년대 사이에 많은 놀이치료 이론과 기법이 급속하게 발달하였다.

① 구조화된 놀이치료

1930년대 중반부터 정신분석적인 이론에 기초한 '구조화된 놀이치료' 기법들이 발달하기 시작하였다. 이 치료에서는 놀이의 정화 가치를 중요하게 여겼다. 대표적인 학자는 레비(Levy, 1939), 솔로몬(Solomon, 1938), 함브리지(Hambridge, 1955) 등이다.

이들은 아동의 문제가 무엇인지를 먼저 결정한 다음에 내담자의 욕구에 맞추어 치료를 하였다. 그러므로 구조화된 놀이치료에서는 상담자가 아동에게 놀잇감을 제시하고 놀이 활동을 제안한다.

② 관계놀이치료

1930년대에 발전한 관계놀이치료는 오토 랭크(Otto Rank, 1936)의 이론에 기초하고 있다. 그는 아동과 상담자 간의 치료관계에 대해 최초로 언급한 사람으로, 과거의 경험 및 무의식보다는 '지금-여기'에서의 상담자와 내담자 간의 관계가 중요하다고 주장하였다. 이는 상담자와 아동 사이의 정서적 관계의 치료적 힘을 강조한 '관계치료'의 철학적 근거가 되었다.

타프트(Taft, 1933), 알렌(Allen, 1942), 무스타카스(Moustakas, 1959) 등도 놀이치료에 랭크의 이론을 적용하였다. 이들은 출생의 충격(birth trauma) 때문에 아동이 타인과 깊은 긍정적 관계를 맺는 데 어려움을 갖게 된다고 주장하면서, 놀이치료과정에서 아동이 상담자와의 안전한 관계를 경험하면 이런 충격을 극복할 수 있다고 하였다.

③ 아동중심 놀이치료

아동중심 놀이치료는 로저스가 창시한 인간중심상담의 이론적 개념을 따르는 것으로, 로저스의 제자인 액슬린(Axline, 1947)이 아동중심 놀이치료를 창안했다. 액슬린에 의하면, 아동은 자신의 문제를 스스로 해결할 수 있는 잠재적인 능력을 갖고 있지만 현실에서 이러한 능력을 발휘할 수 없기 때문에, 아동에게 문제가 생긴다고 보는 입장이다. 상담자가 아동을 무조건적으로 수용하고 공감하면서 아동의 경험에 민감하게 반영해 주면, 아동은 자신이 독립적인 인간으로 존중받고 있음을 인식하게 되면서, 자신의 감정과 경험을 표현해 나가는 과정을 통해 자신을 발견할 수 있다고 본다.

(3) 1950~1980년대

1950년대에서 1980년대는 놀이치료에 관한 새로운 이론과 기법이 개발되고 활발히 전개된 시기이다. 버나드 거니(Bernard Guerney, 1964)는 로저스의 인간중심상담이론과 액슬린의 아동중심 놀이치료를 바탕으로 '부모놀이치료(Filial Play Therapy)'를 개발하였다. 거니(1964)는 부모를 훈련시켜 치료적 대행자로 놀이치료 과정에 직접 참여시킴으로써, 부모-자녀관계를 강화하고 양육적인 문제를 극복하여 자녀에게 치료적인 변화를 일으킬 수 있다고 보았다.

브로디(Brody, 1978)는 '발달놀이치료'로 불리는 놀이치료 기법을 개발하였다. 이 접근법에서는 관계를 재형성하는 매개물로서 신체적 접촉을 이용한다. 발달놀이치료는 애착이론, 자아심리학이론과 대상관계이론 등을 기초로 아동-상담자 관계를 이용하여, 아동이 초기에 양육자와 신체적 접촉을 통해 안정된 애착을 형성하고 대상관계를 발달시켜 가는 경험을 재현하도록 함으로써, 안정된 애착관계를 경험하도록 하는 접근 방법이다.

이 기법은 전버그(Jernberg, 1979)에 의해 적극적이고 단기적인 치료놀이(theraplay) 기법으로 발전하여 헤드스타트의 빈곤계층 가정에게 적용되었다. 치료놀이기법은 발달놀이치료보다 신체적 접촉을 더 중요시하는 강하고 활동적인 치료방법이다.

(4) 최근 경향

1980년대 이후 놀이치료는 다양한 상담이론과 심리치료이론들을 근거로 장족의 발전을 하였고, 유럽에서 시작된 놀이치료가 전 세계적으로 확산되었다. 1982년 미국에서 창립된 놀이치료학회(Association for Play Therapy: APT)는 1990년대 후반 국제놀이치료학회(IAPT)로 확대・개편되었다. 이러한 발전과정에서 미국은 거니, 쉐퍼(Schaefer), 오코너(O'Connor), 랜드레스(Landreth) 등 많은 대가들을 배출하였다.

이 시기에 놀이치료는 정신분석적 놀이치료, 분석학적 놀이치료, 아동중심 놀이치료, 인지행동 놀이치료, 생태학적 놀이치료, 게슈탈트 놀이치료, 치료놀이 등으로 다양해졌다.

우리나라에서는 1970년대에 주정일 교수가 숙명여자대학교에 아동중심 놀이심리치료를 처음 도입하였다. 1997년 한국놀이치료학회가 창립되어 놀이치료사를 훈련시키기 위한 과정을 만들었으며, 이후 한국아동학회, 한국발달심리학회, 한국아동심리재활학회, 한국아동심리치료학회, 한국모래놀이치료학회 등에서 놀이치료사를 배출하고 있다.

2) 개념

놀이치료는 훈련받은 놀이치료자가 아동의 심리적인 어려움을 해결하도록 돕기 위해 놀이의 치료적 힘을 체계적으로 적용하는 상호과정(Schaefer, 1993)으로 놀이치료에 대한 개념은 이론적 접근에 따라 약간씩 강조점이 다르다(Esman, 1983; Guerney, 1983; Landreth, 1991).

아동중심 놀이치료는 상담자가 아동을 통제하거나 변화시키려 하지 않고, 무조건적인 긍정적 관심과 공감, 진실성을 가지고 놀이에서 보여 주는 아동의 감정과 갈등에 대해 민감하게 반응함으로써, 아동 자신의 잠재능력을 발휘하도록 도와주는 방법이다. 아동중심 놀이치료는 오늘날 놀이치료현장에서 가장 많이 사용되고 있는 놀이치료이다.

정신분석적 놀이치료란 아동이 현재 보이는 사고, 감정, 행동은 과거에 경험하였던 감정이나 사고에 영향을 받는다는 가정하에, 심리적 갈등과 적응문제를 가진 아동을 대상으로 놀이를 활용하여 아동과 관계를 맺는다. 놀이로 표현된 아동의 소망, 환상, 갈등에 대하여 해석적인 의사소통을 하여, 아동이 자신의 문제와 갈등에 대하여 통찰을 얻도록 하는 치료이다. 정신분석학적 놀이치료의 목표는 무의식을 의식화하고 자아의 기능을 강화하여 본능의 요구보다 현실에 바탕을 두고 행동할 수 있도록 하는 것이다. 아동의 정상발달을 해치는 고착이나 발달적 결핍을 해결하는 것을 놀이치료의 목표로 삼는다.

분석학적 놀이치료는 아동이 자기치유를 향한 정신적 잠재력을 지니고 있다는 것을 전제하고 있다. 아동은 상담자와의 동맹적 관계를 통해 자기치유력이 활성화되어 자신이 갈등을 느끼고 있는 문제와 관련된 주제들을 놀이에서 보여 줌으로써, 이를 통해 의식적인 세계와 무의식적인 세계, 또 내면적 세계와 현실세계를 연결하고 통합한다. 분석학적 놀이치료자는 아동과의 상호작용의 수단으로 상징적인 언어를 중시하기 때문에, 상담실에 상징물로서 놀이 도구들을 준비한다.

인지행동적 놀이치료란 인지치료와 행동치료 이론을 적용한 것으로, 놀이치료의 틀에 인지적이고 행동적인 중재가 합쳐진 치료방법이다. 크넬(Knell, 1993)은 놀이치료 상황에서 모델링, 행동형성, 정적 강화 같은 행동치료기법을 적용하였다. 이 접근법은 아동을 놀이치료에 적극적으로 참여하도록 하고, 아동이 가지고 있는 부적응적인 신념을 수정하도록 도움으로써, 현재의 부적절한 사고와 행동을 보다 합리적인 방식으로 대치할 수 있는 전략을 배우도록 하는 치료방법이다. 놀이는 사회적 기술과 대안적인 행동을 가르치는 데 사용된다. 인지행동적 놀이치료는 구조적이고 직접적이며 목표지향적이다.

게슈탈트 놀이치료는 아동의 감각, 신체, 정서, 인지 등 모든 기능들을 조화롭게 통합하고자 하는 데 중점을 둔다. 접촉의 개념이 놀이치료에서 중요하다. 접촉은 아동이 주어진 환경에서 어떤 상황을 접할 때에 감각을 통해 특정한 인식이나 깨달음을 갖는 것을 말한다. 불안하거나 힘든 문제를 안고 있는 아동은 이러한 감각들을 충분히 사용할 수 없으며 감정표현을 할 수 없다. 그러므로 게슈탈트 놀이치료에서는 감정적 표현이나 감각적 표현들을 경험할 수 있도록 돕는다. 이러한 접촉 과정을 통해 아동의 본래의 기능과 자아조절(self-regulatory) 능력을 회복시키는 것이 주요 목표이다.

3) 치료적 요인

놀이치료의 치료적 요인들을 살펴보면 다음과 같다(김광웅, 유미숙, 유재령, 2004; 유가효, 위영희, 문현주, 이희정, 김태은, 2014; 정문자, 제경숙, 이혜란, 신숙재, 박진아, 2016; 정혜자, 2008; Schaefer, 1993).

첫째, 놀이는 본질적으로 재미있는 행위이며 자발적으로 행해지기 때문에 즐거움과 긍정적인 느낌이 수반된다. 놀이처럼 하고 싶은 것을 한다는 것 자체가 내부의 긴장감을 발산하여 완화시키는 효과가 있을 뿐 아니라 즐거움을 경험하게 한다. 재미있고 즐거운 정서는 아동에게 행복감을 주고 스트레스를 해독하는 효과가 있다.

둘째, 놀이치료실은 여러 가지 흥미로운 놀잇감이 가득하고, 놀이는 아동에게 흥미로운 활동이기 때문에, 낯선 사람인 상담자에 대한 경계심을 완화시키고 라포형성을 쉽게 만든다.

셋째, 언어에 대한 이해 및 구사능력이 충분히 발달하지 못한 아동은 놀이와 활동으로 의사소통한다. 즉, 놀이는 아동의 자기표현의 수단이자 언어이다.

넷째, 놀이는 아동에게 융통성과 상상적 가능성을 확대시켜 준다. 아동은 현실에서 충족하지 못한 욕구를 놀이 속에서 상상과 환상을 통해 실현할 수 있고, 자신 및 현실의 한계를 넘어서 여러 가지 가능성을 시험해 볼 수 있다.

다섯째, 부정적 감정을 놀이로 안전하게 표현할 수 있다. 분노, 질투, 두려움, 수치심과 같은 부정적 감정을 인식하고 표현하는 것은 누구에게나 힘든 일이다. 그러나 놀이를 통해서라면 큰 두려움 없이 안전하게 감정을 표출함으로써 정서를 이완한다.

여섯째, 주변을 탐색하는 과정에서 주변 환경에 익숙해지고 어느 정도 자신의 뜻대로 무언가를 할 수 있는 것을 숙달감이라고 한다. 아동에게는 이러한 숙달의 욕구가 내부에 잠재되어 있는데, 이 욕구를 표현하도록 자극하는 것이 놀이이다. 아동은 놀이 활동을 하면서 성취감, 조절감, 자기효능감을 얻게 되고, 그로 인해 아동의 자아존중감이 증진된다.

일곱째, 놀이를 통해 아동은 자신의 문제를 해결하는 방법과 기술을 터득하게 된다. 아동은 평가나 비난을 받지 않는다는 확신이 서면, 편안하고 안전한 분위기 속에서 자신의 창의적인 사고를 발전시켜 나간다. 이런 과정을 통해 아동은 현실생활에서 부딪히는 갈등상황을 효과적으로 해결 할 수 있게 된다.

여덟째, 아동은 놀이를 통해 외상적 경험을 재생하고, 마음속에 깊이 내재되어 있던 감정을 표현하게 된다. 놀이를 통해 그때 그 사건이나 충격을 다루고, 점차 그것을 극복하고 통제할 수 있게 된다. 놀이는 가상적인 것이기 때문에 아동은 감정을 표출하는 데 있어서 비교적 덜 불안해하며, 사건에 대한 통제력을 갖게 된다.

아홉째, 아동은 역할놀이를 통해 여러 가지 경험과 역할을 시도해 볼 수 있다. 이를 통해 새로운 행동을 습득하고 경험할 수 있는 기회를 제공받게 될 뿐 아니라 역할놀이를 통해 다른 사람의 관점에서 자신과 타인을 볼 수 있게 된다.

4) 상담자의 역할

상담자의 역할은 크게 세 가지로 구분할 수 있다.

첫째, 상담자는 놀이치료실을 아동이 안정감을 가지고 자신을 표현할 수 있는 물리적 · 심리적 공간으로 만드는 것이다. 아동 자신의 경험, 감정, 욕구, 생각을 표현할 수 있는 놀잇감을 준비해 두어야 한다. [그림 12-1]은 일반적인 놀이치료실 전경이다.

둘째, 상담자는 아동의 놀이에 적절하게 반응해야 한다. 상담자는 아동이 놀이를 통해 자신이 지닌 심리적 문제를 이해하고 해결할 수 있도록 도움을 주는 반응을 할 수 있어야 한다.

[그림 12-1] 놀이치료실

셋째, 놀이치료실 이외의 환경(가족, 학교, 또래관계)에서 아동이 적절한 경험을 하도록 환경에 개입하여 방향을 안내하는 역할을 해야 한다. 또한 아동이 일상생활에서 보이는 행동이나 그 결과에 대해 스스로 책임을 지는 것을 도와주어야 한다.

오늘날 놀이치료현장에서 기본적으로 사용되고 있는 아동중심적 놀이치료에서, 놀이치료자의 역할은 비지시적이기는 하나 단순히 수동적인 존재는 아니다. 상담자는 아동이 이야기하고 행동하는 것을 민감하게 주시해야 하며, 아동을 존중하고 정직하게 대해야 한다. 액슬린(1947)이 제시한 비지시적 놀이치료의 여덟 가지 원칙은 놀이치료자의 역할을 잘 설명하고 있다.

첫째, 상담자는 아동과 따듯하고 친밀한 관계를 형성해야 한다.

둘째, 상담자는 아동을 있는 그대로 수용해야 한다.

셋째, 상담자는 아동이 자기의 감정을 완전히 자유롭게 표현할 수 있도록 수용적인 관계를 형성해야 한다.

넷째, 상담자는 아동이 표현하는 감정을 민감하게 인지하고 그 감정들을 반영해 줌으로써, 아동이 자신의 행동에 대한 통찰을 할 수 있도록 해야 한다.

다섯째, 상담자는 아동에게 자신의 문제를 스스로 해결할 수 있는 능력이 있음을 잊지 말아야 한다. 선택하고 변화를 가져오는 것은 아동의 책임이다.

여섯째, 상담자는 아동의 행동이나 대화에 대해서 어떠한 방법으로든 이끌려고 하지 않아야 한다. 아동이 길을 인도하고 상담자는 따른다.

일곱째, 상담자는 상담을 서두르지 않아야 하며, 상담은 점진적인 과정임을 인지해야 한다.

여덟째, 상담자는 법률, 안전 및 윤리기준의 준수에 필수적인 제한만을 설정해야 한다.

5) 상담 실제

놀이치료 과정에서 보이는 상담자의 반응을 살펴보면 다음과 같다. 부모나 교사가 이러한 상담자 반응을 가정이나 교육기관에서 사용하면 상당한 교육적 효과를 거둘 수 있다.

(1) 추적반응

추적반응은 아동의 언어적 또는 비언어적인 놀이행동에 대해 상담자가 언어적으로 반응하는 것으로, 상담자가 아동에게 관심을 가지고 있으며 아동의 놀이를 이해하고 있다는 것을 전달하는 기법이다. 아동이 놀이를 하는데 상담자가 아무 말도 하지 않으면, 아동 입장에서는 관찰당하거나 평가받는다고 느낄 수 있으며, 때로는 상담자가 자기에게 관심이 없다고 생각할 수 있다. 추적반응은 상담자가 아동과 함께 놀이에 참여하고 있다는 것을 아동이 느끼게 해 준다. 상담자가 부드러운 목소리로 정감을 담아서 아동의 놀이행동과 내용을 읽어 주면, 상담자의 따듯한 관심과 존중이 아동에게 전달된다.

상담자가 아동의 놀이행동에 대하여 추적반응을 할 때, 상담자 임의대로 놀잇감의 이름을 명명하거나 아동 행동의 의도를 단정 짓지 않음으로써, 아동이 창의성을 발휘하여 자신의 의도대로 마음껏 표현할 수 있도록 허용적인 분위기를 만들어 주는 것이 좋다(Landreth, 1991).

추적반응의 예

1. 아동: (아기 인형을 안고 젖병을 물려 주고 있음)
   상담자: "아기에게 우유를 먹여 주고 있구나."
2. 아동: (여러 개의 접시 위에 찻잔을 하나씩 올려놓고 있음)
   상담자: "접시 위에 찻잔을 놓고 있구나."

(2) 감정 반영

상담자가 아동의 감정을 아동과 거의 같은 수준으로 이해하여 진술해 주는 것을 말한다. 공감반영을 잘 하기 위해서는 상담자의 아동에 대한 민감성과 수용이 기초가 되어야 한다. 상담자가 아동을 이해하고 수용하고 있음이 공감적인 반영을 통해 전달되면, 아동은 안전감과 안정감을 느끼면서 더욱 자기답게 마음껏 표현할 수 있게 될 뿐만 아니라 자신의 감정에 대한 이해가 생기게 된다.

감정 반영의 예
아동: (화난 표정으로 보보인형을 마구 때림) 상담자: "네가 화가 난 것 같은데……." 아동: "엄마가 일요일에 놀러 간다고 했는데 가지 않았어요." (말을 하면서 보보인형을 계속 때림) 상담자: "놀러 가지 못해서 네가 많이 속상했구나! 인형을 때릴 정도로……."

(3) 촉진적 반응

상담자가 아동에게 보여 주는 촉진적 반응은 책임감 돌려주기, 창조성 및 자발성 촉진하기, 존중하며 격려하기, 관계 촉진하기 등으로 표현된다. 촉진적 반응은 상담자가 아동을 믿고 아동이 스스로 의사결정을 하도록 허용하여, 아동으로 하여금 자기가 능력이 있고 권한이 있다는 것을 경험하도록 해 준다.

촉진적 반응의 예	
책임감 돌려주기	아동: (그림을 그리면서) "무슨 색깔로 칠할까요?" 상담자: "무슨 색으로 칠할지 네가 결정할 수 있어."
창조성 및 자발성 촉진하기	아동: (색종이를 들고) "이것으로 무엇을 만들 수 있어요?" 상담자: "네가 원하는 건 무엇이든 만들 수 있단다." 아동: (색종이로 그릇이나 색동옷을 만듦) 상담자: "너는 색종이로 만들 수 있는 것을 많이 알고 있구나."
존중하며 격려하기	아동: (두 개의 상자를 연결하려고 풀과 스카치테이프 등을 사용하고 있음) 상담자: "그것들을 붙이려고 많은 생각들을 하고 있구나. 너는 그것을 잘 할 수 있을 거야."
관계 촉진하기	아동: (물컵을 옮기다가 물을 쏟은 후 놀래서 상담자를 쳐다봄) 상담자: "선생님이 너를 어떻게 생각하는지 걱정하고 있구나. 우리는 때때로 실수하거나 잘못할 수 있단다."

(4) 치료적 제한설정

'모든 감정의 수용'은 '모든 행동의 수용'이라는 말과는 전혀 다르다. 아동에 대한 상담자의 수용을 많이 강조하는 아동중심 놀이치료에서도 아동의 부적절한 행동에 대하여 필요한 제한은 해야 한다고 강조한다. 놀이치료에서의 적절한 제한 설정은 아동이 성인으로부터 거부당하는 것이 아니라, 오히려 보호받고 있음을 느끼게 한다.

액슬린(1947)에 의하면 상담자는 허용적인 놀이치료실에서도 시간의 제한을 분명히 해야 하며, 자기 자신이나 타인에게 해를 입히거나 기물을 파손하는 행위는 하지 못하도록 제한을 해야 한다. 제한은 아동에게 자기 책임의식과 자기 통제력을 기르기 위한 놀이치료의 필수적 요소이다. 아동에게 적절한 제한을 두는 것은 아동이 치료 상황뿐만 아니라 현실생활에 적응하는 데도 도움이 된다.

① 치료적 제한의 목적

제한의 주요 목적은 아동의 부적절한 충동적인 행동을 금지하기 위함이 아니라, 허용되는 행동의 경계선에 대해 알려 줌으로써 아동이 자기의 욕구와 충동을 현실적으로 수용 가능한 행동으로 변화시킬 책임이 자신에게 있음을 배우게 하기 위함이다.

② 치료적 제한의 내용과 의미

놀이치료 도입 초기단계에서는 인간중심 치료의 영향으로 아동의 자유를 최대한 허용하는 분위기에서 아동 자신과 상담자에게 상해를 입히는 것만을 금지하였으나, 곧 구체적인 제한이 추가되었다. 상담자에 대한 신체적 공격, 사회적으로 받아들여지지 않는 행동, 아동의 건강과 안전위협, 부적절한 신체적 접촉, 놀이실 규칙 어기는 행동—치료실에 있는 사물이나 시설을 파괴하는 것, 치료시간이 끝난 후에도 돌아가지 않는 것, 놀잇감을 가져가거나 밖으로 던지는 것—등이 제한사항으로 설정되었다(Ginott, 1961; Landreth, 1991).

치료적 제한의 근거는 다음과 같다.

- 아동의 신체적, 정서적 안전을 보장한다. 아동이 안전감을 느끼지 못하는 환경에서는 아동의 성장 가능성은 최대화될 수 없다.
- 상담자의 정서를 보호하고 아동에 대한 수용을 촉진한다. 상담자가 아동의 행동에 위협을 느끼면 아동의 욕구에 집중할 수 없기 때문에 상담을 진행하기 어렵다.
- 아동의 의사결정, 자기통제 그리고 자기책임감을 촉진한다. 상담자의 제한설정을 통해 아동은 자신이 하는 행동에 대해 인식하고 자기통제감을 경험하게 된다. 그리고 자신이 선택한 행동에 대해서는 책임이 따른다는 것을 경험한다.
- '지금-여기'를 강조한다. 아동이 놀이치료 장면에 몰두하다 보면 수용하기 어려운 행동을 보이기도 하는데, 이때 상담자의 제한은 아동이 수용될 수 없는 실제 현실을 직면하는 기회가 된다.
- 일관된 놀이 환경을 조성한다. 일관된 상담자의 행동과 반응 그리고 일관된 물리적 환경은 아동에게 안전감을 제공한다.
- 놀잇감과 놀이치료실을 보호한다.

③ 치료적 제한의 지침과 절차

놀이치료자가 제한을 설정할 때는 우호적이면서도 단호하고 엄격하게 해야 하며, 인내심을 가져야 한다. 제한설정의 절차는 일반적으로 다음의 과정을 거친다 (Landreth, 1991).

1단계는 아동의 감정과 바람을 인정하고 반영해 준다. 모든 행동에는 동기가 있으며, 때로는 그 동기를 알리고자 행동하는 경우도 많다. 따라서 놀이치료자가 아동의 내면의 동기, 즉 아동의 감정이나 내면의 원망, 바람을 언어화하여 읽어 주는 것이 필요하다. "벽에 그 색을 마음껏 칠해 보고 싶은가 보구나."라고 아동의 마음을 알아 주는 순간, 아동의 감정은 약화되고 굳이 행동으로 옮길 필요성을 느끼지 않게 된다. 또한 아동은 놀이로 표현되는 자신의 감정이 무엇인지를 보다 분명하게 인식하게 되고, 상담자에게 수용받는다는 경험을 하게 된다. 아동의 감정에 대한 수용이나 인식 없이 제한을 설정하는 것은 바람직하지 않다.

2단계는 제한을 구체적으로 설정하여 전달한다. 제한은 분명해야 하며, 무엇을 제한하는지가 정확하게 전달되어야 한다. 큰 소리를 지른다든지, 딴 곳을 보며 어물어물 말해서는 안 된다. 화가 나서 야단을 치면, 아동의 마음이 닫혀서 제한 내용이 제대로 전달되지 않는다. 또한 모호하고 불분명한 제한은 아동이 책임을 받아들이고 책임을 지는 능력을 방해하므로, 무엇이 적절하고 적절하지 않은지, 무엇이 허용되고 허용되지 않는지에 대해 아동이 확실히 알도록 제한 내용이 명확하게 전달되어야 한다.

한편, "물감을 벽에 칠해서는 안 돼."라고 말하면, 이는 상담자가 아동에게 해야 할 행동을 말해 주는 것이고 상담자가 책임을 지는 결과가 된다. 아동은 자신의 행동에 책임지는 것을 배워야 한다. 따라서 "……하지 마라."보다는 "벽은 그림을 그리는 곳이 아니야."라고 사실을 알려 줌으로써, 아동으로 하여금 자기가 하는 행동의 의미를 깨닫고 자신의 행동을 스스로 조절하도록 해야 한다.

3단계는 수용 가능한 대안을 제공한다. 아동은 자신이 느끼는 것을 다른 방법으로 표현할 수 있다는 것을 알지 못하므로, 상담자는 제한 설정을 하면서 아동이 느끼고 있는 감정이나 욕구를 대신 표출할 수 있는 적절한 대안을 제시해 주어야 한다. 예를 들어, "선생님을 때려서는 안 돼. 선생님은 맞으면 아파, 맞고 싶지 않아." 대신 "이 인형은 장난감이라 때려도 돼." "벽은 그림을 그리는 곳이 아니야." 대신 "이 종이에 그림을 그려도 돼."와 같이 수용 가능한 대안을 제시해 주면, 아동은 현실에 적응하는 법을 배우게 된다. 대안을 줄 때 가능하다면 여러 개의 현실적인 대안을 주어서 아동이 선택하도록 하는 것도 좋다. 아동은 스스로 선택하여 행동할 때 고를 수 있는 자신에게 힘을 느끼며, 그 행동에 대한 책임감도 같이 느끼기 때문이다.

아동이 수용 가능한 대안을 사용하면 3단계에 마무리가 된다. 아동은 자신의 감정을 표현했고 상담자가 그것을 이해하면서 아동은 스스로 현실 가능한 방법으로 자신의 감정을 표현하고 행동을 조절한 것이 된다. 그러나 아동이 제한을 어겼을 때는 4단계가 계속 진행된다.

4단계는 최종 선택사항을 알려 준다. 계속해서 제한된 행동을 하려는 아동이 있다면, 상담자는 제한을 어긴 아동의 행동에 대한 객관적인 묘사와 함께 상담자의 기대를 말해 주어야 한다. 예를 들면, "네가 한 번 더 물감을 바닥에 칠한다면, 오늘은 네가 물감을 더 이상 갖고 놀지 않기로 선택한 것으로 생각할게."라고 언급한다. 그 후에 다시 위반하면 "오늘은 네가 물감을 갖고 놀지 않기로 결정했구나."라고 하면서 치우면 된다.

5단계는 선택에 대한 책임을 지도록 한다. 아동으로 하여금 자신의 욕구나 충동대로 제한을 위반할 것인지 아니면 자신의 충동을 조절하고 놀잇감을 현실적으로 수용 가능한 방법으로 사용할 것인지에 대한 선택권을 자신이 가지고 있으며, 그 선택의 결과는 자신의 행동과 관련된 것임을 인식하도록 한다. 아동이 선택을 하면 상담자는 아동의 선택을 따라야 하며, 그것이 실행되는 것을 경험하도록 해야 한다.

활동

1. 다음의 놀이상황을 보고 추적반응을 해 봅시다.
   1) 아동: (막대기를 집어 들고) "이건 총이야. 빵! 빵!"
   상담자: ……………………………………
   2) 아동: (인형을 침대 위에 눕히고 토닥토닥 두드리고 있음)
   상담자: ……………………………………
2. 다음의 상황에서 촉진적 반응을 해 봅시다.
   1) (아동이 그림을 그리면서) "하늘을 분홍색으로 색칠해도 되나요?"
   ……………………………………
   2) (아동이 빈 우유 곽을 집어 들고) "이것으로 무엇을 만들어요?"
   ……………………………………

2. 모래놀이치료

1) 발전 과정

모래놀이치료를 처음으로 상담에 활용한 사람은 마가렛 로웬펠드(Margaret Lowenfeld)이다. 1935년 영국의 소아과 의사인 로웬펠드는 아동은 성인과 다르게 사상, 감정, 감각, 관념, 기억이 불가사의하게 엉켜 있으므로, 이들을 충분히 표현하기 위해서는 시각에 촉감의 감각요소를 더한 기법이 필요하다고 느꼈다(Lowenfeld, 1991).

로웬펠드는 웰즈(Wells, 1911)의 저서 『마루게임(Floor Game)』에서 영감을 얻었다. 웰즈가 서술한 마루게임은 나무, 종이, 플라스틱 등의 소재로 된 사람이나 동물모양의 작은 놀잇감을 가지고 마루에서 노는 것이다. 로웬펠드는 자기 아이들과 마루에서 작은 모형들을 활용해 게임을 하고 도시와 나라들을 세우기도 하면서 자신들만의 세계를 꾸몄다. 이를 통해 로웬펠드는 아동이 작은 놀잇감들로 언어 이전의 깊은 사고와 감정을 표현할 수 있음을 알았다.

로웬펠드는 자신의 상담실에 다양한 작은 모형들과 방수가 되는 모래상자를 마련하고, 아동들이 놀잇감, 모래와 물을 사용해서 놀도록 했다. 로웬펠드는 이를 '세계기법(World Technique)'이라 칭하고, 아동의 내적인 사고과정에 대한 직접적인 표현수단으로 보았다. 로웬펠드는 아동이 안전하고 흥미 있는 환경에서 모래상자에 있는 모래를 만지거나 소품을 활용하여 자신의 의식과 무의식을 이미지로 표현할 때, 상담자의 해석이나 전이가 없어도 아동 스스로 자신을 치료할 수 있다고 보았다(Lowenfeld, 1993).

로웬펠드가 모래놀이치료를 시작했다면, 이를 발전시킨 사람은 도라 칼프(Dora Kalff)이다. 칼프는 융의 권유로 1954년 로웬펠드의 세계기법에 관한 공개강좌에 참석한 것을 계기로, 세계기법이 아동에게 상징적 도구로 사용되는 것에 관심을 보였다(Turner, 2009). 칼프는 수년간 융 연구소에서 쌓은 경험과 로웬펠드의 세계기법을 관찰한 경험을 토대로, 로웬펠드의 세계기법과 융의 분석심리이론을 접목시켰다. 즉, 세계기법의 상징적이고 무의식적인 힘을 지닌 강렬한 의사소통의 잠재력에, 분석심리의 상담기법인 적극적 상상(active imagination)을 접목하여 새로운 치료법을 발전시켰으며, 이를 '모래놀이치료'라고 명명하였다.

칼프는 인간의 심리 속에 자기치유와 전체성을 향한 기본적인 요구가 있다는 융의 이론을 토대로, 내담자의 자기치유의 힘을 최대한 이용하려고 했다. 그는 상담자와 내담자와의 관계를 특히 중요시했다. 내담자로 하여금 모래상자를 만들게 하는 것은 간단하지만, 내담자가 자신의 내면을 표현하는 것은 안정된 기반이 없으면 불가능하다. 그 기반이 되는 것이 상담자와 내담자와의 관계이다. 아동은 무의식적 안전감과 안정 속에 있을 때, 자기치유력을 활성화시킨다. 전이나 해석을 중요시하지 않았던 로웬펠드와는 달리 칼프는 치료과정에서 나타나는 전이와 역전이가 다양한 방법으로 표현된다고 하면서 이를 중요시하였다(Kalff, 1991).

칼프는 1985년 국제모래놀이학회(International Society for Sandplay Therapy: ISST)를 결성하였는데, 이 학회는 엄청난 규모의 모래놀이치료자 집단으로 발전하였다. 특히, 와인립(Weinrib), 암만(Ammann), 그럽스(Grubbbs), 마틴 칼프(Martin Kalff) 등이 모래놀이치료의 이론과 실제의 발전에 많은 기여를 했다. 일본에서는 스위스의 융 연구소에서 교육받은 심리학자들에 의해 1965년부터 모래놀이치료가 시작되었다.

우리나라에서는 1975년 주정일 교수가 숙명여자대학교의 놀이치료실 내에 모래상자를 마련하여 아동문제를 상담하는 치료도구로 사용한 것이 시초였고, 1987년 원광아동상담센터에 모래놀이치료실이 만들어졌다. 1992년 한국모래놀이연구회가 결성되었고, 2004년에는 한국모래놀이치료학회, 2006년에는 한국임상모래놀이치료학회가 각각 창립되었다. 국내 여러 학회에서 모래놀이치료사 양성교육이 진행되고 있으며, 모래놀이치료를 전문으로 하는 상담기관이 증가하는 추세이다.

2) 개념

모래놀이치료는 내담자가 내면세계의 이미지를 나타내는 상징물, 모래, 모래상자를 이용하여 자신의 의식적 · 무의식적 세계를 표현하는 과정을 통해 치유효과를 가져오는 상징적 치료기법이다. 내담자는 정해진 규격의 상자에서 모래, 물, 여러 가지 소품을 사용하여 3차원의 창의적이고 상징적인 모래상자를 만든다. 이러한 과정을 통해서 내담자는 자신의 내부 세계와 접하고 그 안의 판타지를 표현할 기회를 갖게 되면서 자신의 감정과 삶의 양식을 이해하게 된다.

터너(Turner, 2009)는 모래놀이치료가 상담자와 내담자와의 안전한 치료적 관계 속에서 삼차원의 모래놀이를 창조하는 행위를 통해, 내담자의 의식적 정신의 한계를 벗어나 무의식으로부터 갈등을 상징형태로 끌어와서, 정신적 내용을 건강하게 재정리하도록 허용함으로써 치유와 변형을 촉진시키는 치료기법이라고 하였다.

암만(2009)은 모래놀이치료는 모래상자에서 실제적, 창조적으로 일어나는 형상화와 관련되는 치료방법으로, 모래상자를 만드는 사람은 자신의 행위에 정신적-심혼적-육체적으로 관여한다고 하였다. 정신적-심혼적 힘들이 모래상자를 만드는 과정에서 활성화될 뿐 아니라 손에 의해 육체적-창조적으로 바뀌게 되어 치유적으로 작용한다. 암만은 융의 분석심리접근의 치료기법인 적극적 상상(active imagination)이 모래놀이치료에서 심상화 된다는 점에서 모래놀이치료가 융의 심리학적 치료방법이라고 하였다.

모래놀이치료는 놀이로 제시되기 때문에 초기에는 아동에게 많이 적용하였지만, 현재는 유아에서 노인에 이르기까지 그 적용 대상이 확대되고 있다.

3) 치료적 요인

모래놀이치료는 모래와 물의 특성, 소품의 상징성, 그리고 치료자와의 관계를 통해서 치료효과를 가져오는 상징적 치료기법이다. 이를 구체적으로 살펴보면 다음과 같다(김보애, 2008; 노치현, 황영희, 1998; 정문자 외, 2016; Ammann, 2009; Kalff, 2003).

첫째, 모래는 광물이다. 광물은 인간의 깊은 집단적 무의식 측면을 연결시키는 자연의 원형적 상징이다. 모래는 자연적 놀이재료로서 인간을 원초적인 심리상태로 퇴행시켜 주는 최적의 재료이며, 자기치유의 능력을 발현하게 하는 역할을 한다. 모래는 내담자의 내면세계를 계속적으로 변용으로 이끄는 정신적 에너지의 흐름을 말해 준다. 내담자는 모래의 부드러운 촉감을 통해 방어와 저항기저가 감소되어 억압된 문제와 내면의 고통을 자연스럽게 표현하게 된다. 감각을 자극하고 퇴행을 촉진하여 자신의 무의식과 만나게 하는 촉진제가 된다.

둘째, 물은 다른 상태의 물질을 용해시키거나 변화시킨다. 모래와 물이 만나면 점토의 특성을 갖게 되어 조형작업이 용이해져, 자신이 가진 창조성을 최대한 발휘할 수 있게 된다. 점토는 만지는 것만으로도 심리적인 안정감을 주고 무엇인가를 만들고 싶게 하는 특성이 있다. 모래와 물의 유연성과 촉감성은 내담자로 하여금 재료에 대한 거부감 없이 손쉽게 이미지를 표현하게 해 준다.

셋째, 모래놀이치료에서 내담자는 모래, 물, 소품들을 손으로 만지게 되는데, 무의식이 내담자의 손으로 전달되어 상징으로 표현된다. 손은 우리의 신체와 정신을 연결짓는 매개체이다. 정신적 심상이 손을 통해서 볼 수 있고 만질 수 있는 외적 구체적 심상으로 변환되며, 손은 내면과 외면, 정신적 세계와 물질적 세계 간의 실질적 중재자 역할을 하게 된다.

넷째, 모래상자라는 공간은 내담자에게 한계를 설정해 주기 때문에 내담자를 보호하고 지켜 주는 역할을 한다. 자유로우면서도 보호된 공간이 보장되는 것이다. 또한, 모래상자는 내담자의 정신적 삶을 나타내기 위한 용기, 즉 그릇이다. 모래상자의 빈 공간은 내담자 내면의 정신적인 측면과 외적 생활이 조화를 이루면서 성장할 수 있도록 매개 역할을 하는 공간을 제공한다. 이 빈 공간에서 내담자는 자유롭게 자신을 표현하면서 정화의 기회뿐 아니라 창조의 기회를 갖게 된다.

다섯째, 모래놀이치료실에 있는 다양한 소품들은 이 세상에 존재하는 모든 물건들의 축소모형이자 무한한 환상의 세계를 표현할 수 있는 매체로서, 내담자의 감정과 경험을 불러일으키며 잠재적 이미지를 끌어내는 역할을 한다. 내담자가 선택한 소품들은 내담자의 의식적, 무의식적 언어 상징이다. 모래놀이치료실에 있는 다양한 소품들이 상징물로서 내담자의 이미지 표현을 활성화시키는 과정을 통해 내담자가 치유되고 변화된다.

여섯째, 모래놀이치료는 내담자의 자기치유력(self-healing)에 바탕을 둔다. 영혼에 상처를 입은 내담자에게, 자유와 안전이 보장된 공간과 함께 공감할 수 있는 참여자가 있으면, 내담자의 내부로부터 자기치유 과정이 자연스럽게 일어난다. 와인립(Weinrib, 2004)은 모래놀이치료의 자기치유력을 강조하면서, "깊은 무의식 안에는 자율성이 있는데, 이는 정신이 스스로 치유되기 위한 적당한 조건이다."라고 했다.

융 학파 분석가이면서 미국모래놀이치료협회의 설립자인 브래드웨이(Bradway)는 모래놀이치료의 치료적인 가치에 대해 다음과 같이 설명하고 있다(Eastwood, 2006, p. 43, 재인용).

> "모래놀이의 힘은 내담자가 간섭하지 않는 지혜로운 치료자에 의해 보호받고 있다는 감정을 느끼며, 모래와 물, 그리고 상징물들을 가지고 자기가 원하는 것을 자유롭게 할 수 있다는 데에서 온다. 모래와 물, 상징물들이 놓인 소품장, 자유와 보호는 참으로 간단해 보인다. 그러나 이 간단한 결합이 치유와 변화를 가져오는 잠재력을 가진다."

4) 상담자의 역할

모래놀이치료에서 상담자의 역할은 다음과 같다.

첫째, 상담자는 내담자에게 '자유롭고 보호된 공간'을 제공해야 한다. 내담자가 자신이 보호받고 있다는 느낌을 받으며 자유롭고 안정감 있게 자신을 드러낼 수 있도록 하고, 내담자가 자유롭게 자신의 세계를 만들면서 새로운 통찰력을 가지고 현재의 세계를 변용시킬 수 있는 기회를 가지도록 한다.

둘째, 칼프는 모래놀이치료 과정에서 상담자와 내담자가 어머니와 아동이 일체를 이루는 것과 같은 관계, 즉 모자일체감이 이루어질 때 치료가 일어난다고 보았다. 이러한 관계가 형성되면 내담자 스스로 자기치유력을 발휘하기 시작한다.

셋째, 내담자에 대한 상담자의 태도는 모래상자 작업의 질을 결정한다. 상담자가 모래상자에 놓은 소품들을 내담자와 함께 주의 깊게 바라보고 그들의 상징적 의미를 이해하고자 하는 태도가 내담자의 성장을 가져온다.

넷째, 상담자는 내담자를 존중하고, 내담자의 무의식 속에 존재하는 자기치유력에 대해서 외경하는 마음을 가져야 한다.

다섯째, 상담자는 내담자가 만든 작품을 내담자의 상태와 관련짓고, 작품 전 · 후의 흐름 속에서 파악할 수 있어야 한다.

상기와 같은 상담자의 역할을 하는데 기초가 되는 것은 상담자의 자질이다. 암만(2009)은 상담자의 정신적인 안정성이 상담자의 자질 중 으뜸이라고 했는데, 이는 상담자가 내담자에게 존경심을 가지며 상담자 자신을 사랑하는 사람이어야 함을 의미한다(김보애, 2007). 그러기 위해서는 상담자 자신도 분석을 받고 모래상자를 만들어 보아야 한다. 상담자는 인간발달과 정신병리에 대한 지식은 물론 융의 분석심리이론을 알고 있어야 하며, 내담자의 모래상자를 잘 해석하기 위해서 신화, 민담 등에 대한 깊은 이해도 필요하다.

5) 상담 실제

(1) 회기 진행 과정

모래놀이치료의 회기 진행과정을 4단계로 구분해서 설명하면 다음과 같다.

① 도입단계

내담자가 상담실에 입실하면 상담자는 조용하고 수용적인 분위기를 만들어 준다. 상담자는 내담자가 상담실에 들어올 때의 태도를 관찰한다. 상담실에 있는 마른 모래상자와 젖은 모래상자 중 내담자가 원하는 곳 앞에 앉도록 한다. 가벼운 대화를 잠깐 하거나 잠시의 침묵 후에 모래놀이를 권할 수도 있고, 내담자가 자발적으로 모래놀이를 시작할 수도 있다. 모래놀이치료실 사진은 [그림 12-2]에 있다.

[그림 12-2] **모래놀이치료실**

모래놀이치료가 1회기인 경우, 상담자는 내담자에게 다음과 같은 안내를 한다.

상담자의 안내

이것은 모래놀이야. 우리는 이것을 모래놀이상자라고 불러. 젖은 모래와 마른 모래가 있어. 그것들은 다른 촉감을 가지고 있어. 모래상자의 바닥은 파란색이어서 강이나 바다, 호수를 만들 때 사용할 수 있어. 여기 있는 소품들을 이용해서 네가 원하는 것을 만들 수 있어. 여기 소품들을 한번 둘러보고 마음에 들거나 끌리는 게 있으면 꺼내서 사용해도 돼. 너무 높은 데 있어서 못 내리면 꺼내 줄게. 모래놀이에는 규칙이 있는데, 모래는 이 상자 안에서만 사용해야 돼. 그리고 선생님에게는 절대로 모래를 던지지 않는 거야. 네가 모래상자를 꾸미기 시작하면 나는 조용히 앉아서 볼 거야. 네가 나와 같이 놀고 싶거나 이야기하고 싶으면 언제든지 그렇게 할 수 있어. 나는 간단하게 기록을 할 텐데, 네가 다 했다고 하면 우리 함께 네가 만든 것을 보자. 그때 네가 원하면 모래 위의 그림을 나에게 이야기해 줄 수 있어. 네가 괜찮다면 우리가 언제든지 다시 볼 수 있도록 사진을 찍어서 보관할 거야.

출처: Turner(2009), p. 385에서 발췌하여 재구성.

② 모래놀이상자 꾸미는 단계

내담자가 모래놀이를 시작하면 상담자는 내담자가 소품장을 탐색하는 모습과 어떤 소품을 선택하는지를 주의 깊게 관찰한다. 상담자는 모래놀이를 하는 과정 속에서 보이는 내담자의 태도와 행동 그리고 내담자가 만든 모래상자 등을 관찰한다. 상담자는 내담자의 건너편이나 옆에 조용히 앉아서 내담자가 하는 모든 것을 기록하고 간단한 스케치를 한다. 모래놀이 기록용지와 모래놀이상자 사진이 각각 [그림 12-3]과 〈표 12-1〉에 제시되어 있다.

내담자가 소품들을 배열하기 시작하면 기록용지에 모래놀이 지도를 그린 다음, 소품배열 순서와 위치를 기록한다.

[그림 12-3] 모래놀이상자 사진

〈표 12-1〉 **모래놀이 기록용지**

제5회 상담	2016년 1월 8일 10시 10분 – 11시 00분	내담자	김영희

제목	없음	처음 놓은 소품	검은 관 열쇠고리	마지막 놓은 소품	소녀

모래놀이 상황

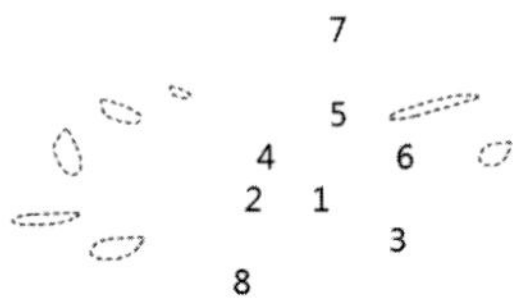

배치순서

1. (판다가 들어 있는) 검은 관 열쇠고리
2. (유리) 코끼리
3. (사기) 코끼리
4. (플라스틱) 코끼리 1
5. (플라스틱) 코끼리 2
6. (플라스틱) 코끼리 3
7. 젊은 아줌마
8. (털모자를 쓴) 소녀

내담자의 정리하는 말 또는 상황

"묻어야 해. 얼굴만 남기고 묻어. 모래를 뿌리고……."
(아줌마 인형은 모래 속에 파묻고, 얼굴만 나오게 하고, 모래를 그 위로 뿌린다. 그리고 다른 소품들 위로도 모래를 뿌림)

③ 모래놀이상자 완성 후 대화 단계

내담자가 "다 했어요."라고 말하면, 상담자는 내담자와 함께 내담자가 만든 세계를 살펴본다. 상담자는 내담자에게 성급하게 질문을 하지 않고 내담자로 하여금 자신의 상자를 음미할 시간을 주어야 한다. 이 잠시의 침묵은 내담자의 의식을 확장시켜 주는 중요한 순간이다. 내담자가 자신이 만든 세계에 대해 이야기하면, 주의 깊게 듣고 공감해준다. 만일 내담자가 아무 말도 하지 않으면, 상담자는 내담자가 놓은 소품들을 가리키며 존재론적으로 말할 수 있다. 내담자에게 "왜 여기에 배를 놓았니?"라고 묻기보다는 "여기에 배가 있구나."라는 말로 내담자가 놓은 소품에 대해 다시 한 번 인식할 수 있는 기회를 준다(김보애, 2004).

내담자와 이야기를 나눈 후, 내담자가 꾸민 모래놀이 작품에 제목을 붙일 수 있는지 물어보고, 내담자가 말하는 것을 그대로 기록한다.

④ 모래놀이상자 정리 단계

내담자가 상담실을 떠난 뒤, 상담자는 모래놀이 작품의 사진을 찍는다. 사진은 내담자가 앉은 방향에서 찍는다. 사진을 찍은 후 모래상자 위에 놓인 소품을 다시 소품장에 가져다 놓는다. 그리고 모래상자의 모래를 원래대로 평평하게 해 놓는다.

(2) 모래놀이상자에 대한 이해 및 해석

상담자의 모래상자 이해 여부에 따라 모래놀이치료 과정이 달라질 수 있기 때문에, 상담자는 필수적으로 내담자의 모래상자를 이해하는 능력을 갖추고 있어야 한다. 내담자가 모래상자에 놓은 소품들을 내담자와 상담자가 주의 깊게 바라보고 그들의 상징적 의미를 이해하고자 노력하는 태도가 내담자의 성장을 가져온다. 모래상자에서의 내담자의 상징적 작업은 상담자에 의해 생명력 있는 존재로 탄생해서 내담자에게 의식화되기 때문이다(Turner, 2009).

가와이 하야오와 나카무라 유지로(2000)는 내담자의 모래상자에 대한 즉각적인 해석을 유보하고, 내담자로 하여금 우선 모래상자를 감상하게 하는 것이 좋다고 이야기하고 있다. 이는 상담자가 성급하게 해석한다든지 아는 척을 하는 것은 내담자의 의식화 과정을 방해하고, 자기치유력을 상실하게 하기 때문이다.

칼프는 소품들 하나하나에 상징을 부여했고, 가와이 하야오는 전체적인 구성을 중요시했다. 모래상자를 읽을 때 칼프처럼 모든 소품에 상징을 부여할 필요는 없으나, 소품 하나하나를 구체적으로 의미 있게 읽는 것이 중요하다. 가와이 하야오(1994)에 의하면 모래상자에 표현된 소품의 상징을 하나씩 분리하여 해석하는 경우 치료와 연결시키는 데 한계가 있기 때문에 이들을 전체적으로 보고 해석함으로써 변형을 이루는 과정과 변형의 가능성에 관심을 기울여야 한다. 모래놀이 표현을 해석하는 데 있어서 주의할 점은 당해 회기만의 작품을 독립적으로 보는 것이 아니라 전체를 하나의 맥락적 연결로 보아, 상담자는 그것이 계속해서 어떻게 변화하고 어떤 상호관련성이 있는지를 살펴보는 것이다.

융 학파 모래놀이치료자들은 모래놀이치료 사례를 이해하기 위해 여러 가지 접근 방법을 사용하고 있는데, 터너는 모래놀이를 이해하기 위해서는 내담자가 선택한 소품의 특성, 소품의 상징적 내용, 소품의 숫자와 색, 내담자의 대화 내용, 공간주제와 동작주제의 의미에 관심을 가져야 한다고 했다. 칼프(1993)는 내담자가 꾸민 모래상자를 이해하는 데 고려해야 할 스무 가지 사항–내담자의 역사와 환경, 모래의 선택과 사용, 사용한 상징물과 위치 등–을 제시하였다. 가와이 하야오(1994)는 '통합성' '공간배치' '주제' 중심으로 해석하였고, 암만(2009)은 공간상징 해석체계를 제시하여, 내담자가 모래상자의 공간을 어떻게 이용하느냐에 따라 의미가 다름을 지적하였다.

활동

1. 둘이서 짝을 지어 한 사람은 상담자, 다른 사람은 내담자가 되어 모래놀이치료를 해 봅시다.
2. 소품장을 둘러보고 요즘 나의 생활이나 감정을 가장 잘 나타내는 소품을 가져와서 이야기 해 봅시다.

3. 미술치료

1) 발전 과정

미술의 기원을 선사시대의 동굴벽화에서 찾는다면, 미술치료의 기원도 이와 같다. 동굴벽화에는 당시 선조들의 생활양상이 묘사되어 있기도 하고, 두려운 존재로부터 자신이나 부족을 보호하고 존속시키고자 하는 바람과 소망 등이 표현되어 있다. 동굴벽화를 그렸던 그들의 행위 속에는 종교적, 정신적 의식이 담겨 있었을 것이다. 샤머니즘에서 그림을 이용한 부적 등으로 질병을 치료하는 것도 같은 맥락으로 해석할 수 있다.

미술활동의 치료적인 측면에 관심을 보이기 시작한 것은 19세기부터이다. 1887년 리치(Ricci)가 『아동의 미술』을 출판하고, 1893년에 바네스(Barnes)가 「아동화 연구」 논문을 발표하면서부터, 아동화는 많은 심리학자들의 연구대상이 되었다. 20세기 초 정신과 의사인 레야(Reja), 크레플린(Kraepelin)과 야스퍼스(Jaspers)는 미술표현이 개인의 내면세계와 관련이 있다고 생각하여, 정신병환자들의 미술작품에 관심을 가졌다.

정신분석학자인 프로이트는 억압된 개인의 감정과 갈등이 자유 연상이나 꿈으로 표현된다고 보았으며, 꿈이나 환상을 이미지로 그린 후 자유 연상을 하게 하거나 그림으로 나타난 상징을 해석하는 데 관심을 두었다. 융은 무의식이 상징적 이미지를 가지고 있기 때문에, 개인 무의식은 물론 집단무의식이 그림을 통해 상징적으로 표현된다고 보았다. 그는 내담자로 하여금 그림을 그림으로써 감정기능을 살리고 무의식의 창조적 기능을 촉진하며 의식의 변화를 가져오도록 하였으며, 적극적 상상을 미술기법으로 사용하였다. 프로이트와 융이 꿈과 그림에 대해 해석한 이미지 설명은 정신치료 단체들의 관심을 끌었고, 정신분석가들이 미술표현에 관심을 갖도록 유도하였다 (Malchiodi, 2003).

미술치료는 '미술'을 중시하는 입장과 '치료'를 중시하는 입장으로 두 개의 큰 줄기로 나뉘어 발전해 왔다. 치료를 중시하는 입장의 대표적인 학자는 마가렛 나움버그(Margaret Naumburg)이다. 그녀는 초기에는 교육자로서 활동하다가 나중에 정신분석을 공부하여 미술치료를 하게 되었다. 나움버그는 내담자들이 꿈이나 환상을 그린 그림이 무의식을 상징적으로 표현한다는 것을 발견하였으며, 미술활동을 통해 무의식을 의식화하는 것이 치료적임을 알게 되었다. 프로이트, 융, 설리반(Sullivan)의 영향을 받은 나움버그는 치료자와 환자 사이의 치료적 관계형성과 전이와 역전이의 해결, 자유연상, 그림의 상징성과 해석 등을 중시하면서, 심리치료 과정에서 그림을 매개체로 이용하는 것에 초점을 두었다. 나움버그의 이론은 미술을 심리치료의 매체로서 이용한다는 점에서 '치료에서의 미술(Art in therapy)'이라 불린다(Naumburg, 1973).

한편, 미술에 중점을 두는 '치료로서의 미술(Art as Therapy)'은 에디스 크레이머(Edith Kramer)의 접근법이다. 크레이머는 창조과정 자체에 깃든 치유적 속성과 통합력을 중요하게 생각했다. 크레이머는 주로 아동을 대상으로 미술치료를 했는데, 아동의 자기표현과 승화의 경험을 중요하게 다루었다. 크레이머에 의하면 아동은 미술활동을 통해 자신의 내부 감정이나 욕구를 표현하며 자신의 파괴적, 반사회적 에너지를 분출함으로써, 이를 감소시키거나 창조적 에너지로 전환시킨다. 따라서 미술치료는 시각적으로 상징화된 회화의 의사소통이 아니며, 상담자의 역할은 해석하는 것이 아니라 승화와 통합의 과정을 돕는 것이며, 작품을 만드는 창의적인 과정 자체를 치료라고 보았다.

엘리노 울만(Elinor Ulman)은 나움버그의 '치료에서의 미술'과 크레이머의 '치료로서의 미술'의 두 측면의 적용 타당성을 모두 인정하였다. 울만은 1961년 『Bulletin of Art Therapy』 창간호의 논문에서 미술치료라는 용어는 '미술'과 '치료'의 합성어로 양 측면을 모두 포함하고 있는 것이라고 하였다. 즉, 미술활동 자체가 치유의 과정이 된다는 견해와 미술작품이 치료에 도움이 되는 정보를 전달한다고 하는 개념 모두가 중요하다고 보고, 임상에서 두 가지 관점을 모두 사용하는 융통성을 보였다.

미술치료는 프로이트의 정신분석과 융의 분석심리접근에 기초한 미술치료 외에 인본주의적, 행동주의적, 형태주의적 미술치료 등 다양한 심리적 이론에 기초한 미술치료로 전문화되고 있다.

1961년 『American Journal of Art Therapy』가 발간되었고, 1969년에 미국미술치료학회(American Art Therapy Association)가 창립되었다. 미술치료전문지로 1973년에 『Art Psychotherapy』와 1983년에 『Art Therapy: Journal of the American Art Therapy Association』이 출간되는 등 관련 학회와 전문지들이 늘어나고 있다.

우리나라에서는 1960년 국립 서울정신병원에서 정신건강 전문가 및 작업치료자를 중심으로 미술치료가 도입되었으며, 1982년에 정신과 의사들을 주축으로 정신의학계의 산하단체로 한국임상예술학회가 창립되어, 그림, 공예, 음악, 무용, 사이코드라마 등 여러 가지 표현활동을 통한 심리치료를 포함하고 있다. 1992년 한국미술치료학회(Korean Art Therapy Association)가 설립되어 미술치료에 대한 인식과 사회적 요구가 증가하였고, 1995년 한국표현예술심리치료협회, 2005년 대한임상미술치료학회와 한국아동미술치료협회 등 관련 학회들이 늘어나고 있다. 2000년도에 들어서면서는 관련 대학원과 학과가 생기면서 미술치료를 전공하는 학생 수가 늘어나고 있다.

오늘날 많은 의료기관, 복지기관 그리고 상담기관에서 미술치료를 도입하고 있을 뿐만 아니라, 다양한 연령층의 일반인들의 정신건강을 위한 미술치료가 보급 · 확산되고 있다.

2) 개념

미국미술치료학회는 미술치료란 모든 연령의 사람들을 대상으로 시각적 예술(그리기, 색칠하기, 조각하기 등)을 통한 창의적인 과정을, 상담과 심리치료의 모델과 통합한 것이라고 정의하였다. 김인선(2009)은 미술치료란 미술작업을 통해서 개인의 갈등적인 심리상태나 정서상태를 자유롭게 표출하게 하고, 이를 통해 내담자의 내면세계를 이해하여 보다 적응적인 상태로 이끌어 가거나, 미술작업을 통하여 개인의 정서적 갈등과 심리적인 증상을 완화시킴으로써, 한 개인이 원만하고 창조적인 삶을 살아갈 수 있도록 도와주는 심리치료법이라고 하였다.

김선현(2006)은 크레이머와 나움버그의 관점에 기초하여 미술치료에 대한 정의를 두 가지 범주로 구분하였다. 첫 번째는 미술의 창의성에 중점을 두어 작품 제작과정에서 발현되는 창의성의 치료적 가치를 강조하는 것이고, 두 번째는 그림이 내면의 표현 수단으로서 특별한 의미가 있다는 그림의 상징성에 초점을 두어 진단을 위한 수단으로 미술치료를 정의하였다.

특히, 아동을 대상으로 한 미술치료는 일반 아동의 신체적, 정신적, 정서적인 발달 증진과 심신의 어려움을 겪고 있는 아동의 심리를 진단하고 치료하는 데 목적을 둔다. 요약하면 미술치료는 표현활동을 통해 내면의 상처 및 갈등을 발견, 인식, 통찰, 승화하고 자신을 수용함으로써, 자신의 심리적 문제를 치유함은 물론 인격적 성장을 도와주는 심리치료법이라고 할 수 있다.

3) 치료적 요인

상담자의 전문적 능력과 치료적 관계 속에서 이루어지는 미술활동은 병리적 수준의 신체적·정신적 증상을 경감시킬 뿐 아니라 개인의 성장 가능성의 발견과 삶의 질을 높이는 데 기여한다(Wadeson, 2008).

구체적으로 미술치료의 치료적 요인은 다음과 같다(정문자 외, 2016; Kramer, 2010; Malchiodi, 2003; Rubin, 2010).

첫째, 내담자의 방어를 감소시킨다. 특히 아동에게 미술은 친숙하고 매력적인 표현방법이다. 아동들은 미술활동에 흥미를 보이기 때문에 커다란 거부감 없이 치료가 시작될 수 있다. 미술치료는 언어상담만 할 때보다 상담을 받는 것에 대한 불안을 감소시킨다.

둘째, 미술은 심상의 표현으로, 언어표현능력이 부족한 아동이 언어로 다 설명할 수 없는 내면의 미묘한 부분까지도 표현을 할 수 있도록 돕는다. 더불어 미술을 매개로 내담자와 상담자의 상호작용을 가능하게 한다.

셋째, 미술재료를 오리고, 찢고, 붙이고, 색칠하고 만지는 활동을 하면서 느끼는 다양한 감각적 경험들은 그 자체로 치유 효과를 가져올 수 있다. 미술활동은 우뇌와 좌뇌가 모두 사용되어 감성과 인지적 능력을 활성화하는 효과를 가져온다.

넷째, 미술활동은 그 자체로 감정적 정화, 긴장 이완의 효과를 가진다. 미술을 통해 자신의 감정과 소망을 상징적으로 표현하며, 고통스런 경험을 동화시키고 통합시킬 수 있다. 또한 긍정적인 충동은 물론 부정적인 충동이나 감정도 안전하게 표출할 수 있는 기회를 제공하여 정서의 변화를 일으킬 수 있다.

다섯째, 미술을 통해 자신의 환상과 창의력 그리고 무의식적인 심상을 자극하고, 미술작품을 통해 자신을 객관화하고 대상화할 수 있다. 내담자는 자신의 사고과정이나 느낌이 표현된 자신의 작품을 통해 자기 모습을 바라볼 때, 자기 자신을 대상화해서 객관적으로 보게 된다.

여섯째, 내담자가 능동적인 참여자가 되어 자유롭게 미술 주제와 매체를 선택하고 자기주도적으로 창의적인 작품을 만들면서, 자신감과 성취감이 촉진되며 자신의 삶에 대한 통제감을 증진시킨다.

일곱째, 미술은 보관이 가능하여 작업 활동의 결과가 작품으로 남는다. 작품의 영속성은 필요한 시기에 재검토가 가능하게 한다. 만든 작품들을 검토하면서 자신의 특정한 사고 패턴이나 변화를 발견할 수 있고, 새로운 통찰이 일어나기도 하며, 당시의 자신의 감정을 회상하기도 한다. 작품변화를 통해서 치료의 진전 과정을 한눈에 이해할 수 있다.

여덟째, 언어가 일차원적인 의사소통 방식이라면 미술은 공간성을 지니고 있다. 미술은 인물의 특성, 상황, 감정, 장소 등을 한 공간에 표현할 수 있기 때문에, 이들 간의 관계를 동시에 나타낼 수 있다. 예를 들어, 자신의 가족을 다른 사람에게 언어로 소개할 때는 부모와 형제들을 소개하고, 그들의 관계를 차례대로 이야기해야 하지만, 그림을 통해서는 가족들 간의 간격, 그린 순서 등을 보면 가족관계와 그들 간의 감정들이 동시에 드러나므로, 상담자가 내담자와 그의 주위환경에 대해 입체적으로 이해할 수 있다.

집단미술치료의 경우에는 미술치료의 치료적 요인과 집단치료의 이점이 결합되어 개인 미술치료와 구별되는 치료적 요인이 있다.

첫째, 집단치료는 자기노출이 필수적인데, 집단미술치료의 경우 작품을 통해 상호작용이 가능하기 때문에 자기노출이 비교적 쉽게 이루어진다. 서로에 대해 알아 가게 되면서 이루어지는 상호작용은 사회성을 발달시키는 기회를 제공한다.

둘째, 집단 구성원들에게 자신의 작품이 존중되고 수용되어지는 경험은 자기 자신이 존중받고 수용받는 경험으로 연결되어, 긍정적인 자아상을 형성할 수 있도록 한다.

셋째, 집단 구성원들과 작품을 공유하는 과정에서 서로를 배려하고 존중하는 법을 배울 수 있다.

넷째, 미술활동을 하면서 자신의 정서를 표현하고, 집단원의 공감을 포함한 피드백을 주고받는 상호작용 과정에서 자신의 행동이 다른 사람에게 미치는 영향을 이해하게 되어 정서조절의 기회를 얻는다.

다섯째, 집단 속에서 치유적인 경험을 하면서 얻은 자신감을, 집단 밖의 일상생활에 적용해 보고 시도해 볼 수 있는 계기를 마련한다.

4) 상담자의 역할

상담자로서의 역할을 간략히 요약하면 다음과 같다.

첫째, 상담자는 내담자가 심리적 · 물리적 편안함을 느끼고 표현의 욕구가 일어날 수 있도록, 미술치료실 환경을 준비해야 한다. 미술치료의 물리적인 환경은 [그림 12-4]를 참조한다.

둘째, 루빈(Rubin, 2010)은 내담 아동에게 '안전한 보호적 환경'을 제공하는 것이 상담자의 중요한 역할이라고 강조하였다. 이러한 환경은 아동이 안전하고 지지적인 분위기 속에서 자유롭게 미술 제작을 할 수 있고, 창조적인 과정을 통해서 자신의 내부세계를 탐색할 수 있는 상황을 말한다.

셋째, 상담자는 내담자의 발달단계와 흥미, 그리고 상담목표에 적합한 미술 매체를 구비하여야 하며, 매체의 활용법에 대하여 정통해야 한다. 내담자는 매체에 따라 다른

[그림 12-4] **미술치료실**

반응을 보일 수 있기 때문에, 내담자 개인의 심리적 욕구는 물론 상담목적에 맞는 매체를 파악하여 제공해야 한다.

넷째, 효율적인 미술치료자가 되기 위해서는 미술의 치료적인 힘을 신뢰하고, 사람은 누구나 창의적인 작업을 할 수 있는 능력이 있다는 믿음을 지녀야 하며, 심리치료와 교육 분야에서 전문적인 기술을 갖추고, 유능한 예술가의 자질을 지녀야 한다(Kramer, 2010).

다섯째, 상담자는 미술치료의 계획, 진행 및 평가 등 미술 치료과정을 알고 적절히 치료개입을 하여, 내담자의 미술표현을 격려하고 촉진할 수 있어야 한다. 또한 미술작품을 심리학적으로 이해하여, 미술작품의 상징적 의미와 개인과의 관련성, 작품 제작 과정의 반응들을 파악할 수 있어야 한다. 미술작품을 이해하고 해석하는 능력을 갖추었을 때, 내담자가 상징적으로 표현하는 것 뒤에 숨어 있는 내적 욕구를 읽어 내고 내담자와 민감한 의사소통을 할 수 있다.

5) 상담 실제

(1) 미술치료 전체과정

미술치료 계획은 내담자의 연령, 심리적인 증상, 개인 또는 집단, 단기 또는 장기 치료인가에 따라 달라질 수 있으나, 미술치료의 전체 과정은 일반적으로 초기, 중기, 종결기의 세 단계로 나누어 진행되고 있다.

① 초기

초기는 미술치료의 전체과정이 순조롭게 진행되는 데 영향을 주기 때문에 중요하다. 첫 회기에 상담자는 미술치료 전반에 대한 소개를 하면서 치료과정과 규칙을 설명한다. 이 시기에 상담자는 내담자와 신뢰관계를 형성하여 치료적 동맹이 잘 이루어지도록 해야 한다.

집단미술치료 경우에는 초기에 상담자와 집단 구성원, 그리고 집단 구성원들 상호간에 친밀감과 신뢰감을 형성할 수 있도록 해야 한다. 상담자는 집단미술치료 프로그램을 소개함과 동시에, 집단 구성원들이 미술활동에 적극적으로 참여할 수 있도록 유도하는 데 중점을 둔다. 미술작업에 대한 즐거움과 흥미를 유발할 수 있는 작업을 우선 진행한다.

초기에는 자유화, 콜라주, 실 그림, 마블링, 난화 등을 통해 자유롭고 편안하게 치료장면에 들어가도록 한다.

② 중기

중기는 상담자와 내담자간의 신뢰관계를 바탕으로 구체적인 미술활동에 들어가는 시기이다. 이 시기에 내담자는 다양한 재료와 기법을 활용하여 자신의 감정을 자유롭게 표출하게 된다. 상담자는 풍부한 감수성과 통찰력을 가지고 내담자가 표현하는 전이, 역전이, 양가감정 등 내부의 깊은 감정을 전폭적으로 수용하고 이해하는 것이 필요하다.

내담자가 자신의 사고, 정서, 가치관, 관점, 장점과 약점, 생활양식 등을 이해할 수 있게 되는 시기이므로, 상담자는 내담자가 자신의 생활과 내면에서 잘못된 목표나 부적절한 행동을 인식하도록 할 뿐 아니라, 긍정적인 면들을 가능한 많이 찾을 수 있도록 도와주어야 한다.

집단미술치료의 경우에는 자기이해, 부정적 정서 표출 및 해소뿐 아니라 구성원들 간의 긍정적 상호작용을 통한 사회성 증진 등을 경험할 수 있는 작업을 진행한다. 구성원들은 미술작품을 통해 자신의 감정을 탐색하고 표현하면서, 자신과 타인의 차이 및 공통점을 발견하고 타인이해의 기회를 갖는다. 더불어 구성원들과 상호작용하면서 자신과 타인의 정서를 수용하는 경험을 통해서 통찰을 얻을 수 있도록 하며, 정서 조절을 할 수 있도록 한다.

이 시기에는 감정파이, 행복한 · 슬픈 · 화난 감정표현하기, 빗속의 사람, 이야기상자 만들기, 중요한 항아리, 소시오그램, 동굴화 등의 미술활동을 한다.

③ 종결기

종결기에는 성취감과 긍정적 자기인식을 강화할 수 있는 작업을 진행한다. 이 시기는 내담자의 문제에 대한 상담적 접근이 효과를 보이는 시기로, 상담자가 설정한 목표가 이루어지며, 내담자의 미술작품에서도 보다 조화로운 새로운 차원의 표현들이 나타난다. 상담자는 내담자의 문제해결 능력과 현실적응력 등을 평가해서 종결시점을 결정해야 한다. 내담자가 상담자와의 관계가 끝나는 것에 대한 불안을 보일 수 있기 때문에, 내담자의 두려움을 줄이는 방법으로 치료횟수를 점차로 줄여 나가거나 종료 시기를 미리 알려 줄 수 있다.

집단미술치료의 경우에는 집단원들이 집단에서 자기수용과 인식을 통해 자신의 문제를 극복하고, 긍정적인 표현방식으로 집단에서 시도했던 경험을 현실 장면에 적용할 준비가 되었을 때 종결의 단계에 이른다. 상담자는 내담자가 배운 바를 실생활에 적극 활용할 수 있도록 격려한다. 중기까지 경험한 새로운 변화시도와 정서표현 및 조절방법들이 프로그램 종결 후에도 잘 유지될 수 있도록 한다.

이 시기에는 웅덩이, 나의 미래모습, 꿈나무, 선물 만들기 등의 미술활동을 한다.

(2) 한 회기 진행과정

미술치료 프로그램의 한 회기는 도입 단계, 작업 단계, 감상 및 대화 단계 등으로 구성된다.

① 도입 단계

도입 단계는 매 회기의 초기 5~10분 정도를 의미한다. 서로를 반갑게 맞이하고 안부 인사 등 간단한 상호작용을 하면서 친밀감과 편안한 분위기를 조성한다. 첫 회기일 경우에는 미술치료 프로그램에 대한 전반적 설명을 하고, 규칙을 정한다. 이미 진행 중인 경우에는 당 회기에서 진행할 주제와 미술 매체에 대해 소개하는 시간을 갖는다. 내담자는 자신이 사용할 미술 매체를 탐색하며 작품에 대한 구상을 한다.

집단미술치료의 경우 구성원의 특성에 따라 적극적으로 참여할 수도 있고, 소극적이거나 참여를 원하지 않을 수도 있다. 이럴 때는 지나치게 강요하지 말고 기다려 주며, 흥미를 느낄 수 있는 작업에 스스로 참여하도록 돕는 것이 좋다.

② 작업 단계

작업 단계는 본격적으로 작품 활동을 하는 시간이다. 20~40분 정도의 범위 안에서 진행되는데, 어린 아동의 경우 한 작품에 소요되는 시간이 10~15분 이상을 넘기지 않도록 유의한다. 작업 단계는 내담자가 적극적으로 작업에 들어간 단계이므로, 내담자가 활동 자체에 몰입할 수 있도록 불필요한 대화를 하지 않고, 시각적 표현을 언어적으로 반영해 주는 정도의 개입이 적절하다.

집단미술치료의 경우 개인마다 미술활동 시간이 서로 다르기 때문에, 활동 전에 먼저 시간제한을 언급하여 구성원들이 스스로 시간을 조절할 수 있게 한다. 너무 일찍 활동이 끝난 사람의 경우는 남은 시간동안 다른 활동을 할 수 있게 하는 것이 필요하다.

③ 감상 및 대화 단계

감상 및 대화 단계는 약 10~20분 정도가 적절하며, 먼저 자신의 작품을 다시 살펴보도록 한다. 이 과정에서 상담자와 내담자, 내담자와 작품 사이에 상호작용이 일어나는데, 상담자와 내담자 사이의 관계가 신뢰할 수 있고 안정적일수록 작품에서 더 많은 정보와 느낌을 얻을 수 있다. "작품을 시작할 때와 만들 때 그리고 끝났을 때의 느낌은 어떠한가?" 또는 "하면서 어떤 생각(또는 마음)이 들던가요?" 등을 질문하여 작품에서 받은 느낌은 물론 제작과정에서의 감정을 다루면서, 더 깊은 자기 인식의 기회를 마련할 수 있다.

집단미술치료의 경우 작품을 만드는 과정에서의 느낌과 작품내용을 집단 구성원들에게 소개하고 그것에 대한 다른 사람의 느낌을 나눈다. 주의할 점은 작품의 진단이나 분석을 삼가고 느낌을 나누어야 한다는 것이다(강승아, 2005). 아동의 경우 서로 들어줄 수 있는 분위기가 되지 않기 때문에, 먼저 한 아동의 그림을 들어 전체 구성원에게 물어보고, 그림을 그린 내담자에게 어떤 그림인지 물어본다.

이 과정에서 상담자와 구성원, 구성원과 구성원, 구성원과 작품 사이에 상호작용이 일어난다. 개인미술치료와 마찬가지로 집단이 상호 신뢰하고 안정되어 있을수록 작품 안에서 더 많은 정보와 느낌을 얻을 수 있기 때문에 상담자는 구성원 간의 상호작용을 격려하고 감정을 공유할 수 있도록 해야 한다(한국미술치료학회 편, 2000).

(3) 미술활동 과정 및 미술 작품 이해

상담자는 아동의 미술작품을 이해하거나 해석하기에 앞서, 아동이 미술활동을 하는 과정 속에서 보이는 태도에 관심을 가져야 한다.

첫째, 상담실에 들어올 때 내담자가 신나서 들어오는지 또는 머뭇거리는지, 미술재료를 선택하고 사용하는 데 있어서도 재료를 어떻게 고르는지, 같은 재료를 반복해서 사용하는지 또는 다양한 재료를 골고루 사용하는지, 미술활동에 임하는 태도에 있어서도 적극적으로 미술활동에 참여하는지 또는 소극적인 태도를 보이는지, 미술활동을 하는 데 흥미를 보이는지 아니면 주저하거나 마지못해 하는지 그리고 자신의 미술

작품을 소중히 다루는지 아니면 소홀히 하는지 등도 내담자를 이해하는 데 중요한 단서가 될 수 있다.

둘째, 상담자는 미술작품의 상징 언어를 잘 읽어 내는 것이 중요하다. 미술치료에 적용되는 대표적인 상징은 공간, 색채, 선 상징 등이다. 어떤 상징들은 문화, 지역, 사회에서 공통성을 가지고 있으나, 그렇지 않은 경우도 많으므로 일반적인 상징성에 맞춰 일률적으로 해석하지 않도록 주의해야 한다. 공간 상징에 있어서 그림에 나타나는 내용의 배열, 위치 등이 내담자의 심리적 상황과 관계가 있다. 즉, 공간을 많이 사용하는지 아니면 아주 적은 공간만을 사용하는지, 그림의 내용이 공간의 중앙에 위치하는지 또는 한쪽에 치우쳐 있는지 등을 살펴보아야 한다. 내담자가 사용하는 색채는 그가 속한 문화적, 사회적, 시대적 특성뿐만 아니라 그 개인의 감정, 경험, 심리적 상황 등을 반영한다. 그림 속에서 아동의 정서생활이나 그 표출의 강도를 특히 잘 반영하는 것이 색채이며, 그림 속에 나타나고 있는 특징적인 색채는 그 시점의 내담자의 정서와 거의 일치한다(천은영, 김경신, 2010). 여기에 더하여 내담자가 색을 다양하고 균형 있게 사용하는지 또는 오랫동안 한두 가지 색만 사용하는지가 중요한 의미를 지닌다. 선 상징은 내담자가 그린 선의 운동성, 활기와 허약함 등이 내담자의 심리상태와 신체적 건강상태를 나타내는 것일 수 있다. 선의 힘, 속도, 방향, 장단, 강약, 율동성 등에 따라 해석이 달라질 수 있다. 예를 들어, 선이 자주 끊기고 스케치하듯 짧은 선을 반복적으로 그리는 것은 자신감이 부족하거나 정확한 것에 대한 과도한 욕구 등을 의미하는 것일 수 있다.

셋째, 내담자의 미술작품에 대한 설명이 작품내용과 연관이 있는지, 미술작품의 특정 부분에 왜곡이나 결손 또는 첨가나 과장된 부분이 있는지, 작품이 발달수준에 적합한지 여부 등도 고려한다.

넷째, 상담자는 내담자와 작품에 대해 이야기를 해 나가는 과정에서 내담자를 올바로 이해하게 된다. 이를 위해서는 상담자가 내담자에 대해 섣부른 판단이나 해석을 하지 않고, 선입견 없이 내담자가 만든 작품과 내담자의 언어적 표현에 대해 개방된 마음을 갖고 이해하려는 태도를 갖는 것이 가장 중요하다고 볼 수 있다.

활동

1. 동물 가족화 그리기
   1) 그림도구나 스티커를 이용해서 가족 구성원의 이미지를 동물로 표현해 봅시다.
   2) 가족 구성원을 특정 동물로 표현한 이유에 대해 이야기 나누어 봅시다.
2. 이야기 상자 꾸미기
   1) 여러 가지 재료와 상자를 이용하여, 상자의 겉면은 남이 보는 내 모습을 표현하고, 상자 속은 내가 보는(아는) 내 모습을 꾸며 봅시다.
   2) 꾸며진 상자의 겉과 속을 보고 느낀 점에 대해 이야기 나누어 봅시다.

4. 합리적 정서행동치료

1) 발전 과정

합리적 정서행동치료는 정신분석치료와 행동치료에 대한 비판에서 시작되었다. 정신분석치료는 추상적이고 주관적인 개념을 사용하여 과학적 검증이 어려울 뿐 아니라 너무 장시간을 요한다는 단점이 있다. 한편 행동치료는 관찰 가능한 행동에만 초점을 두고 자극-반응이론에 집착하여, 인간의 다양하고 복잡한 행동을 설명하는 데 한계가 있고, 인간내부에서 일어나는 신념, 사고, 태도와 내면과정을 무시하고 있다는 지적을 받고 있다. 알버트 엘리스(Albert Ellis, 1913~2007)는 이 두 접근방법의 한계를 극복하기 위한 방안으로, 인간행동을 이해하고 행동변화를 가져오는 데 있어서 인지적인 과정의 중요성을 강조하는 합리적 정서행동치료(Rational Emotion Behavior Therapy: REBT)를 제시하였다.

엘리스는 인간이 어떠한 사건을 경험하면서 겪게 되는 정서나 행동이, 그 사건 자체보다는 그 사건을 인지하는 개인의 생각이나 신념에 따라 달라진다는 것을 확신하였다. 이에 따라 그는 심리적 문제를 지니고 있는 내담자가 자신에게 비합리적 사고 경향이 있음을 깨닫고, 자기파괴적인 비합리적 신념을 변화시키기 위해서는, 상담자의 적극적인 지시적 개입이 필요하다고 주장하였다.

엘리스는 1955년 처음에는 자신의 이론을 합리적 치료라고 명명하였으나, 1956년 미국의 시카고에서 개최된 미국심리학회 연차대회에서 합리적 심리치료(Rational Psychotherapy)라고 개칭하여 자신의 이론을 발표하였다(Ellis, 1958). 1961년에는 정서의 중요성을 강조하기 위해서 '합리적 정서치료(Rational Emotive Psychotherapy)'라고 이름을 변경하였으며, 1993년에는 행동변화의 중요성을 지적하면서 '합리적인 정서 행동치료(Rational Emotion Behavior Therapy: REBT)'로 개칭하였다. 그는 1982년 미국의 임상 및 상담 심리학자들이 로저스에 이어 두 번째로 영향력 있는 심리치료자로 선정하였으며, 1985년에는 미국심리학회로부터 '탁월한 전문적 공헌상(Award for distinguished professional contribution)'을 수상했다. 엘리스의 합리적 정서행동치료는 상담실에서 내담자의 심리적 문제를 치료할 뿐 아니라, 일반인들이 보다 합리적인 삶을 살 수 있도록 도움을 주는 교육전략으로서도 인기가 높다.

2) 정신건강에 대한 견해

엘리스의 인간에 대한 견해는 다소 이중적이다. 즉, 인간은 합리적일 수도 있고 비합리적일 수도 있다는 것이다. 인간은 합리적이고 순기능적인 사고로 자기성장과 자기실현을 추구하지만, 다른 한편으로는 비합리적이고 역기능적인 사고로 인하여, 자기를 비난하며 자신의 삶을 부적응적인 방향으로 몰아가는 자기파괴적 성향도 지니고 있다. 이러한 인간의 경향성은 생물학적 요인과 사회 환경적 요인에 영향을 받으며, 개인에 따라 차이가 있다(Corey, 2010).

엘리스는 합리적 정서행동치료의 인간관을 다음과 같이 요약하고 있다(Ellis, 1979; Ellis & Dryden, 1997).

첫째, 인간은 외부적 요인에 대해 스스로 자신의 정서적 혼란을 일으키는 여건을 만든다. 특히 정서적 혼란을 가져오는 신념을 자신이 창출하고, 그 신념으로 인해 정서적으로 혼란스럽게 되는 경향성이 있다.

둘째, 인간은 사실을 왜곡해서 생각하려는 생득적, 문화적 경향이 있다.

셋째, 인간은 동시에 사고하고, 느끼고, 행동하며, 이들은 상호간에 영향을 주고받는다.

넷째, 인간은 자신의 인지적, 정서적, 행동적 과정을 변화시킬 수 있는 역량을 지니고 있다.

엘리스에 따르면 인지는 인간의 정서와 행동에 영향을 미치는 핵심적인 요소로서, 비합리적이고 역기능적인 사고는 정서장애를 일으키는 주요 요인이며, 역기능적인 정서상태를 수반하는 정신병리의 많은 부분들은 역기능적 사고의 결과이다. 인간이 지닌 사고나 신념은 쉽게 변하지는 않으나, 적극적이고 지속적인 노력을 하면 변할 수 있다. 자신의 잘못된 사고나 신념에 적극적이고 지속적으로 도전함으로써 과거와는 다른 합리적인 신념, 생각, 가치로 대체하는 것이 가능하며, 이로 인해 과거와는 다른 정서를 경험하고 다른 방식으로 행동할 수 있다. 인간의 행동은 과거에 기인하는 것이 아니라, 현재 주어진 상황을 어떻게 해석하고 지각하느냐에 따라 달라진다(Ellis & Dryden, 1997).

그러므로 합리적 정서행동치료의 관점에서 볼 때, 건강한 사람은 주어진 상황에 대해 합리적인 사고를 하는 사람이다. 스스로 창출하는 자신의 신념을 검토하여, 비합리적인 신념에 대해 도전하고 이를 합리적인 사고로 전환한다. 그 결과 바람직한 정서와 행동을 추구하며, 자기성장과 자기실현을 이끌어 낼 수 있는 사람이라고 할 수 있다.

엘리스(Ellis, 1986)는 정신이 건강한 인간은 다음과 같은 특성을 지니고 있다고 주장한다.

첫째, 자기관심(Self-interest)이다. 정서적으로 건강한 사람은 우선 자기 자신에게 관심이 있고 진실하며, 타인을 위하여 자기 자신을 자학적으로 희생하지 않는다.

둘째, 사회적 관심(Social-interest)이다. 건강한 사람은 소외된 삶을 택하지 않고, 관계적인 맥락 속에서 다른 사람에 대해 관심을 갖는다.

셋째, 자기지향(Self-direction)이다. 정서적으로 건강한 사람은 다른 사람의 지지를 좋아하기는 하지만, 그런 지지를 매번 요구하는 것은 아니다. 그들은 자신의 삶에 책임을 느끼며 자신의 문제를 독립적으로 해결할 수 있다.

넷째, 관용(Tolerance)이다. 성숙한 인간은 모든 인간이 완전할 수 없다는 것을 알고 있으며, 자신과 타인의 실수에 대해 관용적이다.

다섯째, 융통성(Flexibility)이다. 건강한 사람은 사고가 유연하며, 변화에 개방적이고, 타인에 대해 편협하지 않은 견해를 가지고 있다.

여섯째, 불확실성의 수용(Acceptance of uncertainty)이다. 정서적으로 성숙한 사람은 우리가 불확실성의 세계에 살고 있음을 인식한다.

일곱째, 창의성 추구(Commitment to creative pursuits)이다. 건강한 사람은 자신을 둘러싸고 있는 일상적인 일뿐만 아니라, 최소한 한두 가지 정도의 창의적인 일에 몰두하며 관심을 가지고 있다.

여덟째, 과학적 사고(Scientific thinking)이다. 성숙한 사람은 객관적이고 이성적이다.

아홉째, 자기수용(Self-acceptance)이다. 건강한 사람은 자기가 살아 있다는 것 자체를 기뻐하며, 자기의 가치를 타인의 평가나 외부적 성취에 의해서 평가하지 않는다.

열째, 위험 감수(Risk taking)이다. 정서적으로 건강한 사람은 자기가 인생에서 진정으로 원하는 것이 무엇인가를 생각해 보고 모험을 시도할 수 있다.

열한째, 장기적 쾌락(Long range hedonism)이다. 건강한 사람은 순간적인 쾌락을 추구하기보다는 미래지향적인 쾌락을 추구한다.

열두째, 반유토피아주의(Non-utopiaism)이다. 성숙하고 정서적으로 건강한 사람은 이 세상에서 자신이 얻고자 하는 모든 것을 다 얻을 수 없으며, 모든 고난을 완전히 회피할 수 없다는 사실을 인식한다.

열셋째, 정서적 혼란에 대한 자기책임감(Self-responsibility for own emotional disturbance)이다. 건강한 사람은 타인이나 사회를 비난함으로써 자신을 방어하기보다는, 자기파괴적인 혼란한 감정에 대해 스스로가 책임이 있다고 느낀다.

3) 주요개념

합리적 정서행동치료의 기본이 되는 몇 가지 주요개념을 살펴보면 다음과 같다.

(1) ABC 모델

ABC 모델은 인간의 인지, 정서, 행동의 관계에 대해서 설명해 주고 있다. A는 선행사건(Activating event)으로, 인간의 정서를 유발하는 어떤 사건이나 현상 또는 행위를 말한다. B는 신념체계 (Belief system)로, 선행사건(A)에 대한 개인의 신념체계나 사고방식을 말한다. C는 결과(Consequence)로, 선행사건(A)에 대한 신념이나 사고방식(B)에 따라 선행사건(A)로부터 유발된 감정과 행동을 의미한다.

[그림 12-5]에서 볼 수 있듯이 모형의 핵심은 신념(B)이라는 인지적 요인이 선행사건(A)과 결과적 반응(C)을 매개한다는 것이다.

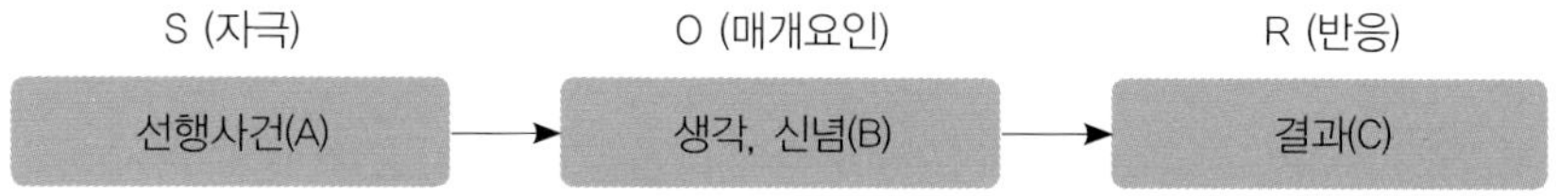

[그림 12-5] ABC 기본 모형

매개변수인 신념(B)이 합리적인 신념인지 비합리적인 신념인지에 따라 선행사건에 대한 결과적 반응이 다르게 나타나는데, 이를 [그림 12-6]의 모형으로 설명할 수 있다.

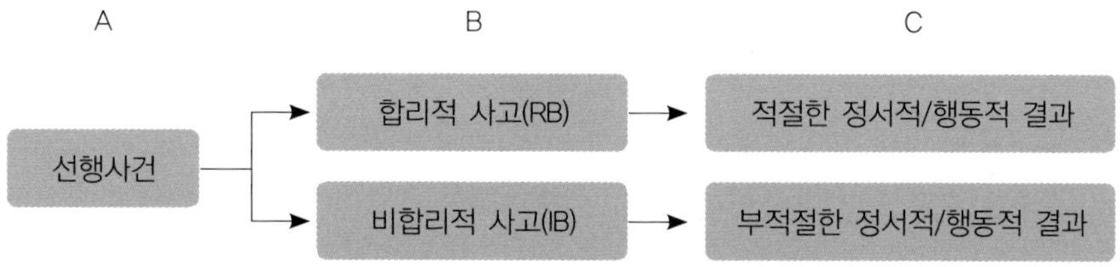

[그림 12-6] ABC의 확장된 모형

출처: 박경애(2007), p. 69.

(2) 비합리적 신념

엘리스에 의하면 인간에게는 합리적인 신념과 비합리적인 신념이 존재한다. 합리적인 신념은 유연하고 논리적이며 상대적이고, 적절한 정서와 적응적인 행동을 초래하며, 자기실현을 추구하는 사고나 감정, 행동을 유발한다. 반면 비합리적 신념은 독단적이고 절대적이며 비논리적이고, 타당한 근거 없이 부정적인 정서를 일으키며, 건전한 인간행동을 하는 것을 방해하는 사고나 신념이다. 구체적으로 설명하면 다음과 같다(Ellis, 1994; Ellis & Dryden, 1997; Ellis & Harper, 2007).

① 당위적 사고

엘리스는 인간이 심리적 부적응과 장애를 나타내는 주요한 원인을 비합리적 신념으로 보고 있다. 비합리적 신념은 자신, 타인, 그리고 세상에 대한 비현실적인 기대와 요구를 의미한다. 이러한 비합리적 신념은 '반드시 …… 해야 한다(must, should).' '당연히, 꼭 …… 해야 한다.'와 같은 절대적이고 완벽주의적인 당위적 요구의 형태를 띠고 있다. 이러한 당위적 사고는 인간문제의 근원이 되며, 자기비하나 타인비난 등의 비합리적 결론을 유도한다. 자신, 타인, 세상에 대한 당위적 사고를 보다 자세히 설명하면 다음과 같다

첫째, 자신에 대한 당위적 사고이다. 현실적으로 충족되기 어려운 과도한 기대와 요구를 자기 자신에게 부과하는 것이다. 예를 들어, "나는 항상 타인들로부터 인정을 받아야만 한다." 또는 "나는 중요한 과제를 완벽하게 수행해 내야 한다." 등이다. 이와 같은 비합리적 신념은 자기패배감을 초래하며, 역기능적 행동을 하게 한다.

둘째, 타인에 대한 당위적 사고이다. 타인에 대한 과도한 기대와 요구로서, 타인이 그러한 자신의 기대에 따르도록 일방적으로 요구하는 신념을 말한다. 예를 들어, "사람들은 반드시 나에게 친절하고 공정하게 대해 주어야 한다."와 같은 것이다. 이러한 지나친 기대와 신념은 필연적으로 상처, 실망, 배신, 좌절 같은 마음의 상처를 가져올 뿐 아니라, 타인에 대한 분노, 질투, 적개심 등을 초래하게 된다.

셋째, 세상에 대한 당위적 사고이다. 우리의 사회 · 정치적 상황과 자연세계에 대해

비현실적인 과도한 기대를 하는 것이다. 예를 들어, "세상은 반드시 우리가 옳다고 생각하는 대로 돌아가야 한다."와 같은 것이다. 이러한 신념은 세상에 대한 막연한 분노와 공포, 비관적이고 소극적인 행동, 우울과 무기력감을 느끼게 하며, 때로는 자신의 요구대로 되지 않는 세상에 대해 분노와 원망을 가지게 한다.

② 과장하기

당위적 요구가 충족되지 않았을 때, 그 결과를 과장되게 해석하는 것이다. 예를 들어, "…… 하면 아주 끔찍하다." 또는 "…… 하면 아주 큰일이다."라는 사고로, 현상을 있는 그대로 보지 않고 훨씬 더 과장해서 생각하는 것이다. 이러한 과장적 사고는 대부분 자신, 타인 또는 상황을 극도로 비하하거나, 파괴적인 사고를 유발한다. 예를 들어, "…… 한 것을 보면, 또는 …… 하다니 나는 무가치한 사람이다."와 같이 자신이나 타인 혹은 주변상황과 관련하여 부정적인 측면에만 초점을 두고, 전체를 파괴적이고 실패한 것으로 인식한다.

③ 좌절에 대한 인내심 부족

당위적 요구가 좌절된 상황을 견디거나 참을 수 없다고 생각하는 비합리적 사고를 의미한다. 예를 들어, "……을 나는 도저히 참을 수가 없다." 또는 "나에게 …… 하다니 도저히 견딜 수 없다." 등과 같은 사고를 들 수 있다.

④ 자신과 타인에 대한 비하 또는 질책

당위적 요구를 충족시키지 못한 자신과 타인에 대해 비난이나 질책을 하는 것을 의미한다. 예를 들어, "그런 사람을 친구라고 생각하다니 내가 참 한심하다."와 같은 사고는 타인에 대한 분노, 경멸과 더불어 자기비하와 질책으로 이어진다.

앞의 네 가지 핵심적인 비합리적인 사고는 부정적 감정과 행동으로 이어진다.

4) 상담 실제

합리적 정서행동치료의 목표는 내담자가 보이는 문제행동을 제거하기보다는 문제행동의 배후에 있는 핵심적인 자기패배적 신념을 극소화시키고, 삶에 대하여 보다 현실적이고 합리적인 가치관을 갖게 하는 것이다. 내담자가 자신의 삶을 고통스럽게 만드는 비합리적 사고를 극복하고 자신이 원하는 행복한 삶을 효율적으로 영위하도록 돕는다(Ellis, 1988).

엘리스가 소개한 합리적 정서행동치료의 기법들을 소개하면 다음과 같다(홍경자, 2006; Ellis, 1994; Ellis & Dryden, 1997; Ellis & Harper, 2007; Ellis & MacLaren, 2007).

(1) ABCDE 모델과 논박하기

합리적 정서행동치료는 내담자가 지닌 비합리적 신념을 찾아내어 논박함으로써 좀 더 합리적인 신념을 지니도록 변화시키는 것이다. 엘리스는 치료과정을 ABCDE 모델로 설명하였는데, A는 선행사건(Activating event), B는 선행사건(A)에 대한 개인의 신념체계(Belief system), C는 선행사건(A)에 대한 신념으로 유발된 정서적 또는 행동적 결과(Consequence), D는 내담자의 신념(B)에 대한 논박(Dispute), 그리고 E는 논박을 통해 비합리적 신념이 합리적인 신념으로 대치한 다음에 나타난 정서적 그리고 행동적인 효과(Effect)를 의미한다. 이것을 도식화하면 [그림 12-7]과 같다.

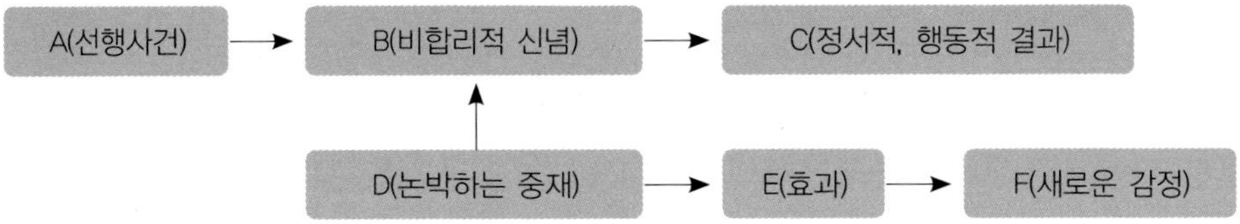

[그림 12-7] ABCDE 치료 모델

출처: 정문자 외(2016), p. 372.

ABCDE 모델에서 상담자의 역할을 요약하면 다음과 같다.

첫째, 내담자에게 선행사건(A)이 정서와 행동을 유도하는 것이 아님을 분명히 한다. 즉, 내담자의 정서적 또는 행동적 결과(C)가 선행사건(A)에 의한 것이 아니고 내담자의 신념(B)에 기인한 것임을 교육한다. 내담자로 하여금 자신이 지니고 있는 비합리적인 신념(B)을 인식하도록 하고, 그것이 자신의 부정적인 정서나 행동(C)과 연관되어 있음을 이해하도록 한다.

둘째, 내담자의 비합리적인 신념을 논박(D)한다. 내담자의 비합리적 사고와 신념이 과연 사리에 맞는 것인지를 검토해 보도록 촉구한다. 상담자는 논리적인 원리들을 제시하여 내담자의 비합리적 신념들을 논박(D)함으로써, 내담자가 비합리적인 신념을 포기하고 합리적인 신념을 가지도록 도와준다. 비합리적인 신념을 논박하는 구체적인 방법은 다음과 같다.

비합리적인 신념을 논박하는 구체적인 방법의 예

"나는 모든 사람에게 인정받아야 한다."는 비합리적인 신념을 지닌 내담자에게 다음과 같은 질문을 할 수 있다.

- 당신이 반드시 모든 사람으로부터 인정받아야 한다는 논리적 근거가 무엇인가?
- 모든 사람으로부터 인정받는 다른 사람이 있다는 증거가 있는가?
- 모든 사람으로부터 인정받아야 한다는 생각을 함으로써 야기되는 결과는 무엇인가?

셋째, 논박을 통해 합리적인 신념체계를 형성하도록 돕는다.

넷째, 내담자가 합리적인 신념체계로 인해 적절한 정서적 또는 행동적 결과를 경험하도록 한다. 이것이 논박의 효과(E)이다.

다섯째, 훈습과정을 통해 합리적 신념체계를 구축하도록 도와준다.

(2) 내담자의 언어 변화시키기

합리적 정서행동치료는 내담자의 부정확한 언어가 사고과정의 왜곡을 가져올 수 있다고 본다. 그렇기 때문에 합리적 정서행동치료에서는 내담자로 하여금 "…… 하면 정말 끔찍스럽다."라는 말 대신에 "…… 한다면 그것은 좀 불편할 것 같다."라는 표현을 하도록 한다. "이런 상황에서 내가 굳이 화낼 필요는 없어." "나는 이 일을 완수하기 위해 노력할 거야. 그렇지만 내가 이 일에서 성공하지 못한다고 하더라도, 그것이 곧 내가 실패자라는 것을 의미하는 것은 아니야." 또는 "그 사람이 행동하는 방식이 맘에 들지는 않아. 하지만 굳이 그가 변하지 않아도 난 잘 대처할 수 있어." 등과 같은 방식으로 언어패턴을 변화시키고 새로운 자기진술을 만들어 가는 과정을 통해, 내담자의 신념체계는 합리적으로 변화하기 시작한다.

(3) 유머의 사용

사람들은 때때로 자신에 대해 그리고 자신이 잘못할 수 있다는 것에 대해 지나치게 심각하게 고민하는 경향이 있다. 물론 진지한 것이 도움이 될 때도 있다. 하지만 상담자는 때로 내담자가 자신을 가벼운 마음으로 바라볼 수 있게 격려할 수 있어야 한다. 합리적 정서행동치료에서는 사람들이 너무 진지하게 생각하면 균형감이나 유머감각을 잃게 되어 정서적 혼란이 생긴다고 본다. 상담자는 내담자의 과도하게 심각한 측면을 논박하기 위해 유머를 사용한다.

(4) 합리적 정서 심상법

내담자가 문제 상황에서 적절하고 합리적인 정서를 찾을 수 있도록 돕는 것이다. 우선 내담자에게 곤란에 처한 상황을 상상해 보도록 요구하고, 그 상황에서 느낄 수 있는 감정을 경험해 보도록 한다. 부적절한 감정이 느껴진다면, 그런 감정을 적절한 감정으로 바꾸도록 한다. 이 과정을 마친 후에 부적절한 감정을 변화시키기 위해서 내담자가 어떻게 했는지 물어본다. 그러면 내담자가 건강하지 못한 극단적인 정서적 고통이 적절한 감정으로 변하는 과정에서 인지적인 변화가 일어났다고 대답하는 것을 보게 된다.

(5) 무조건 수용하기

인간의 오류성과 실수할 수 있음을 수용하도록 돕는 것으로, 상담자의 자기개방이 내담자에게 강한 정서적 영향을 미칠 수 있다. 상담자는 상담과정에서 내담자가 무조건적인 수용을 직접 경험할 수 있도록 해 주는 것에 더하여, 무조건적인 자기수용과 무조건적인 타인수용을 적극적으로 가르치고 연습시킨다. 내담자는 자신도 잘못할 수 있는 한 인간임을 겸손하게 수용할 수 있어야 하며, 동시에 타인에 대해서도 동일한 관점을 취할 수 있어야 한다. 자신과 타인의 수용은 어떤 행동을 수용하는 것이 아니라, 자신과 타인의 존재 자체를 수용하는 것임을 알게 한다.

(6) 역할극

상담자의 감독하에서 내담자가 타인과 상호작용하는 장면을 정해서 역할극을 한다. 상호작용할 장면은 내담자에게 심리적 어려움을 주었거나 앞으로 어려움을 줄 것으로 예상되는 것으로, 내담자가 다루고 싶어 하는 장면이다. 역할극을 한 후 상담자는 내담자가 역할극을 하는 동안 어떤 생각이 들었고 어떤 감정이 생겼는지, 달리하고 싶었던 것이 있었는지 질문을 하면서, 내담자의 비합리적인 신념을 확인한다. 그리고 피드백을 주고받은 후, 자신이 새롭게 획득한 합리적 신념과 일치되는 새로운 행동을 연습해 보도록 한다.

(7) 역할 바꾸기

상담자가 내담자 역할을 하고 내담자가 상담자 역을 맡는 것이다. 상담자는 내담자의 비합리적 신념을 모델로 해서 고집스럽게 우기고 주장하고, 반대로 내담자는 상담자의 입장으로 논박을 해야 하는 위치에 서서 합리적인 생각을 이야기해 보도록 하는 기회를 준다.

그 외 합리적 정서행동치료 기법으로 수치심 공격하기, 인지적 과제, 자기관리 원칙, 이완기법, 모델링 등을 사용한다.

활동

1. 나의 비합리적인 신념을 찾아보고, 이 신념이 나의 감정과 행동에 어떤 영향을 미쳤는지 이야기 나누어 봅시다.
2. 나의 비합리적인 신념을 합리적인 신념으로 고쳐 보고, 그로 인해 변하게 될 나의 감정과 행동에 대해 이야기 나누어 봅시다.

5. 해결중심단기치료

1) 발전 과정

해결중심단기치료(Solution Focused Brief Therapy: SFBT)는 스티브 드 세이저(Steve de Shazer)와 김인수(Insoo Kim Berg) 부부가 1978년 미국 위스콘신 밀워키의 단기가족치료센터(Brief Family Therapy Center: BFTC)에서 발전시킨 가족치료 모델이다. 이 치료는 미국 캘리포니아주의 팔로 알토에 있는 정신건강연구소(Mental Research Institute: MRI)에서 시작된 단기치료를 모태로 하고 있다.

MRI는 가능한 한 빨리 내담자를 문제로 인한 고통에서 해방시키는 것이 치료의 목표라는 의식에서 비롯된 것으로, 문제의 원인을 파악하고 이해하기보다는 문제에 대해 효과적으로 생각하고 대처하는 실용적인 방법을 찾는 것에 초점을 두었다. 해결중심단기치료는 여기에 더하여, 문제를 해결함에 있어 반드시 문제가 무엇인지에 초점을 둘 필요는 없다고 주장한다. 해결중심단기치료는 내담자가 원하는 바가 무엇인지에 초점을 두어 목표를 설정하고, 이를 성취할 수 있는 행동을 증가시켜 나가도록 하는 데 주안점을 두고 있다. 해결중심단기치료에서 상담자가 사용하는 질문기법은 내담자로 하여금 '문제 중심'에서 벗어나, 자신에 대한 새로운 이야기를 만들어 가도록 돕는다. 즉, 내담자가 자신의 이야기에 새로운 의미를 구성해 나가면서 변화를 일으키도록 돕는다.

해결중심단기치료는 모델의 간편성과 효율성이 인정되어 현재 전 세계적으로 사용되고 있으며, 국내에서도 가장 많이 사용되는 가족치료모델로 보고되고 있다. 1987년에 처음으로 한국에 소개되었으며, 1996년 설립된 단기가족치료센터 한국지부(현 한국단기가족치료연구소)를 중심으로 보급되기 시작하였다. 2011년에는 해결중심치료학회가 창립되었다. 해결중심단기치료는 가족 안에서 부부관계, 부모-자녀관계뿐 아니라 개인의 심리적 문제를 다루는 개인치료분야에서도 핵심적인 치료방법으로 각광받고 있다(www.solutionfocus.or.kr).

2) 개념

드 세이저(1975)는 "문제에 대한 대화는 문제를 낳고, 해결에 대한 대화는 해결책을 낳는다."고 주장한다.

해결중심단기치료는 문제의 근원을 규명하기보다는 내담자의 자원을 활용하여 단기간 내에 치료목적을 성취하고자 하는 상담모델이다. 즉, 내담자가 이미 가지고 있는 자원을 활용하고, 단점보다는 강점, 문제 상황보다는 문제가 없는 예외상황을 찾으며, 이를 확장하여, 의미 있는 해결방안을 구축하도록 돕는 것을 목표로 하는 '해결책 구축 모델'이다(Berg, 1994).

드 세이저와 돌런(de Shazer & Dolan, 2007)은 해결중심단기치료의 기본 원리를 다음과 같이 제시했다.

- 문제가 되지 않는다면 그대로 둔다.
- 효과가 있으면 계속하고, 효과가 없다면 무언가 다른 것을 한다.
- 작은 변화가 큰 변화를 이끈다.
- 해결책은 문제와 연관이 없을 수도 있다.
- 문제가 항상 일어나는 것은 아니며, 활용할 수 있는 예외는 있기 마련이다.

- 미래는 창조될 수 있으며 협상될 수 있다.

3) 치료적 요인

해결중심단기치료의 가정과 원리에 근거하여 치료적 요인을 살펴보면 다음과 같다(김태은, 2010; 정문자 외, 2016; 한국청소년상담복지개발원, 2016; Berg & Miller, 1993).

첫째, 병리적인 것 대신에 건강한 측면에 초점을 둔다. 내담자의 문제에 초점을 맞추어서 문제를 더 많이 파악하려고 하면 할수록, 내담자는 움츠러들고 의기소침해지며 반응하기를 꺼리게 된다. 내담자의 긍정적 또는 성공한 측면에 초점을 맞추는 것은 내담자와 상담자의 관계 형성에도 도움이 된다.

둘째, 문제에 대한 조사는 최소화하고 해결에 초점을 두기 때문에 시간 절약이 된다. 또한 문제에 대한 집착에서 벗어나 해결에 중점을 두는 것은 사고의 전환을 가져온다.

셋째, 체계적이며 구조화된 틀을 가지고 있으며, 목표가 분명하고 회기마다 적절한 과제가 있어서 효과적이며, 상담기법이 단순하고 분명해서 학습이 용이하다.

넷째, 내담자가 문제를 해결해 나갈 자원과 능력이 있음을 알게 하고, 내담자가 지니고 있는 장점, 자원, 건강한 특성들을 탐색하며, 이를 최대한 활용하여 문제의 해결이 가능하도록 한다.

다섯째, 결핍보다는 존재하는 것에 초점을 두고 실패경험보다는 성공경험을 찾기 때문에, 내담자가 스스로에 대한 부정적인 시각에서 벗어나 긍정적으로 자신의 모습을 바라보도록 한다. 이를 통해 긍정적인 변화를 추구하려는 동기를 불러일으키며, 그 결과 자기 스스로에 대해 자신감과 가치를 느낄 수 있어서 자아존중감이 증진된다.

여섯째, 탈이론적, 비규범적인 입장을 취하며, 내담자의 견해를 존중한다. 상담자는 내담자의 독특한 준거 틀을 인정하고, 내담자의 특성에 입각하여 그에 맞는 해결책을 찾도록 도움을 준다. 내담자를 자신의 문제에 관한 전문가로 보며, 내담자의 준거 틀을 중시하기 때문에 내담자의 저항을 줄이고 거부감 없이 협력적인 관계를 형성한다.

일곱째, 내담자로 하여금 자신이 원하는 미래에 대한 구체적인 그림을 그려 보게 하고 그러한 미래로 나아가도록 돕는다. 치료의 초점을 과거로부터 미래로 전환하기 때문에 희망적이고 해결 중심적이며 바람직한 변화를 촉진시킨다.

여덟째, 내담자 자신이 문제해결을 위해 필요한 모든 것을 이미 가지고 있음을 확인하는 질문들로 구성되어 있어서, 내담자가 자신의 성공경험을 인정하고 해결책을 탐색하는 데 도움이 될 수 있다.

아홉째, 작은 변화는 큰 변화를 가져오며 해결을 위한 출발점이다. 작은 변화에 큰 의미를 부여하며 그러한 변화가 계속 일어날 수 있도록 격려한다. 이는 내담자로 하여금 작은 변화에 주목하게 하고 지속적인 변화를 위한 시도를 하게 된다. 또한 도미노 현상처럼 일단 작은 변화가 시작되면 파급효과로 다른 변화들이 일어나게 된다.

열째, 인간의 삶은 변화가 끊임없이 일어나고 있는 하나의 연속적인 과정이라는 가정하에 상담자는 변화가 항상 일어나고 있다는 믿음을 가지고, 자연스럽게 일어나는 변화를 확인하고 그 변화를 해결책으로 활용한다.

4) 상담자의 역할

해결중심단기치료는 근본적으로 모든 내담자가 자신의 문제를 해결할 수 있는 능력을 지니고 있다고 믿는다. 해결중심단기치료에서의 상담자의 역할은 다음과 같다(김태은, 2010; 정문자, 정혜정, 이선혜, 전영주, 2007; Berg & Miller, 1993).

첫째, 치료자는 내담자에 대해 분석하거나 평가하지 않으며 어떠한 가정도 삼간다. 상담자는 '알지 못함의 자세'를 취해야 한다. 상담자는 내담자가 변화되어야 한다는 생각이나 기대보다는 내담자의 행동과 말에 대해 보다 많이 알고 싶어 하는, 즉 더 많은 정보를 얻고자 하는 자세를 보여야 한다.

둘째, 상담자는 해결중심의 원리 및 철학을 숙지하며, 다양한 질문기법-기적질문, 예외질문, 척도질문, 대처방안 질문 등-을 숙달해서 내담자의 문제해결을 위해 유용하게 사용할 수 있어야 한다. 대부분 내담자들은 상담자가 질문하는 대로 반응하게 되기 때문에 어떤 질문을 하느냐가 상담효과의 성패를 좌우한다.

셋째, 내담자의 문제해결을 위하여 상담자가 내담자와 함께 목표를 세우고 해결방안을 발견하고 구축한다. 내담자가 성취하고자 하는 구체적인 목표가 무엇인지 또는 앞으로 어떤 것을 기대하는지를 분명히 한다. 상담목표를 구체화하고, 현실적이고 성취 가능한 목표로 설정하는 데 많은 주의를 기울인다.

넷째, 상담자는 내담자와 상호보완적인 관계를 유지한다. 즉, 해결중심단기치료에서는 내담자야말로 무엇을 변화시키기를 원하고 무슨 노력을 해야 하는지 아는 전문가라고 생각한다. 상담자는 모든 내담자들이 그들의 어려움을 해결하는 데 필요한 그 무엇을 가지고 있다는 점을 인식하며, 더 나아가 내담자가 문제를 스스로 해결할 수 있는 능력을 지니고 있음을 믿어 주는 지원자여야 한다. 내담자가 자신의 장점 및 강점에 입각하여 독특한 개별적 취향에 맞는 해결책을 찾을 수 있도록 도와주는 조력자의 역할, 그리고 내담자가 자신의 자원과 예외상황을 탐색할 수 있도록 자극하는 촉진자 역할을 한다.

다섯째, 상담자는 '누가, 무엇을, 언제, 어디서 그리고 어떻게'와 같은 질문들을 사용하고 '왜'의 사용은 피한다. '왜'라는 상담자의 질문은 내담자로 하여금 방어적이게 만들며 변명이나 해명의 이야기를 하도록 만드는데, 이는 상담의 초점을 흐리게 할 뿐만 아니라 소모적이다. 예를 들어, "오늘 상담하신 결과로 무엇이 달라지면 여기에 온 것이 보람이 있었다고 말할 수 있습니까?" 등과 같은 질문이 바람직하다.

여섯째, 해결중심단기치료의 상담자는 내담자의 침묵을 존중한다. 해결중심적 질문들, 즉 내담자의 경험, 자신의 생활 속에서 달라지기 원하는 것, 이미 잘 되고 있는 것들을 탐색하는 질문 등은 내담자 스스로 대답하기 전 많은 생각을 하도록 하기 때문에, 상담자가 내담자의 침묵시간을 기다려 주는 것이 필요하다.

5) 상담 실제

(1) 상담기법

해결중심단기치료에서 가장 많이 사용하는 다섯 가지 질문유형은 다음과 같다 (Berg & Miller, 1993; Berg, 1994).

① 예외질문

예외란 내담자가 문제로 생각하고 있는 행동이 일어나지 않는 상황이나 행동을 의미한다. 예외질문은 모든 사람들이 많은 강점과 성공적인 경험을 갖고 있다는 것과 문제가 발생할 때가 있고 발생하지 않을 때가 있다는 가정을 전제로 하고 있다. 예외질문을 하는 목적은 내담자가 과거에 성공했던 경험과 현재 잘하고 있는 것을 찾아내고, 우연히 했던 성공적인 행동을 강화해 주어, 의도적으로 실시하도록 하기 위함이다. 많은 사람들이 생활 속에서 이미 성공적으로 잘 하고 있으면서도 의식하지 못하거나, 효과적인 행동이 무의식중에 나타나는 경우도 있기 때문이다.

일반적으로 문제해결과 관련된 것을 새롭게 배워서 행동하는 것보다 이미 성공적으로 실시한 것을 탐색하여 의미를 부여하고 의도적으로 실시하는 것이 효과적이며 지속성이 있다. 그리고 예외질문을 반복하는 과정에서 내담자는 자신의 강점과 자원을 발견하고 새로운 의미를 부여하면서 자신감을 회복하며 긍정적인 자아상을 갖게 된다.

예외질문의 예

- 학교에 가고 싶을 때는 언제인가요?
- 학교에 가고 싶을 때는 가기 싫을 때와 뭐가 다른가요?
- 술을 마시지 않은 날은 언제였나요?
- 아들의 강점은 무엇인가요?
- 최근에 보람된 일이 있었다면 무엇인가요?
- 문제를 성공적으로 극복한 경험에 관하여 이야기해 주세요.
- 다른 아이들보다 잘하거나 좋아하는 게 있다면 무엇일까요?

② 기적질문

기적질문은 문제가 이미 해결된 상황을 내담자로 하여금 상상하게 하는 질문기법이다. 기적질문은 내담자에게 기적이 일어나서 문제가 해결된 미래를 자유롭게 상상하고 구체적으로 묘사하도록 함으로써, 미래에 관심을 돌릴 수 있도록 돕는다. 문제 상황이 너무 심각하다고 생각하는 내담자는 무엇을 해도 문제가 달라지지 않을 것으로 여기고 절망감과 무력감을 느낄 수 있다. 기적질문은 내담자가 문제에 집착하는 것에서 벗어나서 해결하기 원하는 것들을 구체화하고 명료화하도록 함으로써, 현실적인 치료목표를 구체적으로 유도해 내려는 시점에 특히 유용하다.

기적에 관한 질문은 내담자의 마음 상태를 '문제 중심'에서 '해결 중심'으로 전환하게 만드는 효과가 있다.

기적질문의 예

이제 당신에게 약간 다른 질문을 하고자 합니다. 이번에는 상상력을 발휘해야 할 것 같습니다. 오늘 상담 후에 집에 가서 잠을 잔다고 상상해 보십시오. 잠자는 동안 기적이 일어나 당신을 여기 오게 한 그 문제가 극적으로 해결됩니다. 당신은 자고 있으므로 이런 기적이 일어났는지를 모릅니다. 그런데 아침에 일어났을 때, 당신은 지난밤 기적이 일어나 모든 문제가 해결되었다는 것을 어떻게 알 수 있을까요? 당신이 처음 무엇을 보면 기적이 일어났는지를 알 수 있을까요?

출처: Berg & Miller(1993), p. 119.

이러한 질문은 대부분의 내담자에게는 강력하고 새로운 경험이 된다. 내담자가 고통스럽고 상처를 주는 자신의 삶이 성공적인 삶으로 바뀌는 상상을 하는 경험은 내담자에게 어떤 힘을 부여하게 된다. 임상경험에 의하면 대부분의 기적묘사가 실제로 매우 현실적이고 상세하며 내담자의 생활 속에서 성취 가능한 것들이었다.

③ 척도질문

척도질문은 숫자의 마력을 이용하는 것이다. 내담자가 느끼거나 인식하는 문제의 심각성 정도, 우선순위, 해결가능성, 해결하기 위해 무언가를 하고자 하는 의지, 상담의 진전 정도, 정서적 친밀도, 자아존중감, 치료동기와 치료에 대한 확신 등의 수준을 숫자로 표현하는 방법이다.

일반적으로 사람들은 생각과 감정의 정도를 구체적이며 명확하게 설명하는 것을 어려워한다. 이럴 때 임의로 정한 수치를 사용하면, 생각이나 감정을 좀 더 구체적으로 표현하고 사실적으로 설명하는 데 도움이 된다. 즉, 척도질문은 막연했던 생각을 명확하게 하며, 내담자가 응답한 숫자에 기초하여 내담자가 어떻게 그 점수까지 도달할 수 있었는지, 그리고 그 점수의 근거가 무엇인지 그리고 목표 점수에 도달하기 위해 무엇을 해야 할지를 탐색하도록 돕는다.

척도질문의 예

- 1부터 10까지 있는 척도에서 10은 문제가 다 해결되었다고 확신하는 것을 말하고, 1은 문제가 가장 심각할 때를 말합니다. 지금 상태는 몇 점에 해당하십니까?
- 목표가 7점이라고 했는데 7점의 상태는 어떤 것인가요?
- 오늘의 상태가 4점이라고 했는데 무엇이 달라지면 5점이 될 것 같습니까?
- 학생이 학업을 지속하기 원하는 정도를 점수로 표현하면 몇 점이 될까요?

④ 대처질문

대처질문은 자신의 미래에 대해 절망적이고 아무런 희망이 없으며, 기적질문에 잘 반응하지 않거나 예외상황을 떠올리는 데 어려움을 느끼는 내담자에게 사용하는 질문이다. "친구가 그렇게 많이 괴롭혔는데 어떻게 견딜 수 있었니?"라는 질문처럼 어려운 문제에 성공적으로 대처했던 경험을 질문하는 것이다.

대처질문은 내담자가 힘든 역경을 극복한 사실에 관하여 진술하는 것을 전적으로 수용하며, 내담자가 이미 경험을 통하여 터득한 지식과 지혜를 포함한 내담자의 강점을 존중하는 것이다. 대처질문을 통해 내담자가 미처 의식하지 못하고 있는 생존능력, 대처능력, 의지력과 책임감 등의 강점을 발견하여 지적하고 인정하며 새로운 가치를 부여함으로써, 내담자가 자신감과 능력을 회복하고 자신에 대한 긍정적인 이미지를 갖도록 돕는다.

상담자는 내담자가 힘든 상황에서도 문제해결에 도움이 되도록 실시한 일들에 칭찬과 격려를 해 주고, 내담자 자신이 어려움을 극복할 수 있는 능력을 갖고 있다는 사실을 확인하게 한다. 때로는 "어떻게 더 나빠지지 않았습니까?"라는 질문을 하기도 한다. 이 질문은 내담자가 자신의 대처능력이나 성공적인 경험을 인정하거나 깨닫지 못하는 것을 간접적으로 지적하는 것이다.

대처질문의 예

- 그 어려운 상황 속에서 포기하지 않고 어떻게 지금까지 견딜 수 있었나요?
- 어떻게 상황이 더 나빠지지 않았죠? 더 나빠지지 않기 위해 무엇을 했나요?
- 그 노력이 구체적으로 어떻게 도움이 되었나요?
- 그와 같이 대처하면 도움이 될 것이라는 것을 어떻게 알았나요?
- 학생에게는 대단한 의지력과 강한 책임감이 있고 극한 상황을 대처할 수 있는 지혜가 많습니다. 이러한 것을 누구에게서 배웠나요?

⑤ 관계성 질문

관계성 질문은 가족을 비롯해서 내담자와 중요한 관계에 있는 사람들의 생각, 의견을 내담자가 어떻게 지각하고 있는지를 알아보는 질문이다. 사람들은 정서적으로 불안정한 상태에서 자신의 문제에 집중하다 보면, 다른 사람의 입장과 의견에 관하여 생각하지 못하는 경향이 있다. 많은 경우 인간관계에서 발생하는 갈등은 다른 사람의 입장과 의견을 알거나 이해하는 것만으로도 해결이 가능하다. 관계성 질문을 통하여 내담자로 하여금 타인의 생각, 의견, 가치관, 반응을 관찰하도록 하며, 타인의 입장이 되어서 자신의 행동을 보도록 한다. 이로 인해 내담자는 그들과의 관계 속에서 자기의 위치와 역할을 인식하게 되면서 새로운 가능성을 만들어 갈 수 있다.

관계성 질문의 예
• 만약에 네가 이렇게 열심히 노력했다는 것을 아빠가 아신다면 아빠는 뭐라고 말씀하실까? • 너의 가장 친한 친구가 여기 있다고 가정해 보자. 내가 친구에게 너의 문제가 해결되면 무엇이 달라지겠냐고 묻는다면 친구는 뭐라고 할까? • 어머니는 네가 상담실에 다니면서 무엇이 달라질 것이라고 말씀하실까? • 너의 장점 중 친구가 가장 좋아하는 것은 무엇일까? • 너는 동생과의 관계가 4점으로 좋아졌다고 보는데, 어머니는 너와 동생과의 관계가 몇 점으로 좋아졌다고 보실까?

(2) 상담 과정

해결중심단기치료의 치료 횟수는 6~10회가 일반적인 형태이다. 첫 회기 상담을 포함하여 구체적인 상담 과정을 설명하면 다음과 같다.

① 상담자-내담자 관계 형성 단계

첫 회기에서는 상담자와 내담자 간에 관계를 맺는 것이 중요하다. 상담자는 처음부터 내담자에게 존중과 권한을 부여하는 분위기를 조성한다. 상담자는 알고 싶어 하는 자세를 취하면서 내담자가 자신의 문제를 어떻게 지각하는지 묻고 경청하고 긍정하며 내담자가 사용하는 언어에 주목하면서 내담자의 준거 틀 안에서 작업한다.

② 목표설정 단계

해결중심단기치료에서는 상담자가 내담자의 목표설정과정을 돕는 것이 중요한데, 이를 위한 일곱 가지 원칙은 다음과 같다(Berg & Miller, 1993).

첫째, 내담자에게 중요한 것을 찾는다. 상담 목표는 상담자가 생각하는 목표가 아닌 내담자에게 중요하고 유익한 것이어야만 한다. 예를 들어, "오늘 여기에 온 결과로써 무엇이 변화하면 상담하러 오기를 잘했다고 하실까요?" 등의 질문을 할 수 있다.

둘째, 작은 것을 목표로 한다. 상담 목표는 작은 것이어서 내담자가 치료자의 도움으로 용이하게 성취할 수 있는 것이어야 한다. 상담 목표가 작을 때는 쉽게 성공한다.

작은 목표를 설정하고 이를 성취하는 경험은 내담자에게 성공하고 있다는 감정을 느끼게 하고 희망을 심어 주며, 변화하고자 하는 동기를 증가시키게 된다. 예를 들어, "가족에게 잘한다는 것의 첫 단계는 무엇이 될까요?" 등의 질문을 할 수 있다.

셋째, 구체적이며 명확하고 행동적인 것을 목표로 한다. 상담목표는 구체적이고 명확하게 기술되어야 하며, 내담자는 물론 상담자도 쉽게 관찰할 수 있는 행동적인 것이어야 한다. 그래야만 상담이 종결된 후에도 그 효과를 쉽게 측정할 수 있다. 예를 들어, "술을 5병 대신에 2병만 마시기" 등이다.

넷째, 문제시 되는 것을 없애는 것보다는 긍정적인 행동으로 표현한다. 상담목표는 내담자가 '하지 말아야 하는 것' 대신에 '해야 하는 것'으로 설명되어야 한다. 목표를 긍정적인 언어로 표현하면, 내담자는 자신의 생각과 경험 속에 목표가 구현되어 가는 과정을 그려 볼 수 있게 된다. 예를 들어, 아이에게 화를 많이 내서 걱정인 내담자의 목표를 다음과 같이 수정하도록 도와줄 수 있다. 내담자가 "아이에게 화를 내지 않는 엄마가 되고 싶어요."라고 했을 때, 상담자는 "아이에게 화를 내는 대신 어떻게 대하고 싶으세요?"라고 묻는 것이다. 이는 내담자가 "아이에게 따뜻하게 대하고 사랑을 표현하는 엄마가 되고 싶어요."라고 답을 하도록 유도하는 것이다.

다섯째, 목표 수행을 힘든 일이라고 인식시킨다. 목표를 성취하는 것은 어려운 일이라고 언급하는 것은 내담자의 자기 가치와 존엄성의 감정을 보호하고 증진시키기 위해서이다. 내담자가 목표를 성취할 수 없는 상황에서 내담자 자신을 보호해 주는 역할을 하며, 실패에 대해 쓸데없이 자책하고 우울해하지 않도록 도와준다.

③ 상담전략 수립 단계

상담전략을 수립하는 단계로 내담자를 해결로 유도하기 위한 다양한 질문기법을 사용한다.

우선 상담 전 변화에 대한 질문이다. 내담자가 상담을 약속한 뒤 첫 회기 상담에 오기까지 어떤 변화가 일어났는지에 관해 질문하여, 내담자의 상담 전 변화를 이해하고 주의 깊게 관찰하는 것은 해결로 가는 중요한 단서가 될 수 있다.

그리고 내담자가 자신의 힘과 자원을 발견하고 활용할 수 있도록 돕는 예외질문, 기적질문, 척도질문, 대처질문, 관계성 질문 등 해결 지향적 질문을 한다.

④ 해결 중심적 개입 단계

해결 중심적 개입단계는 면접, 변화에 대한 확인 과정, 연결 과정, 과제주기로 구성된다. 상담자는 면접진행 도중 여러 가지 해결지향적 질문을 사용하면서 내담자의 이야기를 들어 준다. 확인 과정에서는 내담자의 노력과 감정을 격려해 주고 칭찬해 주며, 연결 과정에서는 과제를 부과하는 이유를 자연스럽게 설명한다. 그리고 매 회기 상담의 마지막에 내담자의 상황을 고려한 과제를 주는 것으로 마무리한다.

⑤ 목표유지 단계

마지막 단계에서는 해결 중심적 개입을 통해 이루어진 작은 변화를 어떻게 유지시켜 나갈 것인가에 대한 전략에 초점을 맞춘다. "지난주 동안 무엇이 달라졌는지요?" 또는 "아주 작은 변화라도 있다면 무엇인가요?"라는 질문을 이용하여 내담자에게 일어난 변화에 대해 계속적으로 이야기하도록 하고, 그것을 보다 자세하게 탐색해 봄으로써 예외상황을 확장시킨다. 그리고 예외를 통해 나타나는 성공과 강점을 언어적 칭찬이나 비언어적인 행동으로 강화시켜 주는 등 변화의 탐색과 유지과정을 실시한다.

활동

1. 나의 학교생활에 대해 척도질문을 활용해 봅시다.
   1) 1에서 10점까지의 척도에서 당신이 학교생활을 매우 못하고 있다면 1점, 매우 잘 하고 있다면 10점입니다. 최근 당신의 학교생활에 대해 몇 점을 줄 수 있습니까?
   2) 예를 들어, 당신이 5점이라면 어떤 것들을 보고 5점을 주었습니까? 만일 무엇이 달라진다면 5점에서 6점이 되었음을 알 수 있을까요?
2. 나의 인간관계(가족 또는 친구 등)의 어려움에 대해 '예외질문'을 해 봅시다.
   1) ○○와 잘 지냈던 적이 있었나요?
   2) 그러한 때는 언제입니까?
   3) 그런 일이 어떻게 일어났습니까? 그때에 관해 더 말씀해 주시겠어요?
   4) 그때 당신은 어떻게 하셨나요?
   5) 당신이 그렇게 하니까 당신과 ○○ 사이에 달라진 것은 무엇인가요?

부록

DSM-5 분류

DSM-5 분류 DSM-5 Classification

각 질환명 앞에 ICD-9-CM 부호를 제시하였고, ICD-10-CM 부호는 괄호로 뒤에 제시하였다. ICD-9-CM 또는 ICD-10-CM 부호 중 어느 것도 적용할 수 없는 질환은 빈칸으로 남겨두었다. 일부 질환의 경우, 아형이나 명시자에 대해서만 부호를 적용할 수 있었다.

ICD-9-CM 부호는 미국에서 2014년 9월 30일까지 부호화 목적으로 사용하며, ICD-10-CM 부호는 2014년 10월 1일을 기점으로 사용을 시작한다.

각 장의 제목과 질환명 뒤에는, 해당하는 내용 또는 진단기준의 쪽 번호를 괄호 안에 표시하였다.

모든 '다른 의학적 상태로 인한 정신질환'들에 대한 주의점: '의학적 상태'로 인한 정신질환에는, 해당하는 기타 의학적 상태의 이름을 표시해야 한다. 기타 의학적 상태에 대한 부호와 이름을 의학적 상태로 의한 정신질환 앞에 먼저 기재해야 한다.

신경발달장애 Neurodevelopmental Disorders (31)

지적장애 Intellectual Disabilities (33)

___.__ (___.__) 지적장애(지적발달장애) (33)

현재의 심각도를 명시할 것:

317 (F70) 경도

318.0 (F71) 중등도

318.1 (F72) 고도

318.2 (F73) 최고도

315.8 (F88) 전반적 발달지연 (40)

319 (F79) 명시되지 않는 지적장애(지적발달장애) (41)

의사소통장애 Communication Disorders (41)

315.32 (F80.2) 언어장애 (41)

315.39 (F80.0) 말소리장애 (44)

315.35 (F80.81) 아동기 발병 유창성장애(말더듬) (46)

주의점: 늦은 발병의 경우 307.0 (F98.5) 성인기 발병 유창성장애로 진단한다.

315.39 (F80.82) 사회적(실용적) 의사소통장애 (48)
307.9 (F80.9) 명시되지 않는 의사소통장애 (50)

자폐스펙트럼장애 Autism Spectrum Disorder (50)

299.00 (F84.0) 자폐스펙트럼장애 (50)
다음의 경우 명시할 것: 알려진 의학적 · 유전적 상태 또는 환경적 요인과 연관된 경우, 다른 신경 발달, 정신 또는 행동 장애와 연관된 경우
진단기준 A와 진단기준 B에 대해서 현재의 심각도를 명시할 것: 매우 상당한 지원을 필요로 하는 수준, 상당한 지원을 필요로 하는 수준, 지원이 필요한 수준
지적 손상을 동반하는 경우 또는 동반하지 않는 경우, 언어 손상을 동반하는 경우 또는 동반하지 않는 경우, 긴장증 동반(추가적인 부호 293.89[F06.1]을 사용하시오)

주의력결핍 과잉행동장애 Attention-Deficit/Hyperactivity Disorder (61)

___.__ (___.__) 주의력결핍 과잉행동장애 (61)
다음 중 하나를 명시할 것:
314.01 (F90.2) 복합형
314.00 (F90.0) 부주의 우세형
314.01 (F90.1) 과잉행동/충동 우세형
다음의 경우 명시할 것: 부분 관해 상태
현재의 심각도를 명시할 것: 경도, 중등도, 고도
314.01 (F90.8) 달리 명시된 주의력결핍 과잉행동장애 (68)
314.01 (F90.9) 명시되지 않는 주의력결핍 과잉행동장애 (68)

특정학습장애 Specific Learning Disorder (69)

___.__ (___.__) 특정학습장애 (69)
다음의 경우 명시할 것:
315.00 (F81.0) 읽기 손상 동반(단어 읽기 정확도, 읽기 속도 또는 유창성, 독해력 손상을 동반하는 경우 명시할 것)
315.2 (F81.81) 쓰기 손상 동반(철자 정확도, 문법과 구두점 정확도, 작문의 명료도와 구조화 손상을 동반하는 경우 명시할 것)
315.1 (F81.2) 수학 손상 동반(수 감각, 단순 연산값의 암기, 계산의 정확도 또는 유창성, 수학적 추

론의 정확도 손상을 동반하는 경우 명시할 것)

현재의 심각도를 명시할 것: 경도, 중등도, 고도

운동장애 Motor Disorders (78)

315.4 (F82) 발달성 협응장애 (78)

307.3 (F98.4) 상동증적 운동장애 (81)

다음의 경우 명시할 것: 자해 행동을 동반하는 경우, 자해 행동을 동반하지 않는 경우

다음의 경우 명시할 것: 알려진 의학적 · 유전적 상태, 신경발달장애 또는 환경적 요인과 연관된 경우

현재의 심각도를 명시할 것: 경도, 중등도, 고도

틱장애 (85)

307.23 (F96.2) 투렛장애 (85)

307.22 (F95.1) 지속성(만성) 운동 또는 음성 틱장애 (85)

다음의 경우 명시할 것: 운동 틱만 있는 경우, 음성 틱만 있는 경우

307.21 (F95.0) 잠정적 틱장애 (86)

307.20 (F95.8) 달리 명시된 틱장애 (90)

307.20 (F95.9) 명시되지 않는 틱장애 (90)

기타 신경발달장애 Other Neurodevelopmental Disorders (91)

315.8 (F88) 달리 명시된 신경발달장애 (91)

315.9 (F89) 명시되지 않는 신경발달장애 (91)

조현병 스펙트럼 및 기타 정신병적 장애 Schizophrenia Spectrum and Other Psychotic Disorders (93)

다음의 명시자를 조현병 스펙트럼 및 기타 정신병적 장애의 해당 부분에 적용한다.

**a 다음의 경우 명시할 것: 다음의 경과 명시자들은 장애 지속 기간이 1년이 지난 후에만 사용함. 첫 삽화, 현재 급성 삽화 상태/첫 삽화, 현재 부분 관해 상태/첫 삽화, 현재 완전 관해 상태/다중 삽화, 현재 급성 삽화 상태/다중 삽화, 현재 부분 관해 상태/다중 삽화, 현재 완전 관해 상태/지속적인 상태/명시되지 않는 경우

**b 다음의 경우 명시할 것: 긴장증 동반(추가적인 부호 293.89[F06.1]을 사용하시오.)

**c 망상, 환각, 와해된 언어, 비정상적 정신운동 행동, 음성 증상, 인지 손상, 우울 및 조증 증상에 대한 현재의 심각도를 명시할 것

301.22	(F21)	조현형 (성격)장애 (96)
297.1	(F22)	망상장애[a, c] (97)
		다음 중 하나를 명시할 것: 색정형, 과대형, 질투형, 피해형, 신체형, 혼합형, 명시되지 않는 유형
		다음의 경우 명시할 것: 괴이한 내용 동반
298.8	(F23)	단기 정신병적 장애[b, c] (100)
		다음의 경우 명시할 것: 현저한 스트레스 요인을 동반하는 경우, 현저한 스트레스 요인을 동반하지 않는 경우, 주산기 발병
295.40	(F20.81)	조현양상장애[b, c] (103)
		다음의 경우 명시할 것: 양호한 예후 특징을 동반하는 경우, 양호한 예후 특징을 동반하지 않는 경우
295.90	(F20.9)	조현병[a, b, c] (106)
___.__	(___.__)	조현정동장애[a, b, c] (113)
		다음 중 하나를 명시할 것:
295.70	(F25.0)	양극형
295.70	(F25.1)	우울형
___.__	(___.__)	물질/약물치료로 유발된 정신병적 장애 (118)
		주의점: 특정 물질에 대한 부호와 ICD-9-CM, ICD-10-CM 부호화에 대해서는 진단기준 세트와 해당하는 기록 절차를 참조하시오.
		다음의 경우 명시할 것: 중독 중 발병, 금단 중 발병
___.__	(___.__)	다른 의학적 상태로 인한 정신병적 장애[c] (123)
		다음 중 하나를 명시할 것:
293.81	(F06.2)	망상 동반
293.82	(F06.0)	환각 동반
293.89	(F06.1)	다른 정신질환과 연관된 긴장증(긴장증 명시자) (127)
293.89	(F06.1)	다른 의학적 상태로 인한 긴장성장애 (128)
293.89	(F06.1)	명시되지 않는 긴장증 (129)

주의점: 781.99(R29.818) 신경계와 근골격계를 침범하는 기타 증상을 먼저 부호화하시오.

298.8	(F28)	달리 명시된 조현병 스펙트럼 및 기타 정신병적 장애 (130)
298.9	(F29)	명시되지 않는 조현병 스펙트럼 및 기타 정신병적 장애 (130)

양극성 및 관련 장애 Bipolar and Related Disorders (131)

다음의 명시자를 양극성 및 관련 장애의 해당 부분에 적용한다.

**a 명시할 것: 불안증 동반(현재의 심각도를 명시할 것: 경도, 중등도, 중등도-고도, 고도), 혼재성 양상 동반, 급속 순환성 동반, 멜랑콜리아 양상 동반, 비전형적 양상 동반, 기분과 일치하는 정신병적 양상 동반, 기분과 일치하지 않는 정신병적 양상 동반, 긴장증 동반(추가적인 부호 293.89[F06.1]을 사용하시오.), 주산기 발병 동반, 계절성 동반

___.__	(___.__)	제I형 양극성장애[a] (132)
___.__	(___.__)	현재 또는 가장 최근 조증 삽화
296.41	(F31.11)	경도
296.42	(F31.12)	중등도
296.43	(F31.13)	고도
296.44	(F31.2)	정신병적 양상 동반
296.45	(F31.71)	부분 관해 상태
296.46	(F31.72)	완전 관해 상태
296.40	(F31.9)	명시되지 않는 경우
296.40	(F31.0)	현재 또는 가장 최근 경조증 삽화
296.45	(F31.71)	부분 관해 상태
296.46	(F31.72)	완전 관해 상태
296.40	(F31.9)	명시되지 않는 경우
___.__	(___.__)	현재 또는 가장 최근 우울증 삽화
296.51	(F31.31)	경도
296.52	(F31.32)	중등도
296.53	(F31.4)	고도
296.54	(F31.5)	정신병적 양상 동반

296.55 (F31.75) 부분 관해 상태

296.56 (F31.76) 완전 관해 상태

296.50 (F31.9) 명시되지 않는 경우

296.7 (F31.9) 현재 또는 가장 최근 명시되지 않는 삽화

296.89 (F31.81) 제II형 양극성장애[a] (141)

현재 또는 가장 최근 삽화를 명시할 것: 경조증, 우울증

기분 삽화가 진단기준을 완전히 충족하지 않는 경우 명시할 것: 부분 관해 상태, 완전 관해 상태

주요우울 삽화가 진단기준을 완전히 충족하는 경우 심각도를 명시할 것: 경도, 중등도, 고도

301.13 (F34.0) 순환성장애 (148)

다음의 경우 명시할 것: 불안증 동반

___.__ (___.__) 물질/약물치료로 유발된 양극성 및 관련 장애 (151)

주의점: 특정 물질에 대한 부호와 ICD-9-CM, ICD-10-CM 부호화에 대해서는 진단기준 세트와 해당하는 기록 절차를 참조하시오.

다음의 경우 명시할 것: 중독 중 발병, 금단 중 발병

298.83 (___.__) 다른 의학적 상태로 인한 양극성 및 관련 장애 (154)

다음의 경우 명시할 것:

(F06.33) 조증 양상 동반

(F06.33) 조증 또는 경조증 유사 삽화 동반

(F06.34) 혼재성 양상 동반

296.89 (F31.89) 달리 명시된 양극성 및 관련 장애 (157)

296.80 (F31.9) 명시되지 않는 양극성 및 관련 장애 (157)

우울장애 Depressive Disorders (163)

다음의 명시자를 우울장애의 해당 부분에 적용한다.

**a 명시할 것: 불안증 동반(현재의 심각도를 명시할 것: 경도, 중등도, 중등도-고도, 고도), 혼재성 양상 동반, 멜랑콜리아 양상 동반, 비전형적 양상 동반, 기분과 일치하는 정신병적 양상 동반, 기분과 일치하지 않는 정신병적 양상 동반, 긴장증 동반(추가적인 부호 293.89[F06.1]을 사용하시오), 주산기 발병 동반,

계절성 동반

296.99 (F34.81) 파괴적 기분조절부전장애 (164)
___.__ (___.__) 주요우울장애[a] (169)
___.__ (___.__) 단일 삽화
296.21 (F32.0) 경도
296.22 (F32.1) 중등도
296.23 (F32.2) 고도
296.24 (F32.3) 정신병적 양상 동반
296.25 (F32.4) 부분 관해 상태
296.26 (F32.5) 완전 관해 상태
296.20 (F32.9) 명시되지 않는 경우
___.__ (___.__) 재발성 삽화
296.31 (F33.0) 경도
296.32 (F33.1) 중등도
296.33 (F33.2) 고도
296.34 (F33.3) 정신병적 양상 동반
296.35 (F33.41) 부분 관해 상태
296.36 (F33.42) 완전 관해 상태
296.30 (F33.9) 명시되지 않는 경우
300.4 (F34.1) 지속성 우울장애(기분저하증)[a] (177)

다음의 경우 명시할 것: 부분 관해 상태, 완전 관해 상태

다음의 경우 명시할 것: 조기 발병, 후기 발병

다음의 경우 명시할 것: 순수한 기분저하 증후군 동반/지속성 주요우울 삽화 동반/간헐적인 주요우울 삽화, 현재 삽화를 동반하는 경우 동반/간헐적인 주요우울 삽화, 현재 삽화를 동반하지 않는 경우

현재의 심각도를 명시할 것: 경도, 중등도, 고도

625.4 (F32.81) 월경전불쾌감장애 (181)
___.__ (___.__) 물질/약물치료로 유발된 우울장애 (184)

주의점: 특정 물질에 대한 부호와 ICD-9-CM, ICD-10-CM 부호화에 대해서는 진단기준 세트와 해당하는 기록 절차를 참조하시오.

다음의 경우 명시할 것: 중독 중 발병, 금단 중 발병

293.83 (___.__) 다른 의학적 상태로 인한 우울장애 (189)

다음의 경우 명시할 것:

(F06.31) 우울 양상 동반

(F06.32) 주요우울 유사 삽화 동반

(F06.34) 혼재성 양상 동반

311 (F32.89) 달리 명시된 우울장애 (192)

311 (F32.9) 명시되지 않는 우울장애 (193)

불안장애 Anxiety Disorders (199)

309.21 (F93.0) 분리불안장애 (201)

313.23 (F94.0) 선택적 함구증 (206)

300.29 (___.__) 특정공포증 (208)

다음의 경우 명시할 것:

(F40.218) 동물형

(F40.228) 자연환경형

___.__ (___.__) 혈액-주사-부상형

(F40.230) 혈액에 대한 공포

(F40.231) 주사, 수혈에 대한 공포

(F40.232) 기타 의학적 도움에 대한 공포

(F40.233) 부상에 대한 공포

(F40.248) 상황형

(F40.298) 기타형

300.23 (F40.10) 사회불안장애(사회공포증) (214)

다음의 경우 명시할 것: 수행형 단독

300.01 (F41.0) 공황장애 (220)

___.__ (___.__) 공황발작 명시자 (227)

300.22 (F40.00) 광장공포증 (231)

300.02 (F41.1) 범불안장애 (236)

___.__ (___.__) 물질/약물치료로 유발된 불안장애 (240)
주의점: 특정 물질에 대한 부호와 ICD-9-CM, ICD-10-CM 부호화에 대해서는 진단기준 세트와 해당하는 기록 절차를 참조하시오.
다음의 경우 명시할 것: 중독 중 발병, 금단 중 발병, 치료약물 사용 후 발병

293.84 (F06.4) 다른 의학적 상태로 인한 불안장애 (244)

300.09 (F41.8) 달리 명시된 불안장애 (247)

300.00 (F41.9) 명시되지 않는 불안장애 (247)

강박 및 관련 장애 Obsessive-Compulsive and Related Disorders (249)

다음의 명시자를 강박 및 관련 장애의 해당 부분에 적용한다.
**a 다음의 경우 명시할 것: 좋거나 양호한 병식, 좋지 않은 병식, 병식 없음/망상적 믿음

300.3 (F42.4) 강박장애[a] (251)
다음의 경우 명시할 것: 틱관련

300.7 (F45.22) 신체이형장애[a] (257)
다음의 경우 명시할 것: 근육이형증 동반

300.3 (F42.3) 수집광[a] (262)
다음의 경우 명시할 것: 과도한 습득 동반

312.39 (F63.3) 발모광(털뽑기장애) (267)

698.4 (F42.4) 피부뜯기장애 (270)

___.__ (___.__) 물질/약물치료로 유발된 강박 및 관련 장애 (274)
주의점: 특정 물질에 대한 부호와 ICD-9-CM, ICD-10-CM 부호화에 대해서는 진단기준 세트와 해당하는 기록 절차를 참조하시오.
다음의 경우 명시할 것: 중독 중 발병, 금단 중 발병, 치료약물 사용 후 발병

294.8 (F06.8) 다른 의학적 상태로 인한 강박 및 관련 장애 (277)
다음의 경우 명시할 것: 강박장애 유사 증상 동반, 외모에 대한 집착 동반, 수집광 증상 동반, 털뽑기 증상 동반, 피부뜯기 증상 동반

300.3 (F42.8) 달리 명시된 강박 및 관련 장애 (280)

300.3 (F42.9) 명시되지 않는 강박 및 관련 장애 (281)

외상 및 스트레스 관련 장애 Trauma- and Stressor-Related Disorders (283)

313.89 (F94.1) 반응성 애착장애 (283)
다음의 경우 명시할 것: 지속성
현재의 심각도를 명시할 것: 고도
313.89 (F94.2) 탈억제성 사회적 유대감 장애 (287)
다음의 경우 명시할 것: 지속성
현재의 심각도를 명시할 것: 고도
309.81 (F43.10) 외상후 스트레스장애(6세 이하 아동의 외상후 스트레스장애 포함) (289)
다음 중 하나를 명시할 것: 해리 증상 동반
다음의 경우 명시할 것: 지연되어 표현되는 경우
308.3 (F43.0) 급성 스트레스장애 (300)
___.__ (___.__) 적응장애 (307)
다음 중 하나를 명시할 것:
309.0 (F43.21) 우울 기분 동반
309.24 (F43.22) 불안 동반
309.28 (F43.23) 불안 및 우울 기분 함께 동반
309.3 (F43.24) 품행 장애 동반
309.4 (F43.25) 정서 및 품행 장애 함께 동반
309.9 (F43.20) 명시되지 않는 경우
다음의 경우 명시할 것: 급성, 지속성(만성)
309.89 (F43.8) 달리 명시된 외상 및 스트레스 관련 장애 (310)
309.9 (F43.9) 명시되지 않는 외상 및 스트레스 관련 장애 (310)

해리장애 Dissociative Disorders (311)

300.14 (F44.81) 해리성 정체성장애 (312)
300.12 (F44.0) 해리성 기억상실 (319)
다음의 경우 명시할 것:
300.13 (F44.1) 해리성 둔주 동반

신체증상 및 관련 장애 Somatic Symptom and Related Disorders (331)

300.82 (F45.9) 명시되지 않는 신체증상 및 관련 장애 (351)

급식 및 섭식 장애 Feeding and Eating Disorders (353)

다음의 명시자를 급식 및 섭식 장애의 해당 부분에 적용한다.

**a 다음의 경우 명시할 것: 관해 상태

**b 다음의 경우 명시할 것: 부분 관해 상태, 완전 관해 상태

**c 현재의 심각도를 명시할 것: 경도, 중등도, 고도, 극도

307.52 (___.__) 이식증[a] (354)
(F98.3) 아동
(F50.89) 성인
307.53 (F98.21) 되새김장애[a] (356)
307.59 (F50.89) 회피적/제한적 음식섭취장애[a] (358)
307.1 (___.__) 신경성 식욕부진증[b, c] (364)
다음 중 하나를 명시할 것:
(F50.01) 제한형
(F50.02) 폭식/제거형
307.51 (F50.2) 신경성 폭식증*[b, c] (371)
307.51 (F50.81) 폭식장애*[b, c] (377)
307.59 (F50.89) 달리 명시된 급식 또는 섭식 장애 (381)
307.50 (F50.9) 명시되지 않는 급식 또는 섭식 장애 (381)

배설장애 Elimination Disorders (383)

307.6 (F98.0) 유뇨증 (383)
다음 중 하나를 명시할 것: 야간형 단독, 주간형 단독, 주야간형 복합
307.7 (F98.1) 유분증 (386)
다음 중 하나를 명시할 것: 변비 및 범람 변실금을 동반하는 경우, 변비 및 범람 변실금을

동반하지 않는 경우

___.__ (___.__) 달리 명시된 배설장애 (388)

788.39 (N39.498) 소변 증상 동반

787.60 (R15.9) 대변 증상 동반

___.__ (___.__) 명시되지 않는 배설장애 (388)

788.30 (R32) 소변 증상 동반

787.60 (R15.9) 대변 증상 동반

수면-각성장애 Sleep-Wake Disorders (391)

다음의 명시자를 수면-각성장애의 해당 부분에 적용한다.

**a 다음의 경우 명시할 것: 삽화성, 지속성, 재발성

**b 다음의 경우 명시할 것: 급성, 아급성, 지속성

**c 현재의 심각도를 명시할 것: 경도, 중등도, 고도

307.42 (F51.01) 불면장애[a] (392)

다음의 경우 명시할 것: 비수면장애 정신질환 동반이환 동반, 기타 의학적 상태 동반이환 동반, 기타 수면장애 동반

307.44 (F51.11) 과다수면장애[b, c] (399)

다음의 경우 명시할 것: 정신질환 동반, 의학적 상태 동반, 다른 수면장애 동반

___.__ (___.__) 기면증[c] (404)

다음 중 하나를 명시할 것:

347.00 (G47.419) 탈력발작이 없지만 하이포크레틴 결핍증이 있는 기면증

347.01 (G47.411) 탈력발작이 있지만 하이포크레틴 결핍증이 없는 기면증

347.00 (G47.419) 상염색체 우성 소뇌실조, 난청 및 기면증

347.00 (G47.419) 상염색체 우성 기면증, 비만 및 제2형 당뇨

347.10 (G47.429) 다른 의학적 상태로 인한 이차성 기면증

호흡관련 수면장애 Breathing-Related Sleep Disorders (410)

327.23 (G47.33) 폐쇄성 수면 무호흡 저호흡[c] (410)

___.__ (___.__) 중추성 수면무호흡증 (416)
다음 중 하나를 명시할 것:
327.21 (G47.31) 특발성 중추성 수면무호흡증
786.04 (R06.3) 체인 스토크스 호흡
780.57 (G47.37) 아편계 사용과 동반이환된 중추성 수면무호흡증
주의점: 아편계사용장애가 있을 때, 아편계사용장애를 먼저 부호화하시오.
현재의 심각도를 명시할 것
___.__ (___.__) 수면관련 환기저하 (420)
다음 중 하나를 명시할 것:
327.24 (G47.34) 특발성 환기저하
327.25 (G47.35) 선천성 중추성 폐포 환기저하
327.26 (G47.36) 동반이환된 수면관련 환기저하
현재의 심각도를 명시할 것
___.__ (___.__) 일주기리듬 수면-각성장애[a] (424)
다음 중 하나를 명시할 것:
307.45 (G47.21) 뒤처진 수면위상형 (425)
다음의 경우 명시할 것: 가족성, 비24시간 수면-각성형과 중복
307.45 (G47.22) 앞당겨진 수면위상형 (427)
다음의 경우 명시할 것: 가족성
307.45 (G47.23) 불규칙한 수면-각성형 (429)
307.45 (G47.24) 비24시간 수면-각성형 (430)
307.45 (G47.26) 교대근무형 (432)
307.45 (G47.20) 명시되지 않는 유형

사건수면 Parasomnias (434)

___.__ (___.__) NREM수면 각성장애 (434)
다음 중 하나를 명시할 것:
307.46 (F51.3) 수면보행증형
다음의 경우 명시할 것: 수면관련 섭식 동반, 수면관련 성적 행동 동반(수면섹스장애)
307.46 (F51.4) 야경증형
307.47 (F51.5) 악몽장애[b, c] (439)

다음의 경우 명시할 것: 수면 개시 중 발생

다음의 경우 명시할 것: 관련된 비수면장애 동반, 관련된 기타 의학적 상태 동반, 관련된 기타 수면장애 동반

327.42 (G47.52) REM수면 행동장애 (444)

333.94 (G25.81) 하지불안 증후군 (447)

___.__ (___.__) 물질/치료약물로 유발된 수면장애 (451)

주의점: 특정 물질에 대한 부호와 ICD-9-CM, ICD-10-CM 부호화에 대해서는 진단기준 세트와 해당하는 기록 절차를 참조하시오.

다음 중 하나를 명시할 것: 불면형, 주간 졸림형, 사건수면형, 혼재형

다음의 경우 명시할 것: 중독 중 발병, 중단/금단 중 발병

780.52 (G47.09) 달리 명시된 불면장애 (458)

307.42 (F51.01) 명시되지 않는 불면장애 (458)

780.54 (G47.19) 달리 명시된 과다수면장애 (458)

307.44 (F51.11) 명시되지 않는 과다수면장애 (459)

780.59 (G47.8) 달리 명시된 수면-각성장애 (459)

780.59 (G47.9) 명시되지 않는 수면-각성장애 (459)

성기능부전 Sexual Dysfunctions (461)

다음의 명시자를 우울장애의 해당 부분에 적용한다.

**a 다음 중 하나를 명시할 것: 평생형, 후천형

**b 다음 중 하나를 명시할 것: 전반형, 상황형

**c 현재의 심각도를 명시할 것: 경도, 중등도, 고도

302.74 (F52.32) 사정지연[a, b, c] (462)

302.72 (F52.21) 발기장애[a, b, c] (465)

302.73 (F52.31) 여성극치감장애[a, b, c] (468)

다음의 경우 명시할 것: 어떠한 상황에서도 극치감을 전혀 경험하지 못함

302.72 (F52.22) 여성 성적 관심/흥분장애[a, b, c] (472)

302.76 (F52.6) 성기-골반통증/삽입장애[a, c] (476)

302.71 (F52.0) 남성성욕감퇴장애[a, b, c] (481)

302.75 (F52.4) 조기사정[a, b, c] (484)

___.__ (___.__) 물질/약물치료로 유발된 성기능부전[c] (487)

주의점: 특정 물질에 대한 부호와 ICD-9-CM, ICD-10-CM 부호화에 대해서는 진단기준 세트와 해당하는 기록 절차를 참조하시오.

다음의 경우 명시할 것: 중독 중 발병, 금단 중 발병, 치료약물 사용 후 발병

302.79 (F52.8) 달리 명시된 성기능부전 (491)

302.70 (F52.9) 명시되지 않는 성기능부전 (492)

성별 불쾌감 Gender Dysphoria (493)

___.__ (___.__) 성별 불쾌감 (494)

302.6 (F64.2) 아동에서의 성별 불쾌감

다음의 경우 명시할 것: 성발달장애 동반

302.85 (F64.0) 청소년과 성인에서의 성별 불쾌감

다음의 경우 명시할 것: 성발달장애 동반

다음의 경우 명시할 것: 전환 후 상태

주의점: 성별 불쾌감과 더불어 성발달장애를 부호화하시오.

302.6 (F64.8) 달리 명시된 성별 불쾌감 (502)

302.6 (F64.9) 명시되지 않는 성별 불쾌감 (503)

파괴적, 충동조절 및 품행 장애 Disruptive, Impulse-Control, and Conduct Disorders (505)

313.81 (F91.3) 적대적 반항장애 (506)

현재의 심각도를 명시할 것: 경도, 중등도, 고도

312.34 (F63.81) 간헐적 폭발장애 (511)

___.__ (___.__) 품행장애 (515)

다음 중 하나를 명시할 것:

312.81 (F91.1) 아동기 발병형

312.82 (F91.2) 청소년기 발병형

312.89 (F91.9) 명시되지 않는 발병

다음의 경우 명시할 것: 제한된 친사회적 정서

현재의 심각도를 명시할 것: 경도, 중등도, 고도

301.7 (F60.2) 반사회성 성격장애 (521)

312.33 (F63.1) 병적 방화 (522)

312.32 (F63.2) 병적 도벽 (524)

312.89 (F91.8) 달리 명시된 파괴적, 충동조절 및 품행 장애 (526)

312.9 (F91.9) 명시되지 않는 파괴적, 충동조절 및 품행 장애 (526)

물질관련 및 중독 장애 Substance-Related and Addictive Disorders (527)

다음의 명시자와 주의점을 물질관련 및 중독 장애의 해당 부분에 적용한다:

**a 다음의 경우 명시할 것: 조기 관해 상태, 지속적 관해 상태

**b 다음의 경우 명시할 것: 통제된 환경에 있음

**c 다음의 경우 명시할 것: 지각 장애 동반

**d ICD-10-CM 부호는 물질 금단이 중등도 또는 고도의 물질사용장애가 있을 때만 발생한다는 사실을 반영해서 동반이환된 물질사용장애가 중등도 혹은 고도라는 것을 나타낸다.

물질관련장애 Substance-Related Disorders (529)

알코올관련장애 (537)

___.__ (___.__) 알코올사용장애[a, b] (537)

현재의 심각도를 명시할 것:

305.00 (F10.10) 경도

303.90 (F10.20) 중등도

303.90 (F10.20) 고도

303.00 (___.__) 알코올 중독 (544)

(F10.129) 경도의 사용장애를 동반하는 경우

(F10.229) 중등도 또는 고도의 사용장애를 동반하는 경우

(F10.929) 사용장애를 동반하지 않는 경우
291.81 (___.__) 알코올 금단[c, d] (547)
(F10.239) 지각 장애를 동반하지 않는 경우
(F10.232) 지각 장애를 동반하는 경우
___.__ (___.__) 기타 알코올로 유발된 장애 (549)
291.9 (F10.99) 명시되지 않는 알코올관련장애 (551)

카페인관련장애 (551)

305.90 (F15.929) 카페인 중독 (551)
292.0 (F15.93) 카페인 금단 (554)
___.__ (___.__) 기타 카페인으로 유발된 장애 (557)
292.9 (F15.99) 명시되지 않는 카페인관련장애 (557)

대마관련장애 (557)

___.__ (___.__) 대마사용장애[a, b] (558)
현재의 심각도를 명시할 것:
305.20 (F12.10) 경도
304.30 (F12.20) 중등도
304.30 (F12.20) 고도
292.89 (___.__) 대마 중독[c] (565)
지각 장애를 동반하지 않는 경우
(F12.129) 경도의 사용장애를 동반하는 경우
(F12.229) 중등도 또는 고도의 사용장애를 동반하는 경우
(F12.929) 사용장애를 동반하지 않는 경우
지각 장애를 동반하는 경우
(F12.122) 경도의 사용장애를 동반하는 경우
(F12.222) 중등도 또는 고도의 사용장애를 동반하는 경우
(F12.922) 사용장애를 동반하지 않는 경우
292.0 (F12.288) 대마 금단[d] (567)
___.__ (___.__) 기타 대마로 유발된 장애 (568)
292.9 (F12.99) 명시되지 않는 대마관련장애 (569)

환각제관련장애 (569)

___.__ (___.__) 펜시클리딘사용장애[a, b] (569)

현재의 심각도를 명시할 것:

305.90 (F16.10) 경도

304.60 (F16.20) 중등도

304.60 (F16.20) 고도

___.__ (___.__) 기타 환각제사용장애[a, b] (573)

특정 환각제를 명시할 것

현재의 심각도를 명시할 것:

305.30 (F16.10) 경도

304.50 (F16.20) 중등도

304.50 (F16.20) 고도

292.89 (___.__) 펜시클리딘 중독 (578)

(F16.129) 경도의 사용장애를 동반하는 경우

(F16.229) 중등도 또는 고도의 사용장애를 동반하는 경우

(F16.929) 사용장애를 동반하지 않는 경우

292.89 (___.__) 기타 환각제 중독 (579)

(F16.129) 경도의 사용장애를 동반하는 경우

(F16.229) 중등도 또는 고도의 사용장애를 동반하는 경우

(F16.929) 사용장애를 동반하지 않는 경우

292.89 (F16.983) 환각제 지속성 지각장애 (581)

___.__ (___.__) 기타 펜시클리딘으로 유발된 장애 (583)

___.__ (___.__) 기타 환각제로 유발된 장애 (583)

292.9 (F16.99) 명시되지 않는 펜시클리딘관련장애 (583)

292.9 (F16.99) 명시되지 않는 환각제관련장애 (583)

흡입제관련장애 (584)

___.__ (___.__) 흡입제사용장애[a, b] (584)

특정 흡입제를 명시할 것

현재의 심각도를 명시할 것

305.90 (F18.10) 경도

304.60 (F18.20) 중등도

304.60 (F18.20) 고도

292.89 (___.__) 흡입제 중독 (589)

(F18.129) 경도의 사용장애를 동반하는 경우

(F18.229) 중등도 또는 고도의 사용장애를 동반하는 경우

(F18.929) 사용장애를 동반하지 않는 경우

___.__ (___.__) 기타 흡입제로 유발된 장애 (591)

292.9 (F18.99) 명시되지 않는 흡입제관련장애 (591)

아편계관련장애 (592)

___.__ (___.__) 아편계사용장애[a] (592)

다음의 경우 명시할 것: 유지치료 중, 통제된 환경에 있음

현재의 심각도를 명시할 것:

305.50 (F11.10) 경도

304.00 (F11.20) 중등도

304.00 (F11.20) 고도

292.89 (___.__) 아편계 중독[c] (598)

지각 장애를 동반하지 않는 경우

(F11.129) 경도의 사용장애를 동반하는 경우

(F11.229) 중등도 또는 고도의 사용장애를 동반하는 경우

(F11.929) 사용장애를 동반하지 않는 경우

지각 장애를 동반하는 경우

(F11.122) 경도의 사용장애를 동반하는 경우

(F11.222) 중등도 또는 고도의 사용장애를 동반하는 경우

(F11.922) 사용장애를 동반하지 않는 경우

292.0 (F11.23) 아편계 금단[d] (599)

___.__ (___.__) 기타 아편계로 유발된 장애 (601)

292.9 (F11.99) 명시되지 않는 아편계관련장애 (601)

진정제, 수면제 또는 항불안제 관련장애 (601)

___.__ (___.__) 진정제, 수면제 또는 항불안제 사용장애[a, b] (602)

		현재의 심각도를 명시할 것:
305.40	(F13.10)	경도
304.10	(F13.20)	중등도
304.10	(F13.20)	고도
292.89	(___.__)	진정제, 수면제 또는 항불안제 중독 (608)
	(F13.129)	경도의 사용장애를 동반하는 경우
	(F13.229)	중등도 또는 고도의 사용장애를 동반하는 경우
	(F13.929)	사용장애를 동반하지 않는 경우
292.0	(___.__)	진정제, 수면제 또는 항불안제 금단[c, d] (610)
	(F13.239)	지각 장애를 동반하지 않는 경우
	(F13.232)	지각 장애를 동반하는 경우
___.__	(___.__)	기타 진정제, 수면제 또는 항불안제로 유발된 장애 (612)
292.9	(F13.99)	명시되지 않는 진정제, 수면제 또는 항불안제 관련장애 (613)

자극제관련장애 (613)

___.__	(___.__)	자극제사용장애[a, b] (613)
		현재의 심각도를 명시할 것:
___.__	(___.__)	경도
305.70	(F15.10)	암페타민류 물질
305.60	(F14.10)	코카인
305.70	(F15.10)	기타 또는 명시되지 않는 자극제
___.__	(___.__)	중등도
304.40	(F15.20)	암페타민류 물질
304.20	(F14.20)	코카인
304.40	(F15.20)	기타 또는 명시되지 않는 자극제
___.__	(___.__)	고도
304.40	(F15.20)	암페타민류 물질
304.20	(F14.20)	코카인
304.40	(F15.20)	기타 또는 명시되지 않는 자극제
292.89	(___.__)	자극제 중독[c] (620)
		특정 중독 물질을 명시할 것

292.89 (___.__) 지각 장애를 동반하지 않는 암페타민 또는 기타 자극제 중독
(F15.129) 경도의 사용장애를 동반하는 경우
(F15.229) 중등도 또는 고도의 사용장애를 동반하는 경우
(F15.929) 사용장애를 동반하지 않는 경우
292.89 (___.__) 지각 장애를 동반하지 않는 코카인 중독
(F14.129) 경도의 사용장애를 동반하는 경우
(F14.229) 중등도 또는 고도의 사용장애를 동반하는 경우
(F14.929) 사용장애를 동반하지 않는 경우
292.89 (___.__) 지각 장애를 동반하는 암페타민 또는 기타 자극제 중독
(F15.122) 경도의 사용장애를 동반하는 경우
(F15.222) 중등도 또는 고도의 사용장애를 동반하는 경우
(F15.922) 사용장애를 동반하지 않는 경우
292.89 (___.__) 지각 장애를 동반하는 코카인 중독
(F14.122) 경도의 사용장애를 동반하는 경우
(F14.222) 중등도 또는 고도의 사용장애를 동반하는 경우
(F14.922) 사용장애를 동반하지 않는 경우
292.0 (___.__) 자극제 금단[d] (621)
금단 증후군을 야기하는 특정 물질을 명시할 것
(F15.23) 암페타민 또는 기타 자극제
(F14.23) 코카인
___.__ (___.__) 기타 자극제로 유발된 장애 (623)
292.9 (___.__) 명시되지 않는 자극제관련장애 (623)
(F15.99) 암페타민 또는 기타 자극제
(F14.99) 코카인

담배관련장애 (623)

___.__ (___.__) 담배사용장애[a] (624)
다음의 경우 명시할 것: 유지치료 중, 통제된 환경에 있음
현재의 심각도를 명시할 것:
305.1 (Z72.0) 경도
305.1 (F17.200) 중등도

305.1 (F17.200) 고도
292.0 (F17.203) 담배 금단[d] (628)
___.__ (___.__) 기타 담배로 유발된 장애 (630)
292.9 (F17.209) 명시되지 않는 담배관련장애 (630)

기타(또는 미상의) 물질관련장애 (630)

___.__ (___.__) 기타(또는 미상의) 물질사용장애[a, b] (630)
현재의 심각도를 명시할 것:
305.90 (F19.10) 경도
304.90 (F19.20) 중등도
304.90 (F19.20) 고도
292.89 (___.__) 기타(또는 미상의) 물질 중독 (634)
(F19.129) 경도의 사용장애를 동반하는 경우
(F19.229) 중등도 또는 고도의 사용장애를 동반하는 경우
(F19.929) 사용장애를 동반하지 않는 경우
292.0 (F19.239) 기타(또는 미상의) 물질 금단[d] (636)
___.__ (___.__) 기타(또는 미상의) 물질로 유발된 장애 (638)
292.9 (F19.99) 명시되지 않는 기타(또는 미상의) 물질관련장애 (639)

비물질관련장애 Non-Substance-Related Disorders (639)

312.31 (F63.0) 도박장애[a] (639)
다음의 경우 명시할 것: 삽화성, 지속성
현재의 심각도를 명시할 것: 경도, 중등도, 고도

신경인지장애 Neurocognitive Disorders (645)

___.__ (___.__) 섬망 (650)
[a]주의점: 특정 물질에 대한 부호와 ICD-9-CM, ICD-10-CM 부호화에 대해서는 진단기준 세트와 해당하는 기록 절차를 참조하시오.
다음 중 하나를 명시할 것:

___.__ (___.__) 물질 중독 섬망[a]

___.__ (___.__) 물질 금단 섬망

292.81 (___.__) 약물치료로 유발된 섬망[a]

293.0 (F05) 다른 의학적 상태로 인한 섬망

293.0 (F05) 다중 병인으로 인한 섬망

다음의 경우 명시할 것: 급성, 지속성

다음의 경우 명시할 것: 과활동성, 저활동성, 혼합성 활동 수준

780.09 (R41.0) 달리 명시된 섬망 (656)

780.09 (R41.0) 명시되지 않는 섬망 (656)

주요 및 경도 신경인지장애 Major and Mild Neurocognitive Disorders (656)

병인에 따라 다음 중 하나를 명시할 것: 알츠하이머병, 전두측두엽 변성, 루이소체병, 혈관 질환, 외상성 뇌 손상, 물질/치료약물 사용, HIV 감염, 프라이온병, 파킨슨병, 헌팅턴병, 다른 의학적 상태, 다중 병인, 명시되지 않는 경우

**a 행동 장애를 동반하지 않는 경우와 동반하는 경우를 명시할 것. 경도신경인지장애의 경우 행동 장애는 부호화할 수는 없지만 글로 기입해야 함.

**b 현재의 심각도를 명시할 것: 경도, 중등도, 고도. 이 명시자는 주요신경장애(거의 확실한 그리고 가능성 있는 포함)에 적용함.

주의점: 각 아형에 해당되는 바에 따라, 거의 확실한, 그리고 가능성 있는 의학적 병인을 포함하는 주요신경인지장애의 경우 추가적인 의학적 부호가 필요하다. 의학적 병인은 주요신경인지장애의 경우 앞에 먼저 부호화되어야 한다. 경도 신경인지장애의 경우 추가적인 의학적 부호는 필요하지 않다.

알츠하이머병으로 인한 주요 또는 경도 신경인지장애 (665)

___.__ (___.__) 거의 확실한 알츠하이머병으로 인한 주요신경인지장애[b]

주의점: 331.0(G30.9) 알츠하이머병을 먼저 부호화하시오.

294.11 (F02.81) 행동 장애를 동반하는 경우

294.10 (F02.80) 행동 장애를 동반하지 않는 경우

___.__ (___.__) 가능성 있는 알츠하이머병으로 인한 주요신경인지장애[a, b]

주의점: 331.0(G30.9) 알츠하이머병을 먼저 부호화하시오.

294.11 (F02.81) 행동 장애를 동반하는 경우

294.10 (F02.80) 행동 장애를 동반하지 않는 경우

331.83 (G31.84) 알츠하이머병으로 인한 경도신경인지장애[a]

전두측두엽 주요 또는 경도 신경인지장애 (670)

___.__ (___.__) 거의 확실한 전두측두엽 변성으로 인한 주요신경인지장애[b]

주의점: 331.19(G31.09) 전두측두엽 질환을 먼저 부호화하시오.

294.11 (F02.81) 행동 장애를 동반하는 경우

294.10 (F02.80) 행동 장애를 동반하지 않는 경우

___.__ (___.__) 가능성 있는 전두측두엽 변성으로 인한 주요신경인지장애[a, b]

주의점: 331.19(G31.09) 전두측두엽 질환을 먼저 부호화하시오.

294.11 (F02.81) 행동 장애를 동반하는 경우

294.10 (F02.80) 행동 장애를 동반하지 않는 경우

331.83 (G31.84) 전두측두엽 변성으로 인한 경도신경인지장애[a]

루이소체 주요 또는 경도 신경인지장애 (674)

___.__ (___.__) 거의 확실한 루이소체 주요신경인지장애[b]

주의점: 331.82(G31.83) 루이소체병을 먼저 부호화하시오.

294.11 (F02.81) 행동 장애를 동반하는 경우

294.10 (F02.80) 행동 장애를 동반하지 않는 경우

___.__ (___.__) 가능성 있는 루이소체 주요신경인지장애[b]

주의점: 331.82(G31.83) 루이소체병을 먼저 부호화하시오.

294.11 (F02.81) 행동 장애를 동반하는 경우

294.10 (F02.80) 행동 장애를 동반하지 않는 경우

331.83 (G31.84) 루이소체 경도신경인지장애[a]

혈관성 주요 또는 경도 신경인지장애 (677)

___.__ (___.__) 거의 확실한 혈관성 주요신경인지장애[b]

주의점: 혈관 질환에 대한 추가적인 의학적 부호는 없다.

290.40 (F01.51) 행동 장애를 동반하는 경우

290.40 (F01.50) 행동 장애를 동반하지 않는 경우

___.__ (___.__) 가능성 있는 혈관성 주요신경인지장애[a, b]

주의점: 혈관 질환에 대한 추가적인 의학적 부호는 없다.

290.40 (F01.51) 행동 장애를 동반하는 경우

290.40 (F01.50) 행동 장애를 동반하지 않는 경우

331.83 (G31.84) 혈관성 경도신경인지장애

외상성 뇌손상으로 인한 주요 또는 경도 신경인지장애 (681)

___.__ (___.__) 외상성 뇌손상으로 인한 주요신경인지장애[b]

주의점: ICD-9-CM의 경우, 907.0 두개골 골절이 없는 두개 내 손상의 후유 효과를 먼저 부호화하시오. ICD-10-CM의 경우, S06.2X9S 불특정 기간의 의식 상실이 있는 광범위한 외상성 뇌손상, 후유증을 먼저 부호화하시오.

294.11 (F02.81) 행동 장애를 동반하는 경우

294.10 (F02.80) 행동 장애를 동반하지 않는 경우

331.83 (G31.84) 외상성 뇌손상으로 인한 경도신경인지장애

물질/약물치료로 유발된 주요 또는 경도 신경인지장애[a] (684)

주의점: 추가적인 의학적 부호는 없다. 특정 물질에 대한 부호와 ICD-9-CM, ICD-10-CM 부호화에 대해서는 진단 기준 세트와 해당하는 기록 절차를 참조하시오.

다음의 경우 명시할 것: 지속성

HIV 감염으로 인한 주요 또는 경도 신경인지장애 (689)

___.__ (___.__) HIV 감염으로 인한 주요신경인지장애[b]

주의점: 042(B20) HIV 감염을 먼저 부호화하시오.

294.11 (F02.81) 행동 장애를 동반하는 경우

294.10 (F02.80) 행동 장애를 동반하지 않는 경우

331.83 (G31.84) HIV 감염으로 인한 경도신경인지장애[a]

프라이온병으로 인한 주요 또는 경도 신경인지장애 (692)

___.__ (___.__) 프라이온병으로 인한 주요신경인지장애[b]

주의점: 046.79(A81.9) 프라이온병을 먼저 부호화하시오.

294.11 (F02.81) 행동 장애를 동반하는 경우

294.10 (F02.80) 행동 장애를 동반하지 않는 경우

331.83 (G31.84) 프라이온병으로 인한 경도신경인지장애[a]

파킨슨병으로 인한 주요 또는 경도 신경인지장애[b] (694)

___.__ (___.__) 거의 확실한 파킨슨병으로 인한 주요신경인지장애[b]

주의점: 332.0(G20) 파킨슨병을 먼저 부호화하시오.

294.11 (F02.81) 행동 장애를 동반하는 경우

294.10 (F02.80) 행동 장애를 동반하지 않는 경우

___.__ (___.__) 가능성 있는 파킨슨병으로 인한 주요신경인지장애[a, b]

주의점: 332.0(G20) 파킨슨병을 먼저 부호화하시오.

294.11 (F02.81) 행동 장애를 동반하는 경우

294.10 (F02.80) 행동 장애를 동반하지 않는 경우

331.83 (G31.84) 파킨슨병으로 인한 경도신경인지장애[a]

헌팅턴병으로 인한 주요 또는 경도 신경인지장애 (697)

___.__ (___.__) 헌팅턴병으로 인한 주요신경인지장애[b]

주의점: 333.4(G10) 헌팅턴병을 먼저 부호화하시오.

294.11 (F02.81) 행동 장애를 동반하는 경우

294.10 (F02.80) 행동 장애를 동반하지 않는 경우

331.83 (G31.84) 헌팅턴병으로 인한 경도신경인지장애a

다른 의학적 상태로 인한 주요 또는 경도 신경인지장애 (699)

___.__ (___.__) 다른 의학적 상태로 인한 주요신경인지장애[b]

주의점: 기타 의학적 상태를 먼저 부호화하시오.

294.11 (F02.81) 행동 장애를 동반하는 경우

294.10 (F02.80) 행동 장애를 동반하지 않는 경우

331.83 (G31.84) 다른 의학적 상태로 인한 경도신경인지장애[a]

다중 병인으로 인한 주요 또는 경도 신경인지장애 (701)

___.__ (___.__) 다중 병인으로 인한 주요신경인지장애[b]

주의점: 모든 병인이 되는 의학적 상태를 먼저 부호화하시오(혈관 질환은 제외).

294.11 (F02.81) 행동 장애를 동반하는 경우

294.10 (F02.80) 행동 장애를 동반하지 않는 경우

331.83 (G31.84) 다중 병인으로 인한 경도신경인지장애[a]

명시되지 않는 신경인지장애 (701)

799.59 (R41.9) 명시되지 않는 신경인지장애[a]

성격장애 Personality Disorders (703)

A군 성격장애 Cluster A Personality Disorders

301.0 (F60.0) 편집성 성격장애 (708)

301.20 (F60.1) 조현성 성격장애 (712)

301.22 (F21) 조현형 성격장애 (715)

B군 성격장애 Cluster B Personality Disorders

301.7 (F60.2) 반사회성 성격장애 (719)

301.83 (F60.3) 경계성 성격장애 (723)

301.50 (F60.4) 연극성 성격장애 (727)

301.81 (F60.81) 자기애성 성격장애 (730)

C군 성격장애 Cluster C Personality Disorders

301.82 (F60.6) 회피성 성격장애 (734)

301.6 (F60.7) 의존성 성격장애 (737)

301.4 (F60.5) 강박성 성격장애 (741)

기타 성격장애 Other Personality Disorders

310.1 (F07.0) 다른 의학적 상태로 인한 성격 변화 (744)

다음 중 하나를 명시할 것: 불안정형, 탈억제형, 공격형, 무감동형, 편집형, 기타형, 혼합형, 명시되지 않는 유형

301.89 (F60.89) 달리 명시된 성격장애 (747)

301.9 (F60.9) 명시되지 않는 성격장애 (747)

변태성욕장애 Paraphilic Disorders (749)

다음의 명시자를 변태성욕장애의 해당 부분에 적용한다.
**a 다음의 경우 명시할 것: 통제된 환경에 있음, 완전 관해 상태

302.82	(F65.3)	관음장애[a] (751)
302.4	(F65.2)	노출장애[a] (754)
		다음 중 하나를 명시할 것: 사춘기 이전의 아동에게 성기를 노출함으로써 성적 흥분을 일으킴, 신체적으로 성숙한 개인에게 성기를 노출함으로써 성적 흥분을 일으킴, 사춘기 이전의 아동과 신체적으로 성숙한 개인에게 성기를 노출함으로써 성적 흥분을 일으킴
302.89	(F65.81)	마찰도착장애[a] (757)
302.83	(F65.51)	성적피학장애[a] (760)
		다음의 경우 명시할 것: 질식기호증 동반
302.84	(F65.52)	성적가학장애[a] (762)
302.2	(F65.4)	소아성애장애 (765)
		다음 중 하나를 명시할 것: 배타적 유형, 비배타적 유형
		다음의 경우 명시할 것: 성적으로 남아 선호, 성적으로 여아 선호, 성적으로 양성 모두 선호
		다음의 경우 명시할 것: 근친상간에 국한된 경우
302.81	(F65.0)	물품음란장애[a] (769)
		명시할 것: 신체 일부, 무생물 물체, 기타
302.3	(F65.1)	복장도착장애[a] (771)
		다음의 경우 명시할 것: 물품음란증 동반, 자가여성애 동반
302.89	(F65.89)	달리 명시된 변태성욕장애 (774)
302.9	(F65.9)	명시되지 않는 변태성욕장애 (775)

기타 정신질환 Other Mental Disorders (777)

294.8	(F06.8)	다른 의학적 상태로 인한 달리 명시된 정신질환 (777)
294.9	(F09)	다른 의학적 상태로 인한 명시되지 않는 정신질환 (778)

300.9 (F99) 달리 명시된 정신질환 (778)

300.9 (F99) 명시되지 않는 정신질환 (778)

약물치료로 유발된 운동장애 및 약물치료의 기타 부작용
Medication-Induced Movement Disorders and Other Adverse Effects of Medication (779)

332.1 (G21.11) 신경이완제로 유발된 파킨슨증 (779)

332.1 (G21.19) 기타 약물치료로 유발된 파킨슨증 (779)

333.92 (G21.0) 신경이완제 악성증후군 (780)

333.72 (G24.02) 약물치료로 유발된 급성 근육긴장이상 (782)

333.99 (G25.71) 약물치료로 유발된 급성 좌불안석 (782)

333.85 (G24.01) 지연성 운동이상 (782)

333.72 (G24.09) 지연성 근육긴장이상 (782)

333.99 (G25.71) 지연성 좌불안석 (782)

333.1 (G25.1) 약물치료로 유발된 자세떨림 (783)

333.99 (G25.79) 기타 약물치료로 유발된 운동장애 (783)

___.__ (___.__) 항우울제 중단 증후군 (783)

995.29 (T43.205A) 초기 대면

995.29 (T43.205D) 후속 대면

995.29 (T43.205S) 후유증

___.__ (___.__) 치료약물의 기타 부작용 (785)

995.20 (T50.905A) 초기 대면

995.20 (T50.905D) 후속 대면

995.20 (T50.905S) 후유증

임상적 주의의 초점이 될 수 있는 기타의 상태
Other Conditions That May Be a Focus of Clinical Attention (787)

관계 문제 Relational Problems (787)

가족 양육과 관련된 문제 (787)

V61.20 (Z62.820) 부모-아동 관계 문제 (787)
V61.8 (Z62.891) 형제자매 관계 문제 (788)
V61.8 (Z62.29) 부모와 떨어진 양육 (788)
V61.29 (Z62.898) 부모의 관계 고충에 의해 영향받는 아동 (788)

일차 지지 집단과 관련된 기타 문제 (788)

V61.10 (Z63.0) 배우자나 친밀 동반자와의 관계 고충 (788)
V61.03 (Z63.5) 별거나 이혼에 의한 가족 붕괴 (789)
V61.8 (Z63.8) 가족 내 고도의 표출 정서 (789)
V62.82 (Z63.4) 단순 사별 (789)

학대와 방임 Abuse and Neglect (789)

아동 학대와 방임 문제 (790)

아동 신체적 학대 (790)

아동 신체적 학대, 확인됨 (790)
995.54 (T74.12XA) 초기 대면
995.54 (T74.12XD) 후속 대면

아동 신체적 학대, 의심됨 (790)
995.54 (T76.12XA) 초기 대면
995.54 (T76.12XD) 후속 대면

아동 신체적 학대와 관련된 기타 상황 (790)
V61.21 (Z69.010) 부모에 의한 아동 학대 피해자에 대한 정신건강 서비스를 위한 대면
V61.21 (Z69.020) 비양친성 아동 학대 피해자에 대한 정신건강 서비스를 위한 대면
V15.41 (Z62.810) 아동기의 신체적 학대 개인력(과거력)

V61.22 (Z69.011) 양친성 아동 학대 가해자에 대한 정신건강 서비스를 위한 대면
V62.83 (Z69.021) 비양친성 아동 학대 가해자에 대한 정신건강 서비스를 위한 대면

아동 성적 학대 (790)

아동 성적 학대, 확인됨 (791)

995.53 (T74.22XA) 초기 대면
995.53 (T74.22XD) 후속 대면

아동 성적 학대, 의심됨 (791)

995.53 (T76.22XA) 초기 대면
995.53 (T76.22XD) 후속 대면

아동 성적 학대와 관련된 기타 상황 (791)

V61.21 (Z69.010) 부모에 의한 아동 성적 학대 피해자에 대한 정신건강 서비스를 위한 대면
V61.21 (Z69.020) 비양친성 아동 성적 학대 피해자에 대한 정신건강 서비스를 위한 대면
V15.41 (Z62.810) 아동기의 성적 학대 개인력(과거력)
V61.22 (Z69.011) 양친성 아동 성적 학대 가해자에 대한 정신건강 서비스를 위한 대면
V62.83 (Z69.021) 비양친성 아동 성적 학대 가해자에 대한 정신건강 서비스를 위한 대면

아동 방임 (791)

아동 방임, 확인됨 (791)

995.52 (T74.02XA) 초기 대면
995.52 (T74.02XD) 후속 대면

아동 방임, 의심됨 (791)

995.52 (T76.02XA) 초기 대면
995.52 (T76.02XD) 후속 대면

아동 방임과 관련된 기타 상황 (792)

V61.21 (Z69.010) 부모에 의한 아동 방임 피해자에 대한 정신건강 서비스를 위한 대면
V61.21 (Z69.020) 비양친성 아동 방임 피해자에 대한 정신건강 서비스를 위한 대면
V15.42 (Z62.812) 아동기의 방임 개인력(과거력)
V61.22 (Z69.011) 양친성 아동 방임 가해자에 대한 정신건강 서비스를 위한 대면
V62.83 (Z69.021) 비양친성 아동 방임 가해자에 대한 정신건강 서비스를 위한 대면

아동 심리적 학대 (792)

아동 심리적 학대, 확인됨 (792)

995.51 (T74.32XA) 초기 대면

995.51 (T74.32XD) 후속 대면

아동 심리적 학대, 의심됨 (792)

995.51 (T76.32XA) 초기 대면

995.51 (T76.32XD) 후속 대면

아동 심리적 학대와 관련된 기타 상황 (792)

V61.21 (Z69.010) 부모에 의한 아동 심리적 학대 피해자에 대한 정신건강 서비스를 위한 대면

V61.21 (Z69.020) 비양친성 아동 심리적 학대 피해자에 대한 정신건강 서비스를 위한 대면

V15.42 (Z62.811) 아동기의 심리적 학대 개인력(과거력)

V61.22 (Z69.011) 양친성 아동 심리적 학대 가해자에 대한 정신건강 서비스를 위한 대면

V62.83 (Z69.021) 비양친성 아동 심리적 학대 가해자에 대한 정신건강 서비스를 위한 대면

성인 학대와 방임 문제 (793)

배우자나 동반자 신체적 폭력 (793)

배우자나 동반자 신체적 폭력, 확인됨 (793)

995.81 (T74.11XA) 초기 대면

995.81 (T74.11XD) 후속 대면

배우자나 동반자 신체적 폭력, 의심됨 (793)

995.81 (T76.11XA) 초기 대면

995.81 (T76.11XD) 후속 대면

배우자나 동반자 신체적 폭력과 관련된 기타 상황 (793)

V61.11 (Z69.11) 배우자나 동반자 신체적 폭력의 피해자에 대한 정신건강 서비스를 위한 대면

V15.41 (Z91.410) 배우자나 동반자 신체적 폭력의 개인력(과거력)

V61.12 (Z69.12) 배우자나 동반자 신체적 폭력의 가해자에 대한 정신건강 서비스를 위한 대면

배우자나 동반자 성적 폭력 (793)

배우자나 동반자 성적 폭력, 확인됨 (793)

995.83 (T74.21XA) 초기 대면

995.83 (T74.21XD) 후속 대면

배우자나 동반자 성적 폭력, 의심됨 (794)

995.83 (T76.21XA) 초기 대면

995.83 (T76.21XD) 후속 대면

배우자나 동반자 성적 폭력과 관련된 기타 상황 (794)

V61.11 (Z69.81) 배우자나 동반자 성적 폭력의 피해자에 대한 정신건강 서비스를 위한 대면
V15.41 (Z91.410) 배우자나 동반자 성적 폭력의 개인력(과거력)
V61.12 (Z69.12) 배우자나 동반자 성적 폭력의 가해자에 대한 정신건강 서비스를 위한 대면

배우자나 동반자 방임 (794)

배우자나 동반자 방임, 확인됨 (794)
995.85 (T74.01XA) 초기 대면
995.85 (T74.01XD) 후속 대면

배우자나 동반자 방임, 의심됨 (794)
995.85 (T76.01XA) 초기 대면
995.85 (T76.01XD) 후속 대면

배우자나 동반자 방임과 관련된 기타 상황 (794)
V61.11 (Z69.11) 배우자나 동반자 방임 피해자에 대한 정신건강 서비스를 위한 대면
V15.42 (Z91.412) 배우자나 동반자 방임의 개인력(과거력)
V61.12 (Z69.12) 배우자나 동반자 방임 가해자에 대한 정신건강 서비스를 위한 대면

배우자나 동반자 심리적 학대 (794)

배우자나 동반자 심리적 학대, 확인됨 (795)
995.82 (T74.31XA) 초기 대면
995.82 (T74.31XD) 후속 대면

배우자나 동반자 심리적 학대, 의심됨 (795)
995.82 (T76.31XA) 초기 대면
995.82 (T76.31XD) 후속 대면

배우자나 동반자 심리적 학대와 관련된 기타 상황 (795)
V61.11 (Z69.11) 배우자나 동반자 심리적 학대 피해자에 대한 정신건강 서비스를 위한 대면
V15.42 (Z91.411) 배우자나 동반자 심리적 학대의 개인력(과거력)
V61.12 (Z69.12) 배우자나 동반자 심리적 학대 가해자에 대한 정신건강 서비스를 위한 대면

배우자나 동반자가 아닌 사람에 의한 성인 학대 (795)

배우자나 동반자가 아닌 사람에 의한 성인 신체적 학대, 확인됨 (795)
995.81 (T74.11XA) 초기 대면
995.81 (T74.11XD) 후속 대면

배우자나 동반자가 아닌 사람에 의한 성인 신체적 학대, 의심됨 (796)
995.81 (T76.11XA) 초기 대면

995.81 (T76.11XD) 후속 대면

배우자나 동반자가 아닌 사람에 의한 성인 성적 학대, 확인됨 (796)

995.83 (T74.21XA) 초기 대면

995.83 (T74.21XD) 후속 대면

배우자나 동반자가 아닌 사람에 의한 성인 성적 학대, 의심됨 (796)

995.83 (T76.21XA) 초기 대면

995.83 (T76.21XD) 후속 대면

배우자나 동반자가 아닌 사람에 의한 성인 심리적 학대, 확인됨 (796)

995.82 (T74.31XA) 초기 대면

995.82 (T74.31XD) 후속 대면

배우자나 동반자가 아닌 사람에 의한 성인 심리적 학대, 의심됨 (796)

995.82 (T76.31XA) 초기 대면

995.82 (T76.31XD) 후속 대면

배우자나 동반자가 아닌 사람에 의한 성인 학대와 관련된 기타 상황 (796)

V65.49 (Z69.81) 배우자나 동반자가 아닌 사람의 성인 학대 피해자에 대한 정신건강 서비스를 위한 대면

V62.83 (Z69.82) 배우자나 동반자가 아닌 사람의 성인 학대 가해자에 대한 정신건강 서비스를 위한 대면

교육과 직업 문제 Educational and Occupational Problems (796)

교육 문제 (796)

V62.3 (Z55.9) 학업이나 교육 문제 (796)

직업 문제 (797)

V62.21 (Z56.82) 현재의 군대 배치 상태와 관련된 문제 (797)

V62.29 (Z56.9) 고용과 관련된 기타의 문제 (797)

주거와 경제 문제 Housing and Economic Problems (797)

주거 문제 (797)

V60.0 (Z59.0) 노숙 (797)

V60.1 (Z59.1) 부적절한 주거 (797)

V60.89	(Z59.2)	이웃, 세입자 및 임대주 등과의 불화 (797)
V60.6	(Z59.3)	기숙시설에서의 생활과 관련된 문제 (797)

경제 문제 (798)

V60.2	(Z59.4)	적절한 음식이나 안전한 식수 부족 (798)
V60.2	(Z59.5)	극도의 가난 (798)
V60.2	(Z59.6)	적은 수입 (798)
V60.2	(Z59.7)	불충분한 사회보험이나 복지 지원 (798)
V60.9	(Z59.9)	명시되지 않는 주거 혹은 경제 문제 (798)

사회환경과 관련된 기타 문제 Other Problems Related to the Social Environment (798)

V62.89	(Z60.0)	생의 단계 문제 (798)
V60.3	(Z60.2)	혼자 살기와 관련된 문제 (798)
V62.4	(Z60.3)	문화 적응의 어려움 (798)
V62.4	(Z60.4)	사회적 배척이나 거부 (798)
V62.4	(Z60.5)	(지각된) 부정적 차별이나 박해의 표적 (799)
V62.9	(Z60.9)	사회환경과 관련된 명시되지 않는 문제 (799)

범죄 또는 법체계와의 상호작용과 관련된 문제

Problems Related to Crime or Interaction With the Legal System (799)

V62.89	(Z65.4)	범죄의 피해자 (799)
V62.5	(Z65.0)	불구속 상태의 민사 또는 형사 소송에서 유죄 판결 (799)
V62.5	(Z65.1)	구속 또는 기타의 구금 (799)
V62.5	(Z65.2)	출감과 관련된 문제 (799)
V62.5	(Z65.3)	기타 법적 상황과 관련된 문제 (799)

상담과 의학적 조언을 위한 기타 건강 서비스 대면

Other Health Service Encounters for Counseling and Medical Advice (799)

V65.49	(Z70.9)	성 상담 (799)
V65.40	(Z71.9)	기타 상담 또는 자문 (799)

기타 정신사회적, 개인적 및 환경적 상황과 관련된 문제

Problems Related to Other Psychosocial, Personal, and Environmental Circumstances (799)

V62.89	(Z65.8)	종교적 또는 영적 문제 (799)
V61.7	(Z64.0)	원하지 않는 임신과 관련된 문제 (800)
V61.5	(Z64.1)	임신 반복과 관련된 문제 (800)
V62.89	(Z64.4)	보호관찰관, 사례관리자 및 사회복지사 등과 같은 사회복지 제공자와의 불화 (800)
V62.89	(Z65.4)	테러나 고문의 피해자 (800)
V62.22	(Z65.5)	재앙, 전쟁 및 기타 적대 행위에 노출 (800)
V62.89	(Z65.8)	정신사회적 상황과 관련된 기타 문제 (800)
V62.9	(Z65.9)	명시되지 않는 정신사회적 상황과 관련된 명시되지 않는 문제 (800)

개인력의 기타 상황 Other Circumstances of Personal History (800)

V15.49	(Z91.49)	심리적 외상의 기타 개인력 (800)
V15.59	(Z91.5)	자해의 개인력 (800)
V62.22	(Z91.82)	군대 배치의 개인력 (800)
V15.89	(Z91.89)	기타 개인적 위험 요인 (800)
V69.9	(Z72.9)	생활방식과 관련된 문제 (800)
V71.01	(Z72.811)	성인 반사회적 행동 (800)
V71.02	(Z72.810)	아동 또는 청소년 반사회적 행동 (800)

의학적 치료 및 기타 건강관리에 대한 접근과 관련된 문제 (801)

V63.9	(Z75.3)	건강관리 기관이 없거나 가기 어려움 (801)
V63.8	(Z75.4)	기타 도움을 주는 기관이 없거나 가기 어려움 (801)

의학적 치료를 멀리함 (801)

V15.81	(Z91.19)	의학적 치료를 멀리함 (801)
278.00	(E66.9)	과체중 또는 비만 (801)
V65.2	(Z76.5)	꾀병 (801)
V40.31	(Z91.83)	정신질환과 연관된 배회 (802)
V62.89	(R41.83)	경계선 지적 기능 (802)

참고문헌

가와이 하야오(1994/1984). **모래상자놀이치료법**(심재경 역). 서울: 양영각. (원저는 1969년 출판).

가와이 하야오, 나카무라 유지로(2000). **모래상자의 지혜**(우종태, 동부아동상담소 역). 서울: 서울특별시 동부아동상담소.

강문희, 김매희, 유정은(2007). **아동발달론**. 경기: 공동체.

강승아(2005). 집단미술치료. 카운피아 원격연수원. **미술치료기법**(pp. 237-247). 교육인적자원부 인가 제02-05호. www.counpia.com

강옥려(2014). 유아 및 특수교육: 주의력결핍, 과잉행동장애(ADHD)아동의 뇌과학적 접근. **한국초등교육**, 25, 315-333

강정원, 장수진, 김승옥(2011). 유아의 인터넷 게임 중독 경향성에 미치는 유아와 가족변인에 영향. **어린이미디어연구**, 10(3), 205-224.

강진령, 유형근(2000). **집단따돌림**. 서울: 학지사.

고광명(2014). 학교폭력의 실태와 대책에 관한 연구. 용인대학교 대학원 석사학위논문.

곽금주, 박혜원, 김청택(2004). **한국 웩슬러아동지능검사**. 서울: 도서출판특수교육.

곽영길(2007). 학교폭력 피해에 대한 인식과 경험에 관한 연구: 서울시 고등학생을 중심으로. 동국대학교 대학원 박사학위논문.

국민건강보험공단(2012). **틱장애(Tic) 초등학교 남학생에게 많이 나타나**. 국민건강보험공단.

권석만(2006). 현대이상심리학. 서울: 학지사.

권석만(2016a). 현대 심리치료와 상담 이론. 서울: 학지사 .

권석만(2016b). 현대 이상심리학(제2판). 서울: 학지사.

권수현, 이승연(2011). 유치원 교사가 인식하는 역할갈등이 역할수행에 미치는 영향 분석: 회복탄력성 상 · 하 집단을 중심으로. 유아교육연구, 31(2), 312-327.

권육상(1998). 정신건강론. 서울: 유풍출판사.

권혜진(2008). 보육교사의 정서노동과 소진: 정서적 부조화의 매개효과에 대한 탐색. 인간발달연구, 15(4), 93-113.

김광웅, 유미숙, 유재령(2004). 놀이치료학. 서울: 학지사.

김광웅(2005). 현대인과 정신건강. 서울: 숙명여자대학교 출판국.

김보애(2004). 신비스러운 모래놀이치료. 서울: 학지사.

김보애(2008). 모래놀이여행. 서울: 가톨릭출판사.

김선현(2006). 임상미술치료의 이해. 서울: 학지사.

김성민(2001). 분석심리학과 기독교. 서울: 학지사.

김성민(2004). 융 세미나 Ⅱ. 서울: 한국심리치료연구소. 미간행자료집.

김신옥, 민혜영, 이혜란, 홍길회(2014). 유아발달의 이해. 서울: 창지사.

김영희(2004). 동적가족화에 의한 틱 장애 아동과 일반 아동의 가족 지각 특성 비교연구. 놀이치료연구, 7(1), 1-12.

김윤미, 조수철, 유희정, 정운선, 박태원, 손정우, 신민섭. 김붕년, 김재원, 조인희(2011). 한국인 자폐스펙트럼장애에서 savant skill과 자폐증상의 연관성. 소아청소년정신의학, 22, 192-197.

김인선(2009). 미술치료의 이해. 심성계발을 위한 미술치료의 이론과 실제(pp. 3-10). 서울: 한국심성교육개발원/한국인재능력개발원.

김자성(1994). 틱 장애아들의 동반 정신 병리와 부모양육태도에 관한 연구. 서울대학교 대학원 논문.

김재원(2014). 기분장애. 홍강의 편. 소아정신의학(pp. 233-252). 서울: 학지사.

김주환(2016). 회복탄력성. 서울: 위즈덤 하우스.

김진호, 이병래, 김덕희(2009). 유아정신건강. 서울: 동문사.

김태은(2010). 해결중심단기놀이치료의 개발과 치료기법에 대한 아동의 반응. 연세대학교 대학원 박사학위논문.

김형섭(2012). 학교폭력 예방을 위한 법제 연구. 영남대학교 대학원 박사학위논문.
남민, 정인과, 한준수, 홍강의(1996). 기능성 유분증 환아의 임상양상 및 환경적 특성. 대한신경정신과학회 추계학술대회 자료집.
남민, 조숙행, 정인과, 홍강의(1997). 배설장애의 유형 및 빈도 연구. 대한신경정신과학회 추계학술대회 자료집.
노은숙(2011). 유아교사의 정서지능이 의사소통 능력에 미치는 영향. 경기대학교 교육대학원 석사학위논문.
노치현, 황영희(1998). **모래놀이치료-경험과 표현**. 서울: 동서문화사.
대한소아청소년정신의학회 편(2012). **청소년정신의학**. 서울: 시그마프레스
대한스트레스학회(2013). **스트레스과학-기초에서 임상적용까지**. 서울: 도서출판한국의학.
대한신경정신의학회(2007). **신경정신의학**. 서울: 중앙문화사.
대한신심스트레스학회 편(1997). **스트레스 과학의 이해**. 서울: 신광출판사.
모상현, 김형주, 이선영, 김정화, 윤경민(2013). 아동 · 청소년 정신건강 증진을 위한 지원방안연구 III: 총괄보고서. 서울: 한국청소년 정책 연구원.
문혁준, 김정희, 성미영, 손서희, 안선희, 장영은(2015). **정신건강론**. 서울: 창지사.
미국국립산업안전보건연구소(NOISH, 1999).
박경애(2007). **인지, 정서, 행동치료**. 서울: 학지사.
박선자, 김효원(2014). 급식 · 섭식장애. 홍강의 편. **소아정신의학**(pp. 326-341). 서울: 학지사.
박성희(2001). **동화로 열어가는 상담이야기: 수용과 공감의 지혜**. 서울: 학지사.
박영숙(1993). **심리평가의 실제**. 서울: 하나의학사.
박화윤, 안라리(1996). 유아기 스트레스 행동의 대처를 위한 교사의 역할. **원광대 논문집, 31**(1), 28-51.
배성희(2009). 보육교사의 행복이 교사의 효능감과 직무만족도에 미치는 영향. 한국교육학회 부산지회. **부산교육학연구, 22**(0), 25-44.
백지숙, 김혜원, 김영순, 방은령, 임형택(2009). **청소년상담**. 서울: 신정.
설진화(2011). **정신건강론**. 서울: 학현사.
손정우, 남민(2014). 배설장애. 홍강의 편. **소아정신의학**(pp. 342-356). 서울: 학지사.
송재홍, 김광수, 박성희, 안이환, 오익수(2016). **학교폭력의 예방과 상담: 이론과 실제**. 서울: 학지사.
신민섭(1993). 자살기제에 대한 실증적 연구: 자기도피척도의 타당화. 연세대학교 대학원

박사학위논문.

신성대(2016). 학교폭력의 영향요인과 대처방안에 관한 연구: 학교 및 경찰차원 예방활동의 조절효과 분석을 중심으로(전자자료). 한국지방정부학회.

신성웅, 임명호, 현태영, 성양숙, 조수철(2001). 만성 틱장애 뚜렛씨 장애의 임상특성. **청소년정신의학**, 2(1).

신숙재, 이영미, 한정원(2000). **아동중심놀이치료**. 서울: 동서문화원.

신은수(2000). 놀이에 대한 교사 효능감이 교사와 유아의 상호작용과 유아놀이 발달에 미치는 영향. **유아교육연구**, 20, 27-42.

신현숙, 구본용(2001). 대처행동과 적응과의 관계. **한국청소년상담학회지**, 19, 189-225.

신희선(1997). 학령기 아동의 스트레스와 대응전략에 관한 연구. **대한간호학회지**, 26(4), 135-157.

양명숙, 유영달, 이동혁, 이수진, 조옥경, 최수미, 취의헌, 최태산(2014). **정신건강과 상담**. 서울: 학지사.

우문식(2014). **행복 4.0**. 서울: 물푸레.

우문식(2016). **긍정심리학은 기회다**. 서울: 물푸레.

유가효, 위영희, 문현주, 이희정, 김태은(2014). **놀이치료의 이해**. 경기: 양서원.

유희정, 곽영숙(2014). 자폐스펙트럼장애. 홍강의 편. **소아정신의학**(pp. 145-166). 서울: 학지사.

이경숙(1996). 반응성 애착장애아동 어머니와 정상아동 어머니의 성격특성, 결혼관계, 사회적 지지에 관한 비교연구. **한국발달심리학회지**, 9(1), 121-134.

이경화, 김연진, 고진영, 박숙희(2010). **유 · 아동기 정신건강의 이해**. 서울: 동문사.

이근후, 우행원, 박영숙, 연규월, 권정화(1988). **최신임상정신의학**. 서울: 하나의학사.

이동훈, 고영건, 권해수, 김동일, 김명권, 김명식, 김진영, 박상규, 서영석, 송미경, 양난미, 양명숙, 유영달, 이동혁, 이수진, 조옥경, 최수미, 최의헌, 최태산(2013). **정신건강과 상담**. 서울: 학지사.

이부영(2003). **아니마와 아니무스**. 경기: 한길사.

이부영(2004). **그림자**. 경기: 한길사.

이부영(2006). **분석심리학**. 서울: 일조각.

이숙, 문혁준, 강희경, 공인숙, 김정희(2013). **인간생활과 사회환경**. 서울: 창지사

이영나(2005). 틱장애 아동의 가정 환경 및 어머니의 양육관련 변인에 관한 연구. **놀이치료연구**,

6(8), 37-48.

이영식, 김재원(2014). 불안장애. 홍강의 편. **소아정신의학**(pp. 253-267). 서울: 학지사.

이영식, 최진태, 이철원(1994). 한국형 소아공포 조사목록 개발. **신경정신의학**, 33, 524-532.

이장호, 정남운, 조성호(2004). **상담심리학의 기초**. 서울: 학문사.

이정균, 김용식(2000). **정신의학**. 서울: 일조각.

이종찬(1995). **서양의학과 보건의 역사**. 서울: 도서출판명경.

이죽내(2006). 분석심리학적 정신치료. 윤순임 외 편. **현대상담 · 심리치료의 이론과 실제**(pp. 85-124). 서울: 중앙적성출판사.

이현아(2004). 대학생의 인터넷중독 유형에 따른 특성과 인터넷 중독의 영향. **대한가정학회지**, 42(3), 29-49.

이효신(2007). 주의력결핍 및 과잉행동 장애에 관한 소고. **특수교육재활과학연구**, 46(1), 169-190.

임성택(2011). **교사 효능감**. 서울: 강현출판사.

임창재(2006). **정신건강**. 서울: 형설출판사.

장미경, Maoz, Z., 이상희, 정민정, 김유진, 신현정, 김미경, 손금옥, 유미성, 김경남(2012). **정신건강론**. 서울: 태영출판사.

장연집, 박경, 최순영(1997). **현대인의 정신건강**. 서울: 학지사.

전민경(2016). 경기도 청소년 자살현황과 대응방안. 경기도가족여성연구원.

정문자, 제경숙, 이혜란, 신숙재, 박진아(2016). **아동상담의 이해**. 서울: 학지사.

정문자, 정혜정, 이선혜, 전영주(2007). **가족치료의 이해**. 서울: 학지사.

정선주, 정희연, 황정민(2001). 틱 장애의 진단 분류에 따른 임상 특징과 질환 심각도와 연관된 변인들. **청소년 정신의학**, 12(1), 115-124.

정선주, 홍강의(1995). 선택적 함구증 아동의 임상특성 및 치료경과. **소아청소년정신의학**, 6(1), 74-89.

정소영(2014). 대학생용 SNS 중독 경향성 척도 개발 및 타당화 연구. 서울여자대학교 대학원 석사학위논문.

정용선(2014). 선택적 함구증상 아동의 자기표현력 향상을 위한 놀이치료 사례연구. 국제신학대학원 석사학위논문.

정원주(1996). 아동기 스트레스원과 스트레스대처행동 및 그 증상에 관한 연구. 건국대학교 대학원 박사학위논문.

정혜자(2008). 어린이 마음치료. 서울: 교양인.

조대경, 이관용, 김기중(1994). 정신위생. 서울: 시그마프레스.

조수철, 권석우, 김붕년, 서해숙, 손정우, 신성웅, 유한익, 임재인, 정광모, 정선주, 황준원 (2005). 틱장애. 서울: 서울대학교 출판부 .

조수철, 신성웅(1995). 뚜렛씨 장애와 파탄적 행동장애간의 상호관계에 관한 연구. 신경정신의학, 34(5), 1512-1520.

조수철, 신윤오, 서유현(1996). 뚜렛씨 병의 정신병리와 상호관계에 관한 연구. 소아청소년정신의학, 7, 77-91.

조인식(2016). 지표로 보는 이슈: 학교폭력 현황과 실태조사의 시사점. 국회입법조사처.

천은영, 김경신(2010). 그림을 통한 아동미술치료. 서울: 신광문화사.

최성애(2016). 나와 우리아이를 살리는 회복탄력성. 서울: 해냄.

최송식, 최말옥, 김경미, 이미경, 박은주, 최윤정(2014). 정신건강론. 서울: 학지사.

최영(2016). 대변을 못가리는 아이들. 전남대학교병원 정신과 소아청소년 정신건강클리닉. www.drchoi.pe.kr/encopresis.htm

최영민(2010). 대상관계이론을 중심으로 쉽게 쓴 정신분석이론. 서울: 학지사.

최정윤(2008). 심리검사의 이해. 서울: 시그마프레스.

통계청(2016). 2016년 청소년 통계. www.kostat.go.kr

한국미술치료학회 편(2000). 미술치료의 이론과 실제. 서울: 동아문화사.

한국정보문화진흥원(2008). 인터넷! 건강한 내 친구: 인터넷중독 생애주기 상담프로그램. 서울: 행정안전부.

한국정보문화진흥원(2011). 스마트폰 중독진단척도 개발연구. 서울: 한국정보문화진흥원.

한국정보문화진흥원(2016). 2015년 인터넷 과의존 실태조사. 대구: 한국정보화진흥원.

한국정보화진흥원(2004). 인터넷 이용 실태조사. 서울: 한국정보문화진흥원.

한국청소년개발원(1996). 청소년 문제론. 서울: 서원.

한국청소년상담복지개발원(2016). 해결중심단기상담. e-러닝 교육.

홍경자(2006). 합리적 정서적 치료. 윤순임 외 편. 현대 상담 · 심리치료의 이론과 실제(pp. 287-314). 서울: 중앙적성출판사.

홍나미(1998). 청소년 자살생각에 영향을 미치는 심리사회적 요인에 관한 연구. 이화여자대학교 사회복지대학원 석사학위논문.

홍숙기(1998). 젊은이의 정신건강. 서울: 박영사.

화학용어사전편찬회(2006). **화학용어사전**. 서울: 화학용어사.

황상익(1998). **문명과 질병으로 보는 인간의 역사**. 서울: 도서출판한울림.

황해익, 탁정화, 홍성희(2013). 유치원교사의 회복탄력성, 교사효능감 및 직무만족도가 행복감에 미치는 영향. **유아교육학논집**, 17(3), 411-432.

Allen, F.(1942). *Psychotherapy with children*. NY: Norton.

Allport, G.(1965). *Letters from Jenny*. NY: Harcourt, Brace & World.

Ammann, R.(2009). **융 심리학적 모래놀이치료**(*Owning your own shadow*). 이유경 역. 서울: 분석심리학 연구소. (원저는 2001년 출판).

American Psychological Association(2015). **정신질환의 진단 및 통계 편람 제5판**(*DSM-5 Diagnostic and statistical manual of mental disorder 5th ed.*). 권준수 외 공역. 서울: 학지사. (원저는 2013년 출판).

American Psychological Association(2016). The road to resilience. www.apa.org/helpcenter/road-resilience.aspx

Ashton, P. T.(1984). Teacher efficacy: A motivational paradigm for effective teacher education. *Journal of Teacher Education, 35*(5), 28-32.

Ashton, P. T., & Webb, R. B.(1986). *Making a difference: Teachers' sense of efficacy and achievement*. NY: Longman.

Axline, V. M.(1947). *Play Therapy*. NY: Ballantine Books.

Bandura, A.(1977a). *Social learning theory*. Englewood Cliffs, NJ: Prentice- Hall.

Bandura, A.(1977b). Self-efficacy: Toward a unifying theory of behavioral change. *Psychological Review, 84*, 191-215.

Bandura, A.(1986). *Social foundations of thought and action: A social cognitive theory*. Englewood Cliffs, NJ: Prentice-Hall.

Bandura, A.(1997). *Self-efficacy: The exercise of control*. NY: W.H.Freeman & Company.

Berg, I. K.(1994). *Family-based service: A solution-focused approach*. NY: Noton.

Berg, I. K., & Miller, S. D.(1993). **해결중심적 단기가족치료**(*Working with the problem drinker: A solution-focused approach*). 가족치료연구모임 역. 서울: 하나의학사. (원저는 1992년 출판).

Berman, P., McLaughlin, M., Bass, G., Pauly, E., & Zellman, G.(1977). *Federal programs supporting educational change.* Vol. Ⅶ. Factors affecting implementation and continuation. Santa Monica, CA: The Rand Corporation. (ERIC Document Reproduction Service No. ED 140 432).

Bernard, J. (1968). The Eudaemonist. In S. Z. Klausner(Eds.), *Why man takes chance: Studies in stress seeking*. Garden City: Double & Company.

Bettelhiem, B. (1967). *The empty fortress: Infantile autism and the birth of the self*. New York: Free Press.

Billing, A. G., & Moos, R. H.(1984). Coping, stress, and social resources among adults with unipolar depression. *Journal of personality and social Psychology, 46*(4), 877-891.

Brenner, A.(1984). *Helping Children cope with stress*. Lexington, Massachusetts: Lexington Books.

Brenner, C.(1973). *An Elementary Textbook of Psychoanalysis*(2nd ed.). NY: International Universities Press.

Brody, V.(1978). Developmental play: A relationship focused program for children. *Journal of Child Welfare*, 57(9), 591-599.

Burts, D. C., Hart, C. H., Charlesworth, C. H., & Kirk. L.(1990). Comparison of stress behavior observed in kindergarten children in developmentally appropriate versus developmentally inappropriate instructional practice. *Early Childhood Research Quarterly, 5,* 410-420.

Campbell, R. J.(1989). *Psychiatric dictionary.* NY: Oxford University Press.

Garbarino, J.(1995). The American war zone: What children can tell us about living with violence. *Journal of Developmental & Behavioral Pediatrics, 16*(6), 431-435.

Cho, B. & Saracho, O. N.(1997). The development of the early childhood teacher's role rating scale in Korea. *International Journal of Early Chilhood Education*, *2,* 19-36.

Corey, G.(2001). **상담 및 심리치료의 통합적 접근***(The art of Integrative Counseling).* 현명호, 유제호 공역. 서울: 시그마프레스. (원저는 2000년 출판).

Corey, G.(2010). **심리상담가 치료의 이론과 실제**[*Theory and practice of counseling and psychotherapy*(8th ed.)]. 조현춘, 조현재, 문지혜, 이근배, 홍영근 공역. 서울: 시그마프레스. (원저는 2009년 출판).

Crain, W. C.(2003). **발달의 이론***(Theories of Development).* 서봉연 역. 서울: 중앙적성출판사.

(원저는 1980년 출판).

Csikszentmihalyi, M.(1975). *Beyond Boredom and Anxiety*. SF: Jossey-Bass.

Czerniak, C. M., & Schriver, M. L.(1994). An examination of preservice science teacher's beliefs and behaviors as related to self-efficacy. *Journal of Science Teacher Education, 5*(3), 77-86.

de Shazer, S., & Dolan, Y.(2007). *More than Miracles: The State of the Art of Solution-focused Brief Therapy*. New York: Haworth Press.

Diener, R. B.(2011). **긍정심리학 코칭 기술: 긍정심리학 평가 개입 행복과 성공전략***(Psychology coaching: Assessment, Activities and Strategies for Sucess)*. 우문식, 윤상운 공역. 서울: 물푸레. (원저는 2010년 출판).

Diener, E., & Seligman, M. E. P. (2002). Very happy people. *Psychological Science, 13*, 80-83.

Eastwood, P. S.(2006). **모래놀이치료와 數 상징***(Nine Windows to Wholeness: Exploring Numbers in Sandplay Therapy)*. 정정순, 김보애, 정선영 공역. 서울: 학지사. (원저는 2002년 출판).

Ellis, A.(1958). Rational psychotherapy. *Journal of General Psychology, 59*, 35-49. Reprinted: New York: Institute for Rational - Emotive Therapy.

Ellis, A.(1979). The Theory of rational - emotive therapy. In A. Ellis & J. Whiteley(Eds.), *Theoretical and empirical foundational of rational-emotive therapy*. Monterey, Calif.: Books/Cole.

Ellis, A.(1986). Rational-emotive therapy. In I. L. Kutash & A. Wolf(Eds.), *Psychotherapist's casebook* (pp. 277-287). SF: Jossey-Bass.

Ellis, A.(1988). *How to stubbornly refuse to make your self miserable about anything: Yes, anything!* NY: Lyle stuart.

Ellis, A.(1994). *Reason and emotion in psychotherapy*(rev. ed.). Secaucus, NJ: Birch Lane.

Ellis, A., & Dryden, W.(1997). *The practice of Rational Emotive Therapy*(rev. ed.). NY: Springer.

Ellis, A., & Harper, R.(2007). **마음을 변화시키는 긍정의 심리학**[*A guide to rational living*(3rd ed.)]. 이은희 역. 서울: 황금비늘. (원저는 1997년 출판).

Ellis, A., & MacLaren, C.(2007). **합리적 정서행동치료***(Rational emotive behavior therapy: A therapist's guide)*. 서수균, 김윤희 공역. 서울: 학지사. (원저는 2005년 출판).

Esman, A. H.(1983). Psychoanalytic Play Therapy. In C. E. Schaefer & K. J. O'Connor(Eds.). *Handbook of Play Therapy* (pp. 11-20). NJ: John Wiley & Sons.

Freud, A.(1928). *Introduction to the technique of child analysis*(L.P. Clark, Trans.). NY: Nervous an Mental Disease Publishing.

Freud, S.(1923). *The ego and the Id*. (In stanford edition, vol. 19.). London: Hogarth.

Freud, S.(2007). **꿈의 해석. 프로이드 전집 4권**(*The interpretation of dreams*). 김인순 역. 서울: 열린책들. (원저는 1900년 출판).

Fredrickson, B. L.(2001). The role of positive emotions in positive psychology: The broaden-and- build theory of positive emotions. *American Psychologist, 56,* 218-226.

Fredrickson, B. L. (2002). Positive emotions. In C. R. Snyder & S. J. Lopez(Eds.). *Handbook of positive psychology* (pp. 120-134). NY: Oxford University Press.

Folstein. S., & Rutter. M. (1977). Infantile autism: A genetic study of 21 twin pairs. *Journal of Child Psychology and Psychiatry, 18*(4), 297-321.

Garbarino, J. (1995). The American war zone: What children can tell us about living with violence. *Journal of Developmental & Behavioral Pediatrics, 16*(6), 431-435.

Gibson, S. & Dembo, M. H.(1984). Teacher efficacy: A construct validation. *Journal of Educational Psychology, 76,* 569-582.

Ginott, H.(1961). *Group psychotherapy with children*. NY: McGraw-Hill.

Glasser, W.(2003). *Warning*. NY: Harper & Row.

Goldberg, I.(1996). *Internet addiction disorder*. Retrieved April 20, 2011.

Goleman, D.(1997). **정서지능(상 · 하)**(*Emotional intelligence*). 황태호 역. 서울: 비젼코리아. (원저는 1995년 출판).

Greenberg, J. S.(2009). **포괄적 스트레스 관리**[*Comprehensive Stress Management*(10th ed.)]. 박순권, 김동구, 김현택, 김종우, 설근희, 조은경 공역. 서울: 아카데미아. (원저는 2008년 출판).

Guerney, B. (1964). Filial Therapy: Description and rationale. *Journal of Counseling Psychology, 28,* 303-310.

Guerney, B. (1983). Client-Centered(Nondirective) Play Therapy. In C. E. Schaefer & K. J. O'Connor(Eds.), *Handbook of Play Therapy* (pp. 21-64). NJ: John Wiley & Sons.

Hall, C. S., & Nordby, V. J.(2004). **융 심리학 입문**(*Primer of Jungian Psychology*). 김형섭 역.

서울: 문예출판사. (원저는 1973년 출판).

Hambridge, G.(1955). Structured play therapy. *American Journal of Orthopsychiatry, 25,* 601-617.

Harter, S.(2006). The self. In N. Eisenberg, W. Damon & R. M. Lerner(Eds.), *Handbook of child Psychology* (pp. 505-570). Hoboken, NJ: John Wiley & Sons.

Harwood, D., & Jacoby, R.(2000). Suicidal behavior among the elderly. In Keith Hawton(Eds.), *The International Handbook of Suicide and Attempted suicide.* Hoboken, NJ: John Wiley & Sons.

Hayden, T.(1980). Classification of selective mutism. *Journal of the American Academy of Child & Adolescent Psychiatry, 19,* 118-133.

Honig, A. S.(1996). Stress and coping in children. *Yonsei Journal of Human Ecology, 10,* 90-93.

Howard, S., & Johnson, B.(2000). What makes the difference? Children and Teachers Talk About Resilient Outcomes for Children 'at risk'. *Educational Studies, 26*(3), 321-337.

Hug-Hellmuth, H.(1921). On the technique of child analysis. *International Journal of Psychoanalysis, 2,* 287-305.

Jessor, R., Van Den Bos, J., Vanderryn, J., Costa, F. M., & Turbin, M. S.(1995). Protective factors in adolescent problem behavior: Moderator effects and developmental change. *Developmental Psychology, 31*(6), 923-933.

Jernberg, A.(1979). *Theraplay.* San Francisco: Jossey-Bass.

Jung, C. G.(2004). **융 기본 저작집. 9권. 인간과 문화.** 융저작번역위원회 역. 서울: 솔출판사. (원저는 1985년 출판).

Jung, C. G.(2005). **융 기본 저작집. 7권. 상징과 리비도.** 융저작번역위원회 역. 서울: 솔출판사. (원저는 1985년 출판).

Kalff, M.(1991). Introduction to Sandplay Therapy. *Journal of Sandplay Therapy, 1,* 7-11.

Kalff, M.(1993). Twenty points to be considered in the interpretation of a sandplay. *Journal of Sandplay Therapy, 2*(2), 17-35.

Kalff, D. M.(2003). *Sandplay: A Psychotherapeutic approach to the psyche.* Cloverdale, CA: Temenos Press.

Kanner, L.(1943). Autistic disturbances of affective contract. *Nervous child, 2,* 217-250.

Kaplan, H. I., & Sadock, B. J. (2009). Elimination disorders. In B. J. Sadock, V. A. Sadock, & P. Ruiz(Eds.), *kaplan and Sadnock's comprehensive textbooks of psychiatry*(9th ed., pp. 3624-3635). Philadelphia: Lippincott Williams & Wilkins.

Karen, R. & Andrew, S.(2014). **인생의 역경을 가볍게 극복하는 회복력의 7가지 기술***(The resilience factor-7 keys to finding your inner strength and overcoming life's hurdles)*. 우문식, 윤상운 공역. 서울: 물푸레. (원저는 2003년 출판).

Kimble, G. A.(1961). *Hilgard and Marquis' Conditioning and Learning*. Englewood Cliffs, NJ: Prentice-Hall.

Klein, M.(1932). *The Psychoanalysis of children*. London: Hogarth Press.

Knell, S. M.(1993). *Cognitive-behavioral play therapy*. NJ: Janson Aronson Inc.

Kornstein, S. (2006). Evaluation of Outcomes With Citalopram for Depression Using Measurement-Based Care in STAR*D: Implications for Clinical Practice. *American Journal of psychiatry, 163*(1), 28-40.

Kramer, E.(2010). The Basics. In J. A. Rubin(Eds.), *Introduction to Art Therapy* (pp. 69-93). NY: Routledge.

Kuczen, B. (1997). **아동의 스트레스***(Childhood Stress: How to Raise a Healthier, Happier Child)*. 강영자, 박성옥, 양명숙 공역. 서울: 양서원. (원저는 1987년 출판).

Kyriacou, C., & Sutcliffe, J.(1978). A model of teacher stress. *Educational Studies, 4*(1), 1-6

Landreth, G. L.(1991). *Play therapy: The art of the relationship*. Muncie, IA: Accelerated Development.

Lazarus, R. S.(1976). *Patterns of adjustment*(3rd ed.). NY: McGraw Hill.

Lazarus, R. S., & Folkman, S.(1984). *Stress, appraisal, and coping*. NY: Spriger.

Levy, D. M.(1939). Release therapy. *American Journal of Orthopsychiatry, 9,* 713-736.

Lowenfeld. M.(1991). *Play in childhood*. London: NY: Mac Keith Press. (원저는 1935년 출판).

Lowenfeld. M.(1993). *Understanding children's sandplay: Lowenfeld's world technique*. Great Britain: Antony Rowe Ltd. (Originally published as The world technique, George Allen & Unwin Ltd, 1979).

Malchiodi, C. A.(2003). *Handbook of Art Therapy*. New York: The Guklford Press.

Martin, A., & Volkmar, F. R. (2007). *Lewis's child and adolescent psychiatry: A comprehensive textbook*(4th ed.). Baltimore, MD: Lippincott, williams, & wilkins.

Mayer, J. D., & Salovey, P.(1990). Emotional intelligence. *Imagination, Cognition and Personality, 9*(3), 185-211.

Mayer, J. D., & Salovey, P.(1997). What is emotional intelligence. In P. Salovey & D. J. Sluyter(Eds.), *Emotional development and emotional intelligence: Educational implications.* New York: Basic Books.

Meier, P., Minirty, F. B., Wichern, F. B., & Ratcliff, D. E. (1991). *Introduction psychology and counseling*(2nd ed.). Michigan: Baker Book House.

Moustakas, C.(1959). *Psychotherapy with children*. New York: Harper & Row.

National Institute for Clinical Excellence(2004). *Eating disorders: Core interventions in the treatment and management of anorexia nervosa, bulimia nervosa and related eating disorders(clinical Guideline CG9)*. London: British Psychological society & Gaskell.

Naumberg, M.(1973). *An Introduction to Art Therapy: Studies of Free Art Expression of Behavior Problem Children and Adolescents as Means of Diagnosis and Therapy*. NY: Teachers College Press.

Neumann, E.(1973). *The Child: Structure and dynamics of the nascent personality*(R. Manheim, Trans.). New York: Harper & Row.

Peterson, C.(2010). **긍정심리학 프라이머***(A Primer in Positive Psychology)*. 문용린, 김인자, 백수현 공역. 서울: 물푸레, 한국심리상담연구소. (원저는 2006년 출판).

Peterson, C., & Seligman, M. E. P.(2004). *Character Strengths and Virtues: A Handbook and Classification.* New York: Oxford University Press, Washington DC: American Psychology Association.

Polanczyk, G. I., de Lima, M. S., Horta, B. L., Biederman, J., & Rohde, L. A.(2007). The worldwide prevalence of ADHD: A systematic review and metaregression analysis. *American Journal of psychiatry, 164*, 942-948.

Price, R. A., Kidd, K. K., Cohen, D. J., Pauls, D. L.,& Leckman, J. F.(1985). A Twin study of Tourette's Syndrome. *Arch Gen Psychiatry, 43,* 815.

Rank, O.(1936). *Will therapy*. New York: Knopf.

Reivich, K., & Shatte, A.(2014). **인생의 역경을 가볍게 극복하는 회복력의 7가지 기술: 긍정심리학의 트라우마, 외상 후 스트레스 장애, 외상 후 성장***(The resilience factor: 7 key* *to finding your inner strength and overcoming life's hurdles).* 우문식, 윤상운 역. 서울: 물푸레. (원저는 2003년 출판).

Rogers, C. R.(1942). *Counseling and psychotherapy*. Boston, MA: Houghton Mifflin.

Rogers, C. R.(1951). *Client-centered therapy*. Boston, MA: Houghton Mifflin.

Rogers, C. R.(1957). The necessary and sufficient conditions of therapeutic personality change. *Journal of Counsulting Psychology, 21*, 95-103.

Rogers, C. R.(1969). *Freedom to learn: A view of what education might become*. Columbus, OH: Charles E. Merrill.

Rogers, C. R.(1987). Rogers, Kohut, and Erickson: A personal perspective on some similarities and differences. In J. K. Zeig(Eds.), *The evolution of psychotherapy* (pp. 179-187). New York: Brunner/Mazel.

Rogers, C. R.(2009). **진정한 사람되기: 칼 로저스 상담의 원리와 실제**(*On becoming a person*). 주은선 역. 서울: 학지사. (원저는 1961년 출판).

Rogers, C. R.(2009). **카운슬링의 이론과 실제**(*Counseling and psychotherapy*). 한승호, 한성열 공역. 서울: 학지사. (원저는 1942년 출판).

Rubin, J. A.(2010). *Introduction to Art Therapy*. New York: Routledge.

Ryff, C. D., & Keyes, C. L. M.(1995). The structure of psychological well-being revisited. *Journal of Personality and Social Psychology, 57*, 1069-1081.

Ryff, C. D., & Singer, B.(1998). The contours of positive human health. *Psycholgical Inquiry*, 9, 1-28.

Schaefer, C. E.(1993). What is play and why is therapeutic? In C. E. Schaefer(Eds.), *The therapeutic powers of play* (pp. 1-6). Northwale, NJ: Jason Aronson.

Saul, L. J.(1992). **정신역동적 정신치료***(Psycholdynamically based psychotherapy).* 이근후, 최종진, 박영숙 공역. 서울: 하나의학사. (원저는 1972년 출판).

Seaward, B. S.(1994). *Managing Stress*. Boston: Jones and Bartlett.

Seligman, M. E. P.(2002). *Authentic Happiness: Using the new positive psychology to realize your potential for lasting fulfillment*. NY: Free Press.

Seligman, M. E. P.(2011). **마틴 셀리그만의 플로리시: 웰빙과 행복에 대한 새로운 이해***(Flourish: A visionary understanding of happiness and well-being).* 우문식, 윤상운 공역. 서울: 물푸레. (원저는 2011년 출판).

Seligman, M. E. P., Rashid, T., & Parks, A. C.(2006). Positive psychotherapy. *American psychologist, 61,* 774-778.

Slaby, R. G., & Frey, K. S.(1975). Development of gender constancy and selective attention to same-sex models. *Child development, 46,* 849-854.

Shaffer, D. R.(1999). *Developmental psychology: Childhood and adolescence*(5th ed.). CA: Wadsworth Cengage Learning.

Solomon, J.(1938). Active play therapy. *American Journal of Orthopsychiatry, 8,* 479-498.

Spensley, S. (1995). *Frances Tustin.* London and New York: Routledge.

Stice, E., & Shaw, H.(2004). Eating disorder prevention programs: A meta-analytic review. *Psychological Bulletin, 130,* 206-227.

Stewart, D., & Timm, J.(1990). *The thinking teachers' guide to self-esteem.* Tampa, FL: Advanced Human Studies Institute.

Taft, J.(1933). *The dynamics of therapy in a controlled relationship.* NY: Macmillan.

Thomson, J. R., & Handley, H. M.(1990). *Relationship between teacher self-concept and teacher efficacy.* (ERIC Document Reproduction Service No, ED 327 508).

Townsend, M. C.(2016). **정신건강 간호학 제8판**[*Psychiatric Mental Health Nursing*(8th ed.)]. 김성재 외 공역. 서울: 정담미디어. (원저는 2014년 출판).

Turner, B. A.(2009). **모래놀이치료핸드북**(*The handbook of sand play therapy*). 김태련 외 공역. 서울: 학지사. (원저는 2005년 출판).

Ulman. E.(1961). Art therapy: Problems of definition. *Bulletin of Art therapy, 1*(2), 10-20.

Wadeson, H.(2008). *Art Psychotherapy.* NY: Wiley Publishers.

Wang, S. S., & Brownell, K. D.(2005). Anorexia a nervosa. In C. B. Fisher & R. M. Lerner(Eds.), *Encyclopedia of applied development Science* (pp. 83-85). Thousand oaks, CA: sage.

Watson, J. B.(1970). *Behaviorism.* NY: W.W.Norton & Co., Inc. (원저는 1924년 출판).

Watson, J. B., & Raynor, R.(1920). Conditional emotional reactions. *Journal of Experimental Psychology, 3,* 1-14.

Weinrib, E. L.(2004). *Images of the self: The sandplay therapy process.* Cloverdale: Temenos Press.

Wells, H. G.(1911). *Floor games.* London: Frank Pamer.

Wolpe, J.(1958). *Psychotherapy by reciprocal inhibition*. Stanford, CA: Stanford University Press.

Young, K. S.(1996). Internet addiction: The emengence of a new clinical disorder. Paper presented at the 104th annual conversation of the American Psychological Association in Toronto, Canada.

Zastrow, C. (2002). **인간행동과 사회환경**(*Understanding Human Behavior and the Social Environment*). 김규수, 김인숙, 박미은, 박정위, 설진화, 우국희, 홍선미 공역. 서울: 나눔의집. (원저는 1997년 출판).

adhd.lookns.com

www.aacap.org

www.authentichappiness.sas.upenn.edu

www.cdc.go.kr

www.koreanpsychology.or.kr

www.moe.go.kr

www.newsin.co.kr

www.samhsa.gov

www.solutionfocus.or.kr

www.viastrengths.org

www.who.int/en

찾아보기

인명

내용

저자 소개

이혜란(Lee Heyrhan)

연세대학교 대학원 아동 · 가족학과(Ph. D.)

현 동남보건대학교 유아교육과 교수

김진이(Kim Jiny)

연세대학교 대학원 아동 · 가족학과(Ph. D.)

현 연세대학교 아동 · 가족상담센터 센터장

연세대학교 생활환경대학원 객원교수

김소연(Kim Soyeon)

미국 University of North Texas 유아교육학과(Ph. D.)

현 경동대학교 유아교육과 교수

아동과 교사를 위한 정신건강

Mental Health for Child and Teacher

2017년 8월 30일 1판 1쇄 발행
2020년 9월 25일 1판 4쇄 발행

지은이 • 이혜란 · 김진이 · 김소연

펴낸이 • 김진환
펴낸곳 • (주)학지사
04031 서울특별시 마포구 양화로 15길 20 마인드월드빌딩
대표전화 • 02-330-5114 팩스 • 02-324-2345
등록번호 • 제313-2006-000265호

홈페이지 • http://www.hakjisa.co.kr
페이스북 • https://www.facebook.com/hakjisa

ISBN 978-89-997-1246-3 93180

정가 20,000원

이 도서의 국립중앙도서관 출판시도서목록(CIP)은 서지정보유통지원시스템 홈페이지(http://seoji.nl.go.kr)와 국가자료공동목록시스템(http://www.nl.go.kr/kolisnet)에서 이용하실 수 있습니다.
(CIP 제어번호: CIP2017017731)